陈春阳
刘福铸 编著

莆田市纪委监委 编

# 莆陽御史

海峡出版发行集团
海峡文艺出版社

# 编委会

主　　任：林建伟

副 主 任：郭志诚　柯卫群　施晓阳

执行主编：陈春阳　刘福铸

编　　委：王玉来　程征征　蔡国庆　林　清

编撰单位：莆田市纪委监委

# 前　言

莆田市宋代为兴化军，元为兴化路，明清为兴化府，故旧称"兴化"，别称"兴安""莆阳""莆中"。这里是国家历史文化名城，妈祖文化的发祥地，"海上丝绸之路"的重要节点城市。木兰溪水域贯穿莆田地域，广袤肥沃的东西乡平原、兴化平原和宽阔绵长的海域，形成独特的地理生态环境，造就了莆田独特的文化魅力，也积淀了丰富多彩的历史文化遗存。底蕴深厚、特色鲜明，山水毓秀、人杰地灵，习儒成风、文教发达，莆田被誉为"文献名邦""海滨邹鲁"。

莆阳文化是闽派文化的重要组成部分，有着丰富的清廉文化底蕴和深厚的清廉思想渊源。特别是作为"御史之乡"，莆田历史上曾涌现出一大批擿奸发伏、激浊扬清、刚直不阿的监察官员。从唐代到清代，史书记载的莆阳御史、给事中达246人。莆阳御史忠于职守、疾恶如仇、不畏权贵、刚正敢言，甚至不惜犯颜直谏、锄奸除恶，他们的高贵品德、高尚情操，展现了文献名邦正气浩然的言官群体的风骨，形成了独具特色的"莆阳御史文化"，是莆田优秀传统文化的组成部分。

御史，亦称"台院制"，人们习惯把中国古代的监察官统称为"御史"。唐代是我国古代监察制度的发展完善时期，设御史台，为中央政府监察机关，下属机关分台院、殿院、察院三院。同时，还完善了谏官体系，在门下省置散骑常侍、谏议大夫、补阙、拾遗、给事中等职。御史的主要职责就是纠劾百官，辨明冤枉，辨别"小人"与"君子"，成为皇帝的"耳目之司"。宋许月卿《御史箴》云："颙颙九重，天下所君。无他职事，惟辨小人与夫君子。

和而不同，周而不比，君子则然，小人反是。臣下比同，更相蔽蒙，利害不闻，谁受其凶？是以祖宗，聪耳明目。耳目伊何？台谏言责。惟谏与台，不私往来；谏官论列，台臣或不与知；台臣有谓不可，谏官抑或是之。各得自弹，不白长官，岂有比同。"

据文献记载，莆田最早出任监察官员者为唐朝仙游郑积，曾担任过谏官、侍御史、都御史。五代时期，莆田黄滔为王审知所赏识，奏请唐廷授为监察御史里行，充威武军（今福建省福州市）节度推官。五代梁时莆田翁承赞擢为谏议大夫，后为同平章事、晋爵晋国公，擢居相位。宋代承袭唐制，设御史台为国家最高监察机关，"掌纠察官邪，肃正纲纪""大事则廷辩，小事则奏弹"。另一方面，为了牵制州郡行政长官，宋太祖在各地派驻"通判"，专门监察地方官员及其所属的部吏，号称"监州"。宋代是莆田人出任监察官较多的一个朝代，涌现出60多位御史、谏官等监察官员。北宋陈靖、蔡襄、许积、林英、傅楫、陈次升、卓厚、林冲之等，皆为御史官员之佼佼者。南宋莆田监察御史更是在朝堂表现突出，陈膏、林大鼐、陈俊卿、陈谠、黄黼、刘榘、丁伯桂、叶大有、黄镛、陈文龙是这一时期的御史代表人物。

明代，随着科举的兴盛，莆田士子由科举入仕者日益增多。明太祖将御史台改为都察院，设左、右都御史，左、右副都御史，左、右佥都御史，以及十三道监察御史110人，监察官队伍实力超群。明代莆田籍监察官员阵容庞大，达到160多人，而且官职较高，官至副都御史、都御史的多。其中著名的都御史有彭韶、唐际盛等，左、右副都御史有陈道潜、杨琅、翁世资、林俊、林元甫、方良永、陈琳、林茂达、郑岳、王大用、刘勋、林大辂、邹守愚、林云同、郭应聘、吴兆元、郑茂华、陈应元、余飏等，佥都御史有林富、林有孚、郑絅、陈志、柯昶、黄起雏、黄鸣俊、林一柱、林兰友等。莆阳御史群体还有官终宰辅、尚书者，包括王家彦、林云同、郭应聘、林兰友等。清代莆田士人也有著名御史如彭鹏、林扬祖、江春霖等。

莆阳御史、台谏官90%以上出身进士，其他也多为举人身份，著述丰富。黄滔《莆阳黄御史集》，翁承赞《翁拾遗诗集》，蔡襄《蔡忠惠集》，陈次升《谠论集》，方廷实《奏议》《表剳》，陈道潜《淇园编》《性理大全》，彭韶《彭惠安集》《政训》，林云同《退斋文集》，郭应聘《西南纪事》，林润《愿治疏稿》，陈茂烈《静思录》，方良永《方简肃文集》，郑岳《奏议》《驳稿》，戴士衡《吏垣奏疏》，王家彦《王忠端公文集》，彭鹏《古愚心言》，林源《奏议》，江春霖《梅阳江侍御奏议》等等，在中国监察史、反贪史上占有重要位置。

传统时期莆田籍监察官职位齐全，既有御史，又有谏官。御史有五代的侍御史，宋代的殿中侍御史、监察御史、通判，明代的左都御史、左副都御史、佥都御史、巡按御史、巡盐御史等。谏官有唐代的拾遗、补阙，宋代的左正言、右正言、左司谏等。考究起来，每一个职位都对应着一位大名鼎鼎的莆田籍监察官。这些莆田籍监察官们在纠劾敢言、匡正纲纪的履职过程中，将自己的体会思考融入了家风家训中，以劝诫的形式昭示后人，于是留下了大量传世御史家训。这些光照古今的家训，或谈为民，或论气节，隐含着忠贞不渝的道德操守、为国为民的磊落胸怀，令人肃然起敬。许多御史家训在传承中逐渐融入了后代子孙的集体记忆，影响深远。

莆阳御史士大夫为政养廉重节，严于律己、以上率下、垂范后人，形成了独特的人格力量，清官故事代代传扬。莆阳御史文化的当代价值，既体现在理想信念、价值追求、品行品格等精神层面，也熔铸于制度机制、遗迹遗存、人文艺术等具体形态之中，成为中华廉脉的重要组成部分，绘就了烁古耀今、流芳百世的莆田清风图谱。

2013年4月，习近平总书记在中央政治局第五次集体学习时指出："我们的先人早就认识到，反腐倡廉的核心是制约和监督权力。我国古代很早就有监察、御史、弹劾、谏官等方面的制度。这些制度有不少在历代反腐倡廉中发挥了重要作用，对我们推进反腐倡廉制度建设具有重要借鉴意义。"于新时代加强御史清廉思想的研究传承、学习教育、宣传推广，对于推进清廉莆田和文化莆田建设有着重要现实意义。

挖掘和传播御史文化，纪检监察机关肩负着重要的职责和使命。莆田市纪委监委实施的以"一馆一书一图"为主要内容的"挖掘御史文化，传承千年廉脉"工程，是贯彻习近平文化思想，落实中共中央、国务院《关于实施中华优秀传统文化传承发展工程的意见》的积极探索。习近平总书记强调,"把马克思主义基本原理同中国具体实际相结合、同中华优秀传统文化相结合","'第二个结合'是又一次思想解放,要充分运用中华优秀传统文化的宝贵资源,探索面向未来的理论和制度创新","要讲清楚中华文化积淀着中华民族最深沉的精神追求,是中华民族生生不息、发展壮大的丰厚滋养。"该工程的实施,必将有助于新时代纪检监察人传承古代御史激浊扬清的反腐理念,坚决打赢反腐败斗争攻坚战持久战;有助于广大党员干部从御史文化中汲取营养和智慧,有助于带动群众参与廉洁文化建设,在全社会形成以廉为荣的浓厚氛围。

莆田市纪委监委与莆田学院开展合作,进行"莆阳御史文化及当代价值"等课题研究,组织专家学者编撰御史文化主题学术专著,总结和凝练御史文化的精神内涵及核心价值,阐述莆阳御史文化的历史源流及当代价值,编撰出版《莆阳御史》一书,以古鉴今,古为今用,探寻中国古代监察制度的传承价值,文脉与廉脉贯通融合,相映生辉,彰显了新时代纪检监察机关的创新作为。

# 目　　录

**第一章　御史制度与莆阳御史官员概述** …………………………………… 1

　第一节　御史制度沿革及历史作用 ………………………………………… 2
　　一、御史制度起源 ………………………………………………………… 2
　　二、历代御史职掌 ………………………………………………………… 4
　　三、御史制度的历史作用 ………………………………………………… 18
　第二节　历代给事中职掌 …………………………………………………… 21
　　一、隋及其之前给事中职掌 ……………………………………………… 21
　　二、唐宋时代给事中职掌 ………………………………………………… 23
　　三、辽至明给事中职掌 …………………………………………………… 24
　第三节　明清时代的科道制度 ……………………………………………… 28
　　一、明清时代的科道官职掌 ……………………………………………… 28
　　二、清朝都察院及六科十五道职责 ……………………………………… 32
　第四节　莆阳御史官员概述 ………………………………………………… 36
　　一、唐朝著名御史 ………………………………………………………… 37
　　二、宋朝著名御史 ………………………………………………………… 38
　　三、明朝著名御史 ………………………………………………………… 39
　　四、清朝著名御史 ………………………………………………………… 41
　　五、莆阳御史独特品质 …………………………………………………… 42

**第二章　莆田清官廉脉及世族家风** …………………………………………… 43

　第一节　莆田古代清官循吏事迹及廉脉赓续 ……………………………… 44

一、莆田清官循吏数量及事迹特征 …………………………… 44
　　二、清官循吏廉政事迹举隅 …………………………………… 46
　　三、莆田古代清官循吏廉脉赓续 ……………………………… 52
第二节　莆阳御史士大夫精神及贡献 …………………………… 55
　　一、莆田士大夫及其精神 ……………………………………… 55
　　二、莆阳御史士大夫群体及精神内涵 ………………………… 57
　　三、历代莆阳御史士大夫人文谱系 …………………………… 58
　　四、莆阳御史士大夫精神表征 ………………………………… 63
　　五、莆阳御史士大夫的突出贡献举隅 ………………………… 66
第三节　莆阳御史世族家风 ……………………………………… 70
　　一、莆阳御史世族家风及特色 ………………………………… 71
　　二、莆阳御史主要世族家风 …………………………………… 74
　　三、莆阳御史世族家风的时代价值 …………………………… 81

# 第三章　莆阳御史文化形成的因素 ……………………………… 83
第一节　莆阳御史文化形成的地理因素 ………………………… 84
　　一、依山面海的地理生态环境 ………………………………… 84
　　二、独特山川滋育出莆人品格 ………………………………… 85
第二节　莆阳御史文化形成的人文环境 ………………………… 88
　　一、莆仙文脉对御史文化形成的影响 ………………………… 88
　　二、重教尚学习尚对御史文化形成的影响 …………………… 89
　　三、科举与典籍文化对御史文化的影响 ……………………… 91
　　四、理学文化对御史文化的影响 ……………………………… 92
第三节　莆阳御史文化形成的社会环境 ………………………… 94
　　一、文献名邦盛行儒风习尚的社会环境 ……………………… 95
　　二、家族倡导孝廉传家的社会环境 …………………………… 97
　　三、先贤立范、师友劝率的社会环境 ………………………… 99
　　四、风俗醇厚、忠惠相承的社会环境 ………………………… 100
　　五、清官廉吏、奕世褒扬的社会环境 ………………………… 102

## 第四章　莆阳御史"道"的特质及典型人物 ······ 104

### 第一节　莆阳御史"道"的特质 ······ 105
一、忠贞爱国 ······ 106
二、勤政为民 ······ 106

### 第二节　忠贞爱国御史典型人物 ······ 107
一、忠国敢谏、惠民德政蔡襄 ······ 107
二、忠贞不渝、节义报国陈文龙 ······ 111
三、清忠亮直、谨持政柄陈俊卿 ······ 115

### 第三节　勤政爱民御史典型人物 ······ 119
一、公忠直亮、治政有声龚茂良 ······ 119
二、规正有功、能文擅诗黄滔 ······ 123
三、造福赣鲁、为民请命翁世资 ······ 126
四、清廉端慎、以身殉国王家彦 ······ 129

## 第五章　莆阳御史"德"的特质及典型人物 ······ 133

### 第一节　莆阳御史"德"的特质 ······ 134
一、铁面无私 ······ 134
二、刚强正直 ······ 134
三、恪尽职守 ······ 135

### 第二节　铁面无私御史典型人物 ······ 136
一、强边固防、纠偏扶正黄洪毗 ······ 136
二、惩凶除恶、坚贞爱国林兰友 ······ 138
三、持守风节、铁面无私江春霖 ······ 140

### 第三节　刚强正直御史典型人物 ······ 144
一、为人峭直、以诗明志郑伯玉 ······ 144
二、察贤远佞、气节峭直林英 ······ 146
三、刚毅敢言、尽职尽责杨琅 ······ 148
四、刚直无畏、兴利除弊林俊 ······ 150

第四节　恪尽职守御史典型人物 …………………………………… 154
　　　一、直谏敢言、刚直无畏陈次升 …………………………………… 154
　　　二、论事鲠直、尽瘁效国丁伯桂 …………………………………… 156
　　　三、恪尽职守、清廉为官陈道潜 …………………………………… 160
　　　四、帝眷忠清、克尽勤劳彭鹏 ……………………………………… 163

第六章　莆阳御史"术"的特质及典型人物 ……………………………… 167
　第一节　莆阳御史"术"的特质 ………………………………………… 167
　　　一、知行合一 ………………………………………………………… 168
　　　二、深谋远略 ………………………………………………………… 169
　　　三、臻于至善 ………………………………………………………… 169
　第二节　知行合一御史典型人物 ………………………………………… 170
　　　一、静思克己、廉孝有声陈茂烈 …………………………………… 170
　　　二、刚正不阿、体恤民情林富 ……………………………………… 173
　　　三、勋功卓著、清贫无悔王大用 …………………………………… 176
　　　四、正直无私、精干勤敏林云同 …………………………………… 178
　第三节　深谋远略御史典型人物 ………………………………………… 181
　　　一、才华卓荦、十年八座林大鼐 …………………………………… 181
　　　二、锐谋除恶、情系桑梓林润 ……………………………………… 182
　　　三、智勇取义、正气凛然张日韬 …………………………………… 186
　　　四、谋事能臣、严明法治郑岳 ……………………………………… 187
　第四节　臻于至善御史典型人物 ………………………………………… 189
　　　一、谏议载誉、办学兴闽翁承赞 …………………………………… 189
　　　二、功成身退、清操自守彭韶 ……………………………………… 192
　　　三、勤敏干练、精于吏事林正 ……………………………………… 195
　　　四、尽忠职守、干臣直吏方良永 …………………………………… 196
　　　五、鞠躬尽瘁、操守端方林扬祖 …………………………………… 200

第七章　莆阳御史纪念性建筑 ……………………………………………… 203
　第一节　莆阳御史纪念牌坊 ……………………………………………… 203

一、现存及新修建御史牌坊 ·········································· 204
　　二、方志载原莆田县域御史纪念坊 ································ 211
　　三、方志载仙游县域御史纪念坊 ···································· 216
第二节　莆阳御史故居祠堂 ················································ 217
　　一、唐宋莆阳御史故居祠堂 ········································· 217
　　二、明代莆阳御史故居祠堂 ········································· 226
　　三、清代莆阳御史故居祠堂 ········································· 233
第三节　莆阳御史纪念馆 ··················································· 236
　　一、独立新建的御史纪念馆 ········································· 237
　　二、依托旧祠庙开辟的御史纪念馆 ································ 240
第四节　莆阳御史墓园 ······················································ 243
　　一、唐代御史墓园 ····················································· 244
　　二、宋代御史墓园 ····················································· 245
　　三、明清御史墓园 ····················································· 251

# 第八章　莆阳御史奏议选 ················································ 255
第一节　五代北宋御史奏议选 ············································· 256
第二节　南宋御史奏议选 ··················································· 267
第三节　明代御史奏疏选 ··················································· 277
第四节　清代御史奏议选 ··················································· 287

# 第九章　莆阳御史家族规训文选 ········································ 294
第一节　五代宋御史家族规训文选 ······································· 295
　　一、翁承赞训诗 ························································ 295
　　二、蔡襄训文 ··························································· 295
　　三、林英训文 ··························································· 296
　　四、陈俊卿训文 ························································ 297
　　五、刘克庄训诗 ························································ 299
第二节　明代御史家族规训文选 ·········································· 300
　　一、林俊训文 ··························································· 300

二、郭应聘训文 …………………………………………… 300
　第三节　清代御史家族规训文选 ………………………… 310
　　一、彭鹏训文 …………………………………………… 310
　　二、林源训文 …………………………………………… 312
　　三、江春霖训文 ………………………………………… 315

第十章　莆阳御史诗文选 ……………………………………… 316
　第一节　唐、五代御史诗文选 …………………………… 316
　第二节　宋代御史诗文选 ………………………………… 319
　第三节　明代御史诗文选 ………………………………… 328
　第四节　清代御史诗文选 ………………………………… 348

第十一章　莆阳御史现存著述 ………………………………… 353
　第一节　唐宋莆阳御史现存著述 ………………………… 354
　第二节　明朝莆阳御史现存著述 ………………………… 359
　第三节　清朝莆阳御史现存著述 ………………………… 370

第十二章　颂扬莆阳御史的戏剧、小说 ……………………… 373
　第一节　传统莆仙戏中的御史人物剧目 ………………… 373
　　一、传统莆仙戏《蔡襄》 ……………………………… 374
　　二、传统莆仙戏《林见素》 …………………………… 375
　第二节　新编莆仙戏中的御史人物剧目 ………………… 376
　　一、新编莆仙戏《洛阳桥传奇》 ……………………… 376
　　二、新编莆仙戏《御史江春霖》 ……………………… 378
　　三、新编莆仙戏《陈文龙》 …………………………… 379
　第三节　其他剧种中的莆阳御史人物剧目 ……………… 381
　　一、京剧《彭公案》剧目 ……………………………… 381
　　二、汉剧《彭公案》剧目 ……………………………… 384
　第四节　颂扬莆阳御史彭鹏的小说 ……………………… 385
　　一、长篇小说《彭公案》 ……………………………… 385
　　二、《彭公案》的续书 ………………………………… 387

三、评书《彭公案》 ……………………………………………… 388
　　四、绘画本《彭公案》 …………………………………………… 389

## 第十三章　莆阳御史文化时代价值及传承创新 …………………………… 391
### 第一节　莆阳御史文化的时代价值 …………………………………… 392
　　一、莆阳御史文化的精神弘扬价值 ………………………………… 392
　　二、莆阳御史文化制度方面的借鉴作用 …………………………… 397
　　三、莆阳御史文化的实践教育价值 ………………………………… 405
### 第二节　莆阳御史文化的传承 ………………………………………… 414
　　一、莆阳御史文化是累代传承的一种精神文化 …………………… 415
　　二、莆阳御史文化的当代传承 ……………………………………… 416
### 第三节　莆阳御史文化在新时代的创新弘扬 ………………………… 423
　　一、整合御史文化资源，打造"御史之乡"品牌 …………………… 423
　　二、挖掘御史资源，讲好莆阳御史清廉故事 ……………………… 423
　　三、打造廉洁文化阵地，创新弘扬莆阳御史精神 ………………… 424

**附录　莆阳御史官员名录总览** ……………………………………………… 428

**后记** …………………………………………………………………………… 479

# 第一章
# 御史制度与莆阳御史官员概述

中国特色社会主义国家制度和法律制度植根于中华民族五千年文明史所积淀的深厚历史文化传统。[1]在我们国家漫长的发展历史中建立有一套独特的权力监督体系,其中最为突出的就是秦汉以来直到清末逐步完善的御史制度。学术界认为,古代御史制度是中国监察和检察制度的深厚传统历史文化渊源。自古以来,凡言御史者,大抵认为在秦代以前是文书记事之官;先秦时期,天子、诸侯、大夫、邑宰皆置"史",是负责记录的史官、秘书官。自秦汉以后,其一变而为纠察百官大任之官。广义的御史,成为中国古代执掌监察官员的一种泛称。御史制度经魏晋隋唐宋元及至明清,大抵是承袭秦汉旧制。因此自秦朝开始,御史作为监察性质的官职,其负责监察朝廷、诸侯官吏之任,一直延续到清朝灭亡。御史之职,往往成为考察官吏的环节和提拔官吏的阶梯。可见御史制度是中国2000年封建君主专制所特有的监察制度。据记载,从唐贞观六年(632)登第的副都御史兼右散骑常侍郑积,到清光绪二十年(1894)进士江南道监察御史江春霖,莆仙籍有已任职御史及给事中经历的官员至少有246人,加上有御史、给事中官衔的封赠人员,总数超过300人。(见《附录一:历代莆阳御史官员名录总览表》)这在全国是极其罕见的。因此莆田

---

[1] 习近平:《坚持、完善和发展中国特色社会主义国家制度与法律制度》,载《求是》2019年第23期。

赢得了"御史之乡"的美誉。[1] 莆田出现横塘"一乡十二凤宪",即朱鸣阳、邱茂中、彭文质、张英、陈晦、林沂、彭甫、林棨、邱山、彭宪范、彭大治、张曰韬等御史。沙堤"一乡四台谏":即黄谦、张秉壶、许瀚、朱淑等御史。"傲骨考功,敢言御史"的刘勋、杨琅、方圭、林若周、张英、林道楠和方鲤等御史。"谏真人封,论阉宦死"的张秉壶、朱宽、王凤灵和俞诲等御史。[2]

本章概述中国御史制度以及莆阳御史官员的总体情况。

# 第一节 御史制度沿革及历史作用

## 一、御史制度起源

中国古代官制中"御史"作为官称起始很早。王国维《释史》一文认为:"史为掌书之官,自古为要职。殷商以前,其官之尊卑虽不可知,然大小官名及职事之名多由史出,则史之位尊地要可知矣……天子诸侯之执政,通称'御事',而殷虚卜辞则称'御史',是'御事'亦名'史'也。"[3]"御史"在殷商卜辞中已经出现,文字学家关于甲文"御"的释读同样存在分歧。多数学者主张"御"的本义与祭祀有关,只是历经西周、春秋及至战国,"御"的字义已有很大变化。"御"的祭名和祭祀的本义逐渐丢失,而抵御、驾驭和控制的引申义得到扩展,进而成为君王的特别用字。殷墟卜辞中,"御史"一词,有两种使用情况。一种是用为动词,"就是命令某人入王室'御事',即迎接事务";另一种是用为名词,即"御事"的官名。西周而后,"御史"无论随王出征、秉笔还是监察政事,职掌仍不明晰,似仍保持了侍从角色。

---
1 宋建晓、陈春阳、刘福铸编:《莆仙文化概论》,中国文史出版社,2020年版。
2 阮其山校注;(宋)李俊甫纂辑,《莆阳比事》校注下,海峡文艺出版社,2022.06,第625—639页。
3 清华大学国学研究院主编,方麟选编:《王国维文存》,江苏人民出版社,2014年版。

但因长期侍从君王并充当帝王耳目。"御史"的监察职能得到发展并渐为固化。到秦朝建立制度时,"御史"由侍从而荣登三公之一的监察御史便顺理成章了。[1]因此"史"作为官名,自始便显示其作为君王侍从的特征。制度化的御史,由侍从君王,到专责监视帝国政治体系的运行,君王耳目的制度功能逐渐固化。

御史制度可上溯至古代的言官和察官之制。中国古代在虞舜时就设有言官之职。考唐宋以前的制度,言官与察官本是分立的。谏官司言,御史司察。谏官掌规谏讽谕,献可替否;御史掌纠察官邪,肃正纪纲。谏官监督政府,谏劝皇帝;御史监督官吏,纠弹大臣。到了宋天禧年间(1017—1021)设言事御史,熙宁元丰年间(1068—1085)以言事官为殿中侍御史,或诏使监察御史兼言事,仍不想使谏官兼行纠弹的职务。故宋淳熙十五年(1188)虽依唐朝制度,置拾遗补缺,但却专掌谏诤,不许纠弹。

唐代重谏官、轻御史,而宋代的御史则多由言官兼权。金元以前的制度,御史属于御史台,给事中则或属于集书省(如宋、齐、梁、北齐等朝是),或属于门下省(如隋、唐、宋等朝是)。金、元以后,废门下省,而元、明两代虽不设或裁废其他谏官,但仍留给事中一职。明初使给事中属于通政司,后乃独立自为一曹,称为"六科都给事中",凡章疏案牍,皆同部院衙门平行。两者只因科道并立,各树党援,互相攻击。御史还要听都察院堂官的考察,独给事中无所隶属,故往往放纵自恣。清初尚沿用明制,六科独立,自为一曹,直到雍正元年(1723),才使六科隶属于都察院,听受都御史的考核。科道既然合并,实际上的职权亦因而变异。从法律上说,给事中虽然还有封驳诏令的大权,但事实上,诏令多由军机处密行,不从给事中手中经过,故给事中实际上亦变成御史了。

---

[1] 郑翠斌、逯慧娟:《御史探源:从侍从到职官的考察》,载《兰台世界》,2015年第6期。

## 二、历代御史职掌

### （一）汉及其之前御史职掌

秦代以前，虽然已有御史的名称，但御史多掌记事的职务，和后来的御史职权迥不相同。据《历代职官表》载："汉御史中丞执法殿中，与周官小宰掌宫刑以宪禁于王宫者相近，故郑氏援以为比。"又说："周官御史次于内史外史之后，盖本史官之属，故杜佑以为非今御史之任。然考其所掌，如赞冢宰以出治令，则凡政令之偏私阙失，皆得而补察之。故内外百官悉当受成法于御史，实后世司宪之职所由出。"[1] 由此看来，《周礼》上所说的御史，职务固然和后代的御史不同，但是小宰掌王宫的纠禁，与汉代御史中承居殿中兰台察举非法，似同为宫掖的近臣。而御史虽属小臣，但是因为他们掌治令，授成法，也的确可算司宪之官了。秦代以后，御史始掌纠察的职任。可以说，秦时已经有御史大夫、御史中丞、侍御史或柱下御史、监察史等官。汉武帝时期十三部刺史和司隶校尉的设置，充分说明御史制度在汉武帝时期有了较大的发展。西汉的御史，据《西汉会要》所载，除御史大夫及御史中丞外，尚有侍御史、治书御史、符玺御史、御史中丞从事、监军御史、御史大夫缘、西曹缘、主簿、少史、御史属、柱下令等官。到了东汉，废掉御史大夫，或虽复设御史大夫，却不率领中丞。故此后中丞为一切御史的长官，权势日重。

秦汉御史的职务主要有下列几种：（一）察举非法；（二）受公卿奏事，举劾违失；（三）典法度，掌律令；（四）理大狱，治疑案；（五）掌图书秘籍；（六）监理诸郡；（七）督察部刺史；（八）监察三辅郡；（九）监督军旅；（十）督运军粮；（十一）讨捕盗贼；（十二）禁察逾侈；（十三）纠察朝仪祭礼；（十四）安抚属国州县；（十五）护从巡幸；（十六）监护东宫。[2]

在中国古代监察制度发展与完善方面，秦王朝最大的历史性贡献是将御史体系基本上从行政体系中分离出来，而其主要措施是以御史大夫为副相，

---

[1]〔清〕黄本骥：《历代职官表》卷十八，商务印书馆，1964年版。
[2] 高一涵：《中国御史制度的沿革 中国内阁制度的沿革》，四川文艺出版社，2021年版。

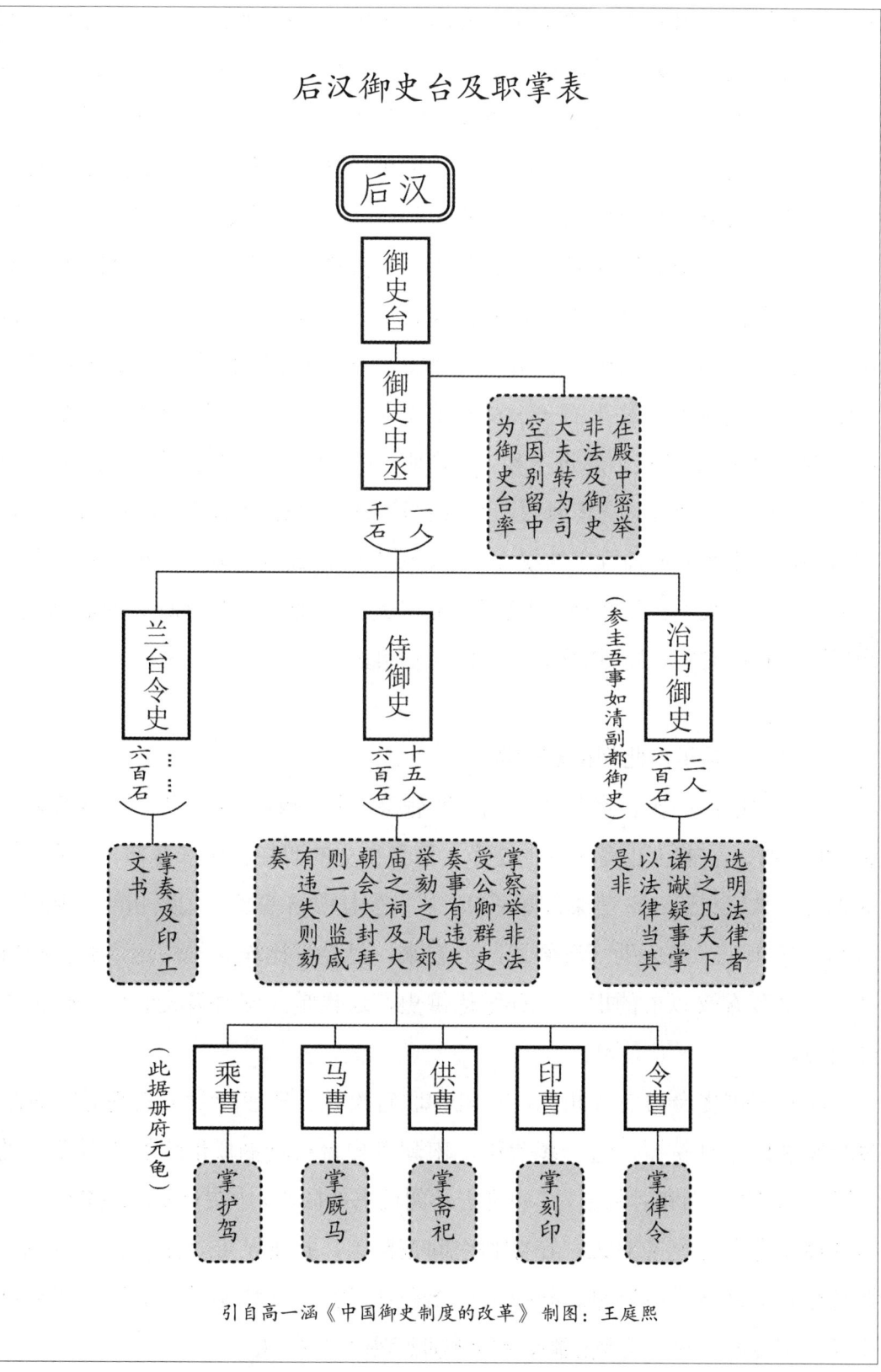

引自高一涵《中国御史制度的改革》 制图：王庭熙

独立开府办公，从而大大提高了监察机构和职官在整个政治体系中的地位和作用。御史大夫位列三公，身居副相，有权参与立法、行政、司法、监察等各项重大政务。在权力关系上，他只受皇帝的节制和法令的规范，不受包括宰相在内的其他官僚的节制。御史大夫的地位与职权充分反映了御史监察制度在整个权力体系中的相对独立性和重要性。御史大夫之设是御史体系从行政体系中分离出来的重要标志。这在中国古代政治制度史上具有划时代的意义。比较而言，在历代王朝的御史监察制度中，秦汉御史大夫的地位是最高的。《汉书·百官公卿表上》说："御史大夫，秦官，位上卿，银印青绶，掌副丞相。有两丞，秩千石……受公卿奏事，举劾按章。"御史大夫虽"掌副丞相"，但有时其权力超过丞相。他单独开府办事，又与廷尉和其他官员"杂治"重大案件，拥有司法审判权，因其主管图籍秘书、四方文书，谙知法律，拥有考课、监察和弹劾百官的权力，这项权力使其成为名副其实的监察官员。在中央，御史大夫上督丞相，下察百官；在地方，他通过派往地方的监御史，监察地方行政官员，特别是郡守、县令的治绩。

### （二）三国至南北朝御史职掌

御史制度到两汉已经演进成为一种很完全的纠察制度。自三国到后周，这360年中，官制上也有种种的变革。曹魏御史的职任，如掌奏劾、掌律令、察非法、掌度支运、掌考课、督军粮，以及安抚赈济等事，大致和两汉相同。惟治书侍御史，从应劭《风俗通》上看来，已经可比作御史中丞，到了曹魏以后，又复东汉以前的旧制，分统侍御史，这也是三国时御史制度变迁的重要之点。

南北朝御史台与前代相比，在机构职官设置上既有承续又有变化，其监察职权和政治地位得以进一步提升。南朝御史台机构的职能作用受到皇帝的重视，在监察级别和对象上，突破过去不纠尚书的限制，中央最高行政机构——尚书省成为其劾奏的对象；在监察空间范围上，打破了专纠行马内的限制，将监察权限拓展至行马外，自皇太子至公卿百官，无所不纠。又伴随"风闻奏事"制度的出现，展现出御史台机构职官权力的扩大。

# 魏朝御史制度表

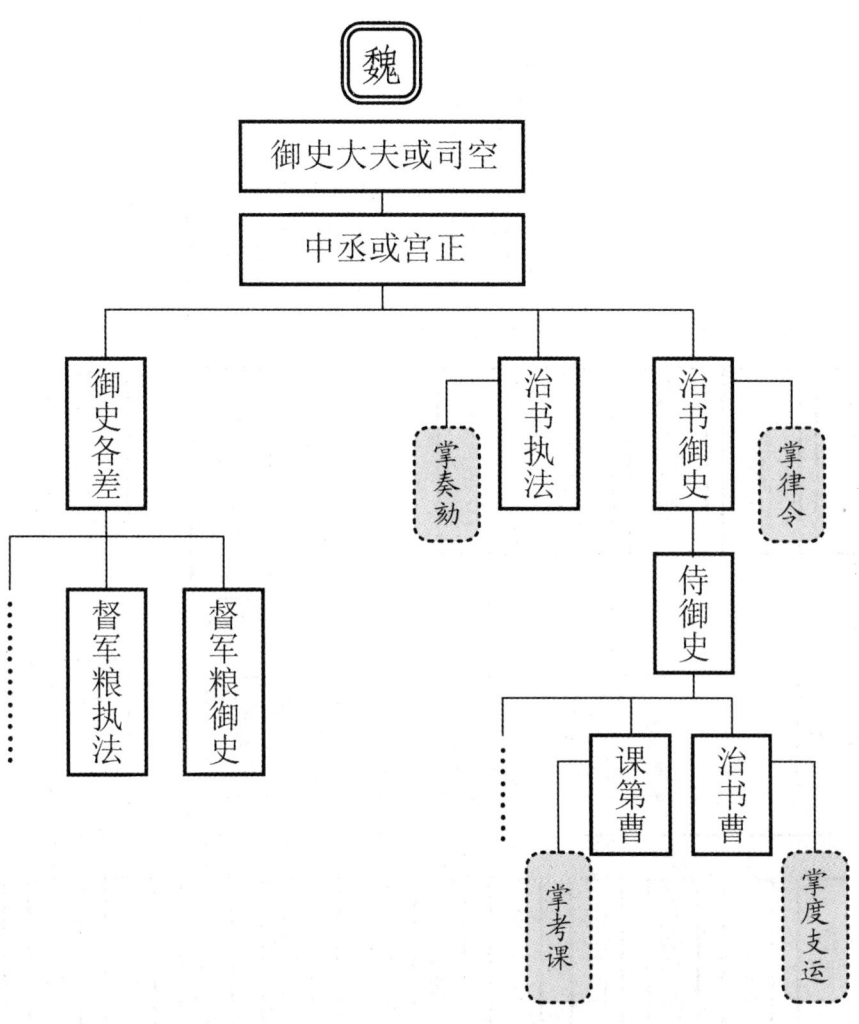

按：魏治书执法及治书侍御史略如清代的左副都御史

引自高一涵《中国御史制度的改革》 制图：王庭熙

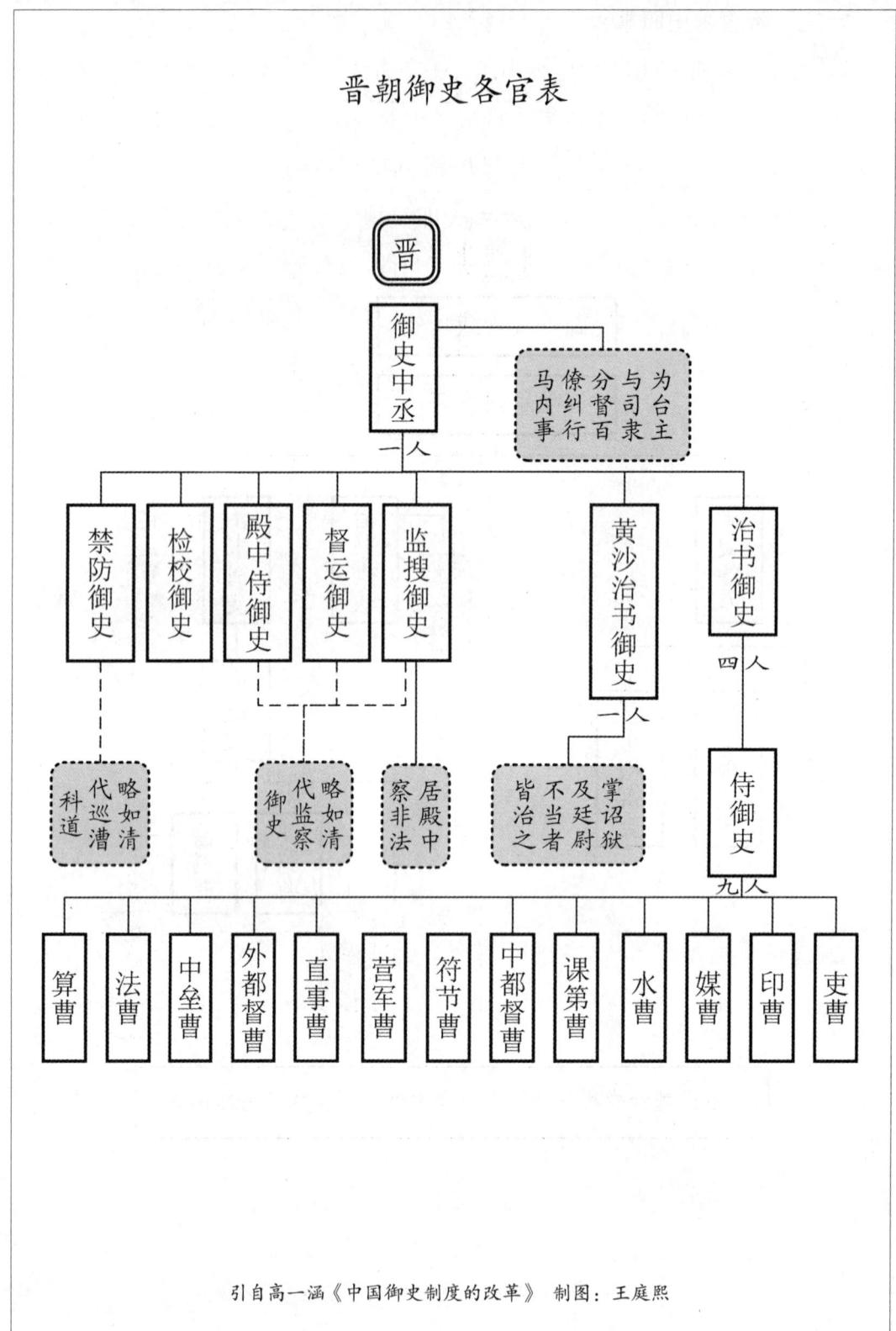

引自高一涵《中国御史制度的改革》 制图：王庭熙

### （三）隋唐御史职掌

隋朝御史台的变化，一是废中丞一官，抬高治书侍御史的品位，来代替中丞的职任；二是自隋炀帝废御史直宿禁中的旧制，于是御史便专属于外台。据《历代职官表》载："隋以中丞为大夫，而治书侍御史专主簿领以为之贰。至唐复改治书为中丞，自是而后，大夫即汉魏中丞之职，中丞即汉魏治书侍御史之职，名虽递易，而实则无殊也。"所以隋代御史台的治书御史便直居中丞的地位。自隋炀帝开始，御史渐渐离开宫禁，专隶属于外台了。这也是隋代制度一个重要的变迁。

唐代的御史制度发达，更为完善，其中十道分巡、六部分察，更成为后代制度的章本。据《唐六典》载，唐代制度大致如下："御史"大夫一人，从三品。中丞二人，正五品：掌邦国刑宪典章之政令，以肃正朝列。侍御史四人，从六品下。令史十五人，书令史二十五人：掌纠举百僚，推鞫狱讼。主簿一人，从七品下。录事二人，从九品下：掌印及受事发辰，勾检稽失。殿中侍御史六人，从七品上。令史八人，书令史十人：掌殿廷供奉之仪式。监察御史十人，正八品上。令史三十四人：掌分察百僚，巡按郡县，纠视刑狱，肃整朝仪。御史台三院：一曰'台院'，其僚曰'侍御史'，……二曰'殿院'，其僚曰'殿中侍御史'……三曰'察院'，其僚曰'监察御史'。

唐代御史制度的重要变迁就是分巡、分察两事。武后时改御史台为肃政台，设左、右肃政两台，"左以察朝廷，右以澄郡县"（《通典》）。由此看来，唐以御史出外巡察州县，虽然昉自秦代的监察史，但他所行使的职务，只是御史的职务，绝不是如清代的巡抚的职务。故唐代的十道巡按御史确是明代的各省巡按御史及清代的巡察御史的渊源；此外若安抚、存抚、宣抚等使，方才是明清两代巡抚的渊源。至于按察使在先本为观察使，颇与明代的按察使职分相似，皆与纯粹的御史职任不同。所以唐代设立这廉按州县再周而代的十道巡察使，实在是御史制度上一个重要的新发展。分察各部院衙门，是清代十五道监察御史的重要职权，而这种制度实在是从唐代分察制度渐渐演进而来的。唐代的分察制虽未十分发达，但是总可算是已经有个样子了。唐代的分察，很像清代十五道监察御史分察部院衙门。而且监太仓使就是清代

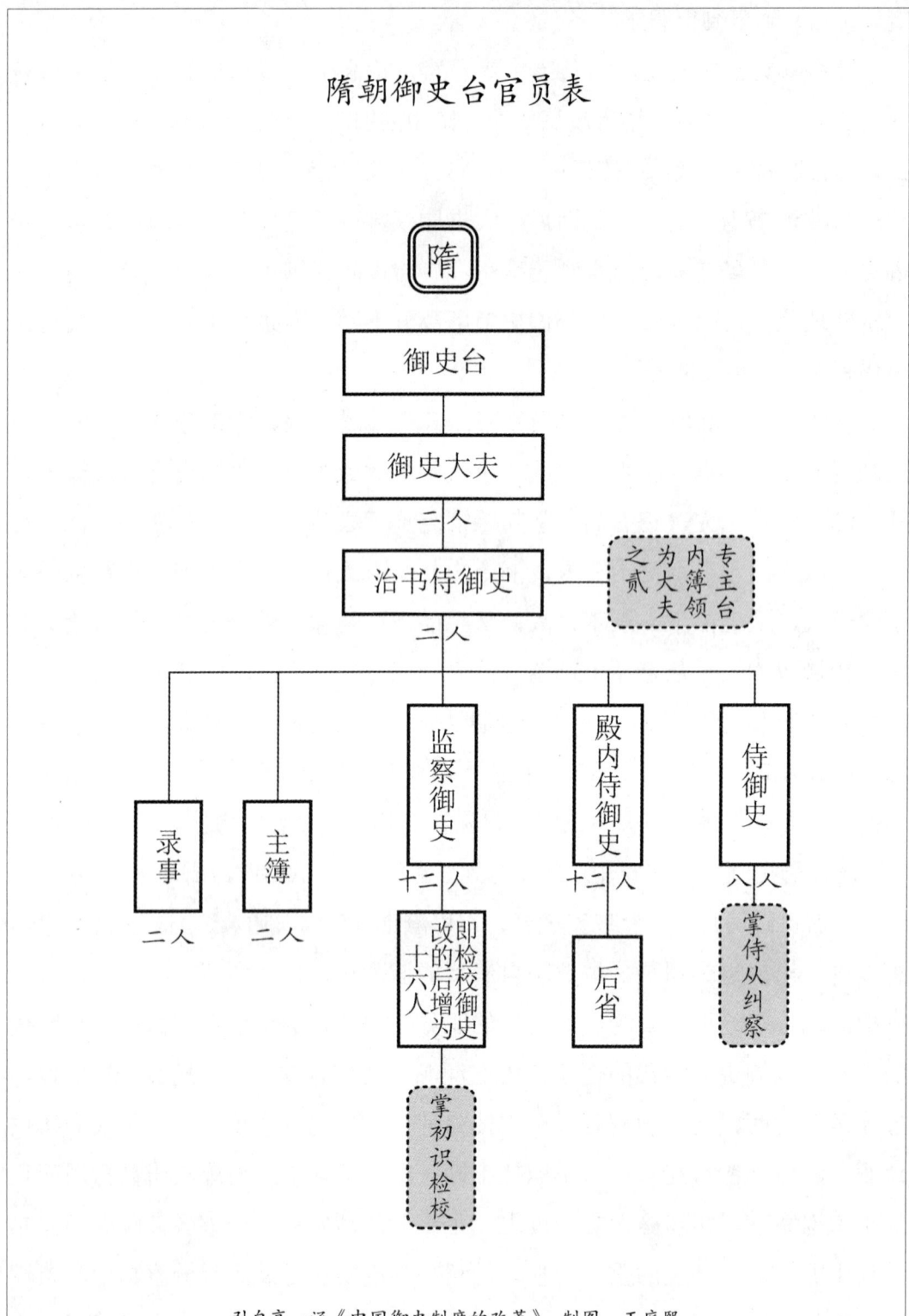

引自高一涵《中国御史制度的改革》 制图：王庭熙

# 唐朝御史制度官员表

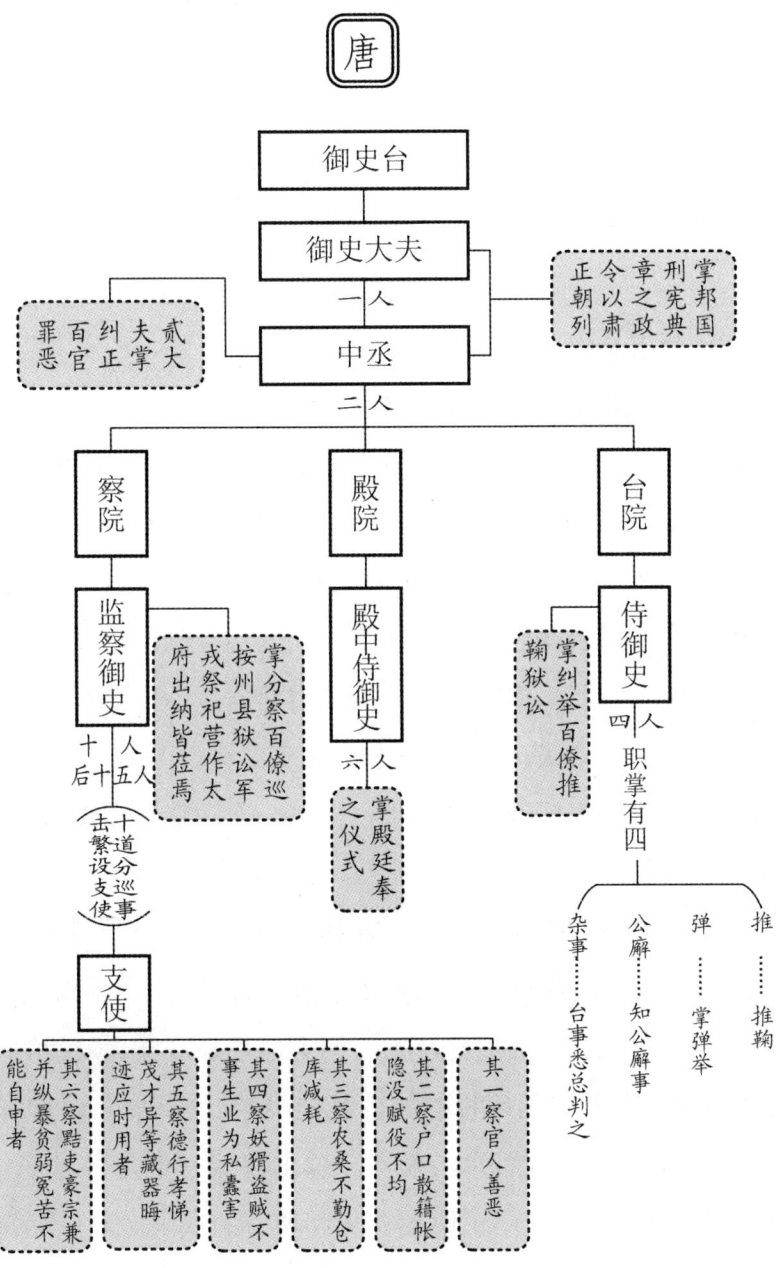

引自高一涵《中国御史制度的改革》 制图：王庭熙

巡仓御史的渊源，馆驿使就是清代巡察御史兼查驿站的渊源。故唐代的分察制度发生，在御史制度的历史上的确有很可注意的价值。

唐代自从开元时候（713—741）用中丞做采访使后，所有节度使、观察使、刺史等官，多加御史大夫或御史中丞衔。如节镇入京为本官，便叫作"知台事"；如在外的各使而兼大夫中丞官衔者，他的幕府参佐属员，皆用御史为之，叫作"外台"。元代的行御史台的制度，是从唐代的外台制度发源而来的；而明代的总督巡抚的制度，又是从元代的行御史台的制度发源而来的。这也说明了唐代的御史制在历史上的地位。

### （四）五代两宋御史职掌

御史各官在五代时无太大变化，如御史大夫、御史中丞、侍御史、殿中侍御史、监察御史、主簿等官，仍依唐朝的旧制，其中三院制也承继唐朝旧制。到了宋朝，御史制度变化有三个方面：一是御史大夫无正员，只为兼官；二是御史中丞除正员外，多以他官兼权，而三院出外任风宪之职，常用他官兼领；三是以御史兼言事，开台谏合一的先例。宋朝的御史制度据《宋史·职官志》载："御史台掌纠察官邪，肃正纲纪，大事则廷辨，小事则奏弹。中丞一人，为台长。侍御史一人，掌贰台政。殿中侍御史二人，掌以仪法纠百官之失。监察御史六人，掌分察六曹及百司之事。检法一人，掌检详法律。主簿一人，掌受事发辰，勾稽簿书。"

宋朝在未改官制前，任监察满4年而转殿中，又4年转侍御史，4年解台职，始转司封员外郎。由此可见宋朝御史迁叙都有常规，不由宰相随便任免。宋朝各官多用他官兼领，御史中丞及三院御史也都是这样。宋朝的御史中丞，不但多用言官兼权，并且多用宰相的属官兼权。唐朝的御史和谏官本是分立的，御史不得言事，谏官也不得纠弹。宋初，御史和谏官也是各有职司。到宋天禧（1205—1207）初年，朝廷下诏明定御史和谏官的权限。宋制使御史兼言事，虽然开台谏合一之端，可是却不许谏官行使御史的纠弹权。而且谏官仍属门下省，不属御史台，比较清代使给事中隶属都察院，将台谏两官完全混合起来，大不相同了。但是宋代的台谏虽然没有完全合一，可是御史得以在纠察非违

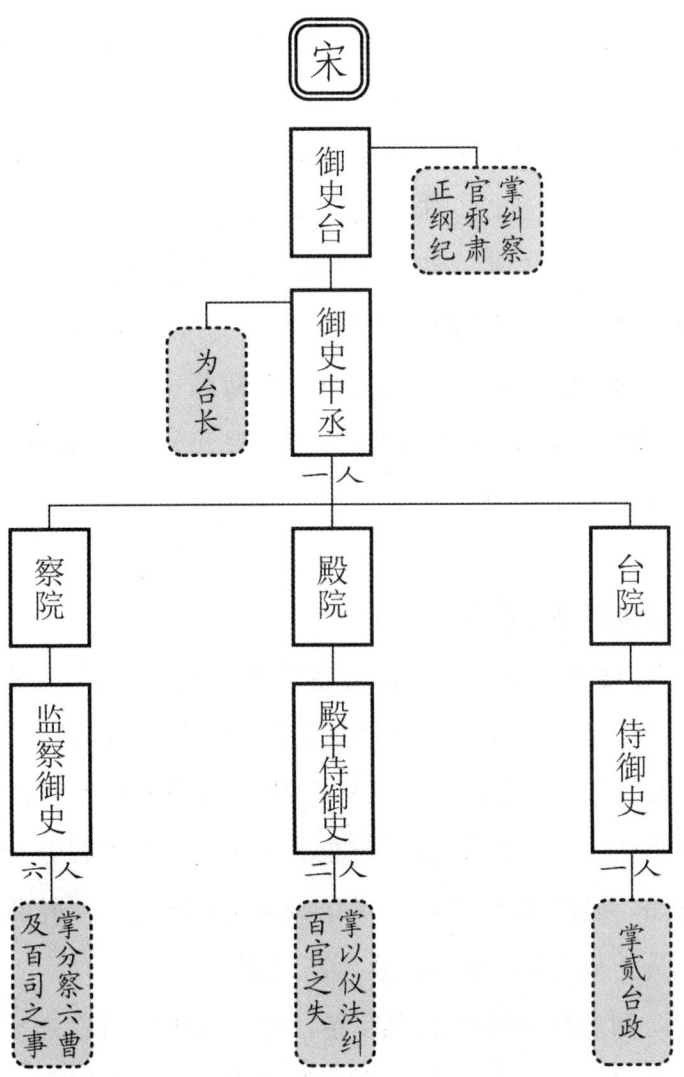

宋朝御史制度官员表

引自高一涵《中国御史制度的改革》 制图：王庭熙

的职权之外，还有论列时政得失的职权，这是御史职权的扩大。所以，宋制虽然不能算是台谏合一的制度，但宋朝是开台谏合一之端。[1]

由于御史职任甚重，宋代逐渐形成了一套比较严密完备的制度。选任御史时，重视御史的地方基层行政经历。元祐（1086—1094）时规定：殿中侍御史、监察御史以经两任知县、一年以上通判实历者担任。南宋乾道二年（1166）三月更明确规定："县令非两监祭御史。"宋代台谏合一，御史亦可谏言，选任御史要求实历知县和通判，有利于保证御史有丰富的地方行政经验，能更好地提出兴国利民的建议。宋代选任御史还注意其个人品德，其中最强调的是必须廉洁。"御史之道，惟赃为最重"，御史人选必须"自来别无赃"。宋代选任御史，还注意其必须具有"刚明果敢""公忠鲠切"的品质。所谓"刚明果敢"，就是要刚正不阿、明察秋毫、果断敢言；"公忠鲠切"就是要出于公心、忠于朝廷、言事鲠切。如果其人"温和软懦，无刚鲠敢言之才"，那么充任御史就不可能称职。[2]

### （五）金元明清御史职掌

据《金史·百官志》载："金朝御史台官职，御史大夫从二品，掌纠察朝仪，弹劾官邪，勘鞫官府公事。御史中丞从三品，贰大夫。侍御史二员，从五品，掌奏事，判台事。治书侍御史二员，从六品，掌同侍御史。殿中侍御史二员，正七品，每遇朝对，立于龙墀之下，专劾朝者仪矩。监察御史十二员，正七品，掌纠察内外非违，刷磨诸司，察帐，并监祭礼及出使之事。典事二员，从七品。架阁库管勾一员，从八品。检法四员，从八品。"

元承金制，御史台中各官也很完备。据《元史·百官志》载："御史台大夫二员，从一品。丞二员，正二品。侍御史二员，从二品。治书侍御史二员，从二品，掌纠察百官善恶，政治得失。殿中司殿中侍御史二员，正四品，凡大朝会，百官班序，其失仪失列，则纠罚之。察院秩正七品，尽察御史

---

[1] 高一涵：《中国御史制度的沿革 中国内阁制度的沿革》，四川文艺出版社，2021年版，第60页。
[2] 方宝璋：《宋代管理思想史》，鹭江出版社，2022年版，第472页。

三十二员,司耳目之寄,任刺举之事。"

元朝御史制度的特点,就是抬高御史的品位。唐朝御史大夫只从三品,中丞只正五品,侍御史只从六品下。金朝御史大夫只从二品,中丞只从三品,侍御史只从五品。到了元朝,御史大夫升到从一品,中丞升到正二品,侍御史和治书侍御史升到从二品。即就侍御史说,唐朝的侍御史虽然在殿中监察之上,宋代的侍御史虽然佐中丞,管台政,金朝的侍御史虽然与治书御史同判台事,但是品位皆在从五品以下。到了元朝,侍御史已经增秩到了二品,从此便成为堂上官了。三院仅存殿中察院,而殿中又只有2人,故明初便废去殿中侍御史,将纠仪的职务,归并到察院里边去,故三院制便从此告终了。这是元朝御史制度变迁的关键。元朝的御史,一方面可以建言,讨论时政得失;一方可以纠察,弹击百司邪恶。这样的职权,完全是承继宋制的。此外元朝还有一种特殊的制度,就是行御史台。行御史台分道设立,"统制各道宪司,而总诸内台"。元朝这个制度,就是明朝的督抚制度的渊源。

到了明朝,御史台便改称"都察院",御史大夫便改称"都御史",中丞便改称"副都御史",又佥都御史略当从前侍御史治书御史的职位。明初也仿效唐宋辽金元各朝,置御史台,设御史大夫(从一品)、御史中丞(正二品)、侍御史(从二品)、治书侍御史(正三品)、殿中侍御史(正五品)、察院监察御史(正七品)等官。后来废治书及殿中等官,由监察御史摄行职务。而监察御史竟增加到110人,人数之多前古未有。洪武中(1368—1398),罢御史台,置都察院。

据《明史·百官志》载:"洪武十六年(1383),升都察院为正三品;设左、右都御史各一人,正三品;左、右副都御史各一人,正四品;左、右佥都御史各二人,正五品;经历一人,正七品;知事一人,正八品。十七年(1384),升都御史正二品,副都御史正三品,佥都御史正四品,十二道监察御史正七品。建文元年(1399),改设都御史一人,革佥都御史……宣德十年(1435),始定为十三道……十三道监察御史一百十人,浙江、江西、河南、山东各十人,福建、广东、广西、四川、贵州各七人,陕西、湖广、山西各八人,云南十一人。其在外加都御史或副佥都御史衔者:有总督,有提督,有巡抚,有总督兼巡抚,

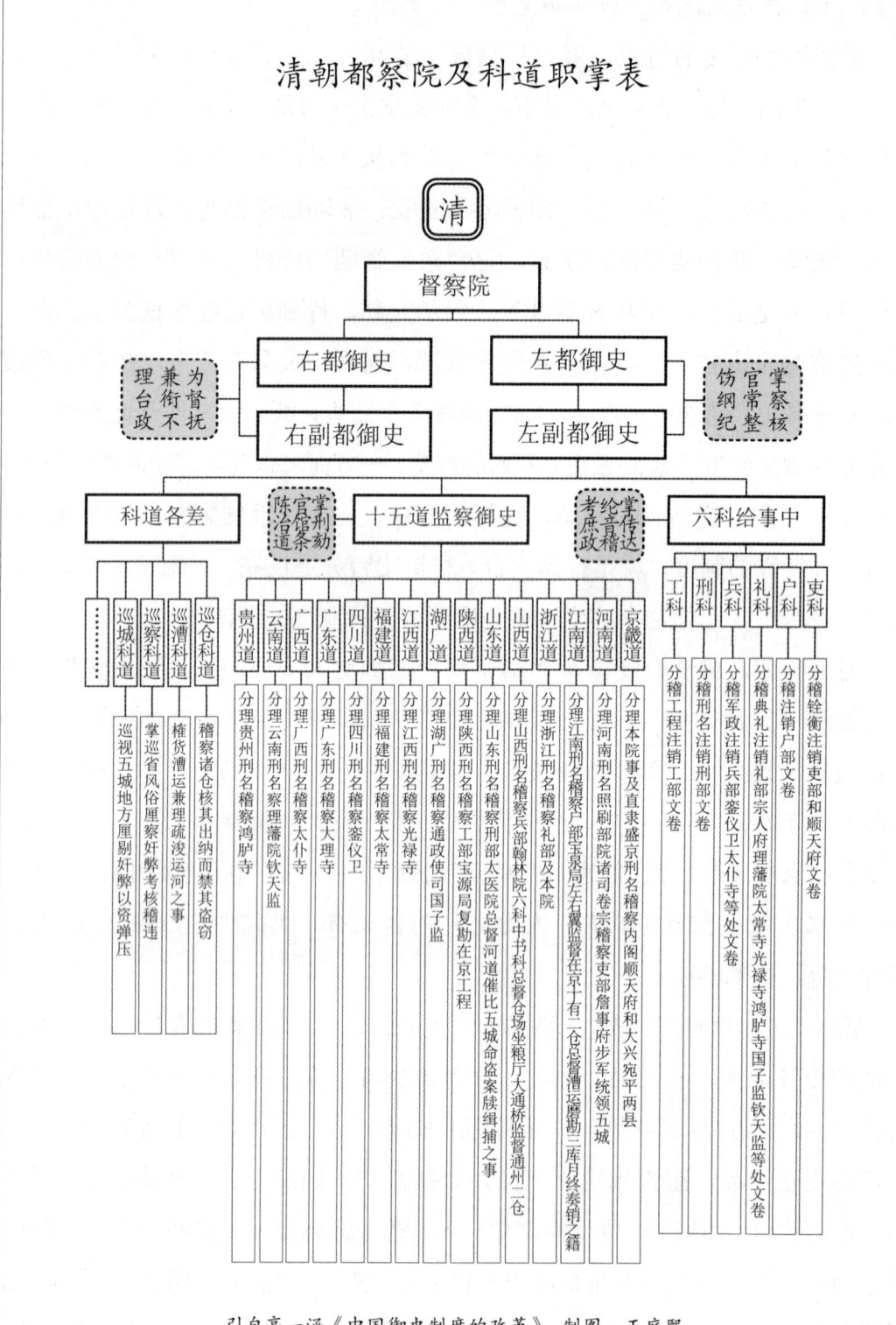

引自高一涵《中国御史制度的改革》　制图：王庭熙

# 清朝都察院六科十五道及职掌表

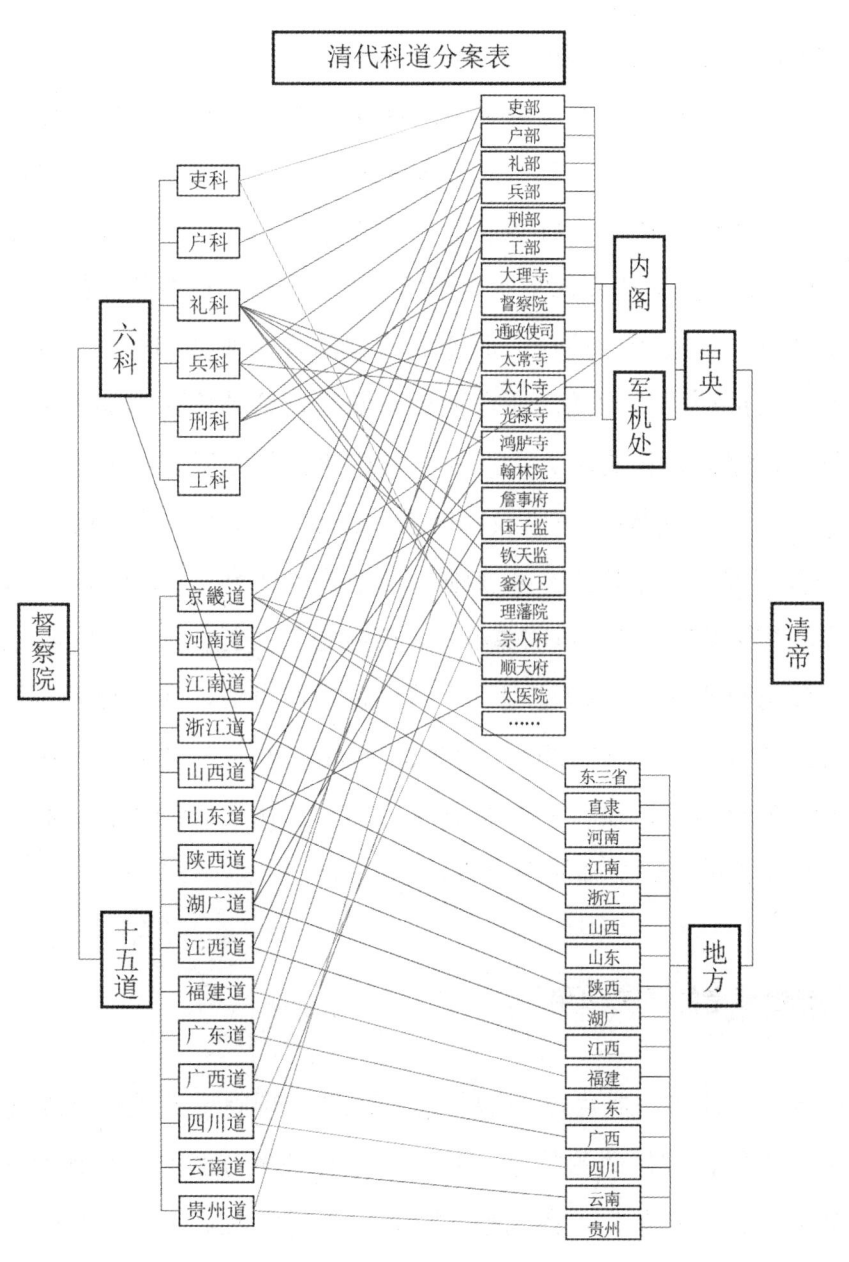

引自高一涵《中国御史制度的改革》 制图：王庭熙

提督兼巡抚,及经略总理赞理巡视抚治等员。"由此可见御史的职权到明代已经发达到极点。御史得到一二品的地位,算是元明两朝御史制度的特色。明朝,因为废去侍御史殿中、侍御史治书、侍御史等名衔,把纠劾巡按照刷问拟的责任,一概委给监察御史,故监察御史职权大大的扩张。由此可见监察御史的职权扩张,乃是明朝御史制度的一种特色。

明朝的都御史出使,就是清朝督抚兼都御史的渊源。明朝在巡抚之外,有巡按御史,与巡抚不相统属;又兼多用新进好事之人,往往倚势作威,受贿不法,或干涉州县之事,任意举错。清朝裁去这个官职,事权才能统一。故御史出使一制,也是明朝御史制度上很重要的一点。自秦朝监郡、唐朝巡按、元朝行御史台,经过明朝巡抚,而变成清朝的督抚兼都御史制。这也是研究御史制度的人所应当注意的。明清两朝,国家监督体系进一步发展。明初设有中书省、都督府、御史台、大三府,其中御史台掌管对官员的监察。明洪武十三年(1380),撤销中书省及相制后,设吏、户、礼、兵、刑、工等六部,直接由皇帝管理,监察权进一步加强。明洪武十五年(1382),又改御史台为都察院,"专纠劾百司,辨明冤枉,提督各道""主察纠内外百官之官邸",甚至可以参与重大案件审理过程。清朝设置检校御史,专司出外巡察事务,特别清雍正年间(1723—1735),其职责开始以职掌封驳为主,后扩展到评判政令得失的给事中制度,并入都察院,形成了历史上的"科道制度",从而进一步实现了国家御史体系统一性。

## 三、御史制度的历史作用

我国历史上的御史制度是中国封建社会的一项特殊政治法律制度,颇具封建专制中央集权官僚政治特色。其历史作用是多方面的。该制度的设立,主观上是为加强中央集权,控制各级官吏,以维护至高无上的皇权,但客观上也起到了维护社会安定,促进吏治清明,从而推动发展生产力和助力社会发展的作用。具体来说,主要有以下几点作用:

## （一）形成权力外部监督

（1）从组织地位看，御史组织是一种特殊建构，它相对独立于行政系统，相应地，其所行使的监察权也独立于行政权。对中国古代统治者来说，行政权和监察权是确保其统治权力和利益的两个重要方面，因此需要实现两者之间的平衡。这彰显出中国古代政治法律制度自我特色。

（2）从职权内容看，御史的职责包括监督法律以及法令实施；对违反朝廷法纪的官员进行弹劾、告发、起诉、参与并监督中央有关司法机关对重大案件审判过程；能在全国范围或在特定的地区内，对地方司法事务进行监督和检察。

（3）从监督权特点看，御史之权是一项有特色的职权。汉朝的监理民事，明清的督抚兼揽军政，属于行政权。在2000余年的君主专制之下，在遇有政治繁苛、官吏贪腐时，往往民众未举，御史官吏早已先举发了。诚如美国学者巴直氏在其《自由与政府》中所言，御史权是"中国的弹劾权，是自由与政府中间的一种良善调和方法"。

（4）监察制度在中国历史上，始终伴随着政治的兴衰，在代表中央权威与地方化之间左右摇摆，成为皇权节制地方的重要方式，是研究中国古代央地关系的重要参照物。

（5）御史制度所体现出的行政监察与司法弹劾不分、指控与审判不分，是其与现代检察权体制的重要区别，但它始终以保持监督属性为基础。从一定程度上讲，这种监察权与我国当下检察机关定位为法律监督机关的逻辑具有类似性，说明我国检察权是植根于民族传统之中，受到我国御史文化的影响。

## （二）加强中央集权控制

（1）封建皇帝通过御史制度控制各级官吏，防止削弱、分散君权，有力地维护了封建皇帝专制的中央集权。御史举劾朝野百官，能够有效地防范地方割据，危害中央集权统治。

（2）御史制度调节了各级封建官僚机构之间互相配合又互相牵制的关系，使文武百官尽忠职守，充分发挥封建官僚机器的统治效能，防止因官吏的个人行为危及地主阶级的整体利益，从而更有效地对劳动人民实行统治和镇压。

（3）御史制度的施行，使中央的法律、政令得以顺利地贯彻执行，能够防止各级官吏擅权越纪，使封建"吏治"控制在统治者规定的范围内，从而维护封建统治的"长治久安"。上述数点，客观上对维护封建社会的安定、发展生产力、"吏治清明"等，有它应该肯定的历史作用。

（4）整肃吏治的作用。古代"整肃吏治"，一是皇帝亲自过问官吏的选拔和任用，如"殿试"制度；二是重视对官吏的考核，严格执行考核制度，根据考核结果确定官吏的升、降和处罚；三是加强监察制度的运用，严密控制文武百官，使其认真贯彻执行中央的政令，严禁各级官吏擅权越纪，超出封建统治阶级规定的范围。[1]

### （三）对当代监察制度借鉴意义

2020年11月16日中央全面依法治国工作会议文件强调："自古以来，我国形成了世界法治史上独树一帜的中华法系，积淀了深厚的法律文化。与大陆法系、英美法系、伊斯兰法系等不同，中华法系是在我国特定历史条件下形成的，显示了中华民族的伟大创造力和中华法制文明的深厚底蕴。"中华法系历来重视对官吏行使权力的监督。法律监督权历来重视监督公权力，与"吏者，民之本、纲者也，故圣人治吏不治民"等中华优秀传统法律文化一脉相承。近代以后，不少人试图在中国照搬西方法治模式，但最终都归于失败。现在检察机关的行权方式能够为公民常识所理解，并不是根植于西方法律文化，很大程度上是因其传承了中华优秀传统法律文化这一精神脉络。纵然时代在发展，御史监察制度已经退出历史舞台，但是御史监察制度运行的保障机制，包括严格监察官员选拔考核、构建履职激励机制等，尚有进一步研究的价值。对于这些机制的研究，有助于我国监察制度的进一步完善。反腐倡廉工作任重而道远。党的十八大以来，我国反腐败工作取得阶段性胜利，但面对反腐败工作新形势、新任务，我们需要坚持以习近平法治思想为指引，

---

[1] 孙林、黄日涵主编：《政治学核心概念与理论》，天津人民出版社，2017年版。

进一步加强权力制约和监督,持续推进反腐倡廉制度化、常态化建设。尤其要坚持党对反腐败工作的集中统一领导,继续深化国家监察体制改革,构建对公权力监督全覆盖的监察体系,不断巩固和扩大反腐败斗争成果。

## 第二节 历代给事中职掌

"给事中"一词从秦朝已开始出现,原意为服务于内廷。在汉朝,其并非正式官称,常为大夫、议郎的加官,凡加给事中者俱可在皇帝左右顾问应对。其职位归属、具体职掌都尚不明确,"无员"表明其并不在正式的官职编制之中。至魏晋时期,给事中"或为加官,或为正员",看来尚未稳定。至《唐六典》,才对给事中的历史渊源及定义进行了较为明晰的梳理,可知至隋朝,给事中的职能范围和隶属部门才有了比较明确的规定。《宋史·职官一》载:"给事中,四人,分治六房,掌读中外出纳及判后省之事。若政令有失当,除授非其人,则论奏而驳正之。凡章奏,日录目以进,考其稽违而纠治之。故事,诏旨皆付银台司封驳。官制行,给事中始正其职,而封驳司归门下。元丰五年(1082)五月,诏给事中许书画黄,不书草,著为令。绍兴(1131—1162)以后,止除二人或一人。"逮至明朝,六科(吏、户、礼、兵、刑、工)给事中制对国家政治决策和执行机构,起到了不可低估的监控作用,成为明代政治体制内部自我调节的重要环节,对我国封建社会晚期阶段产生了值得注意的影响。

### 一、隋及其之前给事中职掌

给事中一官,在清代以前,或属于集书省,或属于门下省,或独立自为一曹,皆和御史台或都察院不生关系。到了清朝雍正元年(1723),才使六科改隶都察院，把台谏两官完全合并起来。故在清朝以前，给事中制度的变迁沿革，给事中和御史制度变迁沿革应分别叙述。给事中一官，在六朝以前，大概多以名儒贵戚充任，除侍从左右，备君主顾问外，似还没有"封驳"的职掌。

给事中设官，是从秦朝开始的。据《晋书·职官志》载："给事中秦官也。"但是秦汉时代虽然都有给事中的官名，可是只是加官，并无正员。给事中设为专官，起于晋朝。不过汉朝的给事中虽然没有正员，可是他的职掌已经有做后代给事中职掌渊源的资格了。汉朝给事中不过是君主的趋从左右、以备顾问的近臣，和侍中给事、黄门侍郎等官之侍从左右，出入禁中者，地位都很相近。东汉到了章帝以后，把给事中废掉，到曹魏时又置给事中，但仍同汉制，只为加官。晋朝的给事中已经不是加官，而且品位已经定为第五，设下正员了，故《历代职官表》载晋给事中设有定品。到了六朝，给事中的品秩和职掌更比较从前确定了。

给事中一职，在南朝梁时已经有"随事为驳"的职掌，可见给事中的"封驳"的职任，实际是从南梁起的。到南齐，给事中的人数既多且滥，到南齐以来，给事中的人数既多且滥，因而给事中没有称职官员。比较汉朝，是大大的退化了。北魏有中给事中（从五品）、给事中给事（从三品上）、给事中（从六品），及北部给事中、南部给事中、主客给事中等名称，但是史书上没有详载他们的职掌。到了北齐，给事中不但有明定的职掌，并且有明定的员额，可算是给事中制度上的又一进步。后周把给事中改为给事中士（60人），属天官府，"掌理六经，及诸文志，给事于帝左右"。其后六官之外，又别置给事中4人。

到了隋朝，给事中又改名给事或给事郎，员额虽然大大减少，可是职掌却由此渐渐确定。据《隋书·百官志》载："高祖受命，置门下省，有给事二十人，掌部从朝直。开皇六年（586），吏部又别置给事郎，散官番直，常出使监检。炀帝即位，移吏部给事郎为门下之职，位次黄门下，置员四人，从五品，案读奏案。"隋制给事中特点：一是从前的给事中属集书省，到隋代属门下省，后世便因袭不改。二是隋以前给事中，或专事侍从，或聊备顾问，或掌理经籍，自隋承宋齐梁陈的旧制专掌"省读奏案"，便为后代抄发本章的源渊。《历代职官表》认为六科职掌所沿，亦本于隋代。

因此各朝的给事中的职掌总括起来，有五种职责：一是侍左右，备顾问；二是献纳得失；三是省读奏案；四是驳正违失；五是掌理六经文志。

## 二、唐宋时代给事中职掌

给事中一职，到唐宋两代，法令上所载的职权，可算是大到了极点。尤其是唐代重谏官，薄御史，故谏议大夫和给事中可称为侍臣，而御史却只能称为法吏。给事中在封驳外还有他种的大权，直到唐代才在法律上有确实的根据。据《旧唐书·职官志》载："给事中四人，掌陪侍左右，分判省事。凡百司奏钞，侍中审定，则先读而署之，以驳正违失。凡制敕宣行，大事则称扬德泽，褒美功业，覆奏而请施行；小事则署而颁之。凡国之大狱，三司详决。若刑名不当，轻重或失，则援法例退而裁之。或发驿遣使，则审其事宜与黄门侍郎给之。其缓者给传，即不应给罢之。凡文武六品以下授职官所司奏拟，则校其仕历浅深，功状殿最，访其德行，量其才艺。若官非其人，理失其事，则白侍中而退量焉。若宏文馆图书之缮写雠校，亦课而察之。凡天下冤滞未申，及官吏刻害者，必听其讼，与御史中书舍人同计其事宜而申理之。录事四人（从七品上），主事四人（从八品下），令史十一人，书令史二十二人，甲库令史七人，传制八人，亭长六人，掌固十人，修补制敕匠五人。"

唐朝的给事中职权有很多的扩展，可以封驳诏敕，可以驳正刑狱，可以纠理冤滞无告，可以裁退选补不当。门下省事可以由他分判。若侍中侍郎并阙，可以由他监封题给驿卷。故从职权上说，给事中一职，到唐代真可算是权力大到极点了。

五朝的时候，给事中大概皆兼他官，不能专司封驳之任。故给事中的固有职权在五代时几乎停止。到了宋朝，给事中在制度上有两个重要特点：一是给事中分治六房；二是给事中升为门下后省的长官。据《宋史·职官一》载："给事中，四人，分治六房，掌读中外出纳及判后省之事。若政令有失当，除授非其人，则论奏而驳正之。凡章奏，日录目以进，考其稽违而纠治之。故事，诏旨皆付银台司封驳。官制行，给事中始正其职，而封驳司归门下。元丰五年（1082）五月，诏给事中许书画黄，不书草，著为令。绍兴以后，止除二人或一人。"又据《文献通考》载，到元丰五年（1082）四月，知谏院舒亶试给事中，自是给事始除为职事官。可见，宋初给事中几乎和五代一样，多用他官兼任，直到元丰（1078—1085）官制施行时，给事中才有专任的官员。明朝给事中分为六科治事，乃是承继宋朝给事中分治六房的旧制，故这一类的变迁，在给事中制度的沿革上，有很重要的意义。到南宋后，又设门下后省，用给事中为后省的长官，自此而后，给事中渐成独立的一曹。后来金朝废门下省，仍留给事中一官，和宋朝的给事中自为后省的长官，大有关系。故宋朝给事中制度变迁的这两点，是很值得我们注意的。

宋朝的谏官与台官例不相见，天禧（1017—1021）之后，虽然设言事御史，可是谏官仍是谏官，故真宗时有令谏官奏论宪臣弹举的诏书。大概台谏两官在宋仍然分立，故谏官御史可以互相纠驳。至于给事中虽同谏议大夫、拾遗、补阙、司谏、正言等同属门下省，但他的主要职务在封驳书读，当然和谏官不大相同。自宋朝起，渐渐有嫌恶谏官的倾向，所以谏官往往不常安排职位。到了后来三省的制度一废，凡是谏议、司谏、正言等官之在门下者，也因之而废。虽有谏院，也不常授予官职。到了明代，只存给事中一职，因把前代谏议、拾遗、补阙等职务，一并兼而有之。这是宋以后给事中制度和职权变迁的大概，推求原因，实在是由宋代给事中独立自成一分科办事官署的事实上发生出来的。所以，对于这一种情况，我们不能不特别的关注研究。

## 三、辽至明给事中职掌

辽金而后，谏官一职，不是名存实亡，便是名实皆废。至于给事中虽名衔未改，可是职权却常有变更。"辽南面门下省有给事中，次于散骑常侍。"（王圻《续文献通考》）金朝没有门下省，因而没有主封驳的机关，故特设审官院来掌封驳。至于给事中名目虽存，实则不掌封驳的职务，不过附属于管朝会宴飨的宣徽院,作为内侍转官罢了。故我们所应该注意的,只在金朝废掉门下省而仍留给事中一官这一点,至于给事中的职权却是名存实亡了。元朝的给事中,据《元史·百官志》载:"给事中,秩正四品。至元六年(1269),始置起居注,左、右补阙,掌随朝省、台、院、诸司,凡奏闻之事,悉纪录之,如古左、右史。十五年(1278),改升给事中兼修起居注,左、右补阙改为左、右侍仪奉御兼修起居注。皇庆元年(1312),升正三品。延祐七年(1320),仍正四品。后定置给事中兼修起居注二员,右侍仪奉御同修起居注一员,左侍仪奉御同修起居注一员,令史一人,译史四人,通事兼知印一人。"[1]

由此看来,给事中的职掌,到元朝又发生一大变化。在唐宋两代,给事中与起居郎虽同为门下省的属官,但给事中掌封驳,起居郎掌记注,职事本是不一样的。到了金朝,特别设一记注院,专掌修起居注事;而给事中虽然不掌封驳,却也不掌记注。一到元朝,给事中便变成兼修起居注的官吏。名衔虽然与唐宋一样,而职掌却和唐宋大异其趣。故就给事中本职说,也可算是名存实亡了。但是元朝的给事中虽然变成记注的官吏,可是这种职掌也却有个渊源。考宋朝给事中曾掌五案:"曰上案,主宝礼及朝会所行事;曰下案,主受发文书;曰封驳案,主封驳及试吏校其功过;曰谏官案,主关报文书;曰记注案,主录起居注。"(《宋史·职官志》)

由此看来,给事中主录起居注事,实在是自宋朝起首的,元朝不过因袭宋制罢了。但是在宋朝,修起居注事不过是给事中许多职掌中的一种,在元朝,则给事中乃以记注为专职,故名虽为因,而实则却是变革了。到了明朝,给事中的职掌,不但恢复唐宋的旧制,并且比唐宋两朝给事中的职掌有扩张。因为自明革中书省后,把一切谏官裁去,只留给事中一官,故给事中兼掌谏议、补阙、拾遗的职任。这就是明朝给事中职掌扩张的唯一原因。不过唐宋的给事中属于门下省,明朝的给事中却独立自为一曹(洪武(1368—1398)中暂属承敕监或通政司),这又是明朝的给事中渊源于宋,而和唐朝不同的地方。

《明史·职官志》载给事中的官职很详细,谓:"吏户礼兵刑工六科各

---

[1]〔明〕宋濂等撰:《元史(中)》,阎崇东等校点,岳麓书社,1998年版,第1269页。

都给事中一人（正七品），左右给事中各一人（从七品）。给事中吏科四人，户科八人，礼科六人，兵科十人，刑科八人，工科四人（并从七品）。掌侍从规谏，补阙拾遗，稽察六部百司之事。凡制勃宣行，大事覆奏，小事署而颁之。有失，封还执奏。凡内外所上章疏下，分类抄出，参署付部，驳正其违误。"

"吏科：凡吏部引选，则掌科同至御前请旨；外官领文凭，皆先赴科画字；内外官考察自陈后，则与各科具奏拾遗纠其不职者。"

"户科：监光禄寺岁入金谷甲字等十库钱钞杂物，与各科兼莅之，皆三月而代。内外有陈乞田土隐占侵夺者，纠之。"

"礼部：监订礼部仪制。凡大臣曾经纠劾削夺，有玷士论者，纪录之，以核赠谥之典。"

"兵科：凡武臣贴黄诰勃，本科一人监视，其引选画凭之制，如吏科。"

"刑科：每岁二月下旬，上前一年南北罪囚之数，岁终类上一岁蔽狱之数，阅十日一上实在罪囚之数，皆凭法司移报而奏御焉。"

"工科：阅试军器局，同御史巡视节慎库，与各科稽查宝源局。而主德阙违，朝政得失，百官贤佞，各科或单疏专达，或公疏联署奏闻（虽分隶六科，其事属重大者，各科皆得通奏，但事属某科，则列某为首）。凡日朝，六科轮一人立殿左右，珥笔记旨。凡题奏日附科籍，五日一送内阁，备编纂。其诸司奉旨处分事目，五日一注销，核稽缓。内官传旨必覆奏，复得旨而后行。乡试充考试，会试充同考官，殿试充受卷官。册封宗室诸藩，或告谕外国，充正副使。朝参门籍，六科轮流掌之。遇决囚，有投牒讼冤者，则判停刑，请旨。凡大事廷议，大臣廷推，大狱廷鞫，六掌科皆预焉。"

从以上来看，明朝的六科制度，在历史上可算是没有先例的特别制度。明制本多因袭元制，但是给事中在元朝不分科，宋朝的给事中分治六房，虽然可算是明朝六科的渊源，但是究竟是否如明代分职的详尽，史志上无从稽考。而且唐宋的给事中虽然和别的谏官同属一省，但是给事中只掌封驳，不掌其他的谏诤，职权究竟大有不同。到了明朝，给事中官位与职位都大大提高。给事中之上，有都给事中，有左、右给事中。而都给事中为六科领袖，格外慎重选任，又可见对其职掌的尊重。至于职权的扩张，是把从前所有的谏官职掌，兼而有之，专司封驳的官吏，一变成为奏论朝政得失、百官贤佞的官吏。而且六科都给事中凡章疏案牍得与部院各衙门平列，官位虽很低微，职权却很重要。

明朝的纲纪，多靠六科维持；明朝各部，又多怕"科参"的严厉。明末清初思想家、经学家、史学家顾炎武在其《日知录》卷九《封驳》中说："明代虽罢门下省长官，而独存六科给事中，以掌封驳之任。旨必下科，其有不便，给事中驳正到部，谓之'科参'。六部之官，无敢抗科参而自行者，故给事中之品卑而权特重。万历（1573—1620）之时，九重渊默，泰昌以后，国论纷纭，而维持禁止，往往赖科参之力，今人所不知矣。"在顾氏看来，明朝的六科在历史上是很有价值的制度。

不过明朝的六科独立，无所统属，故往往放纵自恣，干预分外的事务，例如"赵兴邦在兵科，至以红旗督战，敢干预兵事机宜，侵挠国政"（《历代职官表》），反不如御史尚受堂官的考察。而且科道两方，互相对峙，党同伐异，叠相攻击，竟没有方法去调和他们。这也是六科独立的一大弊端。清代把六科归并到都察院，大概是以明制为殷鉴了。[1]

---

[1] 高一涵：《中国御史制度的沿革 中国内阁制度的沿革》，四川文艺出版社，2021年版。

## 第三节　明清时代的科道制度

清朝将明朝的都察院和六科给事中合二为一，但仍沿用明朝都察院之名，作为最高监察机关，实行"科道制"，下设六科十五道。六科均以给事中为长官，专门监察中央六部事务；十五道设监察御史为长官，主管地方监察事务。科道官、是明清御史和六科给事中的称呼。学界对"科道官"这一概念存在狭义和广义两种理解。狭义上，科道官仅指各道御史与六科给事中。广义上，科道官不但指各道御史及六科给事中，还包括都察院的堂官左都御史、左副都御史和左佥都御史。本节所涉的科道主要是广义上的概念。科道制度，是指清代六科与御史相结合的制度。综观科道官员的活动始终在最高统治者"治道"与"治术"的掌控范围之内。

### 一、明清时代的科道官职掌

#### （一）明朝的科道官职掌

科道官是科官和道官的合称，明人又称之为"言官""台谏官""台省官""台琐清班"。科官指吏、户、礼、兵、刑、工六科的都给事中，左、右给事中和给事中。道官指都察院属官十三道监察御史，简称"御史"。给事中和御史虽分属于不同的系统，但地位相近、职掌相似，故往往并称。明朝科道官人数总的说来稳定在200人左右。其主要职责：一是处理召旨章奏。六科每天派员至会极门领取皇帝的诏旨和批复的章奏，经审核无误，抄发有关衙门，如有违失，许给事中封驳。二是考察官吏。明朝对官吏的纠察考核有两种方式：一种是以上制下，由皇帝、吏部、都察院考核。另一种是以下制上，由科道官纠劾。其中御史"主察纠内外百司之官邪，或露章面劾，或封章奏劾，其职尤专"。即使是以上制下的考核，科道官也参与其事。三是规谏皇帝，左右言路。四是参与议政。五是监察礼仪及中央官署。六是视察地方军政，监察外官。[1]

科道官虽然官秩不高，但权力很大，活动范围极广，因此科道官的选用标准十分严格，明朝提出监察御史当"慎选贤良方正之人"。明初至天顺、成化间（1368—1487），"进士、举贡、监生皆重选补。其迁擢者，推官、知县而外，或由学官。其后监生及新科进士皆不得与。或庶吉士改授，或取内外科目出身三年考满者考选，内则两京五部主事、中、行、评、博，国子监博士、助教等，外则推官、知县。自推、知入者，谓之行取。其有特荐，则俸虽未满，亦得与焉"。此外，还规定了严格的回避制度。对于监察官员犯罪的处分比一般官吏要重，"凡御史犯罪加三等，有赃从重论"。

在地方监察方面，除了各道监察御史对于所属地区的监察外，明代对地方的监察还有督抚制度和各省提刑按察司制度。明代对于地方实行监督的最高长官是总督和巡抚。巡抚在行使监察权的同时，兼管行政，所辖范围限于一省或者在一省内某地。总督除兼管民政外还兼管军事，所辖地区多超过一省。担任总督和巡抚的官员，都领有都御史衔，有"便宜从事"之权。明前期，总督、巡抚均为特派之员，事毕即归，至末期有少数演变为地方长驻官员。明代省一级政权机构还设立提刑按察司，执行对于地方的监察。此外，中央还定期派出监察御史巡行地方，建立起巡按御史制度，进一步强化了对地方行政的监察。

### （二）清朝的科道官职掌

清朝都察院的六科给事中和十五道（后改为二十道）监察御史合称为"科道"，谓之"科道官"。清朝将六科并于都察院，并设十五道监察御史。科道官"掌纠劾、官邪、条陈治道"。清朝统治者汲取了历代台谏官入选的经验，对科道人选在出身、仕历等方面限制颇严、标准严格，而且选拔科道官的程

---

[1] 王天有、陈稼禾：《试论明代的科道官》，载《北京大学学报（哲学社会科学版）》，1989年第2期。

序相当严密，任命也极其庄重。清朝科道虽然合一，但是六科分察京内各部院的文书。十五道除稽察京内各部院事务外，还分理京外各省的刑名。一似偏重在纠正君主的违失，一似偏重在纠正百官的违失。故科道的职权，在法令上仍然是分立的。整个清朝科道官3087人，其中汉人2153人，进士出身者1770人，95%的汉御史皆来自科举正途。满科道官934人，无出身即来自"偏途"的高达759人，只有约20%为正途出身，其中进士出身的仅占3%。清朝科道制度在整肃吏治纪纲、弹劾不法官吏、纠正治国违失方面，发挥了积极作用，清初一大批贪官污吏被巡按弹劾并受到重惩。

清朝统治者考选御史时强调出身，实际上是讲究御史的文化素质。清朝入仕之途，分为正途和偏途两种。依科甲贡监出身者谓之正途，凡依举荐捐献及吏员的特殊迁秩而出身者视为偏途。另外，大理寺评事、太常寺博士、中书科中书行人司行人等历俸二年者，俸深有为的推官、知县可以考选给事中与监察御史；各部郎中、员外郎主事、内院中书、国子监博士、京府推官等也可考选御史监察官。清朝官员出身正途受重视，杂途受轻视。御史的出身问题尤其讲究。顺治中（1644—1661）规定，汉官由贡生出身者，不准考选御史。康熙时又规定，汉官非正途出身者，虽经保举，不准考选。

顺治朝，科道官考选与行取之制并行。在内则由中、行、评、博等官考选，在外则由三年考满之推官，知县行取。如顺治元年（1644）规定："考选给事中、监察御史，以大理寺评事、太常寺博士、中书科中书、行人司行人，历俸二年者，及在外俸深有荐之推官、知县考取，若遇缺急补，间用部属改授。"但后来御史高去奢奏称："台谏之设，所以寄耳目之司。今国运方新，庶司充列，而独令台省班联，晨星寥落，非所以广言路也。请行部曹改授之法，采其声望素著者铨补。"于是，世祖遂令部曹列入考选正式候选人，而对推官、知县则加以限制，只京府推官方许考选，又于上列中、行，评、博官之外加上内院中书和国子监博士。如清乾隆到道光间（1736—1850）纂《钦定台规》记载，顺治二年（1645）定例考选给事中、御史，由各部郎中、员外郎、主事、大理院评事、太常寺博士、中书科中书、行人司行人、内院中书、国子监博士、京府推官考选。顺治三年（1646），都察院因科道授官不足，请复推官、知县行取之制，得到世祖的许可，但部员补授，谕令停止。十五年（1658），又以吏部、都察院联奏御史仍不敷差遣之用，再恢复部属补授制度。

康熙朝，科道考选制度亦几经变迁。在康熙（1662—1722）初年，朝廷以为实行推官、知县行取之制，各行省推官和知县势必大批应考，将会导致部属入科道机会减少，故在康熙元年（1662）规定，凡科道员缺，皆由六部郎中改授，它途皆裁。七年（1668）又以"科道行取，原因亲民之官，谙悉利弊，得以据实指陈，有裨政治，且足鼓励人材"，于是复推官、知县行取制度。九年（1670），取消郎中补授资格，而以六部主事及中、行、评、博和知县考选，并规定六部主事由中、行、评、博升者，通理前俸，准考选，由别项升者须历俸二年，方准考选。三十六年（1697），复郎中、员外郎补授之制。三十九年（1670），又将翰林院编修，检讨列科道考选之林，但不久又取消。四十四年（1705），御史黄秉中上疏："科道官由满洲、汉军升补者，大抵积俸二十余年。汉人一为知县，俸满三年，行取到部，即行考选科道，殊觉太骤。请嗣后行取知县，先以六部主事用，俟练习有年，始许考选。"自此以后，凡行取知县须升主事后方准考选。

明朝及清朝初期建立的对于科道等监察官员的激励机制也是十分有效的。明朝统治者给予科道官员以特殊的升迁待遇，正七品的监察御史和从七品的给事中外放时往往为正四品知府和按察副使，故"官由科道升者，每苦太速"，借此鼓励在职者恪尽职守。清朝对于科道官员除了每三年的"京察"外，每年要单独对科道官员进行考核，科道官员内升可以补授为各部尚书等职务，外放则为道员等职。科道官的内升外转，"以示劝惩也"。总之，明清监察制度在坚持"以卑察尊"的基本原则外，科道官员的考核和升转更加严格并注重激励制度。[1]

---

[1] 刘丽君：《清代顺康两朝科道官员研究》，中央民族大学博士论文，2007年。

## 二、清朝都察院及六科十五道职责

### （一）都察院及其职责

清初因袭明制，六科独立，自为一署，直到雍正元年（1723），才把六科归并到都察院，形成台谏完全合一的制度。据《皇朝文献通考》卷八十二载清代都察院的职责如下："都察院专掌风宪，以整纲饬纪为职，凡政事得失、官方邪正、有关于国计民生之大利害者，皆得言之。大狱重囚，偕刑部大理寺谳之。左都御史满洲、汉人各一人（从一品）。左副都御史满洲、汉人各二人（从三品）。右都御史，右副都御史，俱外省督抚加衔，无专职。吏科、户科、礼科、兵科、刑科、工科掌稽察六部百司之事，凡制敕宣行，大事覆奏，小事署而颁之。如有失，封还执奏。内外章疏，分类抄集，参署付部，驳正其违误焉。监察御史掌纠察内外百司之官邪，在内：刷卷，巡视京营，监文武乡会试，稽察部院诸司；在外：巡盐巡漕巡仓等，及提督学政。各以其事专纠察。朝会纠仪，祭祀监礼，有大事集阙廷预议焉。分道十有五：曰京畿，曰河南，曰江南，曰浙江，曰山西，曰山东，曰陕西，曰湖广，曰江西，曰福建，曰四川，曰广东，曰广西，曰云南，曰贵州。"

### （二）六科十五道及其职责

清代六科给事中与各道监察御史共同负责稽察京内各部院衙门事务，两者监察的部门有某些是重合的，也就意味着这些部院衙门是需要科道双重稽察的。各道与六科稽察部院事务的细微差别是六科主要是对专门的部门和业务进行监察，要求诸事尚在进行当中，便发现并纠正其可能的危害，消灭可能造成的损失，御史则比较侧重于对所谓触犯纲常礼教的犯罪行为的弹劾，两者是一种相辅相成的关系。唐朝台谏并列，明朝科道分设，清朝的科道则在组织上完全统一。清朝，一方面在名义上允许监察官风闻言事，直言不讳；另一方面为了防止监察官权力过大，规定其对百官弹劾要经皇帝裁决。至宣统年间（1909—1911），新内阁成立，都察院被撤销。清朝都察院六科十五道的职责如下：

1. 建议政事权。清朝承继唐宋旧制，凡左都御史、左副都御史、给事中、监察御史都许风闻言事。旧有轮班条奏之例，凡政事得失，民生疾苦，制度利弊，风俗善恶，皆能以耳目官的资格，尽量陈奏。故顺治十年（1647）上谕："凡事关政治得失、民生休戚、大利大害、应兴应革、切实可行者，言官宜悉心条奏、直言无隐。"平时的条奏，随人各抒意见，如果遇到政事上有大阙失，便可由各道全体列名，公同封进。清初设有建白牌，由各道轮流司管，遇有可言的事件，即由司建白者具稿，会同各道御史署名奏陈。

2. 监察行政权。不管是中央官厅，或是地方官厅，凡他们所管事务的施行和成绩，皆当向都察院或各科各道报告，各科道得检查。这一类报告，兼察视政治的状况。如有违反法令，妨碍公益，以及紊乱官纪的事情，都可由各科道奏请纠正。

3. 考察官吏权。凡"京察"由本衙门考核，填注考语事迹，造册密送吏部、都察院吏科、京畿道会考。至于外官"大计"，由各省督抚核实官评，分别汇题吏部会同都察院吏科、京畿道详加考察，分别奏请。如课有鉴衡不公、黜陟失当、徇情滥保、姑容不职者，皆可由科道纠参。此外，如吏、兵等部及宗人府等衙门的议处人员，如降级、罚俸等惩戒处分，亦由都察院堂官察核例案，定议具奏。

4. 弹劾官吏权。都察院虽然有监察行政、考察官吏的权力，但却没有指挥命令官吏的权力，并且没有直接的惩罚官吏的权力。故都察院监察权的行使，全靠这弹劾官吏权来做保障。弹劾不以都察院的名义，只用御史的名字，各御史皆有独立的弹劾权。因为都察院有整饬风纪的责任，故在法律问题之外，还可以管道德问题。因此不独对于百官违反法令、妨害公益的行为，可以弹劾，就是对于官吏的私德私行，也可以弹劾；不但对于败坏风纪已成实事的行为，可以弹劾，就是对于风闻传说、未明真相的行为，也可以弹劾；不独对于普通官吏可以弹劾，就是对于王公贝勒大臣也可以弹劾。天聪十年（1636），上谕："凡有政事背谬，及贝勒、大臣有骄肆慢上、贪酷不法、无礼妄行者，许都察院直言无隐。即所奏涉虚，亦不坐罪。"（《钦定台规》卷二）这种风闻弹劾的旧例，的确是御史的唯一保障。

5. 会谳重案权。凡犯罪至死的重狱，必定要下刑部、都察院、大理寺三法司会同覆核，这就是近代司法制度中的终审权。古代御史职在执法，故常常被称为"法吏"。清朝也承认"御史理刑，是其职掌"，故"凡交三法司核拟事情，御史会同大理寺官面审同议"（《钦定台规》卷上）。至于"各省刑名事件，分道御史与掌道御史一同稽核"（《钦定台规》卷一）。"若意见不符，或有两议者，应于五日内缮稿送部，一并具题。至外省会稿事件，或有另议，亦于五日内缮稿送部"（《钦定台规》卷一）。由此可见，都察院随同刑部、大理寺核审，虽然没有独立的裁判权，可是却能以独立的意见拟定判决书上陈君主。故都察院至少也可算构成终审裁判机关的一个重要部分。

6. 辨明冤枉权。清朝的上告，到都察院及通政使司衙门具本奏闻为止。顺治八年（1645）上谕："自今以后，凡有奏告之人，在外者，应先于各该管司、道、府、州、县衙门控诉；若司、道、府、州、县官不与审理，应于该管总督、巡抚、巡按衙门控诉；若总督、巡抚、巡按不准，或审断冤枉，再赴都察院衙门击鼓鸣冤；都察院问果冤枉应奏闻者，不与奏闻，准赴通政使司衙门具本奏闻。在京有冤枉者，应于五城御史及顺天府宛、大二县告理；若御史府县接状不准，或审断不公，再赴都察院衙门、通政使司衙门具奏申告。"（《钦定台规》卷十一）又十八年（1655）都察院题准："官民有冤枉许赴院辩明，除大事奏闻外，小事立予裁断；或令行该督抚，覆审昭雪。"（《钦定台规》卷十一）由此看来，都察院乃是清代救济冤枉的上告机关，都察院处理上告案的方法有三：一为具本奏闻，二为咨回各该省督抚覆审，三为径行驳斥。不过据嘉庆四年（1799）的上谕"遇有控告该省督抚贪黩不职，及关涉权要等事，或瞻徇情面，压搁不办，恐启贿嘱消弭之渐，所关非小"（《钦定台规》卷十一），这一类的上告案，一概不许"擅自驳斥"。由此可见，都察院在事实上一半是救济冤狱的裁判机关，一半是行使行政裁判权的行政裁判机关。

7. 检查会计权。无论中央或地方官厅，凡经费的出纳，皆受都察院的监察，各官厅所作的会计报告，皆付都察院检查。例如户科，凡京内各衙门支领财物的册簿及捐项，皆得随时考查；京外各省的钱粮、杂税、漕粮、盐课、关税等事，有浮冒舛错蒙混的，皆得指出参劾。故都察院对于会计的审查，似乎比近代审计院的权限还大。

8. 封驳诏书权。六科对于本章诏旨的封还驳正权，早定于顺治（1644—1661）初年。据《钦定台规》卷十二载："凡部院督抚本章已经奉旨，如确有未便施行之处，许该科封还执奏；如内阁票签批本错误，及部院督抚本内事理未协，并听驳正。"这就是自梁陈以来，历代给事中所有的驳正违失权。清朝凡中央或地方官厅的本章，先经内阁阅看，附以意见，送到军机处，军机大臣在御前会议决定后乃下上谕。上谕下即由给事中赴内阁取领，分发各科。如果科员确实认定该上谕未便施行，即可说明理由，封还军机处，这就叫作"封驳"。唐朝的给事中可以涂窜诏赖，或就赖尾批却之，封还与驳正并用。到了清朝，对于上谕只能封还，惟对于本章才可以驳正。故就法令说，六科对于君主的诏书，严格说起来，只有封而无驳了。

9. 注销案卷权。据《钦定台规》卷十二载，顺治十八年（1655）的上谕："各部事务虽巨细不同，于国政民情均有关系，理宜速结。今各部一切奉旨事件，及科抄，俱定有限期，六科按月察核注销。其余不系奉旨事件及无科抄者，若不专令稽察，必致稽迟。除刑部已差科员稽察外，吏、户、礼、兵、工、五部亦应照刑部例，各差科臣一员，不时稽察。如有迁延迟误事件，即行参奏。"此外如顺天府、宗人府、理藩院等各衙门的文卷，也一律分科稽核，依限注销。如有逾限不结的事件，听各科指参。这种注销权后来虽然变成虚应故事，但是对于执行的监督，总算以这个方法为最周密了。

10. 监察礼仪权。自汉朝用御史纠仪而后，历唐宋到明清，监察朝仪的职掌或归殿中侍御史，或归监察御史。清朝的朝会，必由御史稽察朝仪，遇有紊越班行、言语喧哗、威仪不肃者，皆可弹劾。至举行祭祀临雍各种典礼，也由御史稽察违失、肃正礼仪。这也是在专制的时代，维持君主尊严的一种重要的方法。

从上边所述的各种职权看来，科道乃是专制君主的耳目喉舌，其职掌是非常的重要。专制的朝廷，政治组织的根本原理，就在以上制下、以内制外。御史制度不但是以上制下、以内制外的最好的方法，并且是政权出自一人的专制制度的最真实的表现。[1]

---

[1] 高一涵：《中国御史制度的沿革 中国内阁制度的沿革》，四川文艺出版社，2021年版。

## 第四节　莆阳御史官员概述

　　御史是中国古代执掌监察官员的一种泛称。御史之职,"朝廷用之为纪纲,人君委之如耳目"(包拯《论台官言事》)。其责以掌管批评朝政得失、纠弹不法臣僚为首务,并由皇帝任命,故历代皆为朝野所看重。宋欧阳修有"谏官虽卑,与宰相等""士不忘身不为忠,言不逆耳不为谏"之说。御史官员列传也是中国古代史志的一大看点。作为古代官僚体系中廉洁从政的典范,他们或修身自律、执政为民,或明察善断、抚弱安民,或开启民智、为民解惑。他们多能为官一任,造福一方,留下许多佳话,为后世所传颂,其教育意义和警示价值是留给后人的一笔宝贵遗产。有人也称御史为"清官中的清官"。莆仙自古多产御史,他们纠弹百官,整饬朝纲,多为铮铮之士,是中国士大夫精神的杰出代表,为世所称。其中唐代及五代有郑积、黄滔、翁承赞等人,宋代有陈次升、陈俊卿、陈谠、龚茂良、丁伯桂、徐铎、王回、许稹、翁处廉、陈绛、方慎言等61人,明代有陈道潜、朱悌、林熊、林诚、杨琅、陈茂烈、俞海、黄鸣俊等161人,清代有廖必琦、林扬祖、林源、江春霖等人。这些莆阳御史、给事中大多数置个人生死于不顾,忠于职守,能疾恶如仇、不畏权贵、刚正敢言,乃至不惜犯颜直谏、锄奸除恶、举善平冤、匡正纲纪。他们或指陈朝政、救时救国、革弊除害,或严明执法、匡扶正义,成为社会公平正义的中流砥柱,为后人塑造出一个清廉高洁、不畏强权、正气浩然的特殊御史群体形象。这些御史有气节、有风骨、个性鲜明、大多满怀"为民立命,为万世开太平"的政治抱负。他们为国谏言,为民弹劾,清正廉洁,清白德义,成为中华廉脉的重要组成部分,也绘就了一幅烁古耀今、流芳百世的莆田官员清风图谱。

## 一、唐朝著名御史

莆仙籍第一个御史是仙游人郑积,唐贞观六年(632)登第,曾任殿中侍御史兼右散骑常侍,身兼中央门下省和御史台要职。麟德(665),唐高宗欲劳民伤财为其九子楚王建王宫,郑积"抗疏以陈其非,高宗乃止。汉阳(今属湖北省)百姓立碑以纪之"。郑积之子郑方迕、孙郑朗,皆任御史官。武则天废中宗为庐陵王后,郑方迕认为堂堂男子不能"屈身于女主之座下",遂解官而去。郑朗为郑方迕之子,遇事敢言,不屈不阿,慷慨劲直,以汉汲黯、晋嵇绍自许。郑积祖孙三代御史,成为唐代莆阳御史楷模。

唐代任职最高的御史官,是仙游赖店人郑良士(856—930)。他博学善诗,被荐入京朝考未中,后以诗文五百篇进献,深得唐昭宗赏识,授国子监四门博士,迁康州(今广东德庆)、恩州(今广东阳江)刺史,兼御史中丞(御史台副职),时年不到三十。后其因目睹朝政腐败,才华难以施展,毅然弃官归隐故里。五代时复出,为闽王王审知的左散骑常侍兼御史大夫。

还有官至宰辅的左散骑常侍兼御史大夫翁承赞(859—932),曾任五代后梁

郑良士像
(《郑氏族谱》)

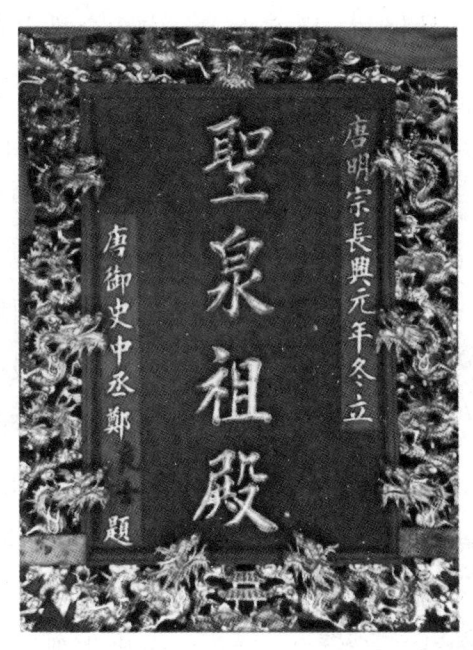

郑良士书

朱温政权的左散骑常侍兼御史大夫，后也因不满朱温之骄恣而辞官回闽，被王审知拜为同平章事，位居相位。翁承赞少年时励志勤学，唐乾宁三年（896）登第，历任京兆尹参军（郡府高级幕僚）、右拾遗（谏官）、户部员外郎（户部次官）等职，向以直言敢谏为朝野所推举。唐五代监察御史里行兼节度使推官的黄滔（840—911），于唐昭宗时任国子四门博士，因宦官乱政，愤然弃职返乡。后其为时任威武军（今福州）节度使王审知所赏识，奏请朝廷授为监察御史里行兼本节度使推官（掌问刑狱事务），辅佐王审知治闽，颇有政绩。其他著名御史还有殿中侍御史林藻、大理评事兼监察御史陈峤以及荆州道御史白金等。

## 二、宋朝著名御史

宋朝莆仙科甲鼎盛，御史官人数倍增。莆籍御史官履职御史台相当活跃。他们忠于职守，刚正敢言，弹劾权奸，为人所称道，且均居高位者多。其中任御史台台院侍御史者有陈次升、蔡卞、叶大有；任殿院殿中侍御史者有薛岳、方慎言、翁损、郑伯玉、方禧、林大鼐、陈俊卿、黄黼、傅楫、陈说、余崇龟；任察院监察御史有许稹、王回、许彦正、傅淇、龚茂良、康梦庚、丁伯桂、李梦龙、林彬之、陈文龙；任御史台推官有陈靖、方偕。

傅楫于宋徽宗时任殿中侍御史，奸相曾布试图拉拢其同流合污。傅楫岿然守正、不徇私情，对朝廷及曾布颁令不妥者，均直谏不讳。殿中侍御史陈说，秉性爽直，论事直言不讳、不计得失，因而触怒权相陈自强终被调任。历任监察御史、殿中侍御史、台院侍御史等职的陈次升，坚持弹劾奸相章惇、蔡卞、蔡京、曾布恶行，曾一度致四奸先后被罢贬出京。殿中侍御史陈俊卿，直言敢谏，宋高宗誉其为"仁者之勇"，官至相位。陈文龙任监察御史，奏劾追究范文虎坐失襄阳之罪，批评朝廷赏罚不明、用人失当，因而激怒权相贾似道，被借故调离、罢官。

傅楫像（李霞画）

余崇龟系权相史弥远荐举任监察御史的，但他上章揭露朝臣和大夫们"叙谱系、结姻亲、称门生、呼恩府"、廉耻道丧的腐败风气，建议"整肃朝纲"。他坚决反对史弥远屈服金朝，献韩侂胄头颅求和，痛言："函首送敌，辱国甚矣！"丁伯桂"论事戆直，无所附丽"，任监察御史期间，直指权相史弥远擅权误国丑行，呼吁朝廷改弦更张、富国强兵。

## 三、明朝著名御史

明洪武十五年（1382）改前朝御史台为都察院，长官为左、右都御史，下设副都御史、佥都御史，又分设全国十三道监察御史。莆仙籍御史官员人数激增至80多人，其中任都御史、右副都御史、右佥都御史者有翁世资、林荣、彭韶、林俊、方良永、林富、林有孚、林大辂、刘勋、林云同、郭应聘、陈志、林润、柯昶、唐际盛、郑懋华、陈应元、吴兆元、林赟、黄鸣俊、林一柱、林兰友、余飚；任监察御史者有方征、周弼、陈道潜、黄建、陈用、林辉、李梁、黄誉、叶峦、林正、方岳、吴玉荣、朱悌、吴球、陈杰、马明衡、姚鸣凤、陈应之、林应聪、林若周、张曰韬、方一桂、朱淛、郑芸、林应箕、史梧、林道南；派任全国各道任监察御史有山东道的林熊、方元会，浙江道的朱胜、方鲤、黄待显、郑洛书，云南道的黄深、俞诲，广东道的林诚、林正、林秀琼、朱俨、许瀚、詹宽，河南道的杨琅、林休征，贵州道的方珪，陕西道的陈珀，河南道的陈茂烈，广西道的陈伯献，南京道的姚鸣凤、姚虞，湖广道的陈扬善；任六科给事中的御史官有周弼、方征、程士、陈继之、宋雍、朱宽、陈按、黄琏、陈鲤、林元甫、朱文汉、黄谦、戴士衡等。

明朝莆籍御史履职事迹，史志记载较多。他们忠诚勤勉，清廉刚正，直言敢谏，显示其鲜明的职业操守，闪耀着公平正义、无私无畏的人格魅力。如："敢言御史"的杨琅任河南道御史时，上书建言人主"用贤修德"，并品点人事，时称杨为"敢言御史"。据黄海《续莆阳比事》载：莆田明代有六位御史称"敢言御史"，除杨琅外，其余五位分别为：方珪、林若周、张英、林道楠和方鲤。方珪（1445—1477）字纯洁。莆田黄石林墩人。成化五年（1469）进士。授翰林庶吉士，成化八年升贵州道监察御史。巡历所到之处，清介有风力。

奉命巡视苏、松、常、镇及两浙盐课。时南京翰林侍读学士钱溥，令其子钱昂鬻贩私盐，倍收其价，苏民苦之。事觉，方珪置钱昂于法，并弹劾钱溥贪利蠹法，巡抚副都御史毕亨附势剥民以及知府刘璃等朋奸不称职，深受好评。十二年（1476），巡按真完、顺德、广平、大名四郡，其地密迩京师，号称难治，巡历所至，击贪吏，划弊政，一秉至公，无敢干以私者。卒年三十二。林若周，正德十二年（1517）进士。授博罗县（今属广东）知县。宁静肃穆，精明干练，听讼认真，断案神明迅速。流寇入境，集民兵袭杀之，多有善政，正德十三年（1518）建仰高祠祀名宦乡贤。嘉靖元年（1522）二月，征为陕西道监察御史，后转南京监察御史。因谏请世宗收回镇守太监，与民休息事，被廷杖后罢官。张英，嘉靖二十年（1541）进士。授监察御史，巡按河南，绳徽王不得肆。历贵州布政司参议。升贵州右参政，在台中号"敢言"。林道楠（1555-1607），明万历十一年（1583）进士，初授进贤县令。他强直端谨，体恤民情，为老百姓办了很多好事。后升御使，遇事无避就，忼慨论烈。巡按陕西，不畏强势，列为名臣，在台十八年，侃侃无所避。尝论太监张鲸，论司马石星主封事，及疏救御史曹学程，台中称"敢言"。方鲤，永乐十六年（1418）进士。授南京监察御史，性资刚果，遇事必为，遇事敢言，居六察日，风采凛然，号为材御史，任绍兴府知府。相、越郡都是大郡，任间以严明莅之，吏畏民爱，号为"良二千石"。《重刊兴化府志》论曰："南宋诸名臣家，自遭元世以来，皆零落不振，独鲤能迈往超俗，以绍前芳，郡人推仰"。

黄誉历任南京监察御史，浙江按察司、布政司并巡按两淮、应天等职，所到之处，"摧奸戢暴"，得绰号"括地黄"，喻除草必尽。"勤敏清慎"的林正任监察御史，巡按苏、松、常、镇四郡和广东等地，击贪戢暴，凛凛有风，官吏敛肃，时称"良御史"。"一秉至公"的方珪，"秉节无私"的彭韶，"弹劾严嵩集团"的林润，"长安五谏"之一的林兰友，履职事迹亦记载较多。明朝莆仙许多言官，为社稷安危、百姓利益，不计较个人得失，进谏皇帝，与权奸斗争，因而遭受廷杖、下狱、贬官或革职者，史志有记载的就有20多人。其中被廷杖的莆仙籍御史就有11位。如：成化朝御史林诚，因论大学士商辂失职事，忤旨被廷杖下狱。成化朝御史邱天佑，因弹劾权臣王越勾结太监李广阴谋复职事，被廷杖下狱。正德朝御史周宣因疏谏武宗南巡，被廷杖下狱。嘉靖朝御史林有孚、郑洛书、张曰韬，皆因"议大礼"，被廷杖。嘉靖朝御史林若周，因劾霍韬、张璁乱大礼，被廷杖。嘉靖朝御史方一桂，因忤旨且批评皇帝"杜天下口"，被廷杖削职。嘉靖朝御史朱淛、马明衡，皆因疏谏"免命妇朝贺"于礼不合，被廷杖下狱。嘉靖朝御史林应箕，因疏诛道士陶仲文以谢天下，被廷杖贬官。此外，因忤旨、疏谏没有被廷杖，但下锦衣狱、贬官或革职者还有御史林熊、林正、陈琳、李廷梧等人。

黄琰历任南京户、礼科给事中，其为官以爱民廉洁著称，处事讲大节，以天下事为己任。其因与大臣疏劾奸臣西厂太监汪直擅权，致被贬逐而死。彭韶以都察院副都御史巡抚江南时，以简洁廉明行政，吏不敢犯。后其升任刑部尚书，坚决法办在两广总督任内贪赃巨万的安远侯柳景。彭韶历事三朝，崇尚正气，不避权贵，秉公执法，勋业显著。林俊为官持正不避嫌，处事"宁违诏，不改法"，为朝野所推崇。刘瑾专权之时，他毅然上书"请除大逆刘瑾，以谢天下"。其曾因疏谏明宪宗发巨额库银建寺养寿一事，激怒宪宗，致被廷杖，下至死狱。林润任南京道御史时，正值奸相严嵩弄权，其子严世藩与党羽鄢懋卿、罗龙文等朋比为奸、无恶不作。林润上任后即弹劾鄢懋卿五大罪状，不久继续疏劾严世藩、罗龙文狼狈为奸、多行不轨、密谋谋反，促使世宗怒斩两人于市，并将严嵩削职为民并抄家。林润不幸于39岁病故，英年辞世。林兰友任南京、湖广道监察御史时，不徇私情，一日内三次疏劾时任户部尚书的同乡并同科的薛大丰恶行，轰动朝野，人称为"铁面御史"，后升任兵部尚书、右副都御史。

## 四、清朝著名御史

清朝，随着莆仙科举的衰落，莆仙籍言官科道骤减，但仍有不少光耀史册的人和事，如："多所建明"的浙江道监察御史廖必琦，"革除积弊"的湖广道监察御史林扬祖，"立身不苟"的佥都御史、两广巡抚彭鹏，"乌台三霖"之首的江春霖。特别是江春霖，于光绪二十八年（1902）考选御史，三十年（1904）受职，任内"劾亲贵及枢臣疆臣，章凡数十上"，在担任监察御史的六七年间，重要的弹章达六七十件之多；弹劾对象自亲贵、权臣、疆吏、军机大臣、尚书、总督、巡抚直至御史台之职者达 15 人，涉及都察院左都御史陆宝忠，庆亲王奕劻父子，载洵、载涛二郡王，摄政王载沣，直隶总督兼北洋大臣袁世凯，邮传部尚书徐世昌等，以致"朝贵颇严惮之"。时人则誉其"直声动天下"，慈禧太后称之为"戆直御史"，林纾称之为"光宣以来谏官第一人"。

## 五、莆阳御史独特品质

莆阳御史官员是儒家士大夫优秀代表，其群体特质是大多满怀为民立命，忠于职守，为万世开太平的政治抱负，置个人生死于不顾，或指陈朝政，直谏君王，救时救国，革弊除害；或严明执法，匡扶正义，刚正敢言，弹劾权奸，成为社会公平正义的中流砥柱，为后人塑造出一个清廉高洁、不畏强权、正气浩然的特殊御史群体形象。

莆仙历史上出现众多铁面御史并非偶然现象，而是莆仙言官奕代相承的风骨以及家族重视清廉教育的结果。这些御史绝大多数都能坚持忠孝节义、抑奸扶良，以自己的言行，实现平生远大的志向。清康熙中（1662—1722），彭鹏尝致书教育胞弟说："普天下争于名利关头，营营恋恋。汝寡兄胸中，绝无此两字。贫者士之常。清白者，吾家祖训。为儒食贫，为吏清白。咬断菜根，万事作得，耐之而已。"江春霖也说："夫士君子见用于时，其居言路也，有去就争之者矣，争之而其言不用，官可去，身可舍，而公论是非，必不可泯，遑暇计及取忌乎？虽县令之职不获乎上，民不得治；然亦内存爱民之心，外不失事上之礼而已。若夫逢迎容悦以媚上台，忘生平之所守，沽不虞之虚誉，亦所不屑为也。"彭鹏、江春霖等清正廉介之臣，是莆仙正气浩然言官群体的代表性人物，辉光永耀文献名邦。

御史的职责就是除恶护忠，除了摘奸发伏、弹劾进谏外，还有一个职责就是推贤进善、拯救忠良，例如：宋朝莆阳御史蔡襄曾 4 次向仁宗力荐重用韩琦、范仲淹，方廷实奏荐将仕郎赵汧，陈俊卿推荐虞允文为相，陈俊卿、龚茂良举荐朱熹，陈次升上札救陈佑；明朝御史郑洛书上疏起用王阳明；林云同抗疏救石星、陆凤仪，郑一鹏上疏救邓继曾、吕楠，王家彦上疏救钱机山等。

# 第二章
# 莆田清官廉脉及世族家风

"官",也称官员,指在政府机构担任职务的人。"官",上古也称"吏",指的都是官员,是同义词,故"官吏"经常合在一起使用。汉代以前"官"和"吏"没有等级的高低。《孟子·公孙丑上》说:"无敌于天下者,天吏也。"这意思是在天下没有匹敌的人,是奉行天命的官吏。此"吏"即表示"官"。汉代以后,词义发生了分化,"官"指在政府担任职务的人,地位比较高;而"吏"则指官府中的小官和差役,地位比较低下。隋朝以后,"官"更是由中央统一任命,称为"朝廷命官",领取朝廷俸禄,为朝廷服务;"吏"则由"官"任命,从"官"处领取俸禄,为"官"服务,地位低,待遇也低。从三国末年开始,"清""慎""勤"成为正式的为官标准,"清官"也就逐渐成为"好官"的代名词。"清廉""慎独""勤政",就是自古以来,人们对"好官"的赞誉、评价和期盼。另外,中国古代老百姓也常常以"廉官"称清官。而在正式的官方称呼中,清官则被称为"廉吏""良吏"等。因此,公正清廉的好官古代称为"清官",奉公守法的贤吏则称为"循吏""良吏""廉吏"。好的地方官吏都可统称为"清官循吏",本书即取此义。莆田为文献名邦,科举文化发达,科举人才无一不是浸淫儒家伦理道德教育几十年的,因此传统道德代代传承,清官循吏代不乏人,可谓廉脉绵远。其中监察御史、给事中事迹更是名垂千秋,载入史册。那些刚正耿直、尽忠竭力的清官的事迹,那些廉洁自守、清白奉公的循吏的言行，汇成了内涵丰富的莆田古代廉政文化，其彰显出的人格力量是百姓爱戴他们的重要原因。这些廉政文化是莆田人应该传承的宝贵精神财富，对今天开展的新时期廉政文化建设尤其具有重要启示意义。

# 第一节　莆田古代清官循吏事迹及廉脉赓续

## 一、莆田清官循吏数量及事迹特征

据阮其山先生《二十四史·莆田人物传辑录》一书统计，历代收入《二十四史》（含《清史稿》）立传的莆仙人物有93人，其中《新唐书》2人、《宋史》39人、《元史》1人、《明史》45人、《清史稿》6人。从这近百人的史传中可以发现三大突出特征：一是科考中举人多，二是身居高位、宰执者多，三是名流巨匠多。其实还有一条就是御史言官多。据统计，有姓名记载的历代担任过知县、通判、知州、知府等地方官职位的莆籍官吏近1500人。这些人员在古代人治色彩浓厚的氛围中，许多人都能廉洁自守、秉公执法、维护社会公平，留下不少可歌可颂的事迹。

又据明弘治《兴化府志》载，莆田立传人物有268人，其中拒贿反贪者20人、公正执法者38人、惠民济世者34人、刚正不阿者70人、清约廉洁者46人。另据明何乔远《闽书·缙绅传》记载统计，兴化府立传人物698人，其中知名的有清官事迹之突出人物达156人。若按照县级单位算，这个比例远超全国大多数县份。据《莆田市名人志》一书统计，莆田古代担任过监察御史、给事中之职者有246人，加上封赠御史给事中官衔人员，数量更超过300人。这些御史官员中不乏由地方官调任监察御史岗位之清官。他们刚直清正、访贫问苦、直言敢谏，抨击社会政治弊病，宣扬"贵廉洁，贱贪污"的社会道德，对当时政风的改良起到一定的作用。例如名臣蔡襄、陈居仁、林枅、苏钦、陈俊卿、郑侨、彭韶、郑纪、林俊、郑岳、林润、彭鹏、江春霖等等，都有忠政爱民、为官清廉、崇清鄙贪的事迹，在莆田可以说是传扬久远。

因莆田古代清官廉吏大都是进士或举人出身，所以都具备良好的学识。根据史书记载莆田官员具备良好的道德品质，主要特点是诚实守信、勤勉尽责、节俭节约、正直廉洁。这些官员能力强，具备实际工作能力，在具体事务的处理上均显示出良好的素养。莆仙官员对国家和君主忠诚，对维护国家安全和社会稳定有突出的表现。这些清官现象主要是由于莆仙风清气正的清官廉脉文化的滋养，包括德才兼备、为政以廉、克己律己、以上率下、尊老孝亲、为政俭廉、勤政恤民、铁面无私、恪守正道、重视名节等。莆田清官廉吏的家族以修身立德的家风家训，作为对子女理想信念及道德品质教育，为他们成年后的人生道路首先奠定了道德根基。

清廉以外，还须强调"勤"与"能"。勤政就是要莅政恤民。勤政的落脚点在于民，即为民谋求福祉。古代中国人口众多，民心向背关乎一个政权的兴衰存亡，所谓"君依于国，国依于民"。纵观古代社会，"水可载舟，亦可覆舟"的道理时刻警醒着历朝君臣勤政为民。北宋时期的福建，民间传唱着一首歌谣："夹道松，夹道松，问谁栽种我蔡公。行人六月不知署，千古万古摇清风。"这位被百姓所称颂的蔡公即蔡襄。庆历四年（1044）他知福州，庆历六年（1046）改任福建转运使。在福建，他勤于政事，为百姓做了很多好事：在福州大义渡至泉、漳700里大道两旁种植松树，暑天遮阴，便于行走；知泉州期间，鉴于泉州东郊洛阳江下游有渡口，"每风潮交作，数日不可渡""沉舟被溺，死者无算"，主持修建洛阳桥，耗时6年多，自此以后，"渡石支海，去舟而徒，易危为安，民莫不利"。

清官循吏的事迹一般都不是单一的，往往体现于多方面均有建树，"勤"与"能"缺一不可。勤政加上贤能，才会得到众多百姓的拥戴。一般认为地方志中所载清官循吏的政绩，主要表现在三大方面：一是发展当地经济，改善百姓的生活；二是发展教育事业，明礼以知耻荣；三是秉公执法，公正处理诉讼。这几个方面，不少莆田籍清官循吏是兼而有之。

莆田古代清官循吏廉政事迹的总体特征，可归纳为以下几点：

（1）居官清慎，勤于政事，为政端平，不徇私情，清讼牒，均徭役，多善政。

（2）勤政爱民，励精图治，选贤任能，体察民情，倾听民声，多德政。

（3）廉明拒贿，吏民畏怀，倡廉惩贪，清白奉公，改革税制，多惠政。

（4）刚直不阿，严正执法，风纪凛然，直谏敢言，广扬直声。

（5）赈济灾民、兴利除弊，重农兴学，长留清誉。

莆田古代清官循吏是一个庞大的群体，对社会、对一方民众产生过很大的影响。他们的精神是"文献名邦"内涵的重要组成部分，值得弘扬。以下以朝代为序择其要者，略加举说。

## 二、清官循吏廉政事迹举隅

### （一）唐五代莆田清官循吏事迹

在古代，御史被视为清官的优秀代表，莆阳御史大都是从地方清官循吏开始，后来成为了御史，黄滔、翁承赞等就是典型的这类官员。

林披，莆田人，唐天宝十一年（752）明经及第，授临汀郡（今属龙岩）曹掾。郡多山鬼淫祠，民厌苦之，作《无鬼论》以晓喻民众。有政绩，刺史樊晃奏授为临汀县令，累迁临汀郡别驾，知州事。任职间，民习其化，其政不肃而威，政声传到京师，得到御史大夫李栖筠举荐，诏授检校太子詹事兼苏州别驾，赐紫金鱼袋，上柱国。

黄滔，莆田人，乾宁二年登（895）进士。在辅佐王审知治闽国时，施展自己的抱负。提倡减少官府支出，减赋税，轻徭役，减轻百姓负担；重商务，开港路，兴旺海上贸易；建学校，育人才，发展地方文化。王审知采纳其建议，悉心治闽。在唐末五代藩镇割据、天下大乱的情况下，唯独福建能30年免受兵祸，其中有黄滔的一份功劳。

翁承赞，莆田人，乾宁三年（896）进士，任周至县县令，为官清廉。在为相期间，辅佐王审知整饬吏治，发展经济，特别是建议在福州设立供庶人入学的"四门学"，"以教闽士之秀者"；在各州、县也广设庠序，做到州有州学,县有县学,乡村有书塾,海隅闭塞的民智为之一开。

### (二)宋代莆田清官循吏事迹

1.莆籍清官循吏在本省的廉政事迹

宋朝是莆田科举的第一个兴盛期,出仕人才多,官员亦多。宋朝时地方官员任职虽然有籍贯回避制度,但还没有明清时代严格,因此有不少人就在福建本省任地方官,他们的事迹就载于本省地方志。

黄颖,字仲实,宋元符三年(1100)进士,任长泰知县。黄颖勤政俭朴,为官清廉,以职田谷300余石给耕民,悉不取。临终,其嘱子黄公坦曰:"吾宁可埋葬道侧,亦不可受人财物治丧。汝遵吾之命乎?"

黄琮,宋元符三年(1100)进士。任闽清知县,怜百姓疾苦,决定拒不执行征收令,亲自赶到衙门安抚,陈述利害关系,并且拿出了自己4个月的俸禄,替一县百姓交征收款。民感其德,立祠祀之。

林迪,以转运司,转任龙溪知县,平易近民,有"古循史风"。期满后,县人到台府请其留任。其学生蔡京为相,屡次邀请老师上京为官,林迪以志趣不同宛然拒之。林迪操履端方,甚为乡人所推重,郑樵赞他"耆老硕德",詹令书称其"风流洒落,器识过人"。

李欣先,任阶州推官,自知州以下皆坐买马得罪,唯李欣独免,由是以清慎知名。其最后以屯田郎中知福州,亦有善政,士民相与祠之。

陈谅,字友仲,仙游县人,以父荫朴官,调永春县尉,后为古田知县。其父陈丰,绍兴十八年(1148)进士,初任泉州教授,累迁国子博士,孝宗时被推为"循吏"居各路之首。朝廷任命为湖北提举,陈丰因不欲远去,俯就南恩州(今广东省阳江市)太守,居官清俭,无丝毫扰民。卒于任上,百姓相聚里巷号哭,立祠祀之。陈谅居官,传承父风,在古田县时,一意"抚"字,不忍苛取于民,人号为"佛子",以至解归时,国库竟无盈余,故而遭主管财赋者刁难阻留。朱熹为此向上陈情,曰:"陈宰,廉吏也。若以此过失阻行,将如何劝导人为善?"后其改知浔州(今广西壮族自治区桂平市),该县因无贡院,学子们冒着生命危险冲滩赴藤县(今属广西壮族自治区)应考。

陈谅到任后便向上申报设立贡院，学子们无不感恩戴德。

蒋邕，字元肃，仙游县人。少时博学强记，于书无所不览，为文不经多思，授笔辄数千言。乡里先辈以经、传、书、疏叩问，蒋邕随问随答，故乡人总是称他为"南夫子"。蒋邕在郡学设席讲学，学者常常满堂。因其学问渊博，与林光朝等10位学界知名学者并号为"莆阳十先生"。蒋邕于绍兴二十一年（1151）举进士，为泉州教授，始创泉州贡院，后连知江阴（今属江苏省）、通州（今江苏省南通市）。其秩满拜见高宗皇帝，论及江东盐课时，口诵指划，应对如流。高宗称赞他说："卿材通练，当以藩郡处卿"，并称他为"方面材"，即可掌一方军政；如总督、巡抚等官的人才。

林孝泽，宣和间（1119—1125）先任提举广东市舶，坚拒外商之妇蒲氏珍异瑰宝贿赂，后知漳州，以为官正直著称，清介特甚，不用官烛于私室。

2. 莆籍清官循吏在外省的廉政事迹

陈惟德，年十九，任长乐县尉。后以太子中舍知长洲县，对当地违法的贵族子弟严之以法，绝不纵容。陈惟德以清谨则介，孝友俭约著称，对族内老幼一贯奉行重孝行道，赡济贫困。

徐晞，任威宁县令、淮南转运使为人质直清慎，讲义气，坦诚地与他人共享荣誉，最为士林推重。

许积，任德州通判。仁宗朝，举天下廉吏凡49人，许积其一也。子许巽历秘书郎、知滁州，所到皆以廉政著称，人称"耐贫翁"。

林伸，任广东新会知县，有士民欲贿赂林伸之子，伸制止并严厉训斥。适逢岁歉，农民生计极为艰难。林伸欲弃田租收入十分之九，以济民生。

郑济，任亳州知州，时州内盗贼多，其推行保伍之法，道无拾遗，到令各县，盗贼皆屏息。

黄仲昭在《兴化府志·名臣传》中称颂徐确、郑济、陈彦恭、黄宣四君子，"与蔡京为同郡，乃能蝉蜕于污浊之表，而不受其笼络，侃侃自立，各行其志"。

郑至道，北宋元丰二年（1079）进士。元祐二年（1087）以雄州防御推官知天台县，其"为政宽简，专于教化"。曾作《谕民书》七篇：即孝父母、爱兄弟、睦宗族、恤邻里、重婚姻、正丧服、重本业。使少长有礼，亲友有义，七农工商，各安其业。政绩卓然，邑人悦服。秩满，百姓攀留不忍其行，至道深受感动，留天台不赴新职。至今有"松关留郑"之说，士民为建留郑坊和专祠，现台州仍有"留郑坊""郑公祠"。[1]

林正，任广南西路提点刑狱，时陈感扰沿海诸郡，林正亲自到海上招谕，陈感出迎，并解散数千人随众。论功行赏时，林正手下官吏使臣都得到提拔，唯独林正不肯受赏。

方略，被贬知琼州，居官廉贫，恩威并行，清洁戒谨，官吏肃然。

吴公诚，宋大观三年（1109）贾安宅榜进士，为官清廉，历官三十年始终如一，凡衣服布帛，家人所需，悉因乡里市致，未尝取之民，奉祠日，计所受俸，自费用之外，余悉委于官，死之日家无余资。

徐确，唐状元徐寅后裔。宋元丰五年（1082）进士。任江州太守，敢于担当责任。徽宗大兴土木，筑宫观，命宦官四出，舟楫载"花石纲"运至开封，徐确拒不从命。徐确写信对蔡京道："莹中久废，宜平前冤，以伸忠义之气。"陈瓘闻后十分感动，道："不意莆田乃有此人。"徐确性刚多略，宦绩廉明，交友讲义气，讲节操重友情，入为尚书刑部员外郎，转朝奉郎，致仕。卒年七十，邑郡守为其建"台省坊"于东陇居里，旌其绩，彰其贤。

### （三）明朝清官循吏廉政事迹

明朝是莆田科举史的另一个兴盛期，进士举人多，官员的廉政事迹亦多。明朝的地方官员任职本籍回避制度严格，因此莆籍地方官员的廉政事迹都在外省，记载于外省方志。

1. 明代莆籍县级清官循吏廉政事迹

林大黼，任河源知县，仁恕廉平，遇大事尤善处置。

吴一奇，嘉靖四十年（1561）举人。官惠州府河源知县，抗击倭寇有方，政尚简静，多方节缩，捐俸赈饥，置学田以济贫生，多善政。为人正派，不阿谀奉承、结党营私而被弹劾，改教职，县里父老子弟三百余人上书巡按哭

---

[1] 陈春阳主编，《莆田市名人志》，福建人民出版社，2014.04.

叫挽留。

郑光与，任天台知县，为政公廉勤慎，节用爱人。其在任3年，未尝妄费一钱、妄役一夫以媚势干名。

佘耀，任进贤知县，为人勤敏廉介，断事以义，政平讼理，莅下以信，力正上官和买之弊端，多有惠政，9年秩满，行李萧然，民思之，为立德政碑。

郑照，任德安县知县，清介仁明，政无妄费，慎重民力，有大事必属耆老商榷，议定乃行，一时邑无失政，民无冤讼，士民爱之如父母。

韩雍，任都御史，巡抚江西，沙汰属僚十去八九，独称照为廉官第一。

2. 明朝莆籍府级清官循吏廉政事迹

郑玉，字于成。为人慎重果决，始终如一，自坚其操守，坚定执着。嘉靖初知徽州府知府。敦化振俗，户揭圣祖《教民六谕》，令民互相劝勉，多行善做好事。岁饥，问疾苦，多方赈恤。

林允宗，任衡州知府，以德化民，至则正风俗、清弊蠹，民有坐斗杀者，狱成，察其冤，抗言释之。

林长懋，字景时，莆田九牧林蕴之后，永乐三年（1405）举乡试，除南昌教谕，升青州教授，十八年（1420），擢翰林编修，侍皇太子读书。林长懋居官以恩信抚下，自奉清俭，朝食惟盐菜，人因呼为"林盐菜"。

郑述，永乐十九年（1421）进士。任广东惠州府通判。郡负山滨海，有盐铁之利，兵民商灶，淆杂难治。其为人有精力，为政端平，清讼牒，均徭役，名办治，禁暴绳乱，民不敢犯，政声大著。他郡有难决事，藩、宪二司亦以委之。正统十二年（1447）致仕，郡民乞留。

林思承，任冀州（今河北省衡水市冀州区）知州，举减赋、筑堤等善事。时吏部郎中陈云之弟在冀州一属邑任职，殴杀平民。林思承验治此案时，有人为其祈求免罪。林思承叹曰"为民父母，却以人命去讨好别人，何其丑恶"，遂予正法。其颇有政声，百姓向朝廷请求留任冀州，不果，调任淮安府（今属江苏省）督粮同知，年未满六十岁便因病请退，归里差不多20年，人称为"廉退君"。

方守，尝奉命督理蓟北边饷出纳，细心谨慎，无丝毫污例；后出任云南布政司参议，政绩显明，因连年出入瘴乡，耳渐失聪；调任湖广右辖不久，因母丧归里，家贫不能自给，常借贷于里人亲旧；服满，强行就道，疾病加重，遂致仕。御史宗夷给他田地为生，不肯接受。其病逝后，由官家助治葬事。方守官居二品而一贫如洗，人称"清白吏"。

### （四）清朝莆田清官循吏廉政事迹

清朝是莆田科举的衰微期，莆仙两县只有60多名进士、560多名举人，尽管如此，还是涌现了一批名留青史的清官循吏。

1.清朝莆籍县级清官循吏廉政事迹

林嘉楠在保康12年，有德政，以清谨称，居官饮冰自励，民称之为"林老佛"。上官廉其守，拟疏荐之力，其以老乞休，杜门不出，致力于诗歌、古文、书、画。

柯潮，任当涂知县，询民疾苦，事必亲裁。

林友玉，任应州知县，为官清正廉洁，爱民如子，刑部尚书魏象枢称其有古循吏风。其连遭父母丧，辗转有外3年，姑扶梓归乡。

林夔，任元氏知县，为政清廉，有政声，岁终储科为他县之最，时称"安静之吏"。

薛天玉，任商河知县，廉洁爱民，捐俸修文庙，所到多善政，政声好。其治水患，兴水利，保住32个村庄及其农田，使邑民的生命财产得到保障。因其为官清廉、多办实事，民皆德之，建生祠，立石碑，纪念其功德。

林豹，任绵竹知县，捐廉重修学校，为士民先，又以堤堰不修，则水利耗农功，飞躬历田间，亲视缓急，趣民兴筑。绵竹风俗既婚而中悔，林豹谓"正伦纪，敦风化，莫先于此"，谆切劝谕，不悛者惩之，民乃知愧。

郭占选，任溧阳知县，溧阳俗信鬼神事，巫觋赛会费资巨万，占选严惩之。待民甚宽惠，断死罪辄唏嘘累日，视民疾苦如身受。其以年老引疾归，历官30年，严绝苞苴，至亲密友不敢干以私，归田后，家无担石之储。

翁霆霖，历任南溪、江安两县知县，慈惠有才干，捐俸增置凤翔书院，开仓济民，民赖以活。翁霆霖离任时，百姓扶老携少遮道曰："使君与百姓同患难，百姓未与使君同安乐。"

2.清朝莆籍府级清官循吏廉政事迹

程鲲化，任东昌知府，为官清廉，为民办实事，始建聊城文庙，凡礼乐祭器都备。其关心民间疾苦，加意抚绥，积老成疾卒。郡人在城隍庙东建程公祠祀之。

陈池养，历署深州、景州知州，任上赈济灾民、兴利除弊，能体恤民情，为民请命，政声颇佳，民望甚高。其丁父忧，卸任，次年归里，其后不再出仕，家居近40年，热心公益事业，尤致力于兴修水利，是莆田水利功臣。

## 三、莆田古代清官循吏廉脉赓续

廉洁文化在中华文明史上源远流长。《周礼》就曾经提出对官员考核的"六廉"之说，即一个合格官员须具备善良、能干、敬业、公正、守法、明辨是非等基本品格。宋朝欧阳修的《廉耻论》认为，公正清廉乃"士君子之大节"，也就是说清廉是官员首备的品德。明郭允礼撰《官箴》，明确地提出："吏不畏吾严而畏吾廉，民不服吾能而服吾公。公则吏不敢慢，廉则民不敢欺。公生明，廉生威。"这成为后世公认的对"公廉"的经典阐释，对中华廉政文化的丰富和发展产生了重要影响。

从莆田古代清官循吏身份来看，这些官员大多出身进士、举人，他们"德才兼备"，说明当时社会选择官员是重视"尚贤取廉"的，要求监察官员做到"依法依制"，以树立官吏廉正榜样与监察制度相结合。这些思想及其实践促进了政治清明，有利于政局稳定、阶级矛盾缓和、社会经济发展。莆田古代清官循吏"清廉为民做事"的廉政和廉脉，至今赓续传承不断。新时代，莆田廉洁文化赋予新的独特内涵，但不变的是"莆田清官循吏廉脉"的精神内核，要让廉洁文化不断传承、积淀、拓新、发展，像木兰溪水一般浸润、洗涤人心，深深涵养风清气正的政治生态。

### (一)廉政思想形成需要潜移默化的教育

从莆田古代清官循吏廉政的事迹来看，他们多为进士、举人出身，受到了儒家伦理纲常的几十年潜移默化的教育影响。儒家讲求"为政以德"。儒家思想认为，官德的核心内容之一就是廉政。廉洁是从政者必备的基本道德，即《周礼》中说的"一曰'廉善'，二曰'廉能'，三曰廉敬，四曰'廉正'，五曰'廉法'，六曰'廉辨'"。它说的是一个官员必须具备善良、能干、敬业、公正、守法、明辨是非等品格才算"廉"。这些思想和行为的要求，成了莆田古代清官循吏的重要言行准则，深刻影响他们的为官之道和价值判断。可见，廉政教育对于官员是非判断、行为约束是有重要影响和作用的。中国古代廉政思想注重官吏政德、官德教育，今天社会主义社会的官员是人民的公仆，更需要高尚的执政道德和修养，而高尚官德的形成，离不开"润物细无声"的教育，特别是言传身教式的树范。当代好干部人称"莆田谷文昌"的老县长原鲁山就是很好的可作模范教材的新廉官典型。

### (二)廉洁文化建设需要营造浓厚的氛围

莆田古代科举文化发达，且呈现家族聚集现象。这些家族科举人才多、出仕官员多，互相学习，形成了清白为官的共识。许多家族都建祠堂，修家谱，立家范，要求后代"克绍箕裘"，延续家族荣光，营造出浓厚的社会氛围。士人以廉洁从政、忠于家国为荣，以搜刮民财、奸佞祸国为耻，这种社会风尚对莆田廉洁文化传统的形成，产生了积极影响。清廉忠正之官流芳千古，奸邪贪佞之官遗臭万年，就是见证。当前的廉洁文化建设，也应借鉴古代清官循吏形成的机理，营造浓厚的社会氛围。重视挖掘文化资源中的忠臣直吏名人资源，成立廉洁文化研究机构，举办廉洁文化论坛，出版廉洁文化教育读本。广泛宣传廉政人物事迹，挖掘"为政以德""廉为政本""以义制利""以民为本""尚俭抑奢""选贤任能""以法而治"等古代廉洁文化内涵，助推廉洁文化建设。

### （三）廉洁文化传统需要代代赓续传承

清清白白为官，清清白白做人，是中华传统道德自律和廉政处事的践行准则和理想追求，是历代廉政建设中一种重要的文化现象，是为人做官的核心价值观的体现，故以"清白"二字作为廉吏形象的概括。它包含着丰富的哲理内涵、政治践行和人伦修养。历代都有不少清正廉洁为官的好故事和好思想流传下来，这就是中华优秀传统文化中的"清白文化"。清白文化在历史上曾起着重要的清洁净化当时政治、清正铸造个人灵魂的好作用。以清廉自矢、勤政为民的清官白吏做榜样和楷模，身正令行之日，也就是清白文化浸润于人伦价值和社会生活的各方面，形成社会正气和质朴家风，形成精神追求和形象塑造之时。纵观莆田古代清官循吏，他们代代相传，户枢不蠹，流水不腐。如在明代莆田科举佳话中，有三家"三代科第"、三家"四代科第"，还有柯氏"六代科第"者。这些科举世家出仕官员，均能传承家族优良传统，清正为官，长保门第不衰。清廉思想通过家族传承，进而影响整个莆田地区。

当前，要在各职业阶层的从业人员中弘扬恪守职业道德、爱岗敬业、廉洁自律、奉公守法的正气。做到干部清正、政府清廉、政治清明、社会清朗的新时代清廉氛围，为地方经济建设和乡村振兴注入满满的"廉"动力。今天的廉洁文化教育可以和继承革命传统结合起来，创建一批教育基地，结合地域特色，利用当地名人纪念馆进行廉政名人事迹宣传，如蔡襄、陈俊卿、郑侨、彭韶、郑纪、林俊、郑岳、林润、彭鹏、江春霖等都是生动的廉政名人，应发挥其作用。除对各级党员干部和青少年教育外，还可以开发文化资源，设计廉洁文化旅游线路，借助旅游产业平台，促进廉洁文化建设与经济建设相结合，一举两得。总之，应多管齐下，集思广益，生动活泼地传承赓续莆田廉政文化传统，才能让莆田古代清官循吏廉政事迹转化成对当代廉洁文化建设的宝贵资源。

# 第二节　莆阳御史士大夫精神及贡献

莆阳御史是兼具"学者"与"官僚"双重身份的"士大夫"群体，他们是莆田清官中的优秀代表，也是莆田廉脉代代赓续传承的核心因素。士大夫作为中国传统社会传承儒家文化与人文信念的核心人群，以其独特的价值观和自觉的实践精神，影响了中国社会2000多年。当今，作为社会阶层的士大夫不再存在，但士大夫精神还作为一个文化现象而存在。莆阳御史士大夫精神除具有古代儒家士大夫的精神外，还具有独特的莆仙文化特质。

## 一、莆田士大夫及其精神

### （一）莆田士大夫精神

莆田士大夫既有文人学者的身份，又是朝廷的官员。他们遵循的是"修身、齐家、治国平天下"的人生理念，追求的是"为天地立心，为生民立命，为往圣继绝学，为万世开太平"的目标，肩负着传承道统的使命，承担着教化天下的任务。士大夫精神是中国古代读书人，在人生路上，长期涵养而成的高贵品质。士大夫精神强调的是自己应该承担对家国天下的社会责任和文化责任，也体现了古代知识分子积极参与政治的责任感，表现出一种积极入世、敢于与黑恶势力抗争的精神。士大夫精神是文以载道。这个"道"是包括文化理想和社会理想的一套价值体系。士大夫是这个"道"的价值承担者。士大夫精神传统，一直贯穿中国2000多年的历史过程，对整个中华文明的创造、延续和发展，对当时社会秩序的建设，均起到非常重要的作用。钱穆说，宋代的士大夫有"自觉精神"。他说，所谓"自觉精神"者，正是那辈读书人渐渐自己从内心深处涌现出一种感觉，觉得他们应该起来担负着天下的重任。范仲淹的"先天下之忧而忧，后天下之乐而乐"正是那时士大夫社会中一种自觉精神之体现。当然，不同时代，士大夫的气质、言谈、仪表以及由此反映的文化素养与精神状态，从一个侧面体现了那个时代的文化面貌和价值理想。

### （二）史书对莆田士大夫的评价

福建明代中叶"士大夫讲学论道之盛，比于南宋渡时"。"吾闽学者守师说，践规矩，而非虚声浮焰之所能夺。然非虚斋先生，其孰开之哉？"[1]《乾隆莆田县志》："士大夫质行醇谨，至临大事辄复以风节相告，以故叩阍抗疏间出郎署，不独居言路者持谔论也。"《闽书》中也曾记载："莆，其人好礼而修文，士相矜以名节。"唐《独孤及庙碑》："比屋业儒，俊造如林。"《明一统志》："诗书为八闽之甲。"弘治《府志》："旧习俭啬勤力，衣服古朴，重廉耻，惜行检，以读书为故业。"《莆田县志》："士大夫质行醇谨，以风节相高，居第先营祠庙，世业让诸弟昆，仕路无媒，拘守常调。"明郑纪《送仙游令万廷器序》："吾邑有宋盛时，文物衣冠，八闽称省。"

### （三）莆田士大夫对莆仙文化的贡献

莆田有1500年的文化史，历史文化底蕴厚重，蕴含清廉文化在内的众多文化瑰宝。"衣冠南渡"，中原士族豪门纷纷南迁，莆田因以"俗始尚风流而多翰墨之士"，出现"文献名邦，海滨邹鲁"的繁荣景象。历史文脉的环环相通，奠定了莆仙名人辈出、享誉遐迩的中国历史文化名城地位。今之莆仙境内仅文武进士，就多达2482名。自唐宋以来，士大夫家庭重视教育的风气演变为莆田的民俗，家家户户教子读书，取得进士资格的人很多。宋朝莆田更是政治人才辈出，《宋史》中出现了近30位进士出身的莆田籍名人、士大夫，其中不乏龚茂良、郑侨、叶颙和陈俊卿等官居宰相者。莆田士大夫创建书院，在理学学术上具有重要影响，著作丰富，影响了学术文化氛围。另

---

[1]〔明〕蔡清著；张吉昌、廖渊泉点校.蔡文庄公集[M].北京：商务印书馆，2018.04.

外传统士大夫对文化的崇尚心理在莆田民间普遍存在，因而其他文化艺术形式，如绘画、书法等形成一定的影响。

莆阳御史独特的性格特征对社会风气产生重要影响，这种影响代代相传，构成独特的莆田士大夫风气。莆田古代官员在仕途中"多为御史谏官者"，不少人一生为官，大多数时间都是当御史，这样的职务对为官者的基本素质要求有些特别之处的，不仅要求为官者自身要清正廉明，而且还要有不畏权贵，甚或犯颜直谏的勇气。大都官员从县令做到御史，始终是不避权贵、秉公执法，因敢于不顾一切弹劾奸佞，赢得"铁面御史""真御史""第一御史"等美名。

## 二、莆阳御史士大夫群体及精神内涵

### （一）莆阳御史官员

从唐贞观六年（632）登第的副都御史兼右散骑常侍郑积，到清光绪二十年（1894）进士、江南道监察御史江春霖，莆仙籍有任职御史、给事中经历的名人达到246人。唐五代有郑积、黄滔、翁承赞等。宋朝有陈次升、陈俊卿、陈谠、龚茂良、丁伯桂、徐铎、王回、许稹、翁处廉、陈绛、方慎言、陈文龙等。明朝有陈道潜、林润、林熊、林诚、杨琅、陈茂烈、俞海、黄鸣俊等。清朝有廖必琦、林扬祖、林源、江春霖等。其中，都御史有彭韶、唐际盛等，左、右副都御史有郑积、翁世资、林俊、方良永、陈琳、林茂达、郑岳、王大用、刘勋、林大辂、邹守愚、林云同、郭应聘、吴兆元、郑茂华、陈应元、余飏等，佥都御史有林富、林有孚、郑絅、陈志、柯泉、黄起雏、黄鸣俊、林一柱、林兰友、彭鹏等，莆阳御史群体中官终宰辅、尚书的有陈俊卿、陈文龙、郑侨、王家彦、林云同、郭应聘、林兰友等。

### （二）莆阳御史士大夫精神内涵

唐五代，随着莆田士大夫群体的崛起，他们参与了莆仙文化活动，至唐末形成了莆仙文化发展的重要人文节点。莆仙文化随着经济发展，更上一层楼。到宋代，莆仙文化基本形成。到了明代，莆田士大夫群体不断壮大发展，莆仙文化又进一步得到巩固和发展。在莆田士大夫群体中，莆阳御史士大夫群体表现得尤为突出。在200多人的庞大御史群体的推动和影响下，对中国御史文化等也产生一定的影响。这些御史多有进士、举人身份，是典型的儒家士大夫。这些御史既经营学术文化又从事社会治理，故而形成了一种独特的士大夫人生哲学，将"道"居于核心地位的人生哲学。作为社会精英，莆阳御史承担社会责任和文化使命，具体体现为对"道"的承担，即"士志于道"。他们维护社会正义，又追求文化传承，在对"道"的追求中实现自身作为精英人物的社会价值与文化价值。这些士大夫在不同历史条件下，又开拓出了率性自由等一系列精神气象，建构了一种既具有强烈社会责任感，又兼有达观生命体悟的人生哲学。这些士大夫精神既有儒家传统属性，又有丰富的精神内涵。莆阳御史士大夫的人生哲学和精神气魄，造就了他们"先天下之忧而忧，后天下之乐而乐"、敢于"舍身取义"的士君子、大丈夫的形象，成就了一种莆阳御史士大夫精神的道德意志和理想人格。

## 三、历代莆阳御史士大夫人文谱系

### （一）唐五代莆阳御史士大夫

唐代御史有副都御史兼右散骑常侍郑积，荆州道御史白金，殿中侍御史郑方迕，殿中侍御史郑朗，侍御史吴贤秀，殿中侍御史林藻，殿中侍御史陈峤、监察御史黄滔，御史大夫、同平章事翁承赞，御史大夫郑良士，殿中侍御史徐崇等。在唐五代，莆阳御史官职主要为殿中侍御史为主。这一官职在朝廷中也非常重要，这体现了莆田士大夫在朝廷中的地位和影响。唐末的林藻、黄滔及五代的翁承赞等辈，他们以儒为业的"故家乔木"意识，加速莆田儒学意识、儒家文化风气的形成。如唐代福建之文学成就，首推莆田，《全唐诗》载闽籍诗人28名，收诗737首，其中莆仙14名、诗539首。而黄滔之诗、徐寅之赋，堪称晚唐国手，福建更无人出其右。莆阳御史士大夫在唐五代就已经形成一定的影响和文化氛围。

林藻像
（《西河林氏族谱》）

林藻《深慰帖》

## （二）宋代莆阳御史士大夫

宋朝是士大夫精神的巅峰时代，宋朝也是一个重文抑武、优待文士、"与士大夫治天下"的时代，所谓"本朝（宋代）以儒立国，而儒道之振，独优于前代"。"宋之立国，元气在台谏。"直言敢谏的台谏官员不仅不会因言获罪，而且受到朝廷的庇护。这些因素对提振士人精神或者说士大夫精神起到了极大的作用。程朱理学将传统纲常学说理论化和通俗化，也有培育士人忠节意识的积极一面，对宋朝士人精神产生了更为持久和根本的影响。宋朝也是崇尚气节的时代，形成以正直敢言为标准的人才观。蔡襄是宋代莆阳御史中极有名气的，他在《国论要目》中指出："大臣，文士也；近侍之臣，文士也；钱谷之司，文士也；边防大帅，文士也；天下转运使，文士也；知州郡，文士也。虽有武臣，盖仅有也。故于文士，观其所长，随其材而任之，使其所能，则不能者止其术。"[1]有宋一代，文人士大夫一方面表现出强烈的"仕以行道""修、齐、治、平"的入世精神。对中国古代文人士大夫而言，"仕"与"不仕"，"忘身"与"忘君"，实在是一个两难选择。"学而优则仕"的传统价值观念，要求他们积极入仕，奉君忘身，忠君报国，以实现治国平

---

[1]〔宋〕蔡襄著，吴以宁点校：《蔡襄集》卷22《国论要目》，上海古籍出版社1996年版，第384页。

天下的人生理想。

宋朝，莆田士大夫进德修业、建功立业，得以无咎。有宋一代，莆田士大夫以身践行着自强不息、刚健中正、奋发有为的精神影响了宋代政坛、文坛。莆田名登《宋史》者36人。其中为宰辅者8人，如陈俊卿、龚茂良为斗权奸而不惜罢官；为谏臣者7人，如蔡襄名列"翰林四谏"之一，《四贤一不肖》诗是名震夷夏；临大节宁死不屈者，如林冲之使金被押16年不屈，被誉为"死节之苏武"；民族英雄如陈淬、陈文龙，前者历战沙场、全家殉国，后者兵败被俘、誓死不屈；至于学术人才，如史学家郑樵堪称一代史才，硕儒林光朝、方翥等尝令朱子折服。宋朝莆阳御史以此为契机获得到了前所未有的政治地位。他们以正直敢言的品行脱颖而出，受到普遍赞誉。叶颙、陈俊卿、郑侨、龚茂良、陈文龙等表现优秀，官至宰执。黄公度、蔡伸、刘克庄在宋朝词坛均有重要地位。莆田有丰富文化蕴藉和时代内涵的藏书实践活动及藏书思想，为宋朝文化与学术的繁荣与传承作出了巨大贡献。莆田在宋朝的300多年中，科甲联芳，济济多士，与莆田良好的学习风气和藏书文化的传承有关。这些对莆仙文化产生重要影响，郑樵著《通志》、陈振孙纂《直斋书录解题》皆得力于莆田藏书，陈振孙离任时还从莆田带走51180卷善本。

### （三）明代莆阳御史士大夫

明朝莆田一县进士500多人，在全国各县居第一。莆田明朝高官之多，也世所罕见。《明史》载莆人传记47篇。但尤为难得的是，明朝莆田士大夫皆以名节相矜，为官清廉方正是其特色。明朝莆阳御史达到161人，这在全国都是罕见的。明朝专制统治，直谏大臣常遭廷杖，而莆籍朝臣受杖者达23人之多。御史、户部尚书翁世资、陈俊在管理粮储、处理军政等方面显示出其优秀政治能力。御史刑部尚书林俊、彭韶兢兢业业履行好自己的职责，在案件的审理、复核两京及地方徒刑以上案件、参与三司会审、参与各种恤刑、慎刑程序等方面，都表现出卓越的才华和公正公平的品质。御史、工部尚书林云同在执掌四清吏司、所辖衙门上也做出功绩。

因此明黄仲昭认为："吾莆科第，景日方自唐之贞元（785—805），迄于五代，仅十余人而已。宋三百年，举进士者近九百，其间魁天下者五人，登宰辅者六人，其盛极矣。然此未足深羡者。仲昭独慕其时行，夫巨人相继出：而为宰辅，则相业光明、宗社嘉赖；为谏官，则议论忠谠、夷夏知名。或侍经筵，则尽启沃之职；司民社，则效抚宇之劳；临大节，则踏鼎镬而不顾；决大议，则触权奸而不恤。有倡关洛之学而丕变士风者；有由考亭之绪而深入理奥者。虽所造不同，所就亦异，而其纯正笃实之学、宗伟光大之行者，皆卓乎其不可及也。当时称吾莆之盛，有曰：'地不大于曹滕，俗已几于邹鲁。'其谓是欤！"

明朝莆阳御史士大夫中表现得尤为突出，其中林俊影响力为最大。林俊在莆阳御史士大夫中，前则盛推彭韶，后则推陈茂烈、黄巩二人。林俊说："祖宗以刑狱付法司，以缉获奸盗付镇抚，镇抚讯鞫既得，犹必付法司拟罪。未有夺取未定之囚，反付镇抚推问者。臣奉诏则违法，守法则违诏。臣宁违诏，不敢废法。"林俊本以暮年遭际，誓竭忠悃以裨补新政，既然屡次阻格，因乞致仕。嘉靖二年（1523），其辞疏八上，才得准许，加太子太保。士大夫祖饯都门，贤声满于道路。论者谓："数十年来，大臣以礼进退，无瑕隙可议者，惟林俊一人而已。"四年（1525），林俊从病中上书言："成化（1465—1487）时，臣及见廷杖二三臣率容厚棉底衣、重毡叠裹，然且沉卧久乃得痊。正德（1506—1521）朝，逆瑾（太监刘瑾）窃权，始令去衣，致末年多杖死。臣又见成化（1465—1487）、弘治（1488—1505）时，惟叛逆妖言劫盗下诏狱，始命打问，他犯但言送问而已。今一概打问，非故事。自去岁旧臣斥逐殆尽，朝署为空。乞圣明留念既去者礼致，未去者慰留，硕德重望。如罗钦顺、王守仁、吕柟、鲁铎辈，宜列置左右。臣衰病待尽，无复他望，敢效古人遗表之意，敬布犬马之诚。"五年（1526）疾革，其犹上书请懋学隆教，任贤纳谏，保躬道和，并请矜录议礼诸臣，且预辞身后恤典，旋殁，年七十有六。林俊好读书，慎交游，尤喜汲引后进及海内名流。林俊极力推荐的御史清官陈茂烈，时吏部闻其贫，予以晋江教谕，不受，又奏每月支给的米粮。陈茂烈上书说："臣素贫，食本俭薄，故臣母自安于臣之家，而臣亦得以自遣其贫，非有及人之廉，尽己之孝也。古人行佣负米，皆以为亲，臣之贫尚未至是。而臣母鞠臣艰苦，今年八十有六,来日无多,臣欲自尽心力,尚恐不及,上烦官帑,心窃未安。"奏上,不允。母殁,陈茂烈旋亦下世。林俊谓:"与茂烈语,沉疴顿去。"其重之如此。林俊推重的另一进士为莆田人黄巩,任德安推官,有能声,人称为"黄片言"。

御史林润是明朝莆阳御史的一颗明珠,在弹劾严世藩中起到重要作用。林润又是一名爱家爱乡的贤臣。他在《条陈六事疏》奏曰:"疫病大作城中尤甚。一坊数十家,而丧者五六。一家数十人,而死者十七八,甚至有尽绝者。哭声连门,死尸塞野。"可见,倭寇祸患对兴化百姓伤害之大、祸害之深,对兴化经济破坏之大,实乃空前绝后、史无前例。林润在《愿治堂疏稿·条陈六事疏》中说:"近倭奴入寇,大肆凶残。官民房屋,并府县公廨、儒学,与夫四门、城楼,各衙分署,尽一举而焚之,环列数万余家,盖荡然一平野矣!"严从简《殊域周咨录》说:"蒲(莆)多缙绅,有四五世科第相承者,古今典籍,比屋连巷,至是俱罹锋燹。"倭患对莆仙的经济和文教事业造成了极为沉重的打击。

明朝莆阳御史士大夫思想超越了传统儒家士大夫那种狭隘的忧君忧国忧民的思想境界,上升到了忧人忧心忧道的终极人文关怀。这些莆阳御史官员在明朝中期以后,在政治人格上开始追求"求真务实""秉公尚实"的精神,为官不因循苟安、敷衍公事、推责诿过,而是处事极其用心。

## (四)清代莆阳御史士大夫

"清康熙朝之达官,几有北宋士大夫之风,而道学之一脉,历雍、乾两朝,名臣迭出,考其渊源,皆自康熙朝理学诸臣所传播种子。盖圣祖种其因,而后代收其果。及至季世,母后当权,宦官宫妾,败坏纲纪,而后士大夫之风扫地以尽。至今以为服官,即是奔竞以得之,骄淫以享之,一入利禄之途,便为罪恶之首。移风易俗,必有好善乐道之人,居最高之位以倡之,清圣祖所作养,后代享之而不尽,盖风气不易成,既成亦不易毁灭也。"[1]汉武帝至宋,

---

[1] 孟森著.清史[M].北京:应急管理出版社,2022.10.

儒家士大夫在政治和社会中担负着主导作用，此时的社会治理还是比较好的。而清朝儒家士大夫被排斥，所以社会极度腐败。

清朝莆田士大夫突出人物有彭鹏、林尧英、吴英、林麟焻、廖必琦、郑王臣、郭尚先、林扬祖、江春霖等，御史士大夫则以廖必琦、林扬祖、江春霖为代表。广东巡抚彭鹏历官中外，清风亮节，天下称之。刑部郎中、河南督学、燕台十才子之一林尧英，工诗歌，康熙二十年（1681）充山东乡试考官，所得皆一时名宿。其康熙二十一年（1682）任河南提学佥，导以古学，文风大变，又在嵩阳书院建立讲堂，修开封学官，肄业者赖焉。其杜绝请托，务拔单寒，祀名宦。福建陆师提督、水师提督吴英，康熙四十二年（1703）圣祖南巡时御书"作万人敌"匾赐其，加封威略将军。按察司佥事、提督贵州学政林麟焻，康熙三十三年（1694）升按察司佥事，提督贵州学政，奏请朝廷增加乡试名额，贵州士人交口称颂。其有德政，爱民劝学，任期内当地文风为之一变。总督、巡抚称其"清若秋霜，明如悬镜"，联名向朝廷举荐。浙江道监察御史廖必琦，任间多有建言。兰州知府郑王臣，所到之处，皆以贤能与著声而闻达。四川学政林则徐诤友郭尚先，为官清正廉洁，有德政，去除积弊，学风、考风、文风大振，蜀民咸颂德政。其为官忠勤，深得朝廷嘉许，累官至礼部右侍郎，书法堪称"当朝第一"。陕甘总督林扬祖，任职期间，为官清廉，吏畏民怀，四境安治，政声颇著。后人尊称"清朝御史第一人"的江春霖为官刚正不阿、不媚流俗，有大智大勇，而且始终清正廉洁。江春霖病逝后，末代皇帝溥仪委托自己的老师、时任礼学馆总裁的陈宝琛送去挽联，北京、上海、福州、厦门等地都集会追悼，缅怀一代名御史，称赞江春霖"二百年监管无此人"。

## 四、莆阳御史士大夫精神表征

莆仙古代御史在御史、给事中任上恪尽职守，为国家治理献计献策、鞠躬尽瘁。莆阳御史多直向、直言、直行，敢与朝廷奸邪作斗争，由是莆阳御史大多仕途坎坷。莆阳御史群体特征主要表现以下几个方面：

## （一）御史数量多、官职高

莆仙地区共有246位监察御史、给事中、都御史，而莆仙地区历史上最多仅有3个县。以县一级测算，统计《闽书》《八闽通志》等资料，与福建其他府郡比较，这一数量是极高的，在全国也是罕见的。莆阳御史官至副都御史、都御史的多。据《明史》载："都察院左、右都御史，正二品；左、右副都御史，正三品；左、右佥都御史，正四品。"《清史稿》载："外省督、抚，并以右系衔，右都御史、右副都御史、右佥都御史为督、抚坐衔。乾隆十三年（1748）停右都御史衔。"都御史有彭韶、唐际盛等2人。左、右副都御史有郑积、翁世资、林俊、方良永、陈琳、林茂达、郑岳、王大用、刘勋、林大辂、邹守愚、林云同、郭应聘、吴兆元、郑茂华、陈应元、余飏等17人。佥都御史有林富、林有孚、郑綗、陈志、柯㮊、黄起雏、黄鸣俊、林一柱、林兰友、彭鹏等10人。另外，莆阳御史官终宰辅、尚书的有陈俊卿、陈文龙、郑侨、王家彦、林云同、郭应聘、林兰友等。

## （二）名垂千古的清官廉官多

名节源于品德，坚定在于信念。以廉立论，强调个人操守。莆郡御史，精英荟萃，青史留名，后人风范。他们以"清"名世，为官宜清，为人宜清，为文宜清，做到清政、清德、清廉、清白、清洁、清美……。莆阳御史清官多廉官多。弘治《兴化府志》记载，莆田明朝弘治年间（1488—1505）及之前的莆仙官员，立传人物268人，其中记载拒贿反贪的20人、公正执法的38人、惠世济民的34人、刚正不阿的70人、清约廉介的46人。这些官员中不乏御史。在史志中没有莆阳御史堕落的记录。据《莆田市名人志》不完全统计，莆田名人中，史书记载历代为官清廉特别突出的有200多人，其中御史60多人。莆仙官员多清官，形成了独特的清官文化。

## （三）御史能官多、声誉好

作为谏官御史评议官当选用"天下第一流"的"清强官"，而且一定要通过"公议""公举"的程序，"内外公议"才能举荐出人才。中国古代对御史官员的文化修养也有很高的要求，要求御史宜用"学识通达治体者"，品德文化素质是成为监察官的前提条件，无德无才者绝不能成为监察官。莆阳御史言官多为通过科甲出身的进士、举人，文化素质较高，同时具备正直敢言的胆略、铁面无私的坚守与忧国忧民的担当，特别是御史群体往往将"文死谏"视为职业的至高荣耀。莆阳御史中具备铁面无私、"通方亮直"的优良品质者多，并有"重在天下之民心得失"的情怀。莆阳御史以民生为重、民用为先，勤政为民，踏踏实实干事，从实际出发，实事必求其是。这种情怀和情操是儒家以民为本思想的体现。莆阳御史在惩贪反腐、正风祛邪方面更为突出，他们端正官纪、讲究规矩，以忧患意识纠正社会奢靡之风。

在品性要求之外，莆阳御史文化素质高，明法博学，能担当起监察重任。这些御史能官多、声誉好，其中入祀莆仙乡贤祠的达64人，占御史总数近30%。谏议大夫陈靖上奏五策"明赏罚，抚士众，持重示弱，待利而举，帅府许自辟士而将帅得专制境外"，得宋太宗嘉奖。宋仁宗朝，推举天下廉吏凡49人，德州通判、监察御史许积是其中之一。监察御史、侍御史林英规劝宋仁宗务在爱养民力、不费民财，停止对西夏用兵，仁宗御书"忠孝"二字赠予。御史台检法官、大宗正丞、教官金部郎林冲之，郑樵有诗哭之曰："官似冯唐能老去，节如苏武不生还。"史志称林冲之家族多义志，素有"忠义林家"之誉。御史编修、秘书阁修撰黄洒，宋徽宗赏识其才，尝以"江南豪士"称之。殿中侍御史陈膏，宋高宗称："陈膏长厚，有古人风。"右仆射同平章事陈俊卿，宋高宗称其"仁者之勇"。参知政事龚茂良为官清正，乾道三年（1167），以"敢言阙失"改任监察御史，有"廉勤"佳誉，与蔡襄、陈俊卿、林光朝等被称为宋朝"莆田四贤"。陆游将龚茂良政治遭遇比之屈原。监察御史陈炜，《八闽通志》评其"临大节而不可夺者"。"黄金浮世轻如羽，青史垂名胜似珍。"这是明朝监察御史陈茂烈的诗句，道出历代莆籍御史官刚正清廉、直言敢谏、追求功业声名的心声。朝廷诏其宅里为"孝廉里"，又立"旌表孝廉"坊以彰其行。

## 五、莆阳御史士大夫的突出贡献举隅

### （一）蔡襄对当今监察思想的贡献

蔡襄的监察思想具有系统性和实践性，在我国封建监察思想史上具有重要的地位。庆历三年（1043）三月，蔡襄向宋仁宗上了《言增置谏官书》，系统地提出自己关于谏诤监察的主张。他建议皇帝"擢官必自主之"，选拔忠于朝廷、敢于直谏的人担任谏官，以使谏官真正履行其谏诤的职责。蔡襄在另一篇关于谏诤的文章《明谏》以及其他论著中也提出了相类似的主张。蔡襄认为御史台官员弹劾官吏，是御史的主要职责，御史应有"鲠正之志"，以便纠弹奸慝，肃正纪纲。主张由御史台长官荐举属官，这样可使御史得到人才，而且可使其责任更加专一，职责更加分明。蔡襄还要求对巡察州县的官吏严加告诫，使其真正起到监察地方的作用，而不是徒具形式。蔡襄也指出，皇帝派出的安抚使要能够体恤穷民，存问乡里；对州县官吏治绩可称、有才干的，要予以褒奖、提拔；对贪赃枉法、名声很坏的要予以追查严惩；庸庸碌碌，才不堪任的要予以调换；七十以上昏老不知退的，一切罢之。在台谏合一方面，提出御史台设置言谏御史，让御史兼言谏之职，这是宋代监察制度的另一重大变革。这些言事御史的设置，初露台谏合一的端倪，是为后来明清台谏合一的先声。蔡襄不仅有一套完整而系统的监察思想，而且是勇敢的实践者。他既发表言论，侃侃而谈，又身体力行，尽忠守职，在其监察官和非监察官的任上，都将其监察思想贯彻始终。[1] 因此，蔡襄当时的监察思想

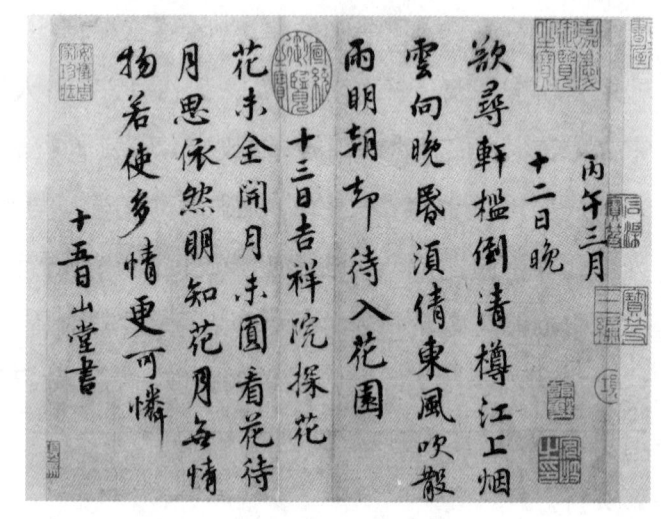

蔡襄书法

---

[1] 林贻瑞主编.蔡襄学术思想及其当代价值[M].长春：吉林人民出版社，2003.08.

对当今监察思想有突出的贡献。

**（二）陈次升对当今法治思想的贡献**

陈次升自熙宁六年（1073）进士及第至崇宁元年（1102）被流放边地，历经神宗、哲宗、徽宗三朝，三任台谏，最高官至右谏议大夫。从陈次升政治活动及其奏议等可看出，陈次升在仁政思想、用人思想及法治思想是都有突出贡献，特别是陈次升宽严并济的法治思想对法治建设的贡献。陈次升强调法令与刑赏在国家治理中的重要作用。陈次升曾在《奏盗发保州仓》中提到，边境粮仓乃守边根本，如若管理不严将致使盗贼频发、奸细渗透，故应罢去不称职的官吏，选择勇武智略之人代之，才能防患于未然，确保边境安宁。陈次升赞同以宽仁之法来治国，但对于盗贼案件却主张用严刑峻法来打压。他认为"惟是强盗之法特加重，盖将禁奸宄、惠良民故也"。他在上宋徽宗《奏论京师强盗》奏疏中提到官兵捕盗的工作甚为疏漏，"盗贼各有地分，窝家亦有主名，捉事之人、推鞫之吏，往往知其窟穴，但素相交通，不肯用心根究耳"。对于办案不力的官员，陈次升主张依法严加惩办。陈次升上宋徽宗《奏论永安县强盗》奏疏，认为："监司州县失职不纠，在法自当有罪。供报之际，若更匿情隐避，不以实闻，则杀人强盗无由败获，慢法官吏无以惩戒，日益以甚，为害岂细？"陈次升法治思想中不仅有主张严刑峻法的一面，也有根据实际情况主张慎刑宽仁的一面。他在上宋徽宗《奏论陕西群盗》之疏中就提到了陕西地处边境、民风剽悍，且时常有外敌侵扰，不宜内乱过久，且陕西群盗"多是逃军，盖因近来筑寨浅攻，偶失主将，兵士惧罪，不敢归营，是以流而为盗"。陈次升长期从事司法相关的工作，在处理实际案件中有了其自身的理论与经验，其宽严并济的法治思想也有一定的可取之处，对我们今天法治建设仍有借鉴意义。[1]

---

1 张昊. 陈次升研究[D]. 河北大学，2023.

### (三)陈文龙为官"不可干以私"理念的贡献

监察御史陈文龙为官清正廉直、刚正不阿、不畏权贵、疾恶如仇。初入仕途即被任命为镇东军节度判官的陈文龙秉公处事,关心民瘼,"不挠不屈,不可干以私,人皆惮之",成为镇军元帅刘良贵的得力助手,"政无大小,悉以询之"。陈文龙为官"不可干以私"理念,是陈文龙整个从政生涯的生动写照。他对"不可干以私"的为官之道矢志不渝,彰显出急流勇退的智慧与不愿苟且偷生的品格。"不可干以私"的浩然正气,充分体现出他深厚的爱国情感和为官"亮节"。陈文龙为官"不会以权谋私",一身正气,公正无私,具备伟大的情操和风骨。"不可干以私"理念也是当今官员尊严、价值和道德品质的总和,这是其他东西无法替代的。

### (四)林俊反贪理念的贡献

《林俊反贪》被《中国全史》列为经典案例。"贪污是腐败的核心,也是其主要表现形式。"腐败问题历来为国家所重视,也直接关系到国家的长治久安。一个国家的进步史从某种意义上来说就是一部反腐反贪史,一部治官治吏史。[1]《林俊反贪》是古代典型的案例,至今都有重要的教育意义。林俊历仕宪宗、孝宗、武宗、世宗四朝,历官副都御史,累官刑部尚书。《明史》称林俊"历事四朝,抗辞敢谏,以礼进退,始终一节"。林俊性格侃直,勇于任事,不随俗浮沉。明世宗时,林俊任刑部尚书。时宦官葛景等贪污,为谏官所检举,世宗诏令司礼监审讯。林俊上书指出,宦官犯法,不交司法机关审讯,即是不把宫中与朝廷同等对待,要求将葛景等宦官移交刑部等司法机关审理,以正国法。其又检举宦官谷大用强占民田一万余顷。宦官崔文豪家人李凤阳向工匠宋钰索贿遭到拒绝后,崔文豪用棍棒殴打宋钰,几乎致死,被逮捕交刑部审理。案情尚未判决,世宗却委任崔文豪为巡按监官。林俊上章力谏,并扣留案犯不予释放。由于林俊等朝臣的坚决抵制和不断劝谏,世宗即位不久便开始严厉限制宦官。

---

[1] 江国华著.国家监察权力运行及其监督机制研究[M].北京:中国政法大学出版社,2020.09.

## （五）彭鹏德政思想的贡献

彭鹏因其为官公正清廉，敢于直面权势贪恶，又能心系天下苍生，力保一方安宁，所以被百姓呼作"彭青天"。从彭鹏为官事迹及其所著《古愚心言》等史料可见，彭鹏是受到莆田家族精神、先贤榜样与文化影响以及在清初国家重整与社会治理需求下形成的德政思想。经过明亡清兴60余年战火的涂炭，人心思定。彭鹏的经世、德政思想蕴含了丰富的民本思想，这是儒家"以德治国"与"仁政爱民"思想的体现。其所推行的崇俭去奢、整肃吏治、劝农务本、轻刑息讼、崇文尚教等治理措施，顺应了清初的社会发展时势，对重塑国家统治形象以及推动社会稳定运转有着积极的意义，也为清初国家政治秩序与地方社会秩序的重构做出了积极贡献。[1]

## （六）江春霖对晚清监察御史制度的突出贡献

晚清御史队伍逐渐沦落。大部分御史虽然政治地位高，但收入微薄，不得不靠典当借债度日。再加上清末政治黑暗，很多御史被打压，有些御史就逐渐丧失立场，开始依附权贵，胡作非为。于是在清末出现了一种生意叫"买参"，就是为了打击政治对手，给某个御史送份厚礼，然后让御史攻击对方。御史也主动卷入老乡及同科进士圈子，为了圈子利益搏击。清末几次大的政潮都有御史推波助澜，搞得积极进取的官员不敢任事。江春霖在晚清成为"光宣以来谏官第一人"这是非常不容易的。江春霖自从当上御史便连连上奏，真正做到知无不言，言无不尽。据现存奏折的不完全统计，共上疏69件，对施政方针及各项改革，提出了许多建议。

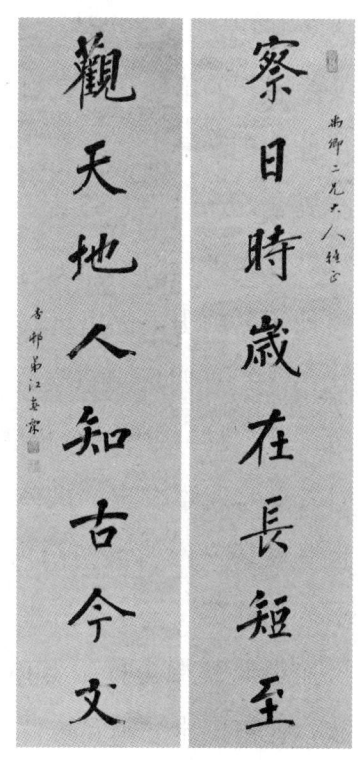

江春霖对联书法

---

[1] 王子腾.清初莆田籍名宦彭鹏德政思想的形成与内涵[J].莆田学院学报，2023，30(03):33-40.

他又从大的方面提出去除官制十二弊,理财、变通学制、酌定律例、重定税则去杂费、修改都察院章程、定保举举主赏罚、核定官俸、裁汰冗员、清理田赋等等,是一位清、慎、勤皆具备的监察御史。后人评价他"有清三百年间谏官奏疏殆未有如君言之切直者",是"有清御史第一人"。

## 第三节　莆阳御史世族家风

家风就是世族精神文化传统,是一个家庭、家族在世代累居、繁衍生息的过程中所形成的较为稳定的生活作风、传统习惯和道德面貌。莆仙群英荟萃、人才辈出,理学勃兴、著述如林。历代御史官员,其思想理念的形成与莆田文献名邦的廉脉传统有直接关系,与世族家风的潜移默化影响亦有密切关系。莆仙御史246人,分布于39个姓氏。其中各姓中有5人及以上的御史分别是林姓42人、陈姓30人、方姓21人、黄姓20人,郑姓18人,朱姓10人,徐姓6人,蔡、刘、吴、李、周等姓氏各5人,其他27个姓氏在5人以下。莆仙著名御史大都出自同一个姓氏大宗族,出现如"郑积祖孙三代御史""三代司马""四世名宦""三世登瀛"等世族佳话。郑积为唐朝莆田县(时仙游尚未置县)浔阳(今福建莆田市仙游县菜溪村)人,子郑方连官殿中侍御史,孙郑朗官监察御史,祖孙三代御史,良好的家风,三代相承,传为佳话。"三世登瀛坊"在莆城南门内横街,为明成化二年(1466)监察御史魏翰为兵部员外郎林英,子永乐二十二年(1424)进士林辉,孙天顺八年(1464)进士、广东道监察御史林诚祖孙三代人所立。良好的家风熏陶造就了一个个簪缨世族,在莆田十分常见。

## 一、莆阳御史世族家风及特色

### （一）家风及家风文化

家风是一种精神或行为方式在某一宗族内延续三代以上，便可视为某一家族之文化传统，构成其家风。家风是世族文化的基调和底色，具有相当的稳定性，往往世代相承。其传承载体主要有家诫、家训、门范以及世族闻人留下的遗言、遗令、书札等。除宗族谱牒留下的家训、族训外，一些御史还亲自创作家训，以作训诫后昆的手泽。如宋代蔡襄、陈俊卿、明代郭应聘、清代林源、江春霖等都有重要的家训箴言传世。本书辟有《莆阳御史家族规训文选》加以介绍。

明代著名御史莆田人方良永作有《跋郑氏家训》一文，文云："家训尚矣，然在昔有训，或不一再传，辄反鄙野，与不识文教者等，其故何哉？本之不立，而文之徒饰也。孟子曰：'家之本在身。'又曰：'身不行道，不行于妻子。'昔之为训者，其知此乎？即有之，亦罕也。今观顺庵先生所著《郑氏家训》，

莆阳家规家训馆（后黄村）

而其子若孙，已克世守之罔坠文云乎哉！予盖知其本之能立也。"[1] 方文引孟子的"天下之本在国，国之本在家，家之本在身"名言，说明天下的根本在国家，国家的根本在家，而家的根本在各人自身，宏观分析了个人、家、国、天下四者的关系，强调家庭家族稳定以及个人修身的重要性。正如孟子所讲的"身不行道，不行于妻子"，意即自己若不依道而行，那么道在妻子及子女身上都是行不通的。家风文化同样由观念文化、行为文化、制度文化和物质文化四个层面构成。其中观念文化包括为人、处世、读书、治家、治国、做官、修身、交友的家训、家书；行为文化包括日常家教、仪式、习俗中，传统家风倡导的价值理念和道德规范内化为家人的价值信念和行为遵循；制度文化包括日常家教、仪式、习俗中，传统家风倡导的价值理念和道德规范内化为家人的价值信念和行为遵循；物质文化包括祠堂、家庙、中堂是传统家族民居中的标志性建筑，供祭祀祖先、家族聚会、举行婚丧事宜等仪式以及处理其他公共事务之用，族人常在此设立各种牌坊、碑亭等标志性纪念建筑，来构建居住环境的文化景观等。

### （二）莆阳御史世族家风特色

莆阳御史世族家风特色是传承举业及家学为主要内容的世族文化，是古代各大家族延续其家世、维持其门第，提高其门望的关键性因素。士族社会地位形成后，家族门第一则希望其能具孝友之内行，二则希望其能有经籍文史学业之修养。这些家风与家学不仅是世族文化的主要表征，而且还发挥着维系家族传衍的功用。莆田世族家风文化往往成为士族门第的主要标志，各世家大族要想保持门第兴盛世代承传，必须加强对其子弟的文化教育，培养其德行和才干。莆阳御史世族主要包括科举家族和文学家族良好的家风，莆田科举家族和文学家族良好的家风有力推动了各个家族家学的形成和发展。

举业所取得的光辉成就是莆田的家族对家族子弟的教育大力投资所收到成效的见证。北宋泉州率先开家族中多人先后登第先河。此后一个家族或是

---

[1]〔宋〕方良永：《方简肃文集》卷七，《文渊阁四库全书》本。

一个家庭中先后有多人中进士，诸如兄弟、叔侄甚至父子，同时或相继及第现象，在福建全省特别是莆田，是非常突出的。据统计，明代福建兴化府的莆田县拥有177个科举家族，较第二名闽县、第三名晋江县分别多出85个和86个，甚至比泉州府的科举家族总数还多出42个，比漳州、建宁、汀州、福宁、延平、邵武六府、州科举家族的总和还多出75个，占到全省总数的28.25%。在福建，兴化府的科举家族最多，如兴化府规模最大的三个科举家族同时也是全省规模最大的前三名，分别为拥有11名进士及11名举人的林洪家族、拥有10名进士及9名举人黄寿生家族、拥有7名进士及13名举人的方良永家族，其规模之大为福建其他府、州所无法企及的。其中莆田县黄寿生家族的世系可溯自其父黄文圭，至崇祯元年该家族出现的最后一位举人黄起有止，至少繁衍了9个世代，其中有7个世代考取科举功名，间隔2个世代无人中式，故称之为"七代断代科举家族"。兴化府科举家族少于福州府，然其科举家族最长绵延八代，为全省之最。[1]

宋代莆田的文学家族多为世家，世家大族经过三代以上的积累和沉淀，在莆田地区共同的历史文化背景之下，逐渐产生了一些具有莆田地方特色的共同家风。宋代莆田文学家族的家学渊源，宋代莆田文学家族良好的家风，有力推动了各个家族家学的形成和发展。崇尚科举家风，使莆田文学家族成员的文学创作更专注于与科考内容相关的文体。宋代莆田的文学家族与家风家学之间的关系十分密切。敬宗睦族的家风，使宋代莆田文学家族成员的文学创作十分注重表现亲情，具有强烈的家族观念。在中原地区士族门阀制度逐渐衰落乃至消亡的时期，莆田地区却形成了崇尚和重视血缘与宗族的社会风气，敬宗睦族就是各大家族的共同家风。[2]

---

[1] 刘海峰、郑若玲主编：《科举学的系统化与国际化》，华中师范大学出版社，2016年版，第414页。
[2] 林毓莎：《家风家学与宋代莆田文学家族》，载《三明学院学报》，2024年第1期。

## 二、莆阳御史主要世族家风

### （一）莆田林姓家风

莆田林姓出御史42人，这是极少见的现象，它与林姓家风有密切的关系。永嘉之乱时，中原林氏是最先入闽的四大姓氏之一。林禄是入闽第一人，传至第十世林茂，由晋安迁居莆田北螺村（今莆田市荔城区西天尾镇林峰村）。十六世林披生九子林苇、林藻、林著、林荐、林晔、林蕴、林蒙、林迈、林蔇，因皆官至刺史（州牧），号称"九牧林"。此后九牧林子孙徙居各地繁衍生息，蔚为巨族。

明代林蕴裔孙、右副都御史、尚书林俊于正德十二年（1517）制定的《林氏族范》，是九牧林氏家族鼎兴时期家训家风的结晶。《族范》提炼和总结过往及当下林氏家族的家风家训。提出"礼义廉耻，兼修四维""气必正，心必厚，事必公，用必俭，学必勤，动必端，言必谨""处乡里必和平"告诫子孙须通过修身达成诚信、友善；还有"事君必忠敬，居官必廉慎""士农工商，各守一业"等训语，体现其爱国、敬业、守法原则。

明林俊撰文、子林达篆书《林氏族范》
（碑存荔城三清殿）

《莆田林氏宗谱》还收录有"家训十二则"，具体条目为：孝父母、和兄弟、别夫妇、严内外、训子孙、明利义、序长幼、恤宗族、信朋友、戒争讼、勤职业、戒凛势。其中"戒凛势"条云："三字官箴，彪炳古今。幸承紫诰，勉效丹忱。

诏颁戒石，纵继辞金。无为贪墨，往哉汝钦！"古人所谓"三字官箴"指的是"清、慎、勤"，清而不浊，慎而不骄，勤而不惰，对于今天的广大干部为官从政，仍不失其借鉴意义。

**（二）莆田陈姓家风**

莆田陈姓出御史30人。陈姓是莆阳姓氏分支和人口最多的家族，自古有"十八陈"之说，实际莆田陈氏远不止这些支派。其中以玉湖陈氏家族陈俊卿、陈文龙御史最为著名。陈氏家风朴实，相传陈俊卿在京都考中榜眼时，皇帝问其莆阳何尝人才出众，陈俊卿答曰："地瘦栽松柏，家贫子读书。"此话成了历代莆田读书人的座右铭。民族英雄陈文龙、陈瓒，被朝廷封赐为福州府和兴化府城隍神，光耀千秋。玉湖陈氏始祖陈仁（1016—1064）于宋庆历元年（1041）卜居莆田玉湖，生平乐善好施、周济怜困、远近颂德，以其曾孙俊卿贵赠沂国公。受到陈氏家风文化教育影响，陈俊卿言行庄重正直，孝友忠敬，得于天资，清严好礼，终日无惰容。侍奉父母孝顺、对兄弟友爱，为人忠诚恭敬，清廉严正而彬彬好礼。入仕后在朝中则严肃地发表直言，辨明邪正，斥责权贵毫不避讳。陈俊卿认为论人才以气节为重，有气节的人，即使有小过也应当宽容他；奸邪的人，即使颇有才能也应当加以警惕。他勤政廉务，任人唯贤，为政宽简，给当时的士大夫树立楷模形象。陈俊卿重视节操与读书，是"清忠亮直"的名相，其几代子孙继承并发扬先祖遗风中的精髓——忠义。莆田玉湖陈氏祖祠镌刻一对"清忠亮直，抗金良将；节义文章，扶宋名臣"的楹联，是对前八代玉湖祖先的真切追念与真切评价。

陈俊卿十分珍视家风，勖勉后辈，以周急好施而闻名乡里，良好的家训家风起潜移默化的作用。陈俊卿是陈仁后裔，他到晚年时上章告老，皇帝封赠少师、魏国公，他知恩怀俭，教育后代要清俭、不忘本，要勤奋读书，立志成才。这是他的经验谈，以后则成为了族规传家宝。族规、家法可起到"敬宗收族"作用，"敬宗，就是强调传统的追溯，建立家族血缘关系的尊卑伦序；

收族,则着眼于现实,寻求家族内部长期的和平共处,聚而不散的有效途径"[1]。陈俊卿创立了玉湖陈氏家训,以其自身自爱自重之言行,成为后世子孙教化取法取戒,趋吉避凶,以资作为立身、治家、处世之法式。陈俊卿作有《遗训》一篇,其开篇曰:"凡立身则以本朝名公为师,若行事则当直而无挠为上。凡持家须叨节俭,毋务奢侈。与人忠信,毋坠吾祖风。吾有书卷,宜授诵讲,可以明道,可以持身。吾仕宦所有此身赢困,所书草率,不能详悉,以类推之。同体吾平日所行,亦粗知可以处世也。"[2]《遗训》对子孙提出了原则性的"立身"之道。

受陈俊卿家训影响最令人称道者是其五世重孙陈文龙。陈文龙高中状元,他的出仕,又使得家族四代人受封国公并赠太师,使玉湖陈氏蔚为"一门二丞相,九代八太师"的望族。而陈文龙的文章节义,则不仅教育了家族,也感动了整个中华民族。陈文龙抗元失败后作与子诀别诗的"一门百指沦胥尽[3],惟有丹心天地知"名句,是传诵千古的爱国主义绝唱。

莆仙陈氏家族支派多,谱牒也丰富,家训也很多。如莆田东阳是明代著名御史陈道潜家乡,《莆田东阳浮山陈氏族谱》载《庭训》中有"行必忠诚,居存孝友。礼以律身,书不释手。远佞嫉邪,节欲止酒。辱先有诚,著书如柳"等名句,流传也很广。

莆田荔城区拱辰街道东阳村陈氏《庭训》碑

---

[1] 刘正刚:《闽粤客家人在四川》,广西教育出版社,1997年版,第322页。
[2] 莆阳玉湖陈氏家乘编委会编印:《莆阳玉湖陈氏家乘》第1卷,2010年版,第346页。
[3] 诗句一作"一门百指沦胥北"。沦胥,指受牵连而遭遇苦难。

仙游《陈氏族训》则有"礼义廉耻，四维毕张。处于家也，可表可坊。仕于朝也，为忠为良"等训言，这些都是儒家传统伦理道德在陈氏家训中的体现。

### （三）莆田方氏家风

莆田方氏派系主要分方山方，六桂方、杜塘（白杜）方和桂岭方。其中以"六桂方"最为著名。"六桂方"与"杜塘方"实为一家。唐大顺二年（891）进士方廷范，授温州安固县尉。大顺年间（890—891）历任福建长溪（今属宁德）、古田、长乐三县县令，皆有惠政，人称"长官"，后以第五子贵封金紫光禄大夫。方廷范六个儿子仁逸、仁岳、仁瑞、仁逊、仁载、仁远，五代时俱仕于闽国，号"金紫六桂"。其第七子仁杰未第，居莆田杜塘（今西天尾镇白杜），则称"杜塘（白杜）方"。

莆田方氏家族，是莆阳宋代进士第一家，两宋共出进士132人，其中有28对父子进士、26对兄弟进士，有著述的文学成员则多达38人[1]，著名诗人刘克庄在《荐福院方氏祠堂》文中引忠惠（方大琮）序方氏谱之言曰："合天下之诸方，莫如莆之盛；合莆之诸方，莫如长官之盛。"[2] 按进士方大琮（谥"忠惠"）的《方氏族谱序》原赞为："合天下之诸方，不如莆之盛；合莆之诸方，不如长官之盛，枝叶蕃衍，冠冕辉映。"[3] 据统计，莆田方姓历代出御史21人。

莆田方姓的家风以私家藏书传承最具特色。方氏入莆的时间，以金紫方氏为最早。方氏入莆后，开基衍派，聚族而居，子弟好学，家多庋藏。北宋皇祐至南宋淳祐（1049—1252）的二百余年间，见于文献记载的方氏藏书家就有方万、方崧卿、方信孺、方渐、方于宝、方秉白、方阜鸣、方其义、方峻、方子容、方略、方审权、方矗、方景严、方采、方淙、方楷等17人，其中金紫方氏、富文方氏、白杜方氏、墨林方氏、寿峰方氏等藏书世家，所藏不仅数量多，且多善本与珍稀书画。闻名于世的方万"斗车楼""一经堂"、

---

1 林毓莎：《宋代莆田六桂方氏家族及文学考论》，载《临沂大学学报》，2015年第2期。
2 〔宋〕刘克庄：《后村先生大全集》卷九十三，《四部丛刊》本。
3 〔宋〕方大琮：《铁庵集》卷三十一"序"，《文渊阁四库全书》本。

方崧卿"聚书堂"、方渐"富文阁"、方于宝"三余斋"、方略"万卷楼"等藏书楼，在我国的私家藏书史上占有举足轻重的地位。方氏藏书，大都是经历了世代相传与不断积累，从而不断发展并丰富起来。据统计，宋代莆田私家藏书总数为二三十万卷，而方氏藏书就多达十四五万卷。部分藏书家虽家无寸金之产，却藏书千万卷。瑶帙宝藏，耕读传家，成为方氏藏书世家的精神追求。

宋代开禧元年（1205）进士方大琮，字德润，号铁庵，谥忠惠，他曾创立方氏义庄，效法范文正公（范仲淹）在富贵显达后，设立"义庄"，购买"义田"，以义庄田地的地租用来赡养同宗族的贫穷成员，使之不废耕读家风。范仲淹曾对义庄订立章程，用以规范族人生活。方大琮也订立了《莆田方氏义庄规矩》，并请知军林希逸为之作序。林序中云："铁庵先生忠惠方公，重名厚德之士也，其拳拳族党一念，盖今人所未有者……于是取范公遗法依仿而行，聚每岁之入，等第给之，姑自其亲且近者始。故九世祖礼部而下若干人，高王父福平而下若干人，冠笄有馈，婚嫁有馈，丧葬有馈，男女之生有馈。延师家塾，教子若孙，月有俸，岁有供。登科者庆遗之，秋荐入学者资送之，有其亲而贫者，疏而贤者，俭岁而有饥乏者，非次而有患难者，皆有以济助之，是皆范氏旧规也。"[1] 可见莆田方氏注重藏书和教育的家风，与家族的人才辈出有着直接的关系。

### （四）莆田黄姓家风

莆田黄氏被人誉为"数百年不衰之文化世家"，这"文化"说的不止只是著名的科举世家，还有奕代传承的家学渊源和"忠孝廉介"的浩然气节。莆田黄氏人文炳蔚，历代名臣循吏，代有其人。据统计，单御史人物就有20人，彰显出黄氏该有的荣誉和地位。

莆田黄氏多尊唐代黄岸为入莆始祖。唐昭宗乾宁二年（895），莆田东里黄滔中进士，光化年间（898—901）任国子四门博士，后迁监察御史。王审

---

[1]〔宋〕林希逸：《竹溪鬳斋十一稿续集》卷十二《莆田方氏义庄规矩序》，《文渊阁四库全书》本。

知开闽，黄滔以文学儒士入王审知幕府，为闽国东南文士之翘楚人物，有"八闽文章初祖"之誉。黄滔开启文风后，其子孙多人，析居闽省各地，皆能绳继祖武，赓续文风。除莆田"东里黄"祖地外，福建邵武和江西南城、临川等黄氏分支也皆辈出人才。至宋代，莆田黄氏以黄公度最为知名，他于绍兴八年（1138）高中状元，为文史兼通之学人，文名极显，使莆田黄氏步入鼎盛时期，其后裔为《宋史》所载者不少。莆田黄氏后裔常以文章见长，以词章取胜，所见记载甚多，盛况延绵至明末。如黄公度的后裔黄仲元，字善甫，中咸淳七年（1271）进士，宋亡后，改名黄渊，字天叟，号四如，学界称"四如先生"，时值宋元鼎革之际，四如以教授诗书为生，成为宋末元初的大学者。又如明代黄寿生，字行中，永乐五年（1407）进士，后迁翰林院检讨，参与编写《五经四书》《性理大全》，是明初大学问家。又如黄仲昭，号退岩居士，与其兄黄深均为当时名人。又如黄廷良、黄廷宣、黄廷用兄弟，其中黄廷宣任广东按察司佥事；黄廷用中嘉靖十四年（1535）进士，官工部侍郎。又如黄起有为明崇祯进士，官至礼部侍郎兼翰林侍读学士，擅诗文，精于草书，作品为世所重。

莆田黄氏家族自黄滔始，至明末近七百年历史，家学渊源，文脉长存，诚为文化世家。黄氏不惟在文章方面有许多人物为世所称；在节义方面，同样也多值得崇敬的铮铮之士。如绍兴状元黄公度初任签书平海军节度判官，后迁秘书省正字，时值秦桧当道，但他敢于讥讽时政，上书痛斥对金一味屈膝求和，因不与秦桧为伍，被罢归，主管台州崇道观，后改肇庆府通判。任上以宽仁为政，得民众拥戴，被岭南当地人祀于学馆。秦桧死后的绍兴二十五年（1155）黄公度始得还京。又如宋景定三年（1262）进士黄镛，他为太学生时，宋理宗亲政。北方蒙古族连年进攻，汉淮四川处处报警，而理宗纵情声色，任用权奸丁大全，内侍董宋臣等，朝政日坏。宝祐四年（1256）黄镛与陈宜中等联疏，弹劾奸相丁大全，被编管远州。黄镛被谪远州六年，坚不后悔，常言："远州可谪，而大全之恶不可纵！"遇赦登进士，官吏部尚书兼枢密院事，升右丞相太傅。时元兵南下，黄镛起兵会战，流矢中肩而殉国，是尽忠报国的楷模。明代大理寺少卿黄巩，对武宗皇帝沉溺山水美色，不理朝政，奸佞猖獗，于国家前途暗淡之际，为社稷安危着想，置生死于度外，毅然上疏直谏，触怒武宗，廷杖后将其削职为民。直到世宗时，重新召用为南京大理丞，仍不改直谏风骨。

黄氏望族之家学传承，自与家风家训有密切关系。黄氏《家规十则》中第三条"守忠厚"云："家世敦古处，革薄而从忠。与人相嘘煦，一团和气中。浮俗多喜诈，谈笑起戈戎。不思行直道，斯民赋性同。机阱虽云巧，默宰有天公。相挽还淳朴，无坠昔人风。推诚而化物，守雌以为雄。毁誉随众口，裒为两耳充。横逆无因至，冰雪任消融。留耕存方寸，忠厚守袭弓。"[1] 又有后黄《黄氏六谕五戒》第四条"严训子孙"云："吾身委蜕，而为子孙。继体守成，亦籍后昆。教家无法，以儿以豚。授业课程，切宜谆谆。"五戒之"戒逸"云："士农工商，四民各居。农勤于耕，商勤于途。工勤绳墨，士勤典谟。惰业嬉游，流为下愚。"宋黄滔十世孙、宝庆二年（1226）进士黄缜作《重建招福祠祝文》自豪夸咏云："黄族迁闽，猥称固始。维黄属光，以国为氏。陆终春申，自原而委。嗣我烈祖，巍巍御史。伟哉弘文，秘藏有纪。以儒立宗，垂三百祀。岁掇科第，世趾黄美。最盛绍兴，魁天下士。绵绵奕奕，以续以似。"（乾隆年间《莆阳东里黄氏族谱》）祝文特别指出黄氏三百年来"以儒立宗"的家风传统。

另外，莆田郑氏、朱氏、刘氏、徐氏等家族亦以科甲耕读文化成为莆田的望姓。且居官者皆以廉能著称，留下了诸多为人称道的业绩。其中郑氏"南湖三先生"开莆田文教之风，子孙出进士174人，任御史者18人；朱氏承朱子之学，重视人才教育，历代出进士45人，任御史者18人。刘氏于宋代登进士者36人，曾有"一门三秘监三尚书，若虚两代五进士"之美誉。莆田徐氏肇基延寿，亦极重耕读传家，历代人才辈出，簪缨继世。延寿徐氏宗支先后出现徐务四世孙徐寅、八世孙徐奭（徙欧宁）、十一世孙徐铎三位状元，人称"状元世家"。宋熙宁九年（1076），徐铎高中状元，其兄徐锐同中进士，故世有"龙虎榜头孙嗣祖，凤凰池上弟联兄"的盛誉。莆田这些显族大姓在创建书院，发展文化教育等方面都具有示范引领作用。家族多有忠义孝悌之士，在封建时代，多获立坊表、诰封、诰赠之褒扬，在家乡有很高的声望，彰显

---

[1] 黄国华：《莆阳东里黄氏滔公宗谱》，莆阳东里黄氏滔公宗谱编委会印行，2013年版，第462页。

出其家风文化传承良性循环的重要性。

### 三、莆阳御史世族家风的时代价值

#### （一）儒家道德规范的教化价值

御史世族社会家教的核心内容是儒家伦理和道德规范。世族闻人为延续宗族的精神传统，维系宗族内的和睦友善，特别重视孝悌之道，使之成为当时最根本的道德观念。如果说家风主要侧重于对世族子弟的精神品格的塑造，那么家学则主要侧重于对世族子弟学术艺能方面的培养，两者相辅相成。

世族家学的核心内容主要是儒家之礼学，目的依然是为了敦亲睦族，延续家族荣光。因此，良好的家风一旦形成，就会成为一种强大的精神力量。不仅能涵养自身官德，还能使家族子弟和后世子孙，在耳濡目染和潜移默化中继承其优良品德和优秀传统。而官员的家风，更对社会有着直接的影响。因此，家风不是个人小事或家庭私事，而是关于廉洁文化建设的大事。对于当今党员干部来说，良好的家风仍然有重要的教化价值。只有自己做到清正廉洁，子女才不会被贪婪、势利、奢侈等不良氛围所污染，才能传承清正廉洁的家教家风。

#### （二）"俭廉恕德"的借鉴价值

"俭廉恕德"是儒家的正统理念，是对御史官员自我约束的重要内容，也是规范中华民族社会秩序和文明进程最本元的核心价值观。许多传统家训都提到这个道德观。涵江《李氏家训》云："合乎天理人情，道德常规之至。"仙游《帽山王氏家训》云："德善仁廉，留取英名。"仙游傅伫《遗训》云："居官于德，讼之际必曰：其平居家于口体之奉，必从其俭居乡，虽贫窭之民，必还以礼，举措未尝敢以势凌人，言语未尝敢以奸欺物，于蒸尝必严约束，惟恐其或墜也。"莆田《郑氏族规家训》云："忠义孝悌，明理仁廉。传统至德，礼仪谦让。严以律己，风纪垂范。"传统儒家强调的"德"，其实也是新时代公平正义价值观的基础。中国古代传统文化中关于重德修身的规训，无一不是给子弟打下良好的德行基础。在"重德、修德、养德"这样家风家训的熏陶下，个人的良好品性就很容易养成。以德立人的修身之本，首先就在于道德自律，是自我约束力的表现；其次在于德育教育，即家族对子女的后天培养。"俭廉恕德"的追求和自我约束，融于莆田历代御史的言行之中。对今天的防腐倡廉工作，有重要的借鉴价值。

### （三）优秀家风家训的益智价值

习近平总书记在 2015 年春节团拜会上的讲话指出："不论时代发生多大变化，不论生活格局发生多大变化，我们都要重视家庭建设，注重家庭、注重家教、注重家风，紧密结合培育和弘扬社会主义核心价值观，发扬光大中华民族传统家庭美德，促进家庭和睦，促进亲人相亲相爱，促进下一代健康成长，促进老年人老有所养，使千千万万个家庭成为国家发展、民族进步、社会和谐的重要基点。"[1]

家风家训是培育个人品性的原生力，是促进家族兴旺的内生力。也是营造良好风气的推动力。家族、家庭是形成人生观、道德观的首要场所，是人的第一所学校，而家风家训的熏陶则是家族、家庭给予子孙的第一笔精神财富，同时也是社风、民风的源头活水。莆田历史上出现众多铁面御史并非偶然，这与家族重视清廉教育不无关系。众多家族都将勉励子弟从小立志修德置于首位，劝诫家族成员潜心读书，清白做人，勿贪勿奢，涵养德行，益智开慧。因此，莆田的士子大都能以廉洁从政、忠于家国为荣，以贪贿搜刮民财、奸佞祸国殃民为耻。有学者对优秀家风家训益智文化价值作了总结，认为："在新时代传承中华优秀传统家训文化，不但能为建设新时代的中国式家风提供滋养，而且能够丰富新时代万千家庭传承优秀家训文化的智慧，更能推动新时代家庭涵养家庭美德与处世智慧，还能为推动建设新时代家庭礼仪文明提供借鉴。"[2] 当然，新时期如何传承中华优秀传统家训文化，传承优秀家风，则是另一个值得研究的问题。

---

[1] 张福俭、张绍元：《共产党员道德修养与行为规范》，中国言实出版社，2017 年版，第 60 页。
[2] 李振松：《新时代传承中华优秀传统家训文化的价值意蕴及路径》，载《齐齐哈尔师范高等专科学校学报》，2023 年第 3 期。

# 第三章
## 莆阳御史文化形成的因素

  清进士林杨祖纂《莆田县志·谏诤传》云："莆自宋以后，忠谏抗直之臣，史册相望，或放流不悔，或拜杖为荣；耻噤声之寒蝉，作朝阳之鸣凤。"实际是莆田自唐五代以降，科甲绵延，人才辈出，涌现出众多个性鲜明、敢作敢为的莆阳御史。他们为国谏言、为民纠弹、清正廉洁，成为中华廉脉的重要组成部分，绘就了烁古耀今、流芳百世的莆田清风图谱。莆阳御史文化是莆阳御史在莆仙大地长期生活过程中孕育生成和传承演变的一种文化现象，包括思维方式、思想观念、精神信仰等，莆阳御史的优秀传统美德是莆仙文化重要内容之一。莆阳御史官大多数能忠于职守，疾恶如仇，不畏权贵，刚正敢言，乃至不惜犯颜直谏，锄奸除恶，举善平冤，匡正纲纪。御史官们的高贵品德、高尚情操，展现文献名邦正气浩然的言官风骨。莆阳御史们行必忠诚、忠贞爱国、刚正不阿、直谏敢言、清正廉洁、品德高尚的"莆阳御史现象"，他们人事之清白、为政之清廉，形成了独具莆仙特色的"莆阳御史文化"。而这种独特的文化不是突然或者偶然出现，而是与莆仙的地理环境、人文社会环境及官员清白廉政的文化氛围等因素的共同作用具有密切关系。

# 第一节　莆阳御史文化形成的地理因素

先秦思想家管仲在《管子·水地篇》中说:"夫齐之水道躁而复,故其民贪粗而好勇;楚之水淖弱而清,故其民轻果而贼;越之水浊重而洎,故其民愚疾而垢;秦之水泔冣而稽,淤滞而杂,故其民贪戾罔而好事;齐晋之水枯旱而运,淤滞而杂,故其民谄谀葆诈,巧佞而好利;燕之水萃下而弱,沈滞而杂,故其民愚戆而好贞,轻疾而易死;宋之水轻劲而清,故其民闲易而好正。"这是把水土与民系民风联系起来的经典理论。古人认为,钟灵可毓秀,人杰因地灵;楚人多才,江山之助。莆阳御史文化形成,首先就有地理的因素。

## 一、依山面海的地理生态环境

作为闽文明起源地之一的莆仙大地,历经数千年的风雨沧桑和一代又一代莆仙人的筚路蓝缕,形成了玄妙神奇、博大精深、瑰丽多姿的莆仙文化。莆仙文化植根于壶山兰水,是一种典型的地域文化,其内涵丰富,兼具普遍性和特殊性,在闽文化语境中具有无可替代的地位。其地理方面有如下特征:

1. 莆田市的地理区位特点为依山面海,处于省城福州和古城泉州之间,因此莆仙某些文化也受到这两个地区的影响。在信仰、习俗、文艺等方面,也都存在一些与这两个接壤地区互相影响的现象。

2. 莆仙地区地形总体呈由西北向东南梯状倾斜,属东南沿海低山丘陵区。境内山脉纵横交织,丘陵起伏,河流错综,广袤肥沃的平原和宽阔绵长的海域以及许多半岛、港湾和岛屿,形成了复杂多样的网格状地形。

3. 莆仙水系以木兰溪、萩芦溪、延寿溪以及南北洋的河网为主,其中木兰溪贯穿莆仙全境。木兰溪流域历史文化影响了莆仙文化。木兰溪是莆仙境内独立的一条溪流,并注入大海,具有生活方式的静穆与灵动、封闭与开放相结合的两重性。

4. 莆仙平原主要由莆田南北洋平原和仙游东西乡平原组成，总面积达816.7平方千米，占全市土地总面积的20.6%左右。平原促进农业经济发展，莆仙文化的孕育与发展与莆仙两大平原的开发历史关系极为密切。

5. 莆仙气候，属典型的亚热带湿润季风气候。各地年平均气温在16℃—21℃之间，宜居宜业。

6. 莆仙境内资源充足、物产丰富，有全国著名的"甘蔗之乡"。莆仙四大水果驰名中外，为莆仙经济文化注入了生机和活力。

## 二、独特山川滋育出莆人品格

法国学者白吕纳认为："地理因素对于不同的社会现象的影响并不发生同样严格和直接的制约。"地脉和水脉也是文脉的组成部分，莆仙文化必然受到莆仙地理环境的影响。历史文脉实际包含山水的文脉和人文的文脉。莆仙文化植根于壶山兰水，是一种典型的地域文化。莆田地形总体由西北向东南梯状倾斜，境内山脉纵横交织、水源丰富。木兰溪水域贯穿莆田地域，广袤肥沃的东西乡平原、兴化平原和宽阔绵长的海域，形成独特的莆田地理生态环境。汤汤兰水，巍巍壶山。兴化故郡，文献名邦。开莆来学，薪火传乎壶兰。明何乔远《闽书》云："壶山兰水，映带秀发。"邑志云："壶山兰水，不愧海滨邹鲁之遗；考献征文，永称人物风流之美。"宋朝的莆田已是"壶兰雄邑，文献名邦"。文物之盛，不亚于两浙江南；人口繁盛，为福建各县之冠。山水孕育文化，莆田山水的润育对莆阳御史文化特性的形成产生重要影响。

（一）壶山立品

莆田山川秀美，壶公山、九华山，遥遥相望，木兰溪环流左右，厚土孕育文献名邦。山水景观是文化的积淀和重要载体。极具风格特色的兴化奇山异水，如九鲤湖、塔斗山、麦斜岩、凤凰山、壶公山、九华山等，不仅兴化名人不断前往猎奇、探胜，全国的名人如文天祥、文徵明、徐霞客、黄道周、纪晓岚、于右任、郭沫若等也慕名前来游览，为名山胜水增色，还留下不朽著作以及诗、词、联等。文献名邦臻异彩，壶兰雄邑绽奇葩。壶山是莆田文化名山，是莆田人民智慧的象征。南宋著名理学家、思想家、哲学家、教育家朱熹称赞"莆人物之盛，皆兹山之秀所钟也"。宋祝穆《方舆胜览》中一句"地不大于曹滕，俗已近乎邹鲁"，把壶兰雄邑、海滨邹鲁形象地勾勒出来。宋代状元文天祥题写"南山樾荫"，莆田古城内的"壶兰雄邑"牌坊，正是这种文化的集中体现。

### （二）兰水毓德

莆仙文化是伴水而生的文化。木兰溪相对独立于莆田境内，木兰溪流域中心水脉是莆仙文化独特性的核心要素。木兰溪水系孕育了莆田独特的人文性格。特别是木兰陂建成后，仙游东西乡平原、兴化南北洋平原变成了著名的鱼米之乡，莆田人口继续增加，经济社会都获得了长足进步，为莆田教育提供良好的土壤，奠定了"海滨邹鲁，文献名邦"的物质基础。优良的农业环境和悠久的农业传统，造就了莆田人从容优雅而又具有一定保守怀旧色彩的人文特征。宋朝全国最大的水利工程之一的木兰陂的修建过程中形成的大爱精神、担当精神、务实精神、创新精神、滴水穿石精神和拼搏斗争精神，也深深地影响着莆田人民的性格。

### （三）山海利薮

宋绍熙《莆阳志》序云："莆阳山川之秀，甲于闽中；人物奇伟，自唐以来间见层出。"莆田地处山海交汇之地，依山面海，港口星罗，皆利薮所在。兴化海岸线之长，约占福建省海岸线的五分之一，拥有天然良港，内陆可通达华东、华南、华中、中南的广大腹地，出海可直达朝鲜半岛、琉球、日本、东南亚及非洲各国。特殊的地理位置决定了莆仙人要经常跟风浪搏斗，天风海涛铸造了莆仙人强健的体魄和坚韧的性格，无涯的海面造就了莆仙人豪迈、清廉、开阔的胸襟，也促使历代文人清正刚直的基因得以加强和巩固，孕育形成了以妈祖文化为代表的海洋文化，其表现在历代御史身上，那就是重气节、尊义士、敢直面。莆田民间一直流传着古老俗语"沉七洲，浮莆田"。海洋环境造就莆田人与不同的文化、文明打交道，善于了解新事物、学习新知识的特性，并孕育一种"英雄主义"，同时也铸就了莆田海洋族群的胸襟禀赋，舍家离乡、吃苦耐劳的顽强意志，兼收并蓄、海纳百川的广阔胸襟，勇立潮头、敢为人先的拼搏精神和俭朴谦恭的品行操守及立志爱国爱乡爱民的远大谋略。

### （四）平原滋养

莆仙平原主要由莆田南北洋平原和仙游东西乡平原组成，总面积达 816.7 平方公里，占全市土地总面积的 20.6% 左右。平原促进农业经济发展，莆仙文化的孕育与发展与莆仙两大平原的开发历史关系极为密切。兴化平原又称莆田平原、南北洋平原，面积 464 平方公里，福建四大平原之一，东濒兴化湾，西抵九华山麓，南达燕山期花岗岩丘陵边缘，北至囊山山麓，由河海泥沙在浅海湾交错沉积以及人工围垦而成，木兰溪以北的平原称"北洋"，以南的称"南洋"。从先秦到隋唐时期，长期的河流冲击以及海潮脱顶作用，兴化湾边缘地带逐渐形成了大片的滩涂地，即"兴化平原"的前身。莆田平原的大规模开发，从唐代中叶开始，随着水利灌溉系统不断完善而不断扩大，于元明之际基本完成。兴化平原从海洋发展到膏腴之地、鱼米之乡，经历了沧桑之变，形成了莆田的社会生态环境，莆仙平原滋养哺育着莆仙人民，孕育着传统文化的深沉厚重，传颂着莆仙清官廉吏的精彩故事。兴化平原的开发促进了莆田的繁荣，为科举鼎盛的时代打下了坚实的基础，壮大了莆阳御史庞大的群体。

莆田山海川原，各擅其胜，自然景观异彩纷呈。壶山兰水自然风光旖旎，气候利物宜人。历史文化璀璨，名胜资源丰富，作为八闽精神起源地之一的莆仙故地，历经数千年的风雨沧桑和一代又一代莆仙人的筚路蓝缕，形成了博大精深、瑰丽多姿的莆仙文化。莆田大地山水毓秀、人杰地灵，孕育着生生不息的廉洁文化之源。壶山立品，巍峨的高山赋予了莆田儿女刚强坚韧的品质；兰水塑德，温婉的溪水塑造了莆田儿女清和廉明的性情。崇德重礼、正心修身的思想深深浸润并熔铸在历代莆阳御史身上，融入莆田儿女的血脉深处。文化是自然的人化，是人在特定环境里孕育长成和互动形成的。这座"文献名邦、海滨邹鲁"城市蕴涵的御史文化应和着壶山兰水的千年脉动，从未间断。壶山兰水孕育了莆阳御史刚毅不屈的性格特点。莆田境内山脉纵横交织,木兰溪贯穿全域,虽有兴化平原但可耕作的土地面积少,人多地少的矛盾突出。"地瘦栽松柏,家贫子读书。"在古代,考取功名是寒门学子的唯一出路。古老传说"浮莆田",实际应该说莆田是莆仙人民用智慧和血汗建造出来。这种因环境困难逼出来的奋斗,形成了莆田人坚韧不拔、莆阳御史刚毅不屈的性格特点。

## 第二节 莆阳御史文化形成的人文环境

莆仙文化在莆仙区域的人地关系和地域系统演变过程中具有重要作用,它实际上制约着当地人们的生产生活方式并最终构成地域特征的重要因素。经过漫长的区域历史演进和丰厚的动态积淀,莆仙已培育出兼容并蓄的文化生态环境,它体现着莆仙社会现实的人文状况,并成为该区域社会成员共享的生存方式。莆阳御史文化形成与莆仙人文环境有密切的关系。莆仙文脉决定了莆阳御史群体的性格特性。莆仙文化是莆仙御史生存之根、发展之魂。他们的生存发展的行为、习性与思维,以文化为魂,以"集体潜意识"为核心,获得历史的延续,形成一种传承不息的文化模式。这种千年的历史积淀而形成的历史传统和历史文脉,也深入莆阳御史士大夫的灵魂深处。

### 一、莆仙文脉对御史文化形成的影响

莆仙文化源远流长。东晋之前已有包括中原汉民在内的族姓在莆田这块土地上繁衍并传播中原文化。在南北朝之后,大规模的北方汉人入莆,郑露三兄弟于梁陈间"开莆来学",首倡办学之风,吸纳和传播中原先进文化。至隋朝,莆田的中原姓族和人口已有广泛分布,中原文化的传播,也为莆仙文化教育的兴盛,兴化民系和宗族社会的形成与发展打下了基础。唐宋两朝,

是移民入迁兴化的重要时期，移民亦是兴化居民的重要组成部分。这一时期，移民既有避战乱而至的，也有因为仕宦或游学而来的；既有弃官而隐居在此的，又有致仕之官入籍定居的。特别是唐末五代时期，王潮、王审知兄弟南迁入闽，且"唐季多衣冠士子侨寓，儒风振起，号小邹下焉"。这对兴化的政治、经济和文化制度影响更为深远。到唐末五代，莆田地域文化已逐渐形成。宋朝，莆田经济也在相对安定的政治环境下逐渐繁荣，文化教育趋向辉煌，兴化民系群体意识增强，莆田地域文化特色更趋成熟，并已彰显出其独立性和稳定性。

文化是影响、约束和引导人们思想和行为最深远最持久的力量。同样，廉洁文化一经形成，便会发挥春风化雨、润物无声的独特作用。莆田人文、地理、历史交织相融，形成独特的文化精神内核。兴化郡民，质朴无华，士大夫品行高洁，风俗醇厚，文教兴盛。明朝兴化府衙附近立有"莆阳文献""海滨邹鲁""文献名邦""壶兰雄邑"等大牌坊。千百年来，兴化故郡承袭之礼，颂赞其风，扬之智慧，彰显荣耀，孕其文明，一脉相承，延续文脉和气节。邑志赞莆田郡民"贤臣义士，士君子砥节砺行"。"士大夫质行醇谨，至临大三事，辄复以风节相高，以故叩阍抗疏，不独居言路者持谔谔论也。""乡先正气节凛然，窃叹扶舆磅礴之气郁为端人正士……"莆田历史上出现铁面御史群体也不是偶然的，而是莆田言官历代相承的风骨以及家族重视清廉教育的结果。历史上，绝大多数官员士绅都能坚持忠孝节义大节。彭鹏、江春霖等清正廉介之臣，是莆田正气浩然言官群体之代表，辉光永耀文献名邦。从文化地理学看，莆阳御史性格的形成与莆田地域文化及文化性格相关。莆阳御史文化性格中蕴含着莆仙文化的基因，体现出文明积淀深厚的莆田地域文化特征。

## 二、重教尚学习尚对御史文化形成的影响

莆仙地区自古文教兴盛、人才辈出，其兴学风气，早在南朝时就已形成。唐以后，莆仙当地形成了若干以家族、乡族为核心的文化教育中心，更进一步推动了当地文化教育的兴盛。所谓"十室九书堂，龙门半天下""比屋夜儒，不废读书"，就形象描绘了当时莆仙浓厚的读书习尚。至宋代和明代前

期，莆仙的科举文化达到鼎盛时期，可谓冠于全闽。莆田《风俗志》载："莆仙旧习俭啬勤力，衣服古朴，重廉耻惜行俭，以读书为故业，科名之盛，甲于八闽。"莆仙民间读书尚学之风依然兴盛，"三家两书堂"的现象依然存在于诸多乡村之中。在莆仙辉煌文教之风的影响下，当地儒学教化之风浓郁，铸就了莆仙文人士绅乃至平民百姓崇儒尚学的人文性格。何乔远在《闽书》中写道："其人好礼而修文，士相矜以名节……吾伊之声，比屋而闻，通有韵之文，十人以三四。"这显示出对莆仙地区崇儒尚学之风的推崇。在传统儒风的涵咏下，莆仙的文化教育与恪守传统的道德标准，始终与政治纲常伦理相依存，循规蹈矩，质行勤俭，维护传统礼教成为己任。莆仙的许多地方，往往守望相助、长幼有序、四民各安其业、耕读传家，保持了传统的农业社会气象。"教民十六事""五戒"等儒家礼法深入人心。《兴化县志》记载云："民性质朴，多事稼，而妇习纺织。士君子敦礼好客，十室之中必有忠信。"由此可见传统纲常道德与伦理教化在莆仙有着厚实的根基。

明《兴化府志》载，梁、陈时期，莆田已有郑露书堂。至唐贞元（785—805）时，林藻伯仲因之肄业。欧阳詹来自泉山，原其所倡儒风，不在常衮入闽之后。自古以来莆田人就十分重视教育，其重教尚学的风习肇始于梁、陈时代，盛兴于宋代。宋黄公度《学记》云："莆田文物之邦，自常衮入闽之后，延礼英俊，儒风大振。僻在南隅，而习俗好尚，有东州齐鲁遗风。"莆田名臣翁承赞"过客不须频问姓，读书声里是吾家""人家不必论贫富，惟有读书声最佳"正是莆田重视文教的生动体现。"地瘦栽松柏，家贫子读书"古训成为历代莆田人践行的信条。宋代有"十室九书堂，龙门半天下""诗书礼乐甲于八闽，文风几于邹鲁""比屋业儒，不废读书"之称。历史上莆田学校书院林立，教育事业发达，尤以宋、明两代，科甲鼎盛，甲于八闽。教育的发达普及，为莆田营造了一种从师尚学、读书仕进和尊重人才、尊重知识的良好氛围，形成了一种"视书为财""爱书如宝"的人生观和价值观，培育了大批勤政廉政、克己奉公的清官廉吏。

古代御史选任条件严格，其中之一就是科举出身，并且需在地方任过职，而非因军功或捐官而出任。"耕读传家"是孕育形成莆阳御史群体的人文理念影响之一，体现了勤廉报本、厚德载物、礼义廉耻的为官理念。在莆田历史上,"耕读传家"理念根深蒂固、影响深远。莆仙历代御史,均为科举出身,御史群体普遍信奉"功在天下,名在后世",出现了众多清官廉吏。他们政绩显赫,为民务实,敢于谏讽。

## 三、科举与典籍文化对御史文化的影响

莆田是名副其实的"进士之乡"。在莆田地域文化中,科举文化显得非常突出且具鲜明特色,其外在表现就是"科甲鼎盛,簪缨蝉联",尊师重教,人才辈出。古代千年科举,莆田共中进士2482人,有各类状元21人、榜眼7人、探花5人。科举的鼎盛,造就了莆田历史之济济人才,其中不少人成为国家栋梁,影响一代政坛、文坛。莆田"科名之盛,甲于闽中"。莆田一县考取进士达1900多人,不但雄踞福建进士县榜首,也居全国进士县之最,"进士之乡"名副其实。宋代,莆田进士中状元、榜眼、会(省)元及赋魁、别试第一名的人数,均位居福建之首,可谓占尽天下科举风流。历史上出现了"一家九刺史""三氏六桂""一门五学士""四异同科""一科两状元""魁亚同榜""一邑半榜""一科五魁"以及"枌榆未五里,魁亚占双标""龙虎榜头孙嗣祖,凤凰池上弟联兄""一方文武魁天下,四海英雄入彀中""一门两公相,五里三待制"等众多科举佳话。

莆仙作为文献名邦,书院林立,科举文化发达,形成藏书、读书、著书三位一体的两宋兴化文化特点。莆仙科举人才无一不是经历过儒家伦理道德浸淫出来的,因此传统道德代代传承,监察御史、清官循吏代不乏人。从莆田古代监察御史、清官循吏身份来看,这些官员大多出身进士、举人,"德才兼备"。当时社会选择官员是重视"尚贤取廉"的,要求监察官员做到"依法依制",以树立官吏廉正榜样与监察制度相结合,这些思想及其实践促进了政治清明,有利于政局稳定、矛盾缓和、社会经济发展。另外,历史上监察御史官的选任非常严格。监察官员必须具备足够的学识才干、丰富的从政经验、良好的政绩等。如宋朝的台谏官90%以上有进士身份,监察官大都进士出身。这一点从历代莆田籍监察官员们留下的诗文中就可以看出来,如黄滔《莆阳黄御史集》,翁承赞《翁拾遗诗集》《昼锦宏词集》,蔡襄《荔枝谱》《茶

录》《蔡忠惠集》，陈次升《谠论集》，方廷实《蓄德斋文集》《奏议》《表劄》《寿山居士诗集》，陈道潜《淇园编》《性理大全》，彭韶《彭惠安集》《政训》，林云同《读书园诗集》《退斋文集》，郭应聘《西南纪事》，林润《林念堂集》《愿治疏稿》，陈茂烈《静思录》，方良永《方简肃文集》，郑岳《蒙难录》《西行记》《南还录》《山斋净稿》《山斋吟稿》《山斋续稿》《奏议》《驳稿》《莆阳志略》《莆阳文献》，姚虞《岭海舆图》，戴士衡《吏垣奏疏》，王家彦《王忠端公文集》，彭鹏《古愚心言》，江春霖《梅阳山人集》《江春霖文集》《梅阳江侍御奏议》等等。另外，莆阳御史彭鹏的事迹在清末被敷演成了长篇公案小说《彭公案》。

## 四、理学文化对御史文化的影响

莆田也是"理学之邦"。两宋学术史上所特有的表现是学案和党案。朱熹是理学集大成者，而其时兴化军文化极为发达。兴化人在政治舞台和学术坛坫上大露头角，对于一代学案，有的道其源，有的扬其波，各有春秋，如伊川学案、古灵学案、卢陵学案、艾轩理学案、武夷学案、晦翁学案、北溪学案、沧洲诸儒学案、岳麓学案、西山学案、龟山学案等都有莆田的讲友或门人。在福建以朱熹为代表形成的理学学派世称"闽学"。莆田南宋初的理学"红泉学派"和南宋中后期至元初的理学"仰止学派"，在当时理学界均具有相当的影响力，在"闽学"学派中占有一席之地。莆田儒学文化深厚，从蔡襄扶掖倡导"闽学"到南宋初理学"红泉学派"和南宋中后期至元初的理学"仰止学派"，在当时理学界均具有相当的影响力，在"闽学"学派中占有一席之地。理学家族文化形成了一种浓厚的耕读文化氛围——读书、耕田、做官，穷则独善其身，达则兼济天下，不断走向繁荣，诗礼传家蔚然成风。宋朝是莆田儒学思想的兴盛时期。儒学是培养社会道德与正义的中流砥柱。儒学中所提倡的品德、思想，在一定程度上对官员的意志、人格产生了一定的影响，从而形成了"清官""忠孝节义"形象的个性特点。莆田理学家捍卫道统的执着性、兼容并蓄的融合性、慕道安贫的理想性、学贵践履的务实性和刚正义烈的忠诚性等形成了独具特色的莆田理学文化。莆田是理学名邦，

红泉书院（黄石文庙）

林光朝、方翥、郑厚等理学名家影响了宋朝理学文化。在宋代理学的基本思想框架下，清廉已经是一种内在的、根源于人性本质的自觉行为。在这种整体氛围的感染熏陶和教育培养下，莆田籍从政官吏中的一部分人不仅从行为上接受了廉政制度的客观约束，而且还在一定程度上开始了道德上对廉洁从政的自觉追求。

莆仙文脉涵养出莆阳御史忠诚孝廉的精神特质。莆田自然条件不优越，但自古重教育，历史上书院林立，有"十室九书堂"之称，尤以宋、明两代，科甲鼎盛，甲于八闽。"故其人好礼而修文，士相矜以名节"，士人接受儒家思想熏陶，以忠于家国、廉洁从政为荣，以奸佞祸国、贪贿祸民为耻，涌现出大批名震京闽、青史留名的勤政廉政、克己奉公的廉吏直臣。莆仙家族中子孙后代克绍箕裘、承继家风，立志成为报国为民的清官廉吏。这种社会风尚也影响着莆阳御史群体的执政理念和风骨。

## 第三节　莆阳御史文化形成的社会环境

"御史之乡"莆田的御史们,大多满怀为民立命、忠于职守、为万世开太平的政治抱负,置个人生死于不顾,或指陈朝政、直谏君王、救时救国、革弊除害,或严明执法、匡扶正义、刚正敢言、弹劾权奸,成为社会公平正义的中流砥柱,为后人塑造出一个清廉高洁、不畏强权、正气浩然的特殊御史群体形象。莆仙历史上出现众多铁面御史并非偶然现象,而是与莆仙良好的社会环境有密切关系,也是莆仙言官奕代相承的风骨以及家族重视清廉教育的结果。同时莆仙良好民俗民风等风尚,作为民族的根、乡土的本,是地域文化的标识的民俗文化,是民性民情凝聚的结晶,规范传统和谐的民众生活,丰富生活内容,自然也就成为莆阳御史群体产生、发展的原生性人文因子。去恶从善的义士人文因子、慎终追远的保本人文因子、崇尚慈善的慈孝文化因子等,使得莆仙历史上,绝大多数官员士绅能坚持忠孝节义大节,像蔡京这类人物少之又少,更多的是踵武前哲的忠臣烈士。清康熙(1662—1722)中,彭鹏尝致书教育胞弟说:"普天下争于名利关头,营营恋恋。汝寡兄胸中,绝无此两字。贫者士之常,清白者,吾家祖训。为儒食贫,为吏清白。咬断菜根,万事作得,耐之而已。"江春霖也说:"夫士君子见用于时,其居言路也,有去就争之者矣,争之而其言不用,官可去,身可舍,而公论是非,必不可泯,遑暇计及取忌乎?虽县令之职不获乎上,民不得治;然亦内存爱民之心,外不失事上之礼而已。若夫逢迎容悦以媚上台,忘生平之所守,沽不虞之虚誉,亦所不屑为也。"彭鹏、江春霖等清正廉介之臣,是莆仙正气浩然言官群体之代表,辉光永耀文献名邦。

## 一、文献名邦盛行儒风习尚的社会环境

文献名邦，御史之乡；壶兰雄邑，廉脉千秋。莆田地区是莆仙文化的发祥地，闽文化的承载地，理学思想的重要传承地。自唐朝以降，莆阳文坛，人才济济，这些知识分子无论在朝在野，皆以清正廉洁、著书立说为平生快事。莆仙文化教育发达，文人士大夫众多，儒家思想深入民心，莆仙人特别崇尚传统道德，"士大夫以名节相尚"，十分重视气节，当遭到外来敌人侵略与民族压迫时，总会出现一大批刚正不阿和以身殉职的文官武将。他们宁死不屈，前仆后继，体现了强烈的民族气节和中华民族精神。

莆阳文物之盛、文教发达、人才辈出，为世人所赞叹。明朝兴化府衙附近就立有"莆阳文献""海滨邹鲁""文献名邦""壶兰雄邑"等牌坊。作为文献名邦，莆仙科举文化发达，科举人才无一不是经历过儒家伦理道德浸淫出来的，因此传统道德代代传承，清官循吏代不乏人。莆仙自然条件并不十分优越，百姓生活也不富裕，但是自古以来莆仙人就十分重视教育，其重教尚学的风习肇始于梁、陈时代，盛兴于宋朝，"地瘦栽松柏，家贫子读书"的古训成为历代莆仙人践行的信条，宋朝有"十室九书堂，龙门半天下""比屋业儒，

文献名邦、壶兰雄邑二坊

不废读书"之称。历史上莆仙学校书院林立，习儒成风，人文蔚起，科甲鼎盛，人才荟萃。自隋朝开创科举至清光绪三十年（1904）停止科举的近1300年间，莆仙产生了2482多名进士、21名各类状元，在全国也名列前茅。历史上莆仙还出现了唐代仙游"郑家八虎"和宋代莆田方氏28对父子高中进士的景象，留下"一家九刺史""一门五学士""一科两状元""魁亚同榜""四异同科"等许许多多科举佳话，为古今文人所津津乐道，鼓舞着古今莆仙人积极向上，刻苦努力，干一番轰轰烈烈的大事业，以光耀宗祖、荣耀乡邦。莆仙重教尚学传统得到世世代代的继承和弘扬，勤奋好学至今仍是莆仙人的重要标识之一。莆仙历史上的科甲奇观，在福建乃至中国教育史上也占有重要的地位。

据《莆阳比事》卷一"户口日殷"条载，北宋太平兴国五年（980）置兴化军时，有主户13170户、客户20628户，合计33798户；至绍熙年间（1190—1194），主户增为44376户，客户增至27987户，合计72363户。兴化置军时客户竟多于主户，可见外来移民是很多的。明初推行招募流亡、劝学兴农的安息政策。至明弘治五年（1492），兴化府人口已增到18.36万人。宋、明时期，政治统一，社会安定，莆仙学校教育出现了长期昌盛的局面，造就了许多名臣鸿儒，留下了千卷巨著华章。正是社会经济的长足进步，文化教育才出现了空前的繁荣，产生了郑樵的《通志》，蔡襄的《荔枝谱》《茶录》，刘克庄的《后村大全集》等名著。莆仙教育事业也是较为发达的，尤以宋、明两代，科甲鼎盛，甲于八闽。教育的发达普及，为莆仙营造了一种从师尚学、读书仕进和尊重人才、尊重知识的良好氛围，形成了一种"视书为财""爱书如宝"的人生观和价值观，培育了大批勤政廉政、克己奉公的清官廉吏。莆阳古代清官循吏是一个庞大的群体，对社会、对一方民众产生过很大的影响。他们的精神是"文献名邦"内涵的重要组成部分，从莆阳古代清官循吏身份来看，这些官员大多出身进士、举人，他们"德才兼备"。当时社会选择官员是重视"尚贤取廉"的，要求监察官员做到"依法依制"，以树立官吏廉正榜样与监察制度相结合，这些思想及其实践促进了政治清明，有利于政局稳定、阶级矛盾缓和、社会经济发展。

## 二、家族倡导孝廉传家的社会环境

孝廉传家是莆仙文化的重要内容。据清道光版的《福建通志》，莆田孝廉人物代有其人，其中唐1人，宋8人，元6人，明48人，清37人，其内容记载较为丰富，这些孝廉人物，孝感天地，其出仕为官者，多能清廉为官，以修齐治平为人生价值取向。莆田历史上涌现不少孝感动天的典范故事。如阙下林攒孝道感天三次"乌露祯祥"、宋状元徐铎从侄徐膺守墓甘露降、鸟翔集，宋元之际郭氏三代结庐守坟天降甘露、飞鸟翔集，以及宋代傅孝明、明代陈睿杰股疗亲事，明代孝廉御史陈茂烈厚侍老母，唯自疏食是赖等。这些感人的孝道故事，至今尚在民间津津乐道，并记载在史志中。在涵江区白塘镇显应村，有一座建于宋高宗绍兴十三年（1143）的"郭氏孝子祠"，宋高宗特赐"双阙"和"百官下马"碑，并题"绍兴旌表郭氏"匾额。孝子祠大厅上悬挂着郭义重、郭道卿和郭廷炜三孝子的画像。郭氏三孝子的事迹传开后，后世朝廷基于"以孝治天下"的理念，不约而同地给予旌表。明成祖御赐"孝子却馈"匾，明英宗御赐"五伦金书"匾，清康熙敕书"孝行世美"匾等。明代方志学家黄仲昭评论："此郭氏义重、道卿、廷炜所以荐被于孝之典也，然求之于世，一邑之中得一人焉，盖已罕矣，况一门乎？一门之中得一人焉，亦已罕矣，况三世乎？"这实在是"旷古所罕见者也"。莆田还有有的褒扬忠孝善德的牌坊如忠孝祠坊、二忠祠坊、孝子坊、孝义坊、孝友坊、东门乐善好施坊、郊尾乐善好施坊等；有纪念耆老的牌坊如耆英坊、诸老坊、昼锦联芳坊、人瑞坊等。文化人的品德关键在教化。清廉为民、胸怀国事，其孝善于家、忠君爱民的优良品德，与其受优良家风家训的长期熏染密切相关。莆田家风文化遗存丰富，莆阳陈氏《仰止堂乡约与规约》、《了凡四训》、林氏家风故事都蕴含丰富廉洁元素。以德治家，注重家风教育，这些优秀家规家训廉传千古，于古于今皆堪为楷模。这些家风家训，一方面是承先，重视继承先人之志；另一方面是启后，冀望子孙推崇忠孝节义、尊尚礼义廉耻，应当慎独、敬恕、忍让、谨慎等。其体现莆田家族普遍重视子孙的道德文章训育，教育子孙后代秉持家训，弘扬家风，认真为人处事当官。邑志云："忠孝著而事业文章煌然，赴义如饴，洁身恐浼。"廉洁沐家风，忠孝传家远。家风族范、孝廉传家是莆田家族的普遍共识。莆田家族科举人才多、出仕官员多，士人以廉洁从政、忠于家国为荣，以贪贿搜刮民财、奸佞祸国为耻。这种社会风尚通过家族传承，进而影响整个莆田地区。许多家族都建祠堂，修家谱，立家范，立祠堂记和德政碑，要求后代克绍箕裘，传承家族优良传统，将有学识、有德行、有才能、有操守、不营私、有抱负、有担当作为立家之本，长葆门第不衰，延续家族荣光，营造出浓厚的社会氛围，对莆田廉洁文化的形成产生了积极影响。

莆仙士子由于家学渊源，父子、兄弟互相勉励，登上科第的现象很突出。入莆定居的中原汉民，相当一部分属于宦家士族。南北朝郑露开莆来学，对莆仙人儒业教化起到积极作用。不少世家望族，大都先迁居福州平原、兴化平原，而后再向福建其他地区和粤琼迁移发展；如福建大姓陈氏、林氏、郑氏、黄氏、方氏，还有蔡氏、翁氏、傅氏等。中原士族对莆仙科举发展有很大推动作用。入唐后，莆仙形成若干个以家族、乡族为核心的文化教育中心，推动了莆仙文化教育进步。科举为两宋家族的崛起和兴盛，提供并创造了合法、便捷而且切实可行的途径；同时也为每个家族提出了保持竞争实力的要求，使得每个家族时刻都要关注与科举相关的教育。读书人的受教育程度在某种程度上决定了其入仕的前景，即使门第显赫的官宦人家，其子弟要获得高官厚禄，亦不得不加入"读书应举"的行列。而贫寒子弟一旦入仕，就会把鼓励子弟努力读书、应举入仕作为巩固家族地位的最有效的手段，这直接导致了科第世家的出现。因此"三家两书堂"（《莆阳比事》卷一）、柯氏"一门五世进士"等现象的出现并非偶然。家族联姻也进一步加强了对科举的重视。莆仙大家族文化形成特色，家族重视纂修本族姓宗谱，家族荣耀感很强，这些都为家族科举成就带来重要影响。

莆田古代科举文化发达，且呈现家族聚集现象。如宋代有"三氏六桂"佳话，即翁氏家族、方氏家族、龚氏家族三氏家族六子皆进士及第。还有莆阳刺桐金紫方氏家族，莆田陈氏家族、方氏家族、黄氏家族、林氏家族、柯氏家族等，仙游蔡氏家族、傅氏家族、叶氏家族、钱江朱氏家族等科举家族。莆田玉湖陈氏家族出了状元陈文龙、榜眼陈俊卿。莆田东里黄氏、溪白方氏家族进士辈出。莆田东阳浮山陈氏家族明代后出现11名进士。莆田古代清官循吏，他们代代相传、户枢不蠹流水不腐。如在明朝莆田科举佳话中，有三家"三代科第"、三家"四代科第";还有"六代科第"者,即柯英 [弘治己未(1499)进士],叔柯潜 [景泰辛未(1451)状元],子柯维骐 [嘉靖癸未(1523)进士,官户部主事]、柯维熊 [正德丁丑(1517)进士,官工部郎中]、柯维罴 [举人,官知县],孙柯本 [维罴子,嘉靖庚戌(1550)进士],曾孙柯茂竹 [维骐孙,万历癸未(1583)进士,官知县],玄孙柯昶 [茂竹子,万历甲辰(1604)进士,官知府]。直系的"六代科第"人家为林文 [宣德庚戌(1430)探花],子林载 [景泰丙子(1456)举人,官中书舍人],孙林钊 [成化戊子(1468)举人,官锦衣卫经历],曾孙林希范 [举人,官府同知]、林渠 [钊子,举人,官长史],玄孙林升 [举人,渠从子],来孙林炳章 [希范孙,举人,官府同知]、林焜章 [希范孙,举人,官府同知]。这些科举世家出仕官员,均能传承家族优良传统,清正为官,长保门第不衰。通过家族传承,进而影响整个莆田地区。宋代仙游人郑良士的八个儿子郑元龟、郑元弼、郑元恭、郑元素、郑元礼、郑元振、郑元瑜、郑元忠皆好学奋进,学识渊博,才华横溢,合称"郑家八虎"。这些家族科举人才多,出仕官员多,形成了互相学习、清白为官的共识。许多家族都建祠堂,修家谱,立家范,要求后代克绍箕裘,延续家族荣光,营造出浓厚的社会氛围。士人以廉洁从政、忠于家国为荣,以贪贿搜刮民财、奸佞祸国为耻,这种社会风尚对莆田廉政文化传统的形成,产生了积极影响。清廉忠正之官流芳千古,奸邪贪佞之官遗臭万年,就是见证。

### 三、先贤立范、师友劝率的社会环境

莆仙名臣在其官宦生涯、文化创造过程中形成独特个性与特色精神品格,其精神品格经过历史沉淀已内化成莆仙文化的优秀组成部分。从唐中后期开始,莆仙人才在福建历史上占据一定地位。宋、明两朝,莆仙更以其鼎盛的科举为依托,孕育了一批又一批的杰出人物。明朝状元莆田人柯潜曰:"莆城巨域,人物英英。"(《蔡忠惠公墓记》)这些人物中不乏"力学践行,师表后进""致君泽民,又安宗社""随所任使,克举厥职""事亲从兄,笃于爱敬""委身徇国,舍命不渝""序事纂,足以达意"以及"兴利除害,以惠乡人"的名人。清乾隆《大清一统志》收录莆仙人物144人,乾隆《福

建通志》收录莆仙名人480人，数量在省内名列前茅。人物为一郡之柱础、乡邦之光耀。一代又一代的莆仙名人，以其杰出的才能和突出的贡献，创造了灿烂的莆仙文化，为我们留下了宝贵的精神财富。其中的名相良臣、忠臣循吏，他们高风亮节、清俭正直、勇于改革，影响一朝一代政坛和官场风气，这些人是莆仙古代官员的代表性群体。莆仙古代很多名臣业绩是多方面的，如唐黄滔被誉为"八闽文章之祖"，宋蔡襄名列宋书法"四大家"、林光朝为理学家、刘克庄为南宋文坛领袖，明黄仲昭、柯维骐为史志学家等。

明代，莆田有所谓"六部尚书占五部"之誉。莆仙尚书群体，文才武略，守官举职，堪称贤才，政绩卓著，多传为美谈。明朝莆田县城及各尚书故里，有20多座尚书纪念坊。宋朝尚书方应发、明朝尚书郑纪均为"三朝元老"，宋朝工部尚书刘榘"历事四朝"，礼部尚书林英、工部尚书刘克庄"历事五朝"，明朝陈俊历任南京户部、兵部、吏部三部尚书，还有"二部尚书""三世尚书""四世尚书""一品尚书"等佳话。莆仙古代尚书名臣具有的群体性突出特点是恪尽职守，为国家治理献计献策、鞠躬尽瘁。如明朝户部尚书翁世资、陈俊在管理粮储、处理军政等方面显示出其优秀政治能力；明朝刑部尚书林俊、彭韶能兢兢业业履行好自己的职责，在案件的审理、复核两京及地方徒刑以上案件、参与三司会审、参与各种恤刑、慎刑程序等方面，都表现出卓越的才华和公正公平的品质；明朝礼部尚书陈经邦、林尧俞司掌礼典主持、朝贡外交、学校科举方面，都有一定成就；明朝工部尚书林云同、康大河在执掌四清吏司、所辖衙门上也做出功绩。值得强调的是，莆仙尚书多直向、直言、直行，敢与朝廷奸邪作斗争，由是莆仙尚书大多仕途坎坷。

## 四、风俗醇厚、忠惠相承的社会环境

"致君尧舜上，再使风俗淳！"莆田民风淳朴，文化特色鲜明。莆田又是江南水乡，境内水网密布，千百年来的依水而居使得这里风俗淳朴、人物秀雅。明何乔远《闽书》云："壶山兰水，映带秀发。故其人好礼而修文，士相矜以名节。布韦蓬藋，莫不愿化。老生儒宿，出而授经近地，步趋坐立，造次不失。下至洒削卖浆者流，无敢岸帻科头行衢道。贫家觞豆数行，秩秩有序；咿唔之声，比屋相闻。仙邑倚山，田颇足自资，而少出门。"乾隆《兴化府莆田县志》："莆僻在海隅，而习俗好尚，有中州遗风。""莆田旧习俭啬勤力，衣服古朴，重廉耻，以读书为故业，科名之盛，甲于闽中。至论忠孝大节，则前辈风概，有足于摩激千古者。"莆田那些丰富多彩的乡风民俗、独具特色的乡土乡情、深沉丰厚的文化积淀，那些传承了千百年的村规民约、家风祖训，以及那些代代相传的宣扬读可修身、讲信修睦、天道酬勤、宁静致远、积善成德、自尊自强、诚信为本、仁义兴家、以和为贵、同舟共济、心怀感恩、立德树人、行善至乐等传统美德，都铸就了莆阳御史"讲仁爱、重民本、守诚信、崇正义、尚和合、求大同"的优秀基因和民族精神。莆仙戏、莆仙岁时节会及民众活动喜以团圆为主题，从中折射出莆仙民众浓厚的家庭亲情和家族意识。乾隆《兴化府莆田县志》："树功者、忠孝廉介节义者，森森毕举，足征莆田之盛矣。忠至捐躯，节高折槛。文章垂金石，仁宦利人民。吾郡雅称文献，翩翩然佳风俗也。"乾隆《仙游县志》载刘克庄谓仙游"水深土厚，所产皆秀杰"。"有列于庆历谏官者，有诡言谠论，相望于元祐党籍者。有与邹道卿同贬者，有为乾道名宰相者。其他魁彦胜流，不可胜书。"蔡襄自述"居言诤触权贵，所以获全而器使之，悉赖天聪。"所有这些都表明莆田风俗影响莆田籍官员的执政理念和风骨。莆田县巷自古立有"善俗""淳风"两牌坊，非为虚夸标榜。

"风俗之于人之心，始乎微，而终乎不可御者也。"蔡襄"忠惠之风"一脉相承，对莆阳御史文化产生重要影响。《仙游县志·人物志》《风节》中指出："考先正骨鲠之概，刚正之风，至今犹赫赫若前日。"纵观整个宋朝，都非常重视台谏制度，不仅百官受到台谏监督，皇帝也要受到台谏制约。尤其是在宋仁宗一朝，涌现了诸多因敢于犯颜直谏而名震天下的千古名臣。如范仲淹、欧阳修、包拯等，最初都是成名于御史、谏官任上。但是，被誉为"北宋第一谏臣"的是蔡襄，后人称誉"忠惠之风"。莆田蔡宅宋朝就立有"忠惠坊"。蔡襄的诤谏敢言对莆阳御史文化产生重要影响。徐鲤九云："自蔡忠惠《四贤一不肖诗》传诵天下后，吾郡士大夫益以气节自励。"

清仙游名士林朗如在《枫亭志》序言中自豪地写道："盖天下称闽中理学渊薮，实至唐始有闻人。而莆郡文献名邦，亦至宋而极盛。其首倡莆学，为南湖郑氏三先生，肇自有唐之前，而未甚著盛。其理学，则莆南夫子艾轩林氏先生著矣，然已在有宋过江之后。其先是而开闽学，为侯官陈襄、陈烈、周希孟、郑穆海滨'四先生'。则我端明蔡公守福州时，实始尊礼倡率而推荐之，是道学宗工而大有造于吾闽。意公之于闽，其或有先于杨游之衍、道南之绪者矣。朱子谓范公振作士大夫之功为多，又谓欧公知贡举，文章自是变而复古，观蔡公厉名节、振士气、为文章，于范、欧二公何如也。蔡公与范、欧齐名。"

乾隆《泉州府志》"风俗"云："泉自唐以来，席相、常衮倡导于前，蔡襄、王十朋诸贤激扬于后，重以紫阳过化之区，薪传不绝，乡先生遗泽类足以陶淑后辈，海滨邹鲁之称，厥有由也。"

"忠惠之风"的影响与传承，"明洪武间（1368—1399）方御史徵，宣德间（1426—1435）方御史琰，既因建言一死一谴矣。而李御史梁又上疏谏英宗北征，词甚激切。继李官御史者如林凤翔、林诚、林富、马明衡、林若周、张曰韬、郑洛书、方一桂、朱浏、陈策、林应箕、郑楚勋、姚鸣凤、李廷梧，皆以建言或受杖，或受谴，或死事"。

## 五、清官廉吏、奕世褒扬的社会环境

历代莆田籍监察御史们致力于重振纲纪、整顿吏治，逝后大都入祀乡贤祠，为莆田文献名邦留下丰富的文化遗产。他们立身行事，正气凛然，完全符合"树坊立传、旌表德行"的标准，因而在莆田大地上留下了右副都御史翁世资、彭韶的"都宪坊"，黄华、黄荣的"联宪坊"，金都御史林俊"都宪坊""两朝侍御坊"，还有"大司马""名世上卿""四辅名臣""少保贞肃""三部尚书""宫保尚书""平章硕""大司徒""大司马""天部亚卿""三代司马""四世名宦"等等多座明显带有御史谏官清官色彩的监察官牌坊及"四贤祠"等纪念祠堂。其人其事名垂青史，流芳百世。莆田古城内有御史居住的"御史巷"，巷内聚居的陈氏家族多人任官御史。陈敬，字体清，景泰二年（1451）进士，官河南道监察御史，升江西按察司事。御史著作有唐代黄滔的《莆阳黄御史集》。黄滔任御史，留心吏治，规劝王审知放弃称帝打算。王审知接受其建议，"宁为开门节度，不为闭门天子"。他在辅佐王审知治闽国时，施展自己的抱负。"三世登瀛坊"，是为林氏三代人立下的，祖父林英、父亲林辉、孙林诚。进士林英官兵部员外郎。进士林辉，以子诚贵，赠广东道监察御史。林诚，字贵实，号井庵，景泰四年（1453）举人，天顺八年（1464）进士，广东道监察御史。

成化二年（1466），监察御史魏翰在南门内横街特为林英及其子辉、孙诚立"三世登瀛坊"。成化二十三年（1487），知府丁镛等又在南门内横街为归田监察御史林诚立"两朝侍御坊"，因为林诚历经英宗、宪宗两朝，林诚卒后祀乡贤。在县学万仞宫墙内还建有"御史林诚祠堂"。莆田城内的绣衣巷亦称"绣衣里"，位于开莆来学坊西北侧。巷口有隘门，门额嵌有"绣衣里"石匾，巷内聚居南湖郑氏人。明正德间（1506—1521），给事中郑一鹏、御史郑光琬即同居此地。乾隆县志载，北门内绣农里有为郑光琬立"绣衣坊"。给事中与御史均为谏官，汉时称谏官为"绣衣直指"。以故，后人遂将其居称为"绣衣裳里"。荔城东大路著名御史林润的"御史大夫第"、东阳村陈道潜的"御史大夫第"等等都反映莆阳御史遗迹丰富、御史文化底蕴深厚。

　　莆阳御史文化形成的良好社会环境孕育了莆仙千年廉脉，厚植了莆阳御史正直果敢的价值追求。莆仙文化教育发达，文人士大夫众多，儒家忠君爱国思想深入民心。莆仙人特别崇尚传统道德，重视气节，所谓"好礼而修文，士相矜以名节"[1]。"士大夫以名节相尚"，故当遭到外来敌人侵略与民族压迫时，总会出现一大批刚正不阿和以身殉职的文官武将。他们宁死不屈，前仆后继，体现了民族气节。莆田为理学之邦，宋明理学所提倡的品德思想，塑造了莆籍官员捍卫道统的执着性和刚正义烈的忠诚性。而以一代谏臣蔡襄引领的忠惠之风，其诤谏敢言的行为对莆田后代御史产生重要影响，一代又一代的"铁面御史"层出不穷，形成了御史独特的文化现象。

　　御史乃国之脊梁，他们上可直谏君王，下可监督百官，他们用峭峻的风骨、高洁的品质和无私的奉献，守护着国家安宁与人民幸福。自唐以来，莆阳涌现了246位监察御史。有忠贞爱国的蔡襄、勤政爱民陈俊卿、铁面无私江春霖、刚强正直林俊、恪尽职守彭鹏、知行合一陈茂烈、深谋远略林润、臻于至善林扬祖等等；他们慷慨任事，平生以摧折豪恶、匡扶正义为己任，声满天下，至今被人津津乐道；他们风骨凛然、铁面无私，以强干著称，直声远震；他们政绩卓著，勤政为民，刚正不阿，崇学向善……这些精神特质在历史长河中熠熠生辉，为我们刻画了一幅隽永的莆阳御史文化长卷。也成为一道穿越历史的御史风景线和延绵不绝的千载清风。

---

[1]〔明〕何乔远：《闽书》卷三十八"风俗志"。

# 第四章
# 莆阳御史"道"的特质及典型人物

莆阳御史士大夫都是接受儒家经典教育的进士和举人,他们通过特有的知识德行、精神品质和行动逻辑成为监察御史、给事中等谏官。这些御史既经营学术文化又从事社会治理,在五经大义、儒家观念驱动下,其人生与政治倾向等形成独特政治品质,对其后来仕途也产生积极影响,有些御史官至宰辅、尚书。首先这些御史的人生哲学,都将"道"的地位,提居于核心,形成了强烈的社会责任感。封建社会的士大夫政治生态,除了一整套完备的文官制度保证外,同样重要的是士大夫德性修养的内在约束与保证。他们持守"修己治人"的"内圣外王"之道,同时坚守德性政治,具备一定的政治理性和政治智慧。莆阳御史士大夫在"为官"供职的岗位上,要把"为官"之"术"与"为官"之"德"统一起来,重视在为官、为民、治理等管理方法的专业性,注重道德的自我激励约束意识,具廉耻之心,持守政治、行政伦理,成就了一种莆阳御史士大夫精神的道德意志和理想人格。他们强调政治主体意识与政治主动性、自主性的公共服务精神,将儒经大义、孔孟思想教养士人化作"仁者爱民""民惟邦本,本固邦宁"之类的政治理念,他们关注社会中最大多数人即普通民众之利益。御史士大夫自觉地运用权力追求价值性目标,对人民也发挥了道德引领作用等独特的品质和政治行动逻辑。[1]

---

[1] 本书编写组著:《大道相通:马克思主义与中华优秀传统文化》,中国青年出版社,2023年版。

## 第一节 莆阳御史"道"的特质

作为出身儒家士大夫的莆阳御史,大多数人都达到了儒家一直倡导的"立功、立德、立言"的"三不朽"思想境界。他们在德性修养上,恪守儒家士大夫的理念,修身、齐家、治国、平天下。由科举正途而出仕的有学识的莆阳御史官员,他们在"道""德""术"层面的价值观、行为规范和突出才能方面,都是中国士大夫中佼佼者。他们作为古代社会的精英人群,自然亦影响官场文化生态。在"道"的层面,他们坚守正确立场,践行道德修养,"术"的层面锤炼超群的治理管理能力。莆阳御史们的品性与品行,讲求清俭、讲操守、讲公心、重声名、淡名利等等。贞节上,他们奉守"死合于义之为节,不然,则罔死耳,非节也。人不可罔生,亦不可罔死"。莆田独特的御史文化精神特质,首先就体现在"道"的方面。

"道"是中国传统文化中的十分重要的一环。从中国文化本质来看,"道"属于中国文化的大传统范畴,而"术"属于中国文化的小传统范畴。从大传统的范畴来看,它彰显着万事万物活动的规律与原则,对人来说则是修身养性之本,也是人的修养的境界。"道"就是价值观,是正确的立场。中国传统文化主张"仁爱"之道,强调忠诚、敬慎和民本思想,提倡忠诚献身国家、以民众利益为出发点的民本思想,关注国家的安定与繁荣,强调忠诚于国家是爱国的最高境界。而爱国则必须为民。先秦《管子·牧民》中就指出:"政之所兴,在顺民心;政之所废,在逆民心。"道以民向,价值观决定思想决策模式和行为方式。御史们秉持"大道之行,笃于忠诚""大道之行,天下为公""大道至简,治益尚宽"等正确立场。莆田那些有能扬声、政绩卓著的御史官员,其为官之道必然充满诸多智慧。这些智慧是中国传统政治智慧的一部分,展现了文献名邦御史群体在"道"的层面的体悟与涵养。御史群体以忠贞爱国、勤政为民的担当，让大道之行光耀天下。简而言之，从"道"的层面来看，莆阳御史最突出的特质，可概括为忠贞爱国、勤政为民。具体分析如下：

## 一、忠贞爱国

忠贞爱国是中华民族的传统美德。"忠贞"是一种节操，是一种气节，主要是指公民对国家的一种忠诚与信仰。"爱国"同样是中华民族的传统美德。爱国主义是指一国国民对本国的文化和历史的一种自我肯定与钟爱，是一国国民对自己祖国存在价值的肯定和推崇，是一切国民精神中最崇高最纯粹最可宝贵的一种精神，也是一个国家和民族的灵魂内核所在。

总而言之，忠贞爱国是指个人或集体对祖国的一种积极和支持的态度，集中表现为民族自尊心和民族自信心，为保卫祖国和争取祖国的独立富强而献身的奋斗精神，其中爱国主义是中华民族民族精神的核心。莆阳御史在国家危亡之际，九死不移，许多人表现出以身殉国、忠贞不渝、精忠报国、视死如归、生死利国、不避祸福的意志和精神。莆阳御史中忠贞爱国最突出的代表人物有蔡襄、陈俊卿、陈文龙等。

## 二、勤政为民

勤政为民思想很早就受到中国古代思想家、政治家的重视，并形成了独具特色的"以民为本"的民本思想。在政治的实践中，勤政为民就是践行着民本思想，而勤政是廉政的内在要求。中国传统的勤政为民思想包含了为什么要为民（以民为本）及如何为民（爱民、富民、利民、教民）两大方面。儒经《尚书》认为："民惟邦本，本固邦宁。"无民则无家，无家则无国，无国则无君。忠于祖国，必然要求忠于人民，以人民为根本，尊重人的尊严与价值。重民爱民思想源于儒家"仁政"与"民本"学说。莆仙文化中蕴含有深厚的真善美的爱民恤民价值理念和道德底蕴，流传千年的妈祖文化中的传说故事，很多都体现了妈祖爱民护民的品德。莆阳御史深受莆仙爱民理念的传统文化影响，他们为民兴利除弊，同情百姓遭遇，纠正冤假错案，减少灾民田赋，呈奏许多利国利民的奏折和提出解决民生相关的办法。莆阳御史多有勤政为民思想，突出代表如主张抗金、弹劾奸佞、赈济灾民的龚茂良，爱民诗才御史黄滔，造福赣鲁一生为民的翁世资，还有一心为民的王家彦。

# 第二节　忠贞爱国御史典型人物

## 一、忠国敢谏、惠民德政蔡襄

蔡襄一生为国尽忠、为民尽心，功绩彪炳青史。蔡襄（1012—1067），字君谟，出生于宋兴化军仙游枫亭（今莆田市仙游县枫亭镇），天圣八年（1030）进士，北宋政治家、书法家、茶学家、文学家。他为官37年，以秘书丞、集贤校理知谏院；历知泉州、福州、开封府事。嘉祐五年征召入朝，升任翰林学士、尚书吏部郎中、知制诰、任三司使，加给事中，主管朝廷财政。任上清正廉洁，扶正祛邪，不徇私情。在知谏院任上，他力主御史兼任言谏之职，开创了"台谏合一"的先河。蔡襄虽几上几下，但他勤政惠民、政绩显著。他的"忠国"思想，集中体现在他深刻的监察思想和民本思想里。

宋景祐三年（1036），蔡襄任西京留守推官时，朝廷发生了一件大事。时任吏部员外郎

蔡襄像

的范仲淹，对当朝宰相吕夷简欺上瞒下、任人唯亲的做法很有意见。有一次上朝时，范仲淹向皇帝出示了一幅《百官升迁次序图》，直指当下官员提升不按次序靠裙带关系，造成了官员队伍的混乱，并建议"凡重要的岗位，如需破格提升，不能由宰相一人说了算"。吕夷简因此记恨在心，在皇帝面前说范仲淹的坏话，最后把范仲淹贬到江西做官。余靖、尹殊、欧阳修等官员纷纷为范仲淹鸣不平，竟也在13天内接连遭到贬黜。蔡襄对吕夷简此举满腔义愤。在为欧阳修送别的宴席上，蔡襄愤作《四贤一不肖诗》，赞扬范、余、尹、欧阳为"四贤"，怒斥身为谏官却不谏奏皇帝的过错、反而颠倒是非诬陷忠臣的高若讷为"不肖"。据《宋史》记载，京都人士争相传抄、刊印该诗，连契丹的使者也购买了抄本。蔡襄从此因"刚直不阿、不畏权贵"名扬朝野。

庆历三年（1043），宋仁宗补点蔡襄为谏官，进入谏院是蔡襄政治生涯中最光辉的一页。他在谏院上三谏要求彻底解除奸相职权，一时权贵敛手，风气一新，被称颂"京城一谏"，谏臣风骨受历代称赞。

蔡襄弹劾的第一位宰辅是吕夷简，蔡襄上《乞罢吕夷简商量军国事》疏，他从"体、方、行、职、事、略、谋"7个方面，一针见血列举吕夷简压制忠良、进用朋党、专事姑息、败坏纲纪，导致宋政权内忧外患的七大罪责。宋仁宗被蔡襄的刚正无私、直率谠言所打动，吕夷简不得不放弃实权，结束了他擅权20年的宰相生涯。

蔡襄劾罢的第二位副相是王举正。王举正"材能最下，久忝大用，柔懦缄默，无补于时"。蔡襄上《乞罢王举正用范仲淹》奏，恳切希望仁宗"发乾刚，出圣断，退举正，用仲淹，以答天下之望"。王举正终被罢免参知政事之职。

蔡襄劾罢的第三位宰辅是晏殊。晏殊是蔡襄、欧阳修的师座，蔡襄、欧阳修两人及第后都对晏殊行过礼，称恩师。虽为恩师但却无法改变晏殊的政治立场的事实和贪侈作风。晏殊弄权误国，平时很少花时间处理国家大事，而是经常宴请宾客，过着奢华生活。在蔡襄等人多次弹劾下，晏殊最终罢相而去。

蔡襄等谏官在谏院，不仅敢于弹劾炙手可热的三位宰相，还弹劾贪婪、秽恶的权臣恶吏。蔡襄也表明心迹："臣力指奸邪，世人以臣不思后患，为臣寒心，笑臣愚鲁。臣自知甚明。苟利国家，岂顾后患哉？臣不爱身，唯忧朝廷不即施行耳。"蔡襄作为谏官，尽心尽力，尽职尽责，为了社稷的兴盛和百姓的福祉，甘愿冒着丢官下狱的风险，直言上疏力谏，其不畏权贵、不计个人得失的正直刚正的言行，体现了坦荡胸怀和高尚情操。

不仅如此，在长期的官宦生涯特别是在谏官和言官的经历中，蔡襄形成了一套较为系统的监察思想。他认为御史台官员应有"鲠正之志"，才能纠弹奸佞、肃正纪纲。同时，他还提出，朝廷奏疏当密，不要出示给当事人看；主张既要任用谏官、倾听谏言，更要重视采纳谏言、落实谏言。

当然，蔡襄固然敢谏，但得罪的人也不少，毕竟他连宰相（含副相）都敢据理指责，遑论其他人了。因此，他的官运并不亨通。他以母亲老迈为由，请求到福州为官，以便奉养老母。仁宗皇帝批准了蔡襄的请求，但不久又改派他为福建路转运使。其间，他上奏朝廷，恳请拨款修复家乡的五大水塘，用于灌溉田地。同时，他又替泉州、漳州、兴化三地群众代言，将七斗五升的丁钱旧例，改为五斗，与他州一致。不仅如此，有家贫不能按期缴税者，甚至有人生子都不敢公开的（按丁收税），蔡襄奏请朝廷免除这些人的税收。以上诸多善举，深孚众望，大受欢迎。因此，蔡襄在福建官声政声极佳，受到八闽百姓爱戴。

后来，蔡襄又到京中为官。那时御史唐介疏论宰相文彦博，惹得皇帝盛怒，群臣噤若寒蝉，惟独蔡襄敢挺身而出、据理力争。不久，御史吕景初、吴中复、马遵等人因疏论梁适，被皇帝解除职位，但蔡襄职掌制诰，竟不肯草制。此后，如果朝廷有一些授官或贬官不当者，蔡襄都能坚持抵制，这一正直的作风受到了皇帝的高度肯定。因此，皇帝对他另眼相看，不仅钦赐冠帔给他母亲，还亲自书写"君谟"二字赠他，这也是蔡襄字"君谟"的由来。由此可见皇帝对蔡襄的倚重与优待。后来，蔡襄以龙图阁学士出任开封府知府，破奸发隐，吏不能欺。不久，他以枢密直学士身份再次接任福州知府，又转任泉州知府。

在泉州任上，蔡襄主持在海湾开阔的万安渡建造名垂千古的万安桥（今称洛阳桥），从此"长虹卧波人争越，闽海四州变通途"，备受泉州百姓称颂。

蔡襄的外祖父卢仁是一个清贫自甘、品格高尚、富有才学的读书人，蔡襄五六岁时就跟他读书识字。蔡襄的母亲卢氏尝以自家门外高大的松树启发蔡襄说："松树不畏寒冷腊月，依然挺拔耸立，高风亮节，你将来若成器，定要忠国惠民。"优良的家风犹如春风化雨，影响蔡襄的一生。他走上仕途后，所到之处都把母亲带到身边供养，迎养于府衙后堂，50岁时为给母亲祝寿，效法老莱子彩衣娱亲。

"巍巍蔡公，其人杰然，奋躬当朝，谠言正色。"治平四年（1067），蔡襄逝世。欧阳修得知后，亲自为其撰写《墓志铭》，给出"前无贬词、后无异议、芳名不朽、万古受知"的极高评价。朱熹在《八朝名臣言行录》对蔡襄有14条评价，包括为人、为官等，其中13条都是盛赞蔡襄，特别赞扬蔡襄在仁宗时敢言直谏、不畏权贵以及于朋友重信义，称美之词不绝。"蔡公节概论议、政事文学皆有以过人者，不独其书之可传也。"这是朱熹对蔡襄官品、人品和书品的高度评价。

蔡襄坚信好名声就是留给子孙的最好遗产。他在临终前说道："予素不治生产，仅有埭田二百石。予为万安桥时，母太君捐一百六十石助役，虽无以遗子孙，然道傍松、万安渡，汝辈吃不尽饭碗也。"他不因无遗产留给后代为憾事，而相信他清廉勤政的一生好名声将对子孙有益。蔡襄后裔不负先祖期望，仅在宋代就出了22名进士，尤其是从家族第三代至第七代，先后有10人任过知州（知府、知军），故其家族有"五世十知州"之美誉。

南宋绍兴二十七年（1157）状元侍御史，太子詹事，龙图阁学士王十朋为蔡襄作赠颂诗：

### 过蔡端明故居

怀章南过蔡公乡，驻马遥瞻数仞墙。
丹荔株株经品藻，乔松叶叶惠清凉。
四贤诗出人增气，三谏章成国有光。
真是济川三昧手，清源游戏作虹梁。

## 二、忠贞不渝、节义报国陈文龙

陈文龙像

陈文龙是南宋忠贞不渝、以身殉国的士大夫典范。陈文龙（1232—1277），原名子龙，字刚中、德刚，赐字君贲，号如心，南宋兴化军崇业乡延兴里白湖（今莆田市荔城区镇海街道阔口社区）人，咸淳四年（1268）高中状元，最初任宣义郎、镇东军（今浙江省绍兴市）节度判官，历任崇政殿说书、秘书省校书郎、监察御史、左司谏、殿中侍御史、参知政事等职，一生刚直不阿、居官廉正、关心民瘼、高风亮节，特别是在宋末兴化抗元斗争中临危不惧，为国捐躯，其事迹可谓惊天动地、可歌可泣，是一位坚持民族大义、忠勇刚烈与文天祥齐名的民族英雄。

出生在莆田玉湖陈氏望族的陈文龙，濡染先训，深受叔祖父南宋贤相陈俊卿"人才当以气节为主"的观念影响，自幼立志"忠君报国"，少年时期苦苦求学从不厌弃，显示出超凡的聪颖和勤奋，以"能文章、负气节"而闻名乡里。

咸淳四年（1268），664位通过吏部考试的进士接受殿试。这次廷对，36岁的陈文龙高中状元。度宗龙颜大悦，把他的名字子龙改为文龙，赐字君贲，寄望陈文龙成为股肱、卫士，匡扶正义，守卫江山。度宗作《闻喜宴赐进士诗》以赐："遹骏先猷在急贤，广庭亲册昉今年。精微历历参前圣，忠说洋洋著大篇。天圣得人占上瑞，太平宴士秩初筵。缅怀丰芑无穷泽，久远功名尚勉旃。"[1]

---

[1] 此诗载宋潜说友撰《咸淳临安志》卷十二"礼部贡院·闻喜宴赐进士诗"。《玉湖陈氏家乘》等民间族谱载为陈文龙诗，有误。

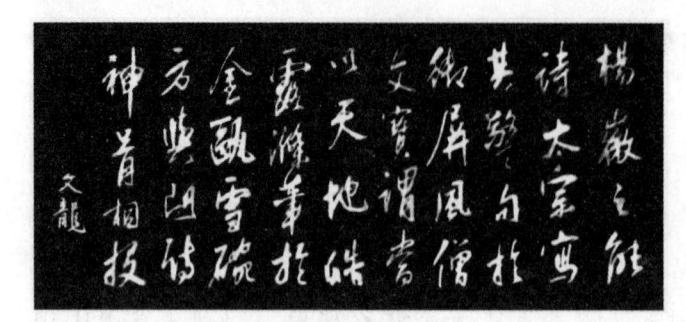

陈文龙手迹拓本

陈文龙被钦点为状元后，被度宗破例加官，授予宣义郎、镇东军节度判官，驻节越州。

越州，坦途沃野、一方宝地，是宋时的丰饶之乡，若是心怀私欲的官员，一定能捞到不少好处。然而，琼林宴上那句"久远功名尚勉旃"久久萦绕陈文龙耳际。一上任，他便发现越州虽是鱼米之乡，但也是皇亲国戚聚居之地，历任官员到了这里，免不了遭遇权势人物的干扰，以致很难秉公处理政务。看到这些现象，陈文龙不仅不随波逐流、趋炎附势，而且公开声言，为官"不可以干以私"。他言必行，行必果——革除弊政，秉公执法，不徇私情，关心民瘼。他因为政声卓著，所以"人皆惮之"，并深得镇东军元帅刘良贵的器重，"政无大小，悉以询之"，成为刘良贵的得力助手。3年后，陈文龙奉诏入朝，1年多里连任校书郎、著作佐郎、礼部员外郎，1年后又升为监察御史。这一切，得益于陈文龙自身的治政才干，当然也有丞相贾似道的提携。

贾似道是南宋一位声名狼藉的权臣，自幼顽劣，酗酒赌博，只因他有一位贵为理宗爱妃的姐姐，以至飞黄腾达。理宗驾崩，度宗继位，贾似道官晋太师，赐封魏国公，从此更是有恃无恐。贾似道发觉度宗赏识陈文龙，便极力拉拢和提携他，意在培植朋党，但陈文龙却不领情，没有"知恩图报"。在临安（今浙江省杭州市）任职时，贾似道为了显摆威风，大搞私人面子工程，竟然无视国运危急，想要动用巨额公款在葛岭南坡半闲堂扩建府第。陈文龙得知后马上上奏："疆战纷纷，当集力以赴，不可奢资。"想不到陈文龙竟然丝毫不念贾似道栽培之功，贾似道咬牙切齿，愤懑不已，这是陈文龙与贾似道的初次交恶。

南宋末年适逢危难之秋，政局不稳，腐败盛行，一些官员打着"新法"的旗号谋取私利。咸淳八年（1272），临安知府洪起畏按贾似道授意，奏请推行"类田法"。在新法实施过程中，洪起畏有贾似道当靠山，一点也不畏惧，打着新法的幌子，四处搜刮民脂民膏，致使浙西一带"六郡之民，破家者多"，民怨沸腾。任监察御史的陈文龙不愿同流合污，毅然和庞大的利益集团杠上了，又上奏度宗，力陈新法的弊端，揭露一些官员借推行新法徇私枉法的种种伎俩，并要求严惩洪起畏，罢除新法。此举赢得百姓拍手称快，"朝绅学校相庆"，称赞陈文龙"乃朝阳之鸣凤也"。

咸淳九年（1273），被围困达六年之久的襄阳、樊城重镇相继弃守，南宋危如累卵；一时朝野震动，舆论哗然。造成如此局面，贾似道女婿、守将范文虎难辞其咎，大家纷纷要求严惩范文虎。但贾似道却大加包庇，对范文虎只作降职一级、出任安庆知府处理。陈文龙对贾似道的丑恶行径极为愤慨，毅然上疏痛责贾似道用人不当。最终，贾似道意识到，陈文龙是一个把社稷看得比什么都重、把仕途看得比什么都轻的另类。对于陈文龙的屡次挑战，贾似道极为恼恨，先是借故将陈文龙降为大理寺少卿，第二年又贬知抚州（今江西省抚州市临川区）。在抚州任上，陈文龙仍然不改初衷，为官清廉，深得民心。贾似道找不到借口，就以官爵收买监察御史李可，拟了一个莫须有的"催科峻急"罪名，罢免了陈文龙的官职。

秋九月，陈文龙被革职返回莆田故里。翌年二月，恭帝建元德祐。主幼国危，知枢密院静观陈公宜中居右揆，挺身为国，旌旆四出，公首应召命，文龙未至，已命除起居郎，辞免未俞，改除司谏。朝旨敦趣。陛谢日，太皇太后宣谕曰："先皇帝正欲用卿，不幸上仙。"文龙不胜悲恸，太皇亦恸。德祐元年（1275）十二月，陈文龙官拜参知政事。"公刚直之声，素闻天下，既任枢管，料琐边吏，咸得其宜，参辅大政，居多裨益。"

陈文龙更可歌可泣的故事还是他忠贞不渝的爱国赤心。咸淳十一年（1275），元兵大举南侵。贾似道任命被陈文龙弹劾过的范文虎、赵潜等5人领兵御敌，结果范文虎投降元军、赵潜未战先退、贾似道兵败芜湖，南宋朝廷命悬一线。国危思忠臣。接手惨局的幼主恭帝想起了陈文龙，让其担任左司谏、侍御史。临行前，从叔陈瓒谆谆告之："为今之计，不如尽召天下之兵囤聚要害，择取文武才干之臣坚守，敌若至，奋力搏杀，则国犹可为也。"陈文龙答："叔之策非不好，然柄国政者非人，恐不能用。我前去，必身死。"

如此清醒意识到前途险恶，是"智"；知其不可为依然挺身而出，是"忠"，是"勇"。

然而，朝廷又起用投降派陈宜中为宰相，最终导致南宋统治者降元。悲愤的陈文龙离开京城，回到老家，倾尽家财，加固城堡，招募义军，并把写有"生为宋臣，死为宋鬼"的大旗立于城楼之上，铁心抗争到底。在强攻受阻、招降不成的情况下，元兵暗中收买陈文龙的部下，里应外合之后，元兵破城。伤痕累累的陈文龙力尽被擒，看到元兵滥杀无辜，厉声喝道："速杀我，勿害百姓！"

陈文龙与他的两个儿子、三个女儿、母亲、妻子一起被押到福州。在狱中，他给儿子写下《寄仲子》绝命诗，诗中表明"自经沟渎非吾事，得死封疆是此时。须信累囚堪衅鼓，未闻烈士竖降旗"的宁死不屈决心。景炎二年（1277）四月二十五日，被元军押解杭州的陈文龙以孱弱之躯拜谒岳飞庙，哀痛欲绝，那一晚，溘然谢世，年仅45岁。还监禁在福州的陈母得知后，说"吾有此儿，与儿同死，有何恨哉"，绝食而死。此前，其季弟、妻朱氏也宁死不屈，上吊身亡。满门忠烈，气贯长虹。500多年后的一个早晨，另一位民族英雄林则徐走进供奉陈文龙神像的福州台江万寿尚书庙，慷慨唏嘘，题下一副对联："节镇守乡邦，纵景炎残局难支，一代忠贞垂史传；英灵昭海噬，与信国隆名并峙，十洲清晏仗神庥。"

宋度宗皇帝为陈文龙作赠颂诗：

### 闻喜宴赐进士诗·咸淳四年赐陈文龙以下

适骏先猷在急贤，广庭亲册昉今年。

精微历历参前圣，忠谠洋洋著大篇。

天圣得人占上瑞，太平宴士秩初筵。

缅怀丰芑无穷泽，久远功名尚勉旃。

明景泰二年（1451）状元柯潜作颂诗：

### 读宋陈忠肃公传有感

胡尘卷风天地黑，胡骑长驱满南北。

崖山孤主知在无，一夜愁心头遍白。

丈夫耻作负恩生，举手擎天天已倾。
孤城如斗犹百战，苍苍不遣功勋成。
龙虎可羁不可扰，怒气吹入山亦倒。
君臣大义心自明，白日青天悬皎皎。
岭海间关草树寒，四顾无人空泪弹。
国破家亡惟一死，首阳有薇那忍餐。
节义文章埋不烂，万丈虹光烛霄汉。
我怀往事悲复歌，凛凛英风鬓丝乱。

## 三、清忠亮直、谨持政柄陈俊卿

陈俊卿像

清忠亮直、忠良仁勇是陈俊卿丞相忠贞爱国的集中体现。资政殿大学士张琪曾向宋孝宗奏言："陈俊卿忠良确实，可以任重致远。"陈俊卿敢于规谏君过，弹劾无数贪官恶吏，高宗称他"仁者之勇"，孝宗赞他"沉静有谋"，光宗亲书"清忠亮直"以赐。

陈俊卿（1113—1186），字应求，南宋兴化军崇业乡延兴里白湖（今莆田市荔城区镇海街道阔口社区）人，绍兴八年（1138）进士，初任泉州观察推官，历任殿中侍御史、权兵部侍郎、尚书左仆射兼枢密使等职。在长达45年的仕宦生涯中，他忠贞报国，为江山社稷竭忠尽智，正色立言，不计较个人得失，以用人为己任，举荐贤德能人，申斥奸佞之人，竭力辅政，廉洁爱民。

绍兴八年（1138），陈俊卿参加礼部省试，高中榜眼，而状元黄公度也是莆田人。相传廷对时，高宗惊奇地问道："兴化何奇之有，竟能夺得状元和榜眼？"状元黄公度先答"银鱼、紫菜、荔枝、蛎房"，点出了莆田的著名特产，而陈俊卿却以"地瘦栽松柏，家贫子读书"回答宋高宗。高宗听后评价说："公度不如俊卿。"[1] 显然，陈俊卿一句"地瘦栽松柏，家贫子读书"恰如其分地回答了高宗的疑问，也展现了莆田学子自强不息、奋发向上的进取精神。

在踏上仕途的第一站泉州，陈俊卿宵衣旰食，夙夜在公。案牍劳形之余，他还经常造访农户，征询农桑，推出许多惠民之举，较短时间内当地农事得以兴盛，这与当时的官场风气"格格不入"，百姓纷然赞许。《泉州府志》评论他的政绩是"服勤职业，同僚宴集，恒谢不往，民受实惠"。但那时，奸相秦桧专权，品行正直的陈俊卿不愿同流合污，断然拒绝权势的拉拢。虽然政绩显著，但秦桧"察其不附己"，只派他到南外睦宗院任教授。陈俊卿因此被压制长达10年，直到秦桧死后，才重新被朝廷重用。

陈俊卿在朝为官，最大的特点就是直言善谏。陈俊卿一升迁为殿中侍御史，就向高宗皇帝直谏："君主以兼听为美德，必然从根本上处事公正；人臣以不欺骗君主为忠诚，必然对大事通达。驾驭下属的办法，应该是恩威并施，抑制骄将，振作士气，那么纲纪端正而号令得以通行。"其论述着眼全局，立意深远，切中时弊。

金国入侵南宋时，陈俊卿多次建言献策，提出减赋集兵、修城筑堡、裁减冗官、节省费用、振作士气等系列措施。内侍省都知张去为受高宗宠信，却背地里阻止朝廷抗击金兵入侵，鼓动高宗迁都四川躲避敌人，陈俊卿奏疏说："张去为的阻挠行为动摇了朝廷抗金的国策，应当按军法论处。"高宗惊讶于陈俊卿竟敢挑战权威，称赞他为"仁者中的勇者"。不仅如此，陈俊卿还弹劾韩仲通制造冤案攀附秦桧，陷害无辜而升迁；弹劾刘宝统领京口时，抗拒皇命不分兵戍防；弹劾秦桧党羽、宰相汤思退，卖国求和，排斥忠良，种种行径都不亚于当初秦桧的所作所为。三人都因此被罢免，陈俊卿直言善谏名闻天下。陈俊卿随即被任命为兵部侍郎，后举荐被闲置已久的张浚，对

---

[1] 故事考证参考刘福铸《黄公度、陈俊卿廷对宋高宗故事考辨》，载《福建史志》，2016年第1期。

南宋抗击金兵入侵起到决定性作用。

绍兴三十二年（1162），孝宗即位，陈俊卿便上疏治国的要领有三方面：用人、赏功、罚罪，这些方面之所以能推行下去就在于公正而已，希望陛下留意。第二年，陈俊卿奉诏入朝，奏陈10个方面的事项：制定规划、振兴纲纪、劝勉风俗、严明赏罚、重视名分、遵从祖宗之法、杜邪枉之门、裁任子之恩、限改官之数、蠲免无名之赋，这些建言都得到孝宗的赞许。

对忠直之臣，陈俊卿极力保护。同知枢密院事刘珙在进对时触怒孝宗，孝宗御笔免除其明殿学士，派他主管一祠观。陈俊卿立即把诏书藏起来不宣布任命，私下上奏孝宗说："陛下即位以来，听纳谏言、依靠大臣，都是扬德之事。今天刘珙因为小事获罪，臣担心从此大臣都阿谀奉承地拿俸禄，这不是国家的福气。"孝宗听后改命刘珙为江西安抚使。

数十年间，陈俊卿两次推荐主战派的虞允文"才堪任相"，力挺众望举荐张浚主持军事，三荐朱熹，重用陆游为夔州（今重庆市奉节县）通判，另外还推荐了陈良翰、林栗、刘夙、刘朔、梁克家、莫济、汪应辰等一大批人才。可以说宋朝乾道、淳熙年间（1165—1189）人才鼎盛，陈俊卿有很大的贡献。他任宰辅期间，胸怀坦然，清严自守，生活十分节俭，史书记载他"自奉甚约，食日一肉，而一衣或二十年"。在其任宰辅营建府邸时，他将工匠设计的草图中有高大奢华的地方全部裁减掉。主持工程设计的人说："相府大门如果不高大，就不能体现您的威严；门厅如果不宽广，就没法停放车马和轿子了。"出于节约考虑，他拒绝了上述建议。时人将这件事与宋朝名相李文靖的"大厅只够马匹掉头转身那么宽"相提并论，成为百姓传诵的美谈。

淳熙二年（1175），陈俊卿到福州任职，亲朋故交、说情送礼的人纷至沓来。陈俊卿召集众人举办了一场聚会，对大家说："我有一上联，看谁能对出下联，我的上联是'三山出守，应求何以应其求'。"只有一个后生对了上来："千里重来，公使尽由公所使。"陈俊卿尤为叫好。事后，大家仔细品味才恍然大悟，原来陈俊卿是通过这种巧妙的方式，打消大家托请的念头。在福州任职期间，当地百姓还自发为陈俊卿立碑以铭记功绩。他得知后马上予以制止，亲自抡起锤子，把石碑敲碎。

陈俊卿妻子聂氏，封魏国太夫人，跟随陈俊卿习惯了清苦生活，是难得的贤内助。陈俊卿位居宰辅时，她的饮食起居仍然非常节俭，不曾稍微改变过。陈俊卿每次举办私宴，都不燃用官烛。聂氏经常举这个例子告诫孩子们要洁己奉公，不要毁坏家庭声誉。

淳熙十三年（1186），陈俊卿去世，终年73岁。大儒朱熹不远千里赶赴莆田为其奔丧，并亲自撰写墓志铭，悼念陈俊卿不凡的一生。

陈俊卿的治国之道，影响了当时朝野权策；他的治家之道，教育了陈门几代子孙：长子陈实到泉州为官，有一富商感激他秉公执法送上珍贵礼物，陈实坚持不收，大家称赞他"廉勤有守"；次子陈守担任地方长官和对外事务代表时，也以清正廉洁的品质为人称颂；幼子陈宿在惠安等地为官时，创立收养贫病百姓的机构，修缮废旧建筑，赢得百姓的赞誉；还有惠政爱民的理学名儒陈宓（陈俊卿四子）、淡泊名利而专心治史的史学名家陈均（陈俊卿侄孙），以及南宋末年以坚贞不屈、铁血忠诚而名留青史的抗元英雄宰相陈文龙（陈俊卿五世从孙）等。据《玉湖祖谱》不完全统计，在他身后的第五代到第八代家族男儿中，经考试、举荐、封赠在朝廷内外为官的就有70多人。

宋孝宗赐陈俊卿札碑
（莆田三清殿）

陈俊卿为官清忠亮直，一心为国。他的名句"居官者当事不避难，在位者恤民之患"至今仍广为传诵。陈俊卿赶上了南宋最为政治清明的时代，作为"卓然为南渡诸帝之称首"的皇帝，宋孝宗励精图治，平反岳飞冤狱，重用抗金抵抗派，澄清吏治，发展生产，使南宋达到了国力最为强盛的时期。正是有如此的政治舞台，陈俊卿的才华才能得以施展，谏言才能得到君主的采纳。

宋宝祐四年（1256）状元文天祥为陈俊卿作赠颂诗：

### 题陈正献公六梅亭

相府亭前梅六株，四围香影护琴书。

月华犹带玉堂色，风味曾分金鼎余。

五柳门前空寂寞，三槐堂上竟萧疏。

惟渠不变凌霜操，千古风标只自如。

## 第三节　勤政爱民御史典型人物

### 一、公忠直亮、治政有声龚茂良

龚茂良（1121—1178），字实之，祖籍宋兴化军莆田县龚屯（今莆田市城厢区华亭镇园头村）人，后迁居莆田城内，历任南安县主簿、邵武司法、泉州观察推官、吏部郎官、监察御史、参知政事等职，后叶衡罢相，龚茂良以首参代行宰相职。

龚茂良的故乡龚屯兴师重教、民风淳朴，给了龚茂良一个良好的教育环境，加之他自小勤读诗书、聪明过人，绍兴八年（1138），年仅17岁的龚茂良就考中进士，是名副其实的小"学霸"。值得一提的是，当年的进士榜上，状元、榜眼、榜尊（年纪最大）、榜幼（年纪最小）都是莆田人，"四异同科"的故事在当时传为佳话，令人叹为观止，而

龚茂良像

"榜幼"就是龚茂良。

年少成名的龚茂良出仕之初就心怀百姓,仕途相对顺利。他在南安县任主簿期满以后,先转到邵武军当司法判官。任邵武司法参军期间,他秉公断案,扶善除恶,为人称道。后来,他又调到泉州任观察推官,因廉洁勤政受到称许,多次升迁后担任吏部郎官。

隆兴元年(1163),孝宗北伐战争失败,人们信仰动摇,人心惶惶。有一次,宰相张浚视察江淮军情时,龚茂良说:"朝廷抵御敌军,景德之战胜利的原因在于果断决策,靖康之战徽宗、钦宗被俘在于优柔寡断。"龚茂良坦言不讳,还提出了希望皇上治理国家学习景德之战的决断,不学靖康之战的决策的主张。

当时,许多人称徽、钦二帝是"二圣",而龚茂良却第一个站出来,批判钦宗皇帝军事上的错误,及时向孝宗皇帝劝谏,使他不再重蹈覆辙,挽救了国家危机,拯救了黎民百姓。龚茂良因决策有功,由吏部郎官,晋升为监察御史。

龚茂良在担任监察御史期间,以"公忠为先,以道事君"为座右铭,敢于纳谏,为国尽忠。在孝宗时代,曾觌与龙大渊是公认的奸臣,后来都上了《宋史·佞幸传》。他们都曾是建王(孝宗即位前受封为建王)内知客,多才艺、善逢迎,孝宗对其宠爱有加。曾、龙两人恃宠干政,朋比为奸,广收贿赂,权势熏天。

当时,京都流传民谣说:"天上三奇日、月、星,地上三奇乙、丙、丁,人间三奇梁、龙、曾。"当时,有很多大臣不断上书请求罢免曾、龙,但都被孝宗以"潜邸旧人"驳回。陈俊卿、周必大等10多位大臣还因弹劾曾、龙不成而遭贬斥。龚茂良对此忧心忡忡,他明知山有虎,偏向虎山行,不顾个人安危屡次上疏揭露龙大渊、曾觌奸邪害政、蒙蔽君王的阴险手腕。

尽管如此,孝宗仍然压伏不处置。但孝宗感念龚茂良公忠,任命他任太常少卿。龚茂良五次推迟不接受任命,孝宗只好又改任其为直秘阁、建宁知府。龚茂良自知为朝中群小所不容,请求告老还乡。龚茂良的倔脾气这么一"闹",朝廷上下议论纷纷,不少正义之士都为他鸣不平。后来孝宗迫于朝中舆论压力,将龙、曾二人贬逐出朝。多场风波以后，孝宗逐渐见识到龚茂良的忠言耿直，便起用他为广东提刑。

龚茂良出任广东提刑、广州知府期间，以安民济世为首务，兴建广州府学及番禺、南海县学，发展地方教育，收葬中原衣冠迁客遗骸，受到当地老百姓的爱戴。

龚茂良在担任江西转运判官、隆兴知府时，当地连年大旱，龚茂良奏免郡县积税，索缴富户欠税，开仓赈灾，开展灾后防疫医治，救活了数百万人。在隆兴府的救荒工作可以说是他在地方任职上最大的贡献，他依靠自身果敢的行政组织能力与精准的判识，及时采取了切实可行的救治措施，救民于水火。龚茂良所提议的救济之法，多为后人沿用。

还有一年，淮南大旱，看着遍地嗷嗷待哺的老弱妇幼，龚茂良想起了自己已故的父母，想起了自己的妻儿，他看在眼里，急在心里。他审时度势，奏请取用了国库专用的大米14万石用于赈灾，果断处理了救荒一事。孝宗对茂良赈灾一事十分满意，嘉奖茂良，说："淮南旱荒，民无饥色，卿之力也。"

乾道六年（1170），龚茂良拜参知政事行宰相职能。针对吏部用人上有法不依、用法不公、因例立法等腐败行为，龚茂良向孝宗奏请修订《吏部七司法》，主张不可因私意人情而改变用人制度，为孝宗采纳。其谏议规范了朝廷用人制度，同时抑制了猖獗的跑官要官和私意徇情的腐败风气。

同时，龚茂良又因势利导，倡导移风易俗，遏制京城奢侈风气。有一天，孝宗问京城近来风俗奢侈如何，龚茂良回答："京城奢靡之风盛行，皆是因为富贵之家效仿皇宫，自上而下影响到民间。"孝宗感慨："革弊病应该从皇宫开始啊！"龚茂良又提起当年仁宗在后宫禁珠宝，用牡丹代替的故事。孝宗深有感触，于是下令京城临安守臣整顿奢侈之俗，京城的风气得到了极大的改善。

龚茂良为官40年，几起几落，初心不改。面对贪官污吏，他横眉如剑，决不妥协；面对才俊后生，他挺身为梯，乐于提携。在他担任广东提刑官时，清海军节度判官留正经他举荐，从此获得重用。留正从政40余年，宽容大度、一心为公，是南宋中期一代贤相。此外，他还举荐傅淇出任知县、萧燧担任左司谏、袁枢为太府丞、朱熹担任秘书郎……龚茂良所举荐的才俊均获得重用，政声卓著，名垂青史。

但是，龚茂良整顿吏治、整肃奢侈，触犯官场贪腐阶层的既得利益。另外，他对孝宗皇帝赏官的谏言、缴止杂举诏令等做法，也导致了孝宗皇帝的猜疑，再加上权奸构陷，终致君臣有隙。

殿中侍御史谢廓然是依附曾觌的人，他屡次在朝堂上和龚茂良作对，多次疏弹龚茂良"讥骂恢复""诞谩圣心""贪掠天语""擅权植党"等"可诛四罪"，必欲置之死地而后快。久而久之，孝宗皇帝听信谗言，龚茂良被贬官降职，安置英州，父子都死在贬官之地。

曾觌与谢廓然死后，龚茂良家人投状申冤。朝廷查明事情真相后，皇帝感叹道："龚茂良本来就没有罪啊！"于是追复其资政殿学士，谥号"庄敏"。

龚茂良一生主抗金、劾奸佞、赈灾民，与蔡襄、陈俊卿、林光朝等被称为宋代"莆田四贤"，邑人立"四贤祠"祀之。回顾龚茂良的一生，年少成名，疾恶如仇，期间虽几番沉浮、多次被贬，却始终初衷不改、刚正不阿、勤政爱民。著名的爱国诗人陆游是龚茂良的莫逆之交，他将龚茂良政治遭遇比之屈原，写下"台省诸公岁岁新，平生敬慕独斯人"的诗句，表达了自己对这位精忠之臣的无比崇敬之情。

穿越历史的长河，龚茂良正气凛然、忠孝两全的家风至今激励着龚氏后人。他们耕读传家、明理守法、崇德向善，在多个领域独领风骚。园头这个溪心小村孕育了济济人才，历史上流传着"一门四贡元""昆仲二教授""一门五俊杰""五子登科""公子孙三学士"等佳话。据不完全统计，中华人民共和国成立以来，园头村走出了近30位博士，科学家、作家、工程师等100余人，这片曾孕育出南宋名臣龚茂良的"文化绿洲"，至今仍在兴化大地上熠熠生辉。

南宋伟大爱国诗人陆游为龚茂良作赠颂诗：

寄龚实之正言

台省诸公岁岁新，平生敬慕独斯人。

山林不恨音尘远，梦寐时容笑语亲。

学道皮肤虽脱落，忧时肝胆尚轮囷。

至和嘉佑须公了，乞向升平作幸民。

## 二、规正有功、能文擅诗黄滔

黄滔像

黄滔（840—911），字文江，号东黄，唐兴化军莆田城内前埭（今莆田市荔城区镇海街道英龙社区英惠巷）人，乾宁二年（895）登进士第，历官四门博士、监察御史里行、充威武军节度推官，晚唐著名文学家，被誉为"福建文坛盟主""闽中文章始祖"。

黄滔出身贫寒，但父亲黄山周颇有远见，想尽办法让儿子接受良好的教育。大中十四年（860），21岁的黄滔来到离家30多里外、位于县城西北的南山东峰书堂苦读。他在这里一读就是10年，来时栽下的龙眼树早已郁郁葱葱、枝繁叶茂。咸通十二年（871），黄滔觉得十年寒窗，该是开花结果的时候了。于是，他毅然只身背负行囊，风餐露宿，跨越千山万水，奔赴长安求取功名。可惜，由于出生寒门，没有权贵推荐背书，踌躇满志的黄滔在第一次考试中即落第。然而，这只是种种不幸的开始，此后24年，他经历了20场考试，均名落孙山。坚持追求功名的黄滔，在长安城过着缺衣少食的客居生活，极为凄苦。仕途的不得志，以及饱尝流离贫困之苦，使他的思想和百姓相通，痛恨争名夺利的地方割据势力连年征战，同情惨遭不幸的百姓。这些经历，为他以后回闽辅佐闽王王审知，劝他施行善治打下了坚实的基础。

乾宁二年（895），博学多才的黄滔终于考中了进士。但在一阵狂喜过后，一切恢复平静，因为进士及第并没有给他带来多大的改变。那时，藩镇割据、政局动荡,朝廷无暇授官。直到4年后,朝廷才授予他四门博士的闲职。天复元年(901),眼见皇帝被节度使李茂贞再度挟持,被困凤翔,自己无法在长安施展抱负,黄滔便在同乡进士、京兆尹参军翁承赞的举荐下回到福建,投奔到驻节福州的武威军节度使王审知麾下。

幸运的是,王审知对黄滔深为赏识,便奏请朝廷授他为监察御史里行,充威武军节度推官。为官期间,黄滔治国之道,富民为始,尽心辅佐王审知治闽,尽情施展自己的抱负与才华,深受王审知信任。他劝王审知节省官府开支,减赋税,轻徭役;重商务,开港路,大力开发海上贸易;修学校,育人才,发展地方文化;等等。王审知一一采纳了他的建议,并立即付诸实施:在福州大举兴办"四门学",以教闽士之秀者;在各地广设庠序,搜集整理文献,使闽中教育事业逐步发展;重视农业发展,轻徭薄赋,鼓励垦荒,扩大耕地面积;兴修水利,扩浚福州西湖,建设福清祭苗墩海堤、长乐海堤、连江东湖等;鼓励农民种茶,每年输出茶叶5万多斤,福州鼓山的茶叶还被列入贡品;重视商业、外贸,开辟福州的外港——甘棠港,使福州成为东南地区对外贸易的重要良港;撤除关卡,免除苛税,贸易额不断扩大,增加财政收入。

更重要的是,在"时四方窃据,有劝其(王审知)称帝者"的情况下,黄滔审时度势,力劝王审知不要称帝,"宁为开门节度,不作关门天子",避免引起纷争。王审知采纳了他的意见,"据全闽而终其为节将",奉后梁、后唐为正朔,保持了福建地区政治局势的安定,使八闽大地在天下大乱、藩镇混战的情况下,成为全国相对安定的地区之一,独享太平,百姓能够安居乐业,地区经济文化繁荣。当时,闽地俨然成为一方"世外桃源",北方名士李洵、韩偓等人纷纷入闽避乱,更加有力地推进了福建文化教育事业的发展。

黄滔的这些骄人政绩,后人都给予充分肯定。正如吴源《莆阳名公事述》中所说,黄滔为"闽藩上幕",辅佐闽王,"规正王审知,使其终身为开国节度,不为闭门天子"。明陈鸣鹤《东越文苑》卷一《黄滔传》中也说:"王审知为节度使,据有全闽,而终身不敢有加于天子者,滔规正有力焉。"

在中国文学史上,唐朝是一个群星灿烂、人才辈出的时代,黄滔在作为一名成绩卓著的政治家的同时，笔耕不辍，成为晚唐文坛上的一颗耀眼的文学明星，一位有多方面成就的文学家。

黄滔出身贫寒，身处乱世。在长安期间，他多次离京外游，目睹了战乱中的中原大地烽烟千里、田园荒废、民不聊生的情景，深刻了解了百姓的悲惨生活。这些人生经历奠定了他的阶级思想——痛恨权贵、反对战争、同情百姓。在颠沛流离中，他致力写作，呕心沥血，成果丰硕，作品形式涵盖诗、赋、文和文学评论等，是唐末与韦庄、罗隐、杜荀鹤齐名的诗人；有《黄御史集》15卷传世，208首诗被收入《全唐诗》。他亲自为福建诗人刊行的《泉山秀句》30卷，成为福建第一部诗集。

黄滔的诗文在一定程度上表达了晚唐多事之秋的凄凉景况，如"世乱怜官替，家贫值岁荒""豪门腐粱肉，穷巷思糠秕"，是当时社会贫富悬殊的真实写照；"菜肠终日掇，霜鬓度年秋""大国兵戈日，故乡饥饿年"等诗句，表现了他忧国忧民的情怀，表达了他希望治理国家、造福人民的愿望。有人认为他的作品"贯穿了我国古代自《诗经》以来的现实主义精神"。

他的诗文还体现了廉洁奉公的思想，名篇《以不贪为宝赋》激励士人应以"不贪为宝"作为座右铭，涵养洁身自好、知廉耻、除贪欲、勤为民的政治品德，以清白温良之风，引导淳厚朴实的社会清风。

黄滔在写作过程中，推敲斟酌，一丝不苟，佳篇名句颇多，如"青山寒带雨，古木夜啼猿"寥寥数笔，勾勒出一个清空寂寥的境界；"一声初触梦，半白已侵头""寺寒三伏雨，松偃数朝枝"等，堪为千古流传之佳句。

天复二年（902），王审知修筑福州城，在灵山塑北方毗沙门天王像镇守城池，命黄滔撰《灵山塑北方毗沙门天王碑》，碑文长达2000多字，骈散间行，气韵生动，神采飞扬，堪称碑记中的珍品。黄滔的辞赋也很有名，前人称其赋"雄新隽永"，誉为"一时绝调"。

后代诗人、文学评论家对他评价很高。南宋四大诗人之一杨万里说："诗至唐而盛，至晚唐而工。""御史公之诗尤奇。"洪迈对黄滔的诗文也是推崇备至，认为唐代"文盛于韩、柳、皇甫，而其衰也，为孙樵，为刘蜕，为沈颜。诗盛于李、杜、刘、白，而其衰也，为郑谷，为罗隐，为杜荀鹤。御史生最晚，而独不其然，其文赡蔚有典，则策扶教化。其诗清醇丰润，若与人对语。和气郁郁，有贞元、长庆风概"。御史即指黄滔，贞元、长庆之风的代表人物，正是刘禹锡与白居易。将黄滔之诗置于晚唐著名诗人郑谷、罗隐、杜荀鹤之上，与刘、白并驾齐驱，可见洪迈对黄滔评价之高。

黄滔在闽地文人中具有特殊的政治地位，在援引、吸纳众多文士进入闽中并形成具有一定规模的创作群体的过程中起到了特殊的积极作用。黄滔交游颇广，与罗隐、林宽、崔道融、徐寅等关系尤为亲近。当时中原板荡，韩偓、王涤、崔道融等文士纷纷入闽投靠王审知，闽中文学之盛堪称空前，这同黄滔招徕、援引众贤有直接的关系。

清嘉庆十四年（1809）进士陈池养为黄滔作赠颂诗：

赞黄御史滔

文江气骨迈儒流，人品真如百尺楼。
九郡雄藩规节将，一时名士集中州。
深山本为哀时咏，甲族翻因避世留。
此日城环前后堞，当年啸傲说沧洲。

## 三、造福赣鲁、为民请命翁世资

翁世资（1415—1483），字资甫，明兴化府莆田连江里清浦（今莆田市荔城区黄石镇清中村）人，正统七年（1442）进士，历官户部主事、户部郎中、工部右侍郎、衡州知府、江西布政使、右副都御史、山东巡抚、户部右侍郎、户部左侍郎、户部尚书、太子少保等职。他担任江西布政使时，重修江南名楼——滕王阁，让"江西第一楼"重现风采。

翁世资自幼博闻强记，他聪颖过人。宣德九年（1434），他随父游学京师，进太学读书。他在正统六年（1441）顺天府乡试和翌年礼部会试中，两次俱名列第七，擢进士第，授予户部主事。刚进入官场时，翁世资经常翻阅档案材料，推究政事的利弊得失，熟悉国家的典章制度条例因革，因而很受上司的器重。除了自身勤奋精进之外，他居官清廉，从不攀附权贵。有一次，部里派他到通州监收军衣的布料、棉花。复命时，他上奏说："布、花收贮库藏，辖于通州诸卫，宿弊极多，宜改属有司，则其弊可革。"他切实可行的建议被朝廷采纳。

正统十四年（1449），父亲翁瑛去世，翁世资回家守丧。当时瓦剌侵犯大明，在土木堡大败明军，英宗被俘，成王朱祁镇监国，是为代宗，改元景泰。景泰二年（1451），丁忧服满后，翁世资返回户部供职，仍然主管部里各司文移。户部尚书金濂十分倚重翁世资，每有大事，都跟他商榷好而后行。当时江南水灾，他被派往江南察勘。回京后，他如实向朝廷报告江南各地的灾情，奏请免除应天、太平、兴国、安庆、庐州等府以及建平、宣城等卫的税粮50余万石、草料100多万担，并令地方官吏赈济生活无着的灾民。他的一系列赈灾济民的举措深得民心，也得到朝廷的嘉许。

翁世资像

天顺四年（1460），朝廷遣官往苏、杭等五府提督织造上供文绮7000匹，用于赏赐官吏，因不够用，奏请加造7000匹。翁世资得知东南水患，民众生活困难，不宜再加重负担，就与尚书赵荣、左侍郎霍瑄商议减掉一半。赵、霍皆有难色。翁世资曰："倘得罪，某请以父子三人共当之，不敢累公也！"于是，他毅然上章减其半："东南水潦，民苦艰食，宜当撙节，以苏疲困。"结果，英宗怀疑他沽名钓誉，便将他作为主议者下狱审问，后贬知衡州府（今湖南省衡阳市）。时任尚宝司少卿（掌国玺）东宫讲官的邑人柯潜，赠诗送别"草就匡时疏，英英气似虹。立朝真不忝，得郡未为穷。人笑谋身拙，天知报国忠。怜余素餐者，长自愧高风"，赞颂翁世资怀忠报国、为民请命的高风亮节。虽然被贬，但翁世资仍然为国家分忧，关心民众疾苦。翁世资到任衡州知府后，立即清查疑案，平反了数十人；大力革除积弊，敦厚风俗；新建庙学，修石鼓书院，设立便民仓；等等。当时，衡州卫指挥使违法乱纪，翁世资稍加裁抑，指挥使就诬告他心怀怨望。英宗下诏逮捕翁世资进京审问。查明真相后，指挥使被降二级，调离衡州，也恢复了翁世资的官职。

翁世资升任江西布政使时，广东发生叛乱，朝廷派兵讨伐，皇令江西运送粮草，需征用民夫十万名。翁世资派人就广东中部籴米供粮，不征民夫，老百姓得以不受惊扰。江西发生旱灾，民多流落他乡，他下令开仓赈济并奏请蠲免田赋170多万石，免除所有杂税，地方得以安定。成化五年（1469），翁世资升都察院右副都御史，巡抚山东。次年山东大饥，他发粮50余万石，赈恤762万人。不久，他被召为户部右侍郎，迁户部左侍郎。成化十二年（1476），翁世资招人疏浚通惠河，从大东桥到张家湾浑河口，长60余里，船舶得以通行。2年后，他升户部尚书。当时，在京的王府军校到仓场支领粮饷、草料，往往百般勒索、横不可制。他奏请绳之以法，军校就不敢再恃势妄为。

翁世资居官40余年，勤力勤政，敏于政务，为民众办了很多实事。他身为财政大臣，掌管一国钱粮，却"家无余资，不营身后"，忠言极谏，谦约和厚，为世人所称颂。

清乾隆十七年（1752）进士翁方纲为翁世资作赠颂诗：

家模册歌（选录）

吾家北京岁丁卯，乙科起自水部郎。<br>
到今二百六十载，支分南北难具详。<br>
小子甲戌始读谱，诸派为目闽为纲。<br>
闽又莆田冠于首，次第乃及延福漳。<br>
刺桐花开刺桐巷，朱紫衣满朱紫坊。<br>
雪崖冰崖翰林后，父子兄弟同朝堂。<br>
侧闻莆中岁致祀，冰崖公像人弗忘。<br>
翰林尚书有手训，储弃宝墨夸琳琅。<br>
六桂芬嗣兴福里，八景咏传竹啸庄。<br>
南北迢遥十余世，听音望远同谷梁。<br>
甲申持节来岭海，粤海正接闽海疆。<br>

广文一册手示我，昨秋舣棹端溪旁。

幅几三十世数十，族衍于宋承于唐。

## 四、清廉端慎、以身殉国王家彦

王家彦像

王家彦（1588—1644），字开美，号尊五，出生于明莆田县合浦里山美村（今秀屿区东峤镇先锋村），天启二年（1622）进士，授浙江开化知县，任上勤政爱民，廉洁奉公；五年（1625），调兰溪知县，有惠政，为政一如开化；崇祯元年（1628）兰溪任满，以治绩优异应行取，赴京考选，擢刑科给事中；五年（1632），转工科右给事中，后历户科都给事中、吏科都给事中。王家彦任给事中，历任四科，呈《明刑疏》，提出应以仁师为法而守律，主张快查快办。在谏10年，他直言不讳，疏劾贪官无数，均能评列其奸邪专横罪状，革除弊端，核查隐瞒资产，"弹击权贵无所避"。

崇祯四年（1641），王家彦冒着被降职流放的风险，斗胆上呈《救钱机山公疏》，请释放得罪魏忠贤而被革职入狱的东阁大学士钱龙锡，成功让钱龙锡获释免死。他又请推行按月奏报例于四方，狱囚得无久淹。崇祯五年（1632），王家彦转工科右给事中。值本垣缺员，他身兼厂库城工、巡视京营及巡青数差，然不以劳苦而敷衍之。时福建海盗刘香老劫掠闽安镇，侵扰郡邑，省会震动，抚镇追剿多次失利，朝廷议召募，准备举大兵征剿。九月，王家彦上《闽省海防疏》云："旧制卫所军饷于官，无别兵亦无别将，统于各卫之指挥。寨设号船，聊络呼应，又添设游击等官，虽支洋穷港，戈船相望。臣愚以今日策防海，莫若复旧制，勤训练。练则卫所军皆劲卒，不练虽添设召募兵，犹驱市人而战之，糜饷扰民无益，贼终不能尽。"时人以为至论。是冬，其奉命京城巡青，所条之奏多为议行，如为蠲马政危害，提出《马政疏》《酌议马政长策疏》等11篇有关改革马政的奏折，听闻山西、河南一带因蝗灾出现人吃人的现象，紧急上《救灾疏》以及后来所上的《赈救难民暂罢额赋疏》《贫民不堪助饷疏》等，其拳拳之心尽在诸疏之诤言谠论之中。

崇祯十三年（1640）春，王家彦丁艰服阕，起为吏科都给事中。时薛国观为内阁首辅，党邪伐正，贪赃枉法，言官们慑其权焰，多缄口不言，独王家彦数抗章劾之。家彦上《纠辅臣疏》，尖锐指出："薛国观因贪成妒，欲渐削吏部之官，驱除异己之人，恣己欲为之事，至举用人旧制，而顿废之。如此防贤病国，编书其罪，已在流放之条。"疏中建议："速正国观防贤之罪，以为大臣背公不法之戒。"不久，东厂太监执其亲信，获其招摇纳贿的一系列罪证。薛国观连疏力辨，帝皆不纳。十月，遣使逮国观入京。翌年八月薛国观被赐缢死。

崇祯十五年（1642）四月，崇祯帝令首辅会三法司清狱，王家彦以大理寺左少卿参与其间，凡所经手的案件，明判如昼，决断如流，许多积压多年的冤案一时得以平反。五月狱毕，其即被擢为太仆寺卿，又擢户部右侍郎。

崇祯十七年（1644），李自成进逼京师。二月，王家彦受命协理京营戎政，增秩一等，廷推户部尚书。思宗以"戎政非家彦不可"，特予留任兵部。三月十八日，东厂提督太监曹化淳打开彰义门，德胜门、平则门也随之打开，北京外城不攻而下。当夜，太监王相尧开宣武门，刘宗敏整军人，另兵部尚书张缙彦守正阳门，朱纯臣守齐化门，一时俱开门迎敌，李闯军遂潮水般涌入内城。十八日夜，王家彦于安定城头泣血写下《示子赓恭、赓靖、赓皋书》，书云："今贼狠攻至此，矢尽力穷，已无余力，不肖自分一死以尽臣节。唯是君恩未报，父老未得送终，母浅土未葬，不孝之罪，莫能自逭。尚愿诸子克承吾志，毋过痛毁，奉祖余年，早觅吾母抔土，余死亦瞑目矣。"此前数日，他在《与吴安止少司农书》中已表达了必死的决心："不肖处此，誓先一死，以报圣明。然内乏饷而城头并不传军，转盼之间，即成瓦解，不肖实不忍言所终矣。夜约王芳老亟叩以效秦庭之哭，而既有登碑之役，例不敢入城谒拜，

查士标赠王家彦书法

台台忠耿，愿即集诸老之肯为国为天子者，呕血共支危局。祖宗三百年养士之报，岂一旦竟无一人乎？"十九日黎明，闯王兵从别门拥入安定门。王家彦身中数刀，血流如注。部下劝王家彦尽速弃城逃生，王家彦正色叱曰："国破身死，吾何足惜。但主上存亡不可知，恨不追随乘舆，触死辇前，赎臣子万一之罪耳。"言毕，其北向叩首，以谢先帝，复南向叩首，以谢父母，纵身投向城下，不死，复自缢于民舍，乃死。是日文臣死国者，除王家彦外，还有范景文、倪元璐、李邦华、孟兆祥、孟章明、施邦曜等共21人。然论死之壮烈者，无出其右。王家彦卒后，礼部尚书蒋德璟为之撰《墓志铭》，赠太子太保、兵部尚书，谥"忠端"。清顺治九年（1652），赐其谥"忠毅"。

明崇祯十六年（1643）进士林嵋为王家彦作赠颂诗：

### 少司马王公家彦

司马处邦国，端谨若有余。

十年托谏省，翼翼以自居。

兵刑原指掌，戎政遂再除。

腹笥五十万，一一皆天书。

至尊下手敕，上殿许肩舆。

主眷有独属，群公或少疏。

入营视士卒，在籍多属虚。

内官预此事，十人旷九糈。
在廷仍夺柄，屡疏竟留诸。
漏舟不可塞，公犹挈敝袽。
忆在仲春月，南迁议踌躇。
明明我皇后，庙原身为俱。
龙髯公自挽，振佩在须臾。
文藻岂无擅，忠贞比三闾。
履声一旦绝，门外乌趋趋。
夔龙有伴侣，天上行何孤。
排荡各自去，拥篲不一徒。
山岳为刻祀，峥嵘今画图。
伟哉王司马，俎豆不忘乎。

# 第五章
# 莆阳御史"德"的特质及典型人物

道与德,关系十分密切,浑言之,"道德"就是指人类共同生活时,行为举止应合宜的规范与准则;析言之,则道是道,德是德,还是有区别的。故先秦老子《道德经》,分成了上、下两卷,上卷论"道",为《道经》;下卷论德,为《德经》。老子认为,道是体,德是用。"道"体现于万物之中就是"德"。《管子·心术上》也说:"德者,道之舍,物得以生生,知得以职道之精。故德者,得也。得也者,其谓所得以然也。以无为之谓道,舍之之谓德。"老子所讲的"道",指的是自然宇宙的根本规律,是客观本来就存在的。"道"长在,不生不灭,不以人的意志为转移。而"德"其实就是"得",是个人在追寻"道"的过程中的感知和体验。"德"就是求道的过程。人在"求道"中获知"德",再以更多的"德"去获得更高的"道",如此相辅相成,最终对于"道"通达无碍,至于圆满。因此,"德"更侧重于个人的道德修养和行为准则,是人在追求"道"的过程中所应具备的品德和行为。

# 第一节 莆阳御史"德"的特质

"德"在中国传统文化伦理中,更常用于反映人的品质、品行、责任的意义。孔子说:"为政以德。"德可以分指政德、官德、帝德、师德、民德、公德、母德、女德等等层面。儒家教育强调的是个人道德的完善,即培养"贤人"与"道德高尚、刚健有为的贤者能人",使人具备理想人格,也就是所谓的"修身、齐家、治国、平天下",并强调"道之以德,齐之以礼"。从"德"的层面来看,莆阳御史最突出的特质,可归纳为:铁面无私、刚强正直和恪尽职守等。这几点特质,对一位真御史来说,实际是可以兼而有之,只是为了叙说的方便,才把它们分开例释的。

## 一、铁面无私

铁面无私,历来用以形容公正严明、不畏权势、不徇私情,即处事能克己奉公,不怕权势、不讲情面、公正严明。故铁面无私往往与廉洁奉公、不徇私情联系在一起,是职业道德的核心内容。它也是御史官员行使权力、执行公务时,必须遵守的职业道德准则。从个人品格看,莆阳御史弹劾权贵,刚直无私、办事公正,不偏袒任何一方,不少御史就被誉称"铁面御史"。如史书中被誉称为"铁面"的莆阳御史官员,明朝有"铁面巡按"黄洪毗,有"铁面御史"林兰友;清朝则有"铁面御史"江春霖。

## 二、刚强正直

刚强正直,强调的是刚正直爽,就是具有不阿谀奉迎、守正无偏私、坚持原则、勇于斗争、在艰难困苦中不动摇、始终能正道直行的高洁品格。在封建社会，能于人情和私欲面前守好底线，做到疾恶不惧、正道直行，洵属不易。在莆阳御史群体中，不乏刚毅刚强、刚直刚正者。单在明朝，就有11位御史因敢于犯颜直谏，遭到廷杖，突出的有峭直御史郑伯玉、峭直气节侍御史林英、敢言御史杨琅和"宁违诏，不改法"的林俊。御史张曰韬于嘉靖三年（1524）因争"大礼议"而遭受残酷杖刑，临死前还上疏弹劾奸人陈洸罪。莆田古代众多良吏能臣，突出展现出刚正不阿的人格精神。

## 三、恪尽职守

恪尽职守，亦称"恪守职德"，就是谨慎认真地做好本职工作，严守自己的工作岗位。首先要意识到自己的职责，并认真履行。要求在履行自身义务的过程中，用良心、品德规范指导行动，用自己的意志坦诚、率真地履行工作职责。封建社会，御史言官的职责，就是规劝君主过失与监察各级官员。在选任此类官员时要求极高。北宋政治家司马光在《举谏官状》中说："凡择言事官，当以三事为先：第一不爱富贵，次则重惜名节，次则晓知治体，具此三者，诚亦难材。"[1] 做到恪尽职守，就是要不爱富贵、重惜名节，熟悉政治法度并具有丰富施政经验的才能。莆阳御史群体中，在尽责守职中突出者也不乏其人，如敢言直谏三朝的宋御史陈次升、尽瘁效国的真御史丁伯桂、明朝恪尽职守清廉为官的陈道潜、清朝"帝眷忠清"的"彭青天"彭鹏等。

---

[1]〔宋〕司马光著，李之亮笺注：《司马温公集编年笺注（三）》，巴蜀书社，2009年版，第544页。

## 第二节　铁面无私御史典型人物

### 一、强边固防、纠偏扶正黄洪毗

黄洪毗（1507—？），字协恭，明兴化府莆田县城内人。其官松江府（今属上海）推官，《江南通志》载人皆称良吏。其嘉靖二十二年（1543）十二月选为广西道试监察御史，后历官山西道监察御史以及江西按察司副使、松郡学宪、南直隶提学副使等。

黄洪毗在山西任上，多有奏疏。嘉靖二十四年（1545）其奉旨以巡按御史之职，巡视居庸、紫荆、倒马、固关等关隘。经调查后，上疏曰："乞敕兵部咨行宣大山西巡抚衙门委官相勘，各路建设墩台连属内地，使东西毕达。有军处，每墩拨军五名住居，其下架炮传烽；无军处，佥居民五名，免其差役，有警时给以口粮，一体传报。其墩须高广其制，上盖平房二间，周以女墙，置以军器、炮药。真保等府一体建设。五十步设敌台一座，敌台上盖小房三间，使人可依藉，以避风雨，以储器械，以谨望。"烽火台是古代以"昼烟夜火"方式传递敌情信息的标志，是古代"信息战"的重要载体，军事地位重要，因此黄洪毗建议把烽火台列入军队编制，供以饷银，或民为军用，军民共建，给予准军编待遇。黄洪毗的奏疏起到了作用，引起了当时朝廷和各级地方政

黄洪毗像

府对烽火台的重视。当黄洪毗登上河北涞源乌龙沟李家岭，情不自禁作《李家岭》一诗："立马高原望远陲，连山迢递入云危。去年谁放胡儿牧，此地经屯大将旗。尚忆戍楼传鼓角，空闻障塞隐熊罴。筑城近议三千丈，独立苍茫有所思。"诗中抒发了自己对北方边境的忧虑情怀。后来黄洪毗还为《西关志》一书作《后序》。

黄洪毗嘉靖二十六年（1547）巡按山西，负责调查陕西按察司副使聂豹一案。聂豹（1487—1563），字文蔚，号双江，江西永丰（今江西省吉安市永丰县）人，正德十二年（1517）进士，授华亭知县，任上兴学校，修水利，减赋税，革积弊，甚有政声；召为御史，直言敢谏；在山西平阳知府任上，修关练卒，却寇有方，升陕西按察司副使；但因得罪内阁首辅夏言，被污以贪污受贿罪而罢官。嘉靖二十六年（1547）十一月二十一日，聂豹被逮至京师，第二日下诏入狱。聂豹被逮后，当时朝廷官员都不敢得罪夏言，对该案件避而不谈，而黄洪毗则不畏权贵，不徇私情，公正严明，经多方查验，聂豹在平阳府贪污受贿一事存在诸多虚假证据疑点。嘉靖二十七年（1548），内阁首辅夏言倒台。九月，皇帝下诏，令巡抚御史重新查验。是时平阳籍户部尚书张润知聂豹在平阳的政声，称愿以全家百余口性命担保聂豹在平阳无贪污受贿行为。十月，夏言死，负责调查聂豹案的巡按御史黄洪毗也从山西调查归来，真相大白，谤议之声顿消。年底，聂豹获释。嘉靖二十八年（1549）聂豹放归江西吉安故里。

黄洪毗巡按期间敢于直面事实，做到执法如山、铁面无私、公正巡查，使聂豹案情真相大白，朝廷谤议之声顿消，从而保护了一位清廉官员。

嘉靖五年（1526），直隶开州（今河南省濮阳市）人李珏，升任都察院右佥都御史，巡抚甘肃，因受"李福达之狱"案牵连而入狱，嘉靖十六年（1537）遇赦免还家，嘉靖二十一年（1542）复官，因雁门关失守，召以原职提督雁门等关兼山西巡抚，又因疾归家。嘉靖二十七年（1548）三月，黄洪毗等又举荐起复李珏，再次启用，着其前往辽左整顿防务。同年冬，诏黄洪毗入任大理寺卿。本年（1548）十二月，适逢晋祠重修祠宇竣工，感慨万分，黄洪毗作《谒晋祠嘉功成》一诗，记述晋祠风光。嘉靖二十八年（1549）十二月命其提调南直隶学校,在泾县筹建有水西精舍。

黄洪毗任御史期间,品行端正,光明磊落,薄税轻徭,清除积弊,时称"铁面巡按"。

## 二、惩凶除恶、坚贞爱国林兰友

林兰友(1594—1659),初名兰支,字翰荃,号自芳,别号猗斋,随父由莆田东埔梯亭迁仙游县连江里枫亭渔街(今莆田市仙游县枫亭镇兰友社区),遂为仙游人,崇祯四年(1631)登进士第。其初授广西临桂县令,高悬明镜,惩凶除恶,政绩卓然,受到人们好评;后受命晋京,升任南京湖广道监察御史。

时杨嗣昌等弄权误国,朝政日非,朝野意见纷纷。林兰友不畏权贵,上《长安五谏》以"发奸剔弊",连续参劾张至发、薛国观、杨嗣昌、田维嘉等重臣的负国之罪,此事触怒了崇祯帝,幸得黄道周、刘同升、赵士春、何楷等人上书保奏,得免重罚,结果贬谪浙江按察司任散员。后杨嗣昌东窗事发,劣迹败露,崇祯有言"林卿有先见之明",特旨赐恩林兰友起官光禄寺丞,后擢为南京吏部考功员外郎。

林兰友像

林兰友不徇乡情,曾一日忤旨三弹劾同乡好友薛大丰,轰动朝野,由是人称"铁面御史"。

崇祯十七年(1644),李自成的起义军攻破北京城,林兰友被俘。起义军劝说他归顺,他却矢志不移。起义军软硬兼施,于炎夏之日,让他裸身置于石板上,任凭烈日曝晒,不让滴水润唇,历时三昼夜。他舌燥口干,股肤焦裂,日晕夜寝,神昏志明,宁死不屈。当时有同乡巨商李道得知这个消息,不惜花费巨资租得王爷马匹,智投参汤巾在林兰友口鼻上,他才渐渐苏醒。

后清兵入关，起义军撤离北京。林兰友逃离北京，经由天津乘舟南下，漂泊海上。他感叹国破家亡，作《瓦瓯》一诗云："翻作酒杯覆作砚，瓦瓯蓬底元黄变。亢图易筑总堪怜，髯老秃翁今变面。醉去几志东海深，醒时犹思西山见。弹琴种菊者何人，千古流风于一线。"

明亡后，林兰友又积极投入反清复明斗争。南明弘光元年（1645），唐王朱聿键册立福州，年号"隆武"。翌年二月，唐王起用林兰友为太仆寺少卿、山西道监察御史，兼巡按督学江西，未就职，又升任兵部尚书、右副都御史，总理抚讨军务粮饷，督师泉、漳，领导举兵复明事业，后擢升佥都御史。是年九月，清兵大举南下，南明王朝力弱势败。兰友见明祚已终，立下誓曰："生，头不戴清朝天；死，脚不踩清朝地。"其携带家眷遁入海岛隐寓15年，继续从事抗清活动。其间口粮时有不济，每遇风涛涌起，或海月朗照，林兰友常悲歌痛哭，自称"万死孤臣"，其志不为艰难困苦的环境所动摇。南明永历十三年（清顺治十六年，1659）五月初一日，林兰友病逝福建海坛岛上，终年66岁。其遗命墓碑书"罪臣"而不写官衔。雍正年间（1723—1735），邑人祀林兰友为县学之忠义祠。乾隆五十三年（1788），奉旨赐币建祠，有司春秋致祭。咸丰十年（1860），邑民于枫亭锦屏山天王院之内立"三贤祠"，以供奉林兰友，并蔡襄、陆秀夫。兰友祠今犹在，被列为县级文物保护单位。为了纪念这位先贤，1944年，家乡人民将枫亭鱼街易名为"兰友街"，沿用至今。

明天启二年（1622）进士户部尚书兼翰林院学士倪元璐为为林兰友、黄道周、何楷、刘理顺、刘同升作颂诗：

### 五　谏

尚可容头即过身，最难辜负此峨巾。

不知鸣凤何由瑞，所虑莽峰自取辛。

圣主颂经兴孝学，古贤违愿作忠臣。

盛闻五谏长安道，岂有五人成党人。

崇祯十年（1637）探花赵士春为御史林兰友、黄道周、刘理顺、刘同升、何楷五人作颂诗：

### 五谏诗

行行尽避乘骢客，何事寒蝉也豸冠。
再疏只闻新柱史，一鸣已作旧言官。
疏留紫闼奸回惧，樟拂苍江草木寒。
西子湖边忠愤处，清吟应激伍胥湍。

## 三、持守风节、铁面无私江春霖

江春霖（1855—1918），字仲默，一字仲然，号杏邨，晚号梅阳山人，清兴化府莆田县广业里梅洋（今莆田市涵江区萩芦镇梅洋村）人，光绪二十年（1894）进士，光绪三十年（1904）任江南道监察御史，继而历署新疆、辽沈、河南、四川诸道监察御史。

江春霖从小聪明过人，熟读经史，尤其喜欢听父亲讲诸葛亮、包拯和海瑞的故事，被他们公正廉洁、不屈不挠的斗争精神影响，立志要当一名监察御史。他曾说："我志在四方，如果不当谏官，怎么能实现我的抱负呢？"在他看来，监察御史职位虽小，但作用与宰相一样，关系到国家的兴亡、人民的生死。为此，他利用在翰林院查阅材料的便利，悉心研究历代法治的正反经验和历代监察官的成败事迹。

江春霖像

49岁那年，江春霖以第一名的成绩，如愿以偿地当上监察御史。当上御史以后，江春霖把第一个弹劾对象锁定在他的顶头上司都御史陆宝忠。他了解到陆宝忠喜欢抽鸦片烟，利用职权干涉科举，克扣津贴，钳制言官，很多人慑于他的淫威，敢怒不敢言。江春霖却连续2个月2次上书弹劾，硬是把这个顶头上司给弹劾下台。

光绪三十二年（1906），江西吉安儒行乡民众因不满地方政府的苛捐杂税和差役勒迫，聚众到县衙请愿，引起冲突，当地官府派兵镇压。面对严峻的事态，江春霖上《劾江西吉安府庐陵县民变办理未平允片》称，民众的行为不过为己伸冤而已，指斥地方官员"欲见好同僚，邀功上宠，捏称匪徒啸聚，意图报复"。在他的极力斡旋下，朝廷撤兵，并宽宥了事件参与者，避免了群众的进一步流血伤亡。

在江春霖担任监察御史的6年间，他先后掌江南、新疆、辽沈、河南、四川诸道，始终不改初心，不仅弹劾贪婪秽恶的地方权臣，如省督抚朱家宝、蔡乃煌、宝棻、冯汝骙等封疆大吏，还弹劾炙手可热、鼎鼎大名、势焰熏天的当朝权要，如庆亲王奕劻，权臣袁世凯，贝勒爷载洵、载涛。粗略统计，他参劾过的重要奏疏和奏片，有六七十件之多，平均每月就有1件，件件与国计民生有关，其中被他指名道姓的超过15人，件件均言人之所不敢言。

其中最有名的是上书弹劾袁世凯。在光绪三十四年（1908）十月的一次上疏中，江春霖直接指出袁世凯交通亲贵、把持台谏、引进私属、潜市外国、僭滥军赏、破坏选法、骤贵骄子、远庇同宗等12条罪状，一时朝野震动。

之后，江春霖见庆亲王奕劻权势日重一日，党羽、心腹遍布朝野，"举朝莫敢撄其锋"，考虑到国家前途及自己的职责，决心甘冒凶险，放手一搏。宣统二年（1910）二月，江春霖趁奕劻力荐亲信、干女婿陈夔龙入阁之机，上《劾庆亲王老奸窃位，多引匪人疏》称：奕劻"老奸窃位，多引匪人"。他指出，江苏巡抚宝棻、山东巡抚孙宝琦、陕甘总督恩寿都是庆亲王奕劻的儿女亲家，江浙盐运使衡吉原是庆王府里的家人，连已被他弹劾革职回籍的袁世凯也点进来。不料宣统帝生父、摄政王载沣偏袒奕劻，借宣统帝名义颁谕，以"萋言乱政，有妨大局，肆意诋毁亲贵重臣"为由，斥责江春霖"牵涉琐事，罗织多人，信口雌黄，意在沽名……荒谬已极，实不称言官之职"，把江春霖贬回翰林院。

江春霖以其大无畏、特立独行、为民请命的精神，实现了他作为监察官"独谏官于庶政之得失、万民之休戚、社稷之安危、职官之能否，目之所见、耳之所闻，皆得行于奏牍"的志向。江春霖的惊天一击和清廷对亲贵重臣的明显祖护，不论在庙堂还是在江湖均引起震动。经《大公报》《申报》等媒体披露后，京师内外盛传此疏，皆"争欲先睹为快，一时辗转传抄，顿令洛阳纸贵"。梁启超将他誉为"古今第一御史"，并说"御史台是唯一有清气往来之所"。福建同乡林纾在报纸撰文并配上图画，称赞江春霖为"光宣以来谏官第一人"。辜鸿铭撰文称他"直声震朝野，人皆曰真御史"。江春霖的监察官生涯由此达到顶峰，同时似乎也走到了其职业生涯的终点。

"谏不行，言不听，不去何待？"宣统二年（1910），55岁的江春霖辞官回乡养母，从此，彻底退出了暗潮汹涌、诡谲难测的晚清政治舞台。"雪貌冰姿冷不侵，早将白水自明心。任教移向金盆里，半点尘埃未许侵。"这是江春霖写的《咏水仙花》诗。仔细玩味，这更像是他心迹的表白。为官期间，他把母亲、夫人和弟弟全家留在梅洋老家，过着十分清贫艰苦的农村生活。他自己的生活也十分俭朴，自理炊事，常以笋干佐饭。坚守清贫的他给自己定了3条规矩：一不置田产，二不盖新屋，三不养奴婢。有一回，江春霖的

江春霖书法条屏

福建老乡官员，因涉贪被他弹劾。这位老乡知道江春霖早年丧偶并没续娶，于是，买了一个年轻貌美的姑娘，连夜上门送给他做续弦，江春霖当场拒绝，把这位老乡给轰走。

江春霖十几年京官、五任御史，离京归乡时，行李除了朝衣外，只有几件旧衣与数部旧书。全御史台的同僚都知道他为官清廉清贫，出于对他的敬意，纷纷给他集资，都被他婉言谢绝了。他说："吾自为言官，则置身于度外，若稍有身家利害，何敢批龙麟、捋虎须，以一身冒万险而不知悔？"无疑，也正是这份清廉清贫，保证他不落人话柄，赋予了江春霖铁面铮骨的底气。

江春霖归乡后，热心家乡公益事业。1914年，由于北洋平原数万亩良田屡屡被淹，应乡民之邀，他主持兴修了梧塘海堤，由于筹划得力，工程仅用2个月便竣工了。次年春，他又主持兴修梧塘沟尾堤（今莆田市涵江区涵坝），竣工后，使7万亩良田因此受益。福建巡按使许世英，因江春霖修建莆田水利有功，请授以四等嘉禾勋章，但被他拒绝了。

江春霖经常教育子孙要洁身自爱，不可沾染赌博、酗酒、乱交友等恶习，他为方便本家子弟读书，将房子进行改造，并取名为"半耕书室"。他为书室写了一篇跋，跋中说取名"半耕书室"是"示子孙毋忘稼穑艰难也"。江春霖感慨于"当世贵介子弟，食租衣税，不复知民间疾苦"，希望本家子弟能以此为鉴，"食旧德，服先畴，入为肖子，出为良臣"，将优秀的家风传承下去，做一个崇德向善、兴家报国的人。

清光绪八年（1882）举人林纾为江春霖作赠颂诗：

### 送江杏村归养二首

（一）

直谏何曾愧昔贤，偏当危局放归田。
早知破碎难为国，自咽酸辛敢问天。
回首翰林官舍在，伤心观德殿门前。
可怜四世三公语，果验君归后数年。

（二）

说孝言忠总失真，先生到死是完人。

一心岂愿归骸骨，七疏居然动鬼神。

既毁伦常凭作贼，幸存松菊足娱亲。

梅阳高隐图应在，端恐溪山惨不春。

光绪八年（1882）举人著名诗人、诗文评论家和学者陈衍作颂诗：

### 送江杏村归里

四海争传真御史，九重命作老翰林。

当诛臣罪非今日，待养亲年直万金。

杀马行藏殊愤激，臂鹰身手任萧森。

他时共领田园兴，浮白青山是素心。

## 第三节　刚强正直御史典型人物

### 一、为人峭直、以诗明志郑伯玉

郑伯玉，字宝臣，北宋兴化军莆田县城内后埭（今莆田市荔城区英龙街）人，"南湖三先生"之一的郑露的后裔。郑伯玉自幼聪敏识学，四五岁便能诵书吟诗，善对句。传说8岁时，叔父殿中丞试之曰："伐木斧声闻谷口。"郑伯玉随答曰："过桥旗影映波心。"叔父奇之。郑伯玉少年，尝与邑人陈琪、方孝能，读书乌石山，切磋学问，吟诗作赋，交情甚笃，人称"乌石三贤"。后人将其诗与陈琪、方孝能诗合编一集，名为《乌山三贤诗》。

景祐元年（1034），郑伯玉赴京应试，与兴化军蔡准（蔡京之父）、蔡高、方峤、方龟年等22人，同擢张唐卿榜进士，授将仕郎，试秘书省校书郎、淮南节度使掌书记。景祐七年（1040），郑伯玉改官大理司直，充江西抚州观察推官。其为官礼士爱民，以清白闻名，民怀其惠。相州安阳人韩琦，字稚圭，号赣叟，天圣五年（1027）榜眼。其时，韩琦官枢密副使，素知郑伯玉其贤能，更爱其居官清谨、操行愿悫（诚实）之品行，力荐其任殿中侍御史。史载，郑伯玉为人峭直，不屈权贵，安贫嗜学，好为诗，所作有300余篇，名曰《锦囊集》及续集。郡志云："凡朝政得失，士夫臧否，皆托之诗。如欲轻赋敛，则制《老夫吟》；悯新法，则咏《莆田作》；嫉邪说，则著《闲居书怀》；恤民力，则作《豪家吟》之类。异己者多嫉之。"[1]

清郑王臣《莆风清籁集》录郑伯玉诗9首。郑王臣认为其"所作诗大都以讽谕为体，有《三百篇》遗意。如：《老夫吟》以诮重敛；《莆田作》以刺新法；《闲居书怀》以讥执政；《豪客吟》以愍穷民。可与元微之、白乐天《新乐府》并传"。[2] 所谓"《三百篇》遗意"指的是《诗经》对社会的关注精神，真实描写社会生活，并表明自己的态度的现实主义创作传统。郑伯玉也以诗明志，诗作大多以讽谕为体。他与唐代继承《诗经》现实主义传统的新乐府运动领袖人物元稹、白居易，有着相同的历史地位。可见这评价是很高的。民国福州文人陈世镕纂《福州西湖宛在堂诗龛征录》卷三录郑伯玉诗12首。

郑伯玉家居，纵情山水，在后埭郑露祠堂附近营建园林，凿地为池，叠石成山，环植荷、柳、松、菊。所筑一亭，知军俞希孟匾曰"绿野"，遂号"绿野亭"。郑伯玉作有《绿野亭》诗4首，抒写家山壶峤春夏秋冬四季景色之美，更表达了自己正视现实、热爱桑梓、不慕身后虚名的超凡脱俗情怀。他家居20余年，醇厚恭谨，胸次开豁，督导子孙，学习圣人立身之节，教养并行。宋《莆阳比事》概括为"三世登云，四代攀桂"一比对句，记载郑伯玉子叔明、

郑伯玉像

---

[1] 明黄仲昭：《兴化府志》卷三十六"郑伯玉传"。
[2]〔清〕郑王臣：《莆风清籁集》卷三"郑伯玉"。

叔侨，孙至道、亨道、事道，相继登第，伯玉生前皆及见之。其好友提举方孝能赠诗贺云："壶公簪绂数如沙，三世青云在一家。"郑伯玉家"在当时为创见也"，也就是属于少见的家族。郑伯玉卒，赠通直郎，墓在石泉院后。郑氏后人还以绿野亭之址，建"宋御史郑伯玉祠堂"。明黄仲昭在《郑伯玉、陈侗列传论》中评述云："郑伯玉以韩魏公荐为御史，则其才足以有为，盖可知矣。然年未五十，遽以亲老弃官归，而凡有所感触于心者，悉于诗焉发之，此又可见其志有所不为也，可不谓贤乎？"[1]

## 二、察贤远佞、气节峭直林英

林英（1025—1106），一作林悦，字希贤，北宋莆田县崇福乡兴福里长城（今莆田市荔城区北高镇吴城村张城）人。林英自幼性敏好学，通《孝经》《论语》，及长，忠厚庄重，"与人交，上无谄，下无狎，嗜学如饥，赴义若渴"。他读《吕氏春秋》，过目成诵，邑儒咸奇之，挈与之游，自此识趣端高、学务求实，尤擅经史，人称懿行。他宋庆历六年（1046）第进士，初授泉州观察推官，与属吏协谋其力，经营有方，固结民心，和平逸乐。他曾对属吏说："狱之不允，有司罗织之也，系民之命、国脉修短，尔等慎之，毋蹈故辙。"在他任泉州观察推官时，郡无滥狱。不久，他升迁漳州军事判官，秩满赴京，百姓遮道相送。庆历八年（1048），他诏授国子录事，不久又升大理寺评、忠正军节度掌书记兼监察御史。庆历年间（1041—1048），北宋和西夏开始了全面的边境战争，北宋军队三战皆败，

---

[1]〔明〕黄仲昭：《未轩文集补遗》卷下，文渊阁四库全书本。

而国内又出现诸多农民起义、兵变和叛乱，地震于夏，雨水于秋，江浙溃防，黄河溢堤，物价飞涨，民苟怀怨，悔将何及。这种形势迫使仁宗在廷对时以国计等事向林英求教，林英历历指陈，务在爱养民力，不费民财，停止对西夏用兵，则灾异衰止而盛德日起矣。玉音嘉谕，同中书门下平章事文彦博甚敬惮之。

林英嘉祐元年（1056），迁侍御史；六年（1061）为太子中允，出知河东府河中县事。林英外放，因乞归莆阳祭扫先代墓茔，仁宗曰："卿殷少师苗裔，家乘可得见乎？"林英取《林氏族谱》以进，仁宗御览《林氏族谱》，叹比干忠谏而遇害，堪称忠烈，欣然御书"忠孝"二字于谱额，钤以御宝；又赐御诗二章，敕曰："珍重到家，可即回京。"治平元年（1064），英宗即位，诏林英赴经筵讲《易》，赐衣带鞍马，旋升鸿胪寺卿。林英献《备边三策》，荐浙东宪名堪补右谏议大夫。宰执韩琦恶其专，坚不许。林英乞祠，上留之甚力，授太常寺少卿，林英坚辞不就，仍知河东县事，赐绯。擢太常寺卿，授忠正军节度使。神宗即位，任用王安石变法。林英以谏阻《青苗法》为王安石所忌，谢病归莆阳，不问政事。哲宗即位，尽废王安石新法，宰执司马光、吕公著交章荐林英。林英赴阙，时安徽宣城闹灾荒，饿殍遍地，哀鸿遍野，朝廷选派林英前往抚绥。林英至宣城，开仓赈济灾民，省无用之费，缓刑薄征，宽力驰禁，贷民以谷麦种，谕使还业，蠲免租税。至元祐八年（1088），宣城民食以足，反为富饶上郡，邦人德之，建生祠奉祀。林英以异绩征回，复守尚书都官员外兼提举两浙常平，广惠农田水利。

绍圣元年（1094），章惇为相，重新启用新法，凡诋斥熙宁（1068—1077）以来政事，乞重行罢黜，任用改革派大臣。林英复上疏力求外补，章惇固留之，林英婉辞拒之，遂以朝列大夫尚书都官郎中，提点两浙路刑狱公事兼管内劝农田水利，赐紫金鱼袋，可谓"聪之知远，明以察微"。建中靖国元年（1101），蔡京荐林英任右司谏，林英察其奸，俯首退避。后徽宗授林英金紫光禄大夫，端明殿学士兼翰林承旨、礼部尚书，赐紫金鱼袋。崇宁元年（1102），林英为元祐党人论谏，徽宗不纳，遂以老疾固乞致仕，皇帝从其请，即日登道。友人饯于都门以诗赠悦云："恩沐五朝今古少，气吐九鼎海山摇。召公既去无鸣凤，魏老先亡有死鹞。"林英归田后杜门不出，督修宗祠，捐增祭田，撰修族谱。林英崇宁五年（1106）十月卒，年82，赠太子少保，谥文忠。

林英居官56载，历事11任，奉侍仁宗、英宗、神宗、哲宗、徽宗五朝，性峭直有气节，不为利怵威诱，"清而不耀，直而不激，勇而不猛，是为难耳"。其临终遗表犹劝徽宗清心寡欲，察贤远佞，政修祖宗之旧，思念母后之圣，重建强盛国家，再造汉唐盛世。

## 三、刚毅敢言、尽职尽责杨琅

杨琅（1428—1473），字朝重，明莆田县黄石（今莆田市荔城区黄石镇）东朱人，天顺三年（1459）福建乡试解元，天顺八年（1464）进士，授河南道监察御史。成化元年（1465），其任官方月余，会宪宗皇帝初郊还宫，外人颇传有贡献者希进，琅上疏言"宜用贤修德，以永天休"，反复言内臣不可以预政，幸门不可以轻启。其疏留中不出，然镇守亦不复差，闻者壮之。其复与陈恭愍选论劾兵部尚书马昂、翰林学士倪谦，请起前兵部尚书王竑，召还给事中王徽，修撰罗伦等，言："尚书王竑有大节，不宜使在散地，修撰罗伦，给事中王徽等坐言事去国，愿召还以开言路。"其又尝与同官陈选救罢大臣不才者数人。时称琅为"敢言御史"，

杨琅像

风采隐然动缙绅间。成化二年（1466）差江西清军御史，其皆宽简行事，不吹毛索瘢以沽名。其历山东按察司佥事；改提调学校，斟酌教条，宽严适中，而一以至公行之，士心悦服；卒于官。其居家以孝友称，居乡以长厚称，居

官以端介称，人无间言；卒后入祀莆田乡贤祠。

杨琅刚毅正义，诚心出于国家大局考虑，希望皇帝改正错误，这在当时是难能可贵的。成化二年（1466）五月，罗伦因上疏言事而遭贬。御史杨琅认为罗伦虽然不属于言官，但士人上书言事，应该鼓励和支持。因为只有这样，国家才有望大治。"天下之士气与国家之元气是相通的。士大夫和文臣学士的锐气与精神愈旺，国家元气愈壮。所以说当下皇帝最为紧要的做法，就是收回处罚进言者的成命，追回王徽、罗伦等人，官复其职。只有这样，我们大明才会元气日盛，天下大治也有望实现。"杨琅上疏所言，可谓鞭辟入里、条条有理，但又每一条都触到了成化帝及其宠臣李贤等人的痛处。明宪宗在接到他的奏疏后当即批："朝廷本求直言，以匡治道。而新进浮薄但欲要名不达事，宜难居近侍，故皆改用之。今杨琅却欲取回，显是朋比，姑宥其罪，后有言事若此者，必罪之。"杨琅冒死对皇帝和权臣刚毅敢言，直指错误，这种精神非常可贵。

理学名臣黄仲昭在朱宽、杨琅等列传后论曰："朱宽、杨琅、林诚遇事敢言，无忝厥职，是皆有德业位望，卓然名一时者也。故特论著，而列诸名臣云。"明朝大臣周暎在《昭忠录》中以四首七绝形式高度评价杨琅曰："披肝沥胆尽忠言，切切难忘顾命恩。不是始终持大节，能存清誉满乾坤。""命落交南一羽轻，疏朝犹自竭精诚。余生蝼蚁如从请，那得于今不朽名。""忠垂汗简已年深，始沐褒崇下德音。多少武林为宦客，如何独感里儒心。""新庙巍巍耀褚塘，一朝故里倍生光。春秋金紫椒浆奠，感激英姿下大荒。"[1]

明成化二年（1466）进士翰林院编修黄仲昭为杨琅作赠颂诗：

**送侍御杨朝重巡按江西，次同年丘安重韵**

黎元争欲睹衣冠，宪节南行雪尚寒。

折狱常持三尺法，济时更有九还丹。

抚摩凋瘵春随马，屏斥奸谀铁作肝。

后夜望君君不见，法星一点照云端。

---

[1] 王国平总主编：《武林掌故丛编》（十一），杭州出版社，2014年版，第93页。

## 四、刚直无畏、兴利除弊林俊

林俊（1452—1527），字待用，号见素，晚号云庄，明兴化府莆田城内义井街柴行巷（今莆田市荔城区镇海街道凤山社区）人，成化十四年（1478）进士，历任云南按察副使、南京右佥都御史兼督操江、湖广巡抚、四川巡抚、工部尚书、刑部尚书等职，与吏部尚书林瀚、都御史张敷华、祭酒章懋并称"南都四君子"。

成化十四年（1478），林俊登进士第，初任刑部陕西清吏司主事。在任期间，他拟写案犯罪状，大多公平宽恕，若牵涉权贵，也不偏私袒护。尚书林聪看他性情耿直，不随俗浮沉，凡涉及权贵宠臣的案件，总是嘱咐林俊办理。

林俊像

林俊任刑部员外郎时，太监梁芳与僧人继晓相互勾结，迷惑宪宗。林俊明知上奏弹劾如同飞蛾赴火，却执意呈奏《扶植国本疏》，曰"不斩继晓，异日之祸，未可言也"，斥责梁芳"倾覆阴狠，引用邪佞，排斥忠良"。知道弹劾将招来大祸，林俊卖掉自己的爱马，为家人安置好后事，径自来到通政司投疏。宪宗看到林俊的奏章后勃然大怒，将他囚禁于死牢，准备以死罪处治他。后在友人鼎力相救之下，林俊幸免一死，被杖责三十，贬为姚州判官。当时朝廷言路闭塞，林俊却直言进谏，一时名震京都。后来宪宗醒悟过来，就恢复了林俊的官职，将他改派到南京任职。

弘治元年（1488），林俊经大学士刘吉等人推荐，破格提升为云南按察副使。远在云南的林俊听说南京监察御史姜绾等人，因谈论弹劾太监蒋琮而被降职，南京六部大臣王恕等谏官论事救人，孝宗未采纳，林俊认为事关朝廷大局，上《全大体以召大和疏》规谏。第二年，林俊又上疏十四项用人要则，提出朝廷的用人方针。

弘治六年（1493），湖南连遭雨雪大灾，江浙川贵等地也都下大雪。已任湖广按察使的林俊上《灾异陈言疏》，指出王子府邸建造宜小不宜大，一切务必减省，不必使用琉璃砖瓦和白玉雕栏，并请将此订为律例，但孝宗没有听进林俊的建议。这也是林俊虽然雄才厚望，但长久得不到升迁的一个重要原因。

弘治十一年（1498），朝廷起用林俊为广东右布政使，第二年又任用他为南京督察院佥都御史、提督巡江兼理操江。针对长江防务松弛问题，他精心调研后，采取有力措施加以整改，正风肃纪，军务焕然一新。但他仍不改直言不讳的本性，多次上书阐明宫闱、外戚、太监、权臣的祸患，并请求孝宗停止设坛求福，减少织造供应，清理役满官员，停止工程建设，削减内府供应，节制各种赏赐，戒除游佚享乐，疏远邪佞小人，亲近贤人良臣，被誉为"字少意长，近时章疏，此为第一"。

弘治后期，皇亲贵戚占田增赋，百姓不堪其苦。弘治十五年（1502）江西新昌王武起义，巡抚韩邦问处置不力，朝廷命林俊前去处置。林俊不用武力镇压，而是实行安抚。他张榜告示，允许悔过自新，并亲自到新昌城劝说。不仅如此，林俊对失职的官员，哪怕已改任的，也仍然予以追究责任。不久，朝廷诏令林俊代任巡抚，他大刀阔斧，兴利除弊，革新政务。仅8个月，他不但迅速平息农民起义，而且实行宽政裕民，移风易俗，减轻民众负担，缓解社会矛盾，"诸弊尽革，庶政一新"。

当时，分藩江西的宁王朱宸濠贪婪凶暴，宁王府征收岁禄，每次都向百姓多收一倍，因为林俊毫无畏惧的大力干预，才大大削减了数额。宁王要求为王府更换琉璃瓦，需耗银2万两，林俊便引用典故说应该保持原样。见林俊屡次与自己唱反调，宁王非常恼火，一心想找他的茬，却苦于抓不到把柄，后来终于找到一个借口就上书弹劾林俊。不久后林俊母亲去世，他便归乡守丧。

武宗继位后，提升林俊为右副都御史巡抚四川。任职期间，他依旧不改正直本色。当时一些太监子弟寄名兵籍，企图冒领军功求得升官赏赐，但所

大足北山石窟林俊像

有请托均被林俊拒绝。虽说太监刘瑾对林俊有过举荐之恩，但林俊对刘瑾的滔天恶行早有明察，曾与御史陈茂烈一起商议弹劾刘瑾，因当时条件不成熟，只能暂时停止。到任四川后，林俊继续弹劾刘瑾。对于林俊的大义之举，后人赞叹曰："忠臣之爱君如此！"

正德五年（1510），林俊统兵平叛，他把功劳都归于将士，自己并不居功。担任巡抚期间，他入山穿谷，以茅草为宿，食草为饭，勤勉如此，深得民心。当地百姓为他建祠立像，并在摩崖上为他刻诗碑，石像和摩崖诗碑至今还在重庆市大足区留存着。

嘉靖皇帝继位后，仍起用70岁高龄的林俊为工部尚书，后改刑部尚书。林俊多次劝谏皇帝要"亲大臣，勤圣学，辨异端，节财用"。在刑部尚书任上，林俊致力于匡正国家法令，严明法纪。当时太监崔文的仆人向一名工匠索贿不成，恼羞成怒，挑唆崔文殴打那名工匠，差点将他打死。崔文被关在刑部狱中尚未定案，其党羽多方奔走，请皇帝出面相救。不久，皇帝命人传旨，要刑部把案犯移交给镇抚司。林俊断然拒绝，极力抗辩，坚定地说："宁违诏，不改法。"他不顾个人安危，将旨意压下，拒不交出案犯。嘉靖感念于他的刚直不阿，也就不再过问此事。

嘉靖六年（1527），林俊在家中去世，终年75岁。他的一生跌宕起伏，颇具传奇色彩，从年轻到年老，从朝堂到民间，人们被他卓越的政绩和正直的品行所折服。《明史》称其"历事四朝，抗辞敢谏，以礼进退，始终一节"。兵部侍郎、同乡郑岳在为林俊所撰《行状》中赞云："公孝仁端亮，以清约励躬，以至诚动物，以文章命世，以直言敢谏结主知。寝逆藩之谋，平西蜀之难，望重四朝，名闻中外。"[1] 林俊弘扬正气的政治理念对莆阳御史文化产生深刻影响。莆人正德年间（1506—1521）就立"外台遗勉""爱源归处"碑坊赞颂林俊御史精神。

明正德十二年（1517）进士礼部右侍郎加翰林侍讲学士马汝骥为林俊作赠颂诗：

送林见素大司寇致仕归闽

壶公三仕曾三厄，又向三山问紫芝。
龙性莫驯书屡上，凤辉遥览鸟仍移。
玄文老去云霞变，直道生来铁石知。
拟奏客星天汉动，羊裘江海不垂丝。

弘治六年（1493）进士户部郎中郑汝美作颂诗：

次林见素得告志喜韵

壶公作怪漫须论，一剑曾闻请帝阍。
解组疏能回殿陛，化衣尘不到山村。
花间蝴蝶频来枕，江上鸬鹚久候门。
忙在青山闲在史，可能忘却野人暄。

---

[1]〔明〕郑岳：《山斋集》卷十四"行状"，影印文渊阁四库全书本。

## 第四节 恪尽职守御史典型人物

### 一、直谏敢言、刚直无畏陈次升

陈次升(1044—1119),字当时,北宋兴化军仙游县善化里(今莆田市仙游县大济镇)人,熙宁六年(1073)登进士第,历任山东安丘知县、右谏议大夫、监察御史等职。

在山东密州安丘任知县时,陈次升全力以赴清理积案,将羁押在牢者的案卷反复查看,详细审理,当放则放,绝不冤枉好人;当罪则罪,绝不放纵坏人。神宗年间(1067—1085),安丘县发生了一起"官告官"的案子。转运使吴居厚在安丘为了搜刮民膏民脂,有一次下达文书,要求安丘县县尉下乡滥征赋税。这位县尉不忍心向农民敲骨吸髓,就收了一些破棉絮向吴居厚交差。不料,贪婪成性的吴居厚见状,当即大发脾气,下令逮捕县尉,要求知县治罪。时任知县的陈次升据理力争,当庭释放了县尉。吴居厚不知收敛,认为陈次升袒护下属,存心与他作对,因而怀恨在心,暗中罗织陈次升的罪名,又向朝廷请旨一并治陈次升的罪。御史中丞黄履仔细研判案情,认为陈次升刚直无畏,不仅为其正名,而且保荐他担任监察御史。这件事情,开启了陈次升的三朝御史人生。

任监察御史后,陈次升被派驻江西、湖南一带察访。这些地方是双流人度支副使蹇周辅父子掌权经营的地盘。蹇氏父子滥用职权,炮制了当地盐业

陈次升像

经营及缴纳盐税的法令条例，使百姓利益受到严重侵害。陈次升查明事实，立即上奏朝廷："蹇周辅滥用职权，擅自制定盐税法令，又侵蚀公财、扰乱纲纪，搞得民不聊生，请速恢复旧制。"蹇周辅被降职处分，百姓拍手称快。

陈次升刚直无畏的名气逐渐传开，权臣章惇一伙知道后，想收为己用。同乡蔡卞邀请陈次升到家中叙谈乡谊，示意可以提拔陈次升。陈次升不为所动，反而念在同乡之情，奉劝其不要结党营私、打击异己。当然，人才难得，毕竟陈次升在朝廷的威望颇高，值得拉拢。因此，蔡卞又叫少卿林颜去做陈次升思想工作，告诉他，只要配合工作，就可以升他的官。然而，陈次升回复说："我只知道做自己的本职工作而已，像你乃是朝廷命官、天子卿士，怎能甘为宰相门下走狗，替他做传声筒呢？"

章惇、蔡卞见拉拢不成，就设法把他调离。刚好河北需要赈灾，他们便对宋哲宗进言调陈次升任河北转运使。宋哲宗说："一个转运使好找，敢言的陈次升却不好找。他不要离我左右，可以升任左司谏。"

当时朝廷有股力量在诬陷宣仁皇后，遂使宋哲宗有追废宣仁皇太后之意。这时，陈次升向宋哲宗密奏称："宣仁皇太后对你有保护之恩，终始如一，请陛下勿听小人胡言乱语。"宋哲宗惊讶问道："这事你是怎么知道的？"陈次升答言："我乃谏臣，职责所在，一有听说，即可上奏。请陛下不要诘问我是从哪里得知消息的，但想有没有这回事，我说得对不对即可。"宋哲宗见陈次升说得堂堂正正，难免为之动容。

绍圣二年（1095），陈次升又被朝廷召回，升任殿中侍御史。此时章惇已经拜相，权势日隆，巴结依附的人数不胜数。而陈次升则多次上奏揭发宰相章惇，宋哲宗都留在宫禁中，不交议也不批答，又对陈次升说："章惇的文字不错呢，别让它消失了吧！"这意思要陈次升不要再弹劾章惇了。陈次升回答："谏臣，是国家的耳目；帝王，是国家的心脏。帝王不知道的，谏臣为他传达；但闭目塞听，还要耳目做什么呢？"宋哲宗听了觉得很有道理。但同年五月，陈次升因直言敢谏，被诬陷而贬为南安军监酒税。

建中靖国元年（1101），宋徽宗即位，陈次升被重新起用，升任侍御史，后又升为右谏议大夫。复任后，陈次升秉性不改，继续竭力弹劾章、蔡一伙权奸恶行，直至章惇被流放雷州，蔡京被驱逐到江宁，蔡卞被贬谪到池州。

当时徽宗即位未久，有鼎新奋进之意，陈次升便进呈"体道、稽古、修身、仁民、崇俭、节用"6条治国建议，其忠君爱民之意，跃然纸上。同年八月，徽宗见陈次升正直有节，便派他出使契丹，安边睦邻。返回朝廷后，陈次升升任给事中。在此期间，蔡京复出。多次弹劾蔡京的陈次升，又遭排挤，以宝文阁待制外任颍昌（一作永昌）知府。此时，朝廷党争日益激烈，正处于罗织罪名打击元祐党人的时候。岭南历来是谪臣流放之地，章惇与蔡卞等请议派遣吕升卿、董必等察访岭南，想要伺机尽杀流放岭南的元祐党人。

就在宋徽宗准备派吕升卿去察访广南时，陈次升上疏奏道："吕升卿这个人生性残暴刻薄，好挑剔别人的过失，如果让他当钦差大使察访广南，远离帝京，让他自作主张，弄不好会发生妄杀谪迁流徙的事件。"于是徽宗打消了派吕升卿去广南的念头，从而使章、蔡的阴谋没有得逞。

宣和元年（1119），陈次升卒于真州，赠大中大夫。陈次升一生仕途跌宕，然不负"三朝御史"之职责，累疏弹劾章惇、蔡卞、蔡京、曾布等权臣。其所著《谠论集》录奏疏达207篇，原集已佚，清四库馆臣从《永乐大典》中采掇编次86篇，又从《历代名臣奏议》中增补30篇，共录文116篇。其中弹劾官员的奏议尚存30篇。

## 二、论事鲠直、尽瘁效国丁伯桂

丁伯桂（1171—1237），字元晖，一字符晖，北宋兴化军莆田县人，嘉泰二年（1202）进士，是南宋中期一位著名的御史和谏官。他论事鲠直，力扶世道，切中时弊。他居官30多年，历任地方与朝廷多个职务。他先是授任永春县尉，届满转为宁德县丞，改任浙东路定海三石桥酒库监官、广南东路（今广东省）南海知县、梅州府教授等职，入朝后尝出任肇庆府通判。丁伯桂赴任广南东路南海知县，行前，刘克庄尝撰诗为其送行，诗云："不用急符催，先行要看梅。岁时亲祭海，休沐必登台。鲍井聊供饮，韩碑待拭苔。遥知蛮俗喜，令尹带琴来。"此诗勉励他上任前先要以梅花傲雪御寒的贞洁品性，确立清廉坚贞的信念，居官清正，要学习唐名臣、潮州刺史韩愈，办教育、驱鳄鱼，为民众做好事。丁伯桂到任后，见井边百姓排长队取水，常发生冲突，就派人修井，凿了九眼的井盖，方便百姓同时汲水。不久他转番禺知县，升梅州教授和肇庆通判等职。任上，他"清廉耿介，执法严明，奸豪凛畏，民心信服，一境肃然"，出现全境社会秩序安定的局面。他任间主持纂修《肇庆府志》。他曾经对人说："居家如此，居官如此。若为富贵谋，非所学矣。"

丁伯桂像

宝庆、绍定年间（1225—1233），宰相史弥远贪功擅权，用人唯亲，极力排斥闽人，尤恶莆士。原宰相陈俊卿子陈宓、郑侨侄子郑寅等端直之士，皆扫影灭迹，于是朝无莆人。丁伯桂本拟出任广东循州知州，朝辞时侥幸被留在朝廷任提辖杂卖场之职。面对个人半生的凝滞暗淡仕途，丁伯桂并不为意，仍然以忠君报国的情怀，密切关注时局的演变，借机指陈朝政阙失，直言无隐。

绍定四年（1231）临安火灾，宋理宗下令赈恤救灾，并诏朝臣指陈朝政之失。时任提辖杂卖场的丁伯桂应诏上书："当今贪酷之吏满天下，皆是权势庇护他们，通过贿赂起用他们。参加选拔的人，取舍变通权在吏胥之手；已在官署的人，奔走于高官府上的差役奴仆之门，疏通门路。宰相知道这些吗？"他直指朝政热点、焦点，抨击人事腐败。次年，作为朝官的丁伯桂，应命轮流上殿指陈时政得失，当面同宋理宗对策说："开创朝政以来，通常的办法是'进贤退不肖'。现今的进退赏罚，一切反常。应尽拔台莱之士，布满朝官的行列，而不要培植萧艾之人；应尽力派遣如凤凰般有才德行者，参融州郡官员，不用虎狼般的贪吏，从而兴起忠诚鲠直的风气，排斥烦琐严苛的恶俗。这样，谁敢不佩服呢！"当时的朝廷死气沉沉，他的两件奏疏一出，如同凤鸣朝阳、虞韶惊世，打破朝廷长期沉默的空气，令人耳目一新。

绍定六年（1233）十月，奸相史弥远病死，宋理宗在被架空冷置十年后始得亲政，遂改元端平，实行新政，实施了一系列革除弊政的措施，史称"端平更化"。时任宗学博士兼枢密院编修官的丁伯桂，再次上殿轮对，当面策对时政利弊。他未改锋芒毕露、一针见血的风格，直言政弊道："居忧者汲汲起复，举世无孝子；注阙者汲汲奏辟，举世皆夺士；嗜进者往往因舆台以通权要，举世无知廉耻之人，宜作而新之。"洪咨夔和王遂二人都是正直敢言之臣，一个月后，两人果然都诏任监察御史。咨夔官至刑部尚书，王遂官至权工部尚书。

史弥远以夺储篡位之功，居宰相专政达二十五年之久，台谏完全被其所控制。奸相一死，理宗改元，欲有所作为，实行新政，延揽贤才，斥逐奸党，亲擢台谏，先后任命台谏四十余人，这正是丁伯桂上殿对策所论的中心话题。他在御史台，论事鲠直。端平元年（1234）五月，丁伯桂拜监察御史。当时理宗推行新政，急于求成，居然不自量力，欲出兵收复三京，进而收复中原失地，以建希世之功。丁伯桂极力谏劝曰："当年宰相轻信兄子，欲交结鞑虏灭金，已是十分荒谬。今更化未及数月，就仓猝欲收古人'七年即戎''十年生聚教训''百年胜残去杀'之功，不是更加荒谬吗？"他建议加强江淮一线的守备。

不久收复三京的军事行动果然失败，蒙古兵分三路大举侵宋。其后，丁伯桂又针对时事和朝政再次规谏"速成"之风，论曰："朝政一旦革新，在内则委任一名宰辅重臣，倏忽之间，王室仓库的累世金宝、百万之藏，为之

七星岩丁伯桂题名石刻拓本

一空；在外则鞑靼刚南侵，而三帅的军旗已经指向北方了。另外，招收人员众多，选拔任用进用急速，甚至有一个月连续几次升迁的。以前的弊病在于迟缓，现在的弊病在于急速。"端平二年（1235）夏，蒙古兵大举伐宋，长驱直入。丁伯桂上疏提醒曰："不宜徬徨动色，要镇定以对应事变。"他见科举考试敕赐门榜有"不敢谀怪"之语，借题发挥，奏曰："谀为今日之大患，怪不值得顾虑。之有以直为怪者，乞诏主司专黜谀佞。"近臣或荐某人有才者，丁伯桂曰："自古小人自持一论，自为一党，现在能够为君子进言，和君子结交，大概是有君子在庇护小人了。"针对理宗对群臣"朕欲保持，汝毋捃摭"的札谕（"捃摭"即采集的意思，意指不必追究过去），丁伯桂上疏谏曰："尊崇本生之亲，一切遵守英宗、孝宗二祖的原有规章制度就已经足够了。现在却大力营建修缮皇家的宅第，增高加大陵园。官署的场所不像堂室，巫术邪道出入无间，御封道宫的事项可以上达天听，这些做法尤其异常。孟子曰：'惟大人为能格君心之非。'难道不能像前代的贤臣那样焚毁宫中使者传出的皇帝批旨吗？"有人要他回奏，丁伯桂曰说"臣某认为不可以的。"

丁伯桂在御史台两年，"谏疏盈箧，论事鲠直"，所论无不是时政热点和朝政焦点，主旨是大力扶持朝野的道德风尚，而且往往是当时名贤所未言或不敢言的，直切朝政之弊，显示其御史气质与忠廉正直品格。

端平二年（1235）冬，丁伯桂除秘书省秘书少监，翌年迁秘书监；又迁起居舍人、中书舍人；嘉熙元年（1237）除权吏部侍郎、迁给事中；三年之内由御史而八迁，皆兼史官职务，甚为器重。其间，丁伯桂虽已不在御史台履职，依然关注时政，见机指陈朝政阙失，一年里就轮对一次、奏事三次，进呈两次。对于皇上的言论与行动、朝廷的重要任命、贤奸的去留、时局的盛衰等，指陈越发峻切，建议深刻而广泛，论事尽言无隐，直指皇上，以至连理宗都害怕他。

嘉熙（1237—1240）初年，宋理宗重用余天锡。原来此人与前权相史弥远是浙江同乡，早年是史相的家庭塾师，深受器重，后为史弥远夺储篡位、拥立理宗立了大功。理宗即位后，对余天锡便优待有加，以进士越级授予朝廷要位，历官户部侍郎、权户部尚书兼知临安府、浙西安抚使等要职。丁伯桂上疏驳论曰："闽地为国家的乐土，用来安置余天锡已经足够了。现在又要召用他，只能使陛下有偏私故人的丑恶名声，谏官必然起而攻之，这并非爱护余天锡的做法。"疏章送上去后，丞相乔行简写信劝导丁伯桂不要忤逆圣意，催促他草拟诏书。此时丁伯桂已经有病在身，依然坚持如初，几天后不幸病故，享年67。刘克庄在为其所作墓志铭中叹曰："方际于风云兮，疾忽罹于霜露。"

丁伯桂在生命的最后一刻，仍然在忠诚履职，可谓鞠躬尽瘁，死而后已。故友刘克庄为撰《丁给事神道碑》长文，碑文中称伯桂是"端平全人丁公"，并作《题丁给事祠堂》诗云："辽鹤何年返故乡，天风剑佩已骞翔。郡人议叶来胥宇，兄子才高肯弗堂。里选诸儒俱饮惠，谏书百世尚流芳。试歌此曲陈蕉荔，万一乘云下帝旁。"纵观丁伯桂30多年仕途，忠于职守，端方清正，直言谏诤，尽忠效国，不愧为南宋时期莆阳一位真御史。

南宋著名词人、工部尚书刘克庄为丁伯桂作赠颂诗：

### 送丁元晖知南海

不用急符催，先行要看梅。
岁时亲祭海，休沐必登台。
鲍井聊供饮，韩碑待拭苔。
遥知蛮俗喜，令尹带琴来。

## 三、恪尽职守、清廉为官陈道潜

陈道潜（1364—1433），字孔昭，号拙斋，明兴化军莆田县延兴里东洋（今莆田市荔城区拱辰街道东阳村）人，建文二年（1400）进士，历任礼科给事中、广东道监察御史、江西道监察御史等职，明朝莆田著名理学名臣、诗人，参与修撰《性理大全》等。

陈道潜的母教极严，登进士及第后，母亲龚氏还对他说："这是你为官的开始，随时牢记为官的职责，多为朝廷出谋献策，每天都要好好反思：自己胜任本职岗位了吗？"永乐元年（1403），陈道潜在仕途上受到挫折，母

陈道潜像

亲安慰他说:"这是磨炼你的毅力。我现在最担心的是,听说有些官员因为俸禄不高,无法养活自己,由此而产生贪邪之心,最终走上犯罪的道路。"为了防止陈道潜因手头拮据而走上贪腐之路,母亲龚氏变卖嫁妆,资助千里之外的儿子。同时她还谆谆教诲陈道潜说:"我含辛茹苦培养你读书,如今,好不容易谋得一官半职,希望你要好自珍重、清廉谨慎,如果手头紧张,我可以再次接济你,千万不要做出触犯律法而让家人、先人蒙羞之事。"母亲的教导,成就了陈道潜一生恪尽职守、清廉为官、忠君事国的品格。

陈道潜为人的情操高尚,从两件事情可以看出。第一件事是在其担任礼科给事中,诏命参与修纂国史期间,他的学识被少傅、工部尚书杨荣所赏识,杨荣看重陈道潜的学问品行。在陈道潜被任命为湖广彝陵州判官时,杨荣不禁扼腕感叹说:"这个职位对他的才能算是委屈了,但对一个地方来说,是一州的福气。"那时,彝陵州(今湖北省宜昌市)土地贫瘠,百姓除了种点茶、笋之外,其余经济作物一概都种不了,生活极其艰苦。陈道潜到该地赴任后,努力用德政去改变当地的崇巫陋俗,并尽力减轻赋税。陈道潜的尽职尽责,受到群众的好评和爱戴。第二件事是陈道潜的德政在百姓之中得到了广泛宣传,巡按湖广藩臬州县都对他的德政佩服得五体投地,向朝廷举荐,后陈道潜升任广东道监察御史。这本是一件大好事,连杨荣也喜不自胜地说:"这个职位与他的才干相称"。然而陈道潜并不喜形于色。

永乐十三年(1415),陈道潜担任江西道监察御史。任职期间,凡是尚书省的文章奏疏,他都亲自起草,同僚们称誉他为"拙斋先生",不敢直呼其名。任上,陈道潜广施惠政,朝廷同时表彰嘉奖了他的父母、夫人。陈道潜为人稳重,不轻易戏言,他的文章也受到了文人的一致称赞,当时人们都把他和理学名家程颢、程颐及朱熹相媲美。他任广东道监察御史巡按湖广后，为了表彰他推广经学的成就，朝廷下旨将他召回，让他修撰《性理大全》等书籍。陈道潜以严谨的治学态度和渊博的学识，不负众望，完成了典籍的修撰，得到了朝廷的褒奖。此外，他还著有《淇园编》（一作《拙斋存稿》）等。

陈道潜生性乐于帮助别人，为官30多年，从不收取意外之财。辞官归家的5年里，大部分时间他都闭门研读经史。他经常告诫儿子：你不要用手中的权势来要挟他人，彰显自己的威风，这是我唯一的心愿。在待客接物上，陈道潜"好谈人善，不好谈人恶，其有以人之恶告者则默然不答，其有告以妖怪异常事者则面斥之"。

陈道潜对子孙后代的教育秉持母亲龚氏的朴素理念，在学堂墙上刻下《庭训》："家不在丰，贵在能守。业不在盈，贵在可久。居逸无逸，虽有勿有。行必忠诚，居存孝友。礼以律身，书不释手。远佞嫉邪，节欲止酒。辱先有诫，著书如柳。后予生者，肯堂与否。"其家训总结祖辈为人处世之道理，用以训示儿孙。自陈道潜之后，东阳浮山陈氏出有御史3名、知府知州4名、主事3名。清朝，东阳浮山陈氏被誉为"三世科甲"，至今东阳十一进士的故事仍在当地传诵。

明正统四年（1439年）进士，南京吏部尚书钱溥曾为陈道潜作赠颂诗：

陈拙斋像赞

千古经书日月明，承恩修纂见遗名。

骖鸾有路通三岛，化鹤无声过两京。

谏草每于归后出，笔花曾向梦中生。

牛山宰木由来美，深覆孤坟久更荣。

正统元年（1436）探花，文渊阁大学士、工部右侍郎兼翰林学士刘定之作颂诗：

陈拙斋像赞

峨峨石牛山，松柏荫抔土。

陈君此卜藏，凄其来暮雨。

君才当世用，立朝列簪组。

黄门入持橐，绣衣出操斧。
翰苑与纂修，讨论极往古。
悬车归里间，冥鸿高骞翥。
白髪乐成化，神游定何许。
惟有传家集，文章灿黻黼。
子孙慎所藏，不坠诗书绪。

### 四、帝眷忠清、克尽勤劳彭鹏

彭鹏（1635—1704），字奋斯，又字古愚，号九峰，清兴化府莆田县国清里小横塘（今莆田市荔城区黄石镇七境村）人，后迁居莆田城内，顺治十七年（1660）中举人，历任三河知县、工科给事中、贵州按察使、广西巡抚、广东巡抚等职。他为官清正廉洁，尤以忠贞耿直名闻天下，与当时的名臣郭琇并称为"郭、彭"。清代著名的公案小说《彭公案》主人公彭青天就是以彭鹏为主要原型的。

康熙二十三年（1684），彭鹏被任命为三河县知县。上任后，他为了让自己慎用手中权力，特地写下《临沟笔约》："尔一硃而民之膏血视之，尔一墨而吏之刀锋随之。毋曰宰卑硃而不甚惜也，毋小墨而无甚重也。宰，亲民者也思民之膏血，而可不惜此一硃乎？虑吏之刀锋，而可不重此一墨乎？硃墨，尔所得而专之地，又非尔所得在意而专之也。吾与尔约：临池审顾，损人者勿下，欺人者勿下，利己而害人者勿下，类至尽乃濡毫。"

同时，彭鹏为使自己保持心静如水，拒绝心怀不轨的人进入家门，又写下《门约》："心如水而门如市者，水即市也。市者，古愚之所深恶。如或非议而请，

彭鹏像

非道而陈，蝇营狗苟，辞勿入；如或狭策而前，缓颊而至，需同影响，谢勿入；如或巧言欲簧，厚脸欲甲，子弟陷而不知，习俗移而不免，拒勿入；如或毒能为蛇，鬼能为蜮，巨蠹而怙，终奸猾而凭藉，叱勿入。勿入，则门不为市；不为市，则水即心也。去其如之，见可矣。"其他还有如《木兰笔约》《无山自誓十四条》等自律文字。这一切，都体现出彭鹏清正端直的秉性。

在三河知县任上，彭鹏首先取消了火耗（正税以外的加征）制度，革除陈规陋习，严格实行保甲制度，同时修建学堂，设立公办学校，拘禁作恶多端之人，惩处冒充皇族的游混，并为无辜受害者平反冤案。如一家雇主状告用人殴打他人，要求对7个用人处以死刑。但经过仔细调查，他发现7人受到诬告，就立即释放。除了本县之外，邻县一旦有疑难案件，也常请彭鹏帮助审理。有人半夜假传密旨，彭鹏发觉其中有诈，便当面与其对话，暗地里叫人查看他的行囊，发现果然是欺诈后，立即将此人逮捕法办。

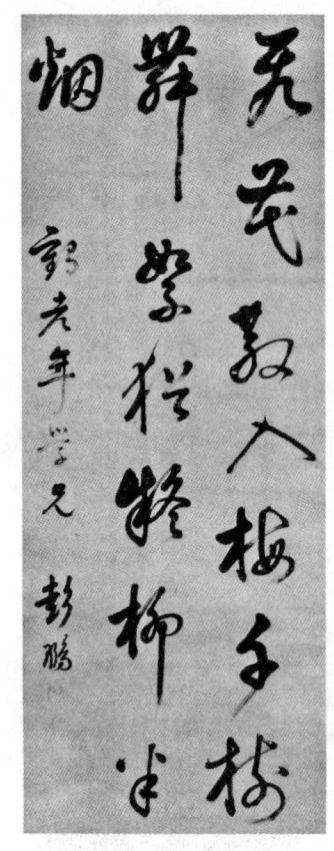

彭鹏书法

康熙二十七年（1688），康熙巡视京城地区，召见彭鹏，询问他做官及以前拒绝耿精忠任命伪职的情况，对彭鹏的气节十分赞赏，遂赐他库藏金300两，并对他说："知道你清正廉洁，不接受百姓的钱财，可用此来保养你廉洁的操守，胜过来自百姓的几万钱了。"

康熙二十八年（1689）四月，顺天府尹许三礼参劾彭鹏隐瞒民众的控告状，朝廷命巡抚于成龙亲自前往核查。于成龙在核查后回奏皇帝："因查无实据，所以彭鹏没有缉拿凶手，并非是瞒案不报。"虽然如此，吏部还是决议将彭鹏革职，而康熙最终决定将彭鹏降级留任。之后，彭鹏又连续以"缉盗不获"罪名被追究责任，康熙先后10次降旨从宽处理。不久，于成龙亲笔为彭鹏题写了"帝眷忠清"牌匾。至今，这一匾额还悬挂在莆田城内金桥巷彭鹏故居第二进的厅堂中，见证着皇帝对他的信任和彭鹏的忠诚清正。

康熙二十九年（1690），吏部奏请皇帝推举天下为官清廉、能力突出的知县。康熙谕示此举事关重大，于是下诏让朝廷官员以平时所了解，推荐学问、品行兼优者，各地共推荐了11人。兵部尚书李天馥推荐了三河知县彭鹏。康熙说："彭鹏，我很早就知道，就召见他吧。"于是，康熙在所列名单中挑出4个人，把彭鹏排在首位，其他3人都出任道御史，只有彭鹏任工科给事中，可以说是重用。康熙对彭鹏等4人的任用，自此成为朝廷任用廉吏的典范。

康熙三十三年（1694），彭鹏上疏弹劾顺天府（今北京市）乡试中的舞弊受贿行为。在列举了事实之后，他还保证说："臣言如妄，请劈臣头，半悬国门，半悬顺天府学。"康熙帝把他的举报发予九卿察议。诸大臣讨论结果，一方面认为他的举报"涉虚"，另一方面吹毛求疵，认为他说"臣言如妄，请劈臣头"等语是"狂妄不敬，应夺官"。康熙帝没有轻易决断，而是令彭鹏再奏。彭鹏进而上疏说："九卿会议诸大臣，徇私屈从主考官徐倬、彭殿元的欺诈和掩饰过错，反而认为我狂妄，请求赐罪、斥逐。"康熙帝没有再究问彭鹏，而是令徐倬、彭殿元辞了职。彭鹏揭露科场丑闻这件事，在当时影响很大，朝野议论纷纷，他的廉直声誉震动全国。几年之后，还有一些大臣上疏陈述顺天乡试的问题，康熙帝令已任广西巡抚的彭鹏和李光地、张鹏翮、郭绣等几位清廉之臣，各抒己见，讨论如何革除学政积弊，惩处科场贪赃，纠劾不正之风。

康熙三十八年（1699），彭鹏升任广西巡抚。到任后，他轻徭薄赋，大力减轻民众负担。在广西，彭鹏十分重视吏治的整肃，特别留心甄别下属官员的品德、才能以及为官政绩。他罢免贪腐的官员，推荐任用一批贤能之人，奖励清廉，褒扬忠臣。如他奏请对梧州府岑溪人、井陉县（今属河北省）知县高熊征予以褒奖。高熊征经彭鹏举荐后被破格任用，擢升为两浙盐运使。

康熙三十九年（1700）十二月，彭鹏奉命巡视广东，刚下马车，就收到5000本民众状词。彭鹏神色严肃地说："堂上一笔，民间一血。为什么这么喜好打官司？"下属官员知道彭鹏威严，都不敢大声呼气。彭鹏到各司训诫："《周官》《六计》以廉为上，官员不廉洁，即使小有才能，也不能录用。"

彭鹏对贪官污吏的惩处，毫不徇私。他为官聪敏勤快，视察工作常到太阳下山。回府后，他则翻阅案卷，聚精会神，手不停地写，看到深夜是常有的事情。遇到有百姓控告，彭鹏都亲自审讯，经办的小吏都不敢向当事人勒索一文钱。

在广东3年多的时间里，彭鹏勤政为民，呕心沥血，积劳成疾。康熙四十二年（1703）冬，彭鹏病重，康熙帝特诏遣中书往彭家探视。四十三年（1704）正月，彭鹏卒于任上，终年69岁。彭鹏一生在岗位上，都是恪尽职守。他劾贪纠吏，造福百姓。得到彭鹏病逝的"疏闻"后，康熙"轸恻"降旨以"实心供职，克尽勤劳"褒奖他，并赐葬。粤人则"肖像祀之，寻入名宦祠"。[1]

康熙二十七年（1688）进士赵俞为彭鹏作赠颂诗：

**彭无山给谏自河工召复原官喜而有作**
三年薄宦卧江干，鸣凤今朝刷羽翰。
暂屈邺侯参幕佐，忽宣唐介拜原官。
重来寰海皆倾听，一入朝廷便改观。
汉室淮阳终不召，须知纳谏古今难。

---

[1]〔清〕李元度：《国朝先正事略（一）》，岳麓书社，2008年版，第210页。

# 第六章
# 莆阳御史"术"的特质及典型人物

"术"的繁体作"術",造字本义是指城邑中的道路,后来词义引申扩大指技艺、业术、方法等,又可指策略、谋略、学说、实践、择业等。《战国策·魏策》中"臣有百胜之术",指的就是方法。在现代汉语中"术"的一般常用义也还是指方法、技艺方面。在讨论官员德业方面,"术"侧重于方法层面,它强调个人的内心修为和外在修为的统一。古人云:"德以成才,才以辅德。德才兼备,道术兼修。""术"的特质首先也是要敢于担当、尽心尽责,做到敢啃硬骨、敢于斗争、勇于亮剑。其次"术"表现在另一个层面,就是"智"和"勇"的结合,强调要有睿智的处事艺术及政治智慧、政治勇气。

## 第一节 莆阳御史"术"的特质

前人认为"术"与"道"关系十分密切。从操作层面而言,"术"是指在"道"的指引下,怎样做好事情的问题。任何美好的"道",如果不能结合实际落实下来,都没有实际的意义。操作层面的"术",是要求做任何事情，必有恰当的行之有效的战略、策略、方法、规范等。从"道"的层面看，则是要确保做事情的时候有正确的价值立场，做真正利国利民的事；而"术"则是确保把好事真正做好，能够在实践中不违背初心，真正能够将利国利民的理想落实下来，真正惠及大众、造福万民。当然"术"也有计谋和谋略的含义。通过计谋和谋略达到目的，但须以正道为依归。莆阳御史以知行合一、深谋远略、臻于至善的人格力量彰显了非凡才华，成就了文献名邦的御史精神。

## 一、知行合一

"知行合一"，就是知不弃行，行不离思，慎思之，笃行之。知行合一、实事求是是中华优秀传统文化的重要元素，为共同塑造中华文明突出特性提供了重要思想基础。"知行合一"是明朝哲学家王阳明提出来的。他首先强调人的活动是有目的、有意识的，即他说的"致良知"。他主张"求理于吾心"，心外无物、心外无理，即"知行合一"。关于"行"，王阳明认为假如一个人不按仁、义、礼、智、信原则去"行"，那么他就是未知，也就是他没有认真思索。假如他认真思索，得到了良知，或者说他知道自己应该对父母行孝，对君主尽忠，那么他就一定会行孝尽忠。如果他不行孝，不尽忠，就说明他没有得到"良知"，也就是没有"知"。王守仁的"行"范围包括了学、问、思、辨等四个侧面，这些"知"在王阳明这里"合一"了。王阳明进一步提出人的"一念发动处即是行"，有人认为实际上是取消了真正的"行"。但王阳明用意念代替"行"也有其合理的方面，他要人们树立一种信念，在刚开始意念活动时就依照"善"的原则去做，将不善和恶消灭在刚刚萌发的时候，这也叫"知行合一"。"知行合一"是理学家王阳明的旗帜。王阳明强调知和行是分不开的，并不是两件事情。莆阳御史多为理学名臣，在为官上善于借生活中的事物反思自己的德行，领悟"为善而善未纯，去恶而恶未尽"，尽力尽为，敢于与不良行为作斗争，做到一言一行都要合于道。突出的理学御史人物，有廉孝御史陈茂烈、王阳明挚友金都御史林富、王阳明荐举任贤图治之才王大用、治行第一的林云同等人。

## 二、深谋远略

深谋远略就是指计划得很周密，考虑得很长远，也是属于"术"的层面。明朝政治家张居正说："君子谋国，而小人谋身。谋国者先忧天下，谋己者先利自身。盖智者所图者远，所谋者深。惟其深远，方能顺天应人。"今人亦有言"善谋者行远，实干者乃成"。莆阳御史自古以来重节操、讲正气，在朝廷或在地方任上，善于谋篇布局，努力实干，在官场上敢于和不正之风作斗争。他们或担任监察中央官吏，或负责监察地方官吏，不仅勇于纠弹官吏的不法，而且善谋善为、善作善成，在弹劾豪门权贵贪腐斗争中表现出有理有节的才华和智慧，维护了国家的监察御史制度。突出的御史人物，如才华卓荦的林大鼐、才谋除恶御史林润、智勇取义的张曰韬和治称第一能臣的郑岳。

## 三、臻于至善

清代监察御史熊学鹏曾说："千古之治法，必本乎千古之心法，以为基千古之心法，必本乎一念之兢业，以为主钦者，即兢业之谓也。尧之德性，纯粹自然，无一不臻于至善，而史臣欲状其心体，必首之以钦，而后由明而文而思，而至于安安。"[1] 按《尚书·虞书·尧典》有"钦明文思安安"句，原句为："曰若稽古，帝尧曰放勋，钦明文思安安。"意思是考察古代之事，君主"尧"名叫放勋，他办事恭敬，明察四方；他经天纬地，深谋远虑；他为人宽厚温和。臻于至善儿仍精益求精，在为官层面，则是指治政为事，已经非常出色了，但还要追求更加的完美，好了还求更好。这就要求慎思笃行，来实现臻于至善。五代时的八闽才相翁承赞，明代刑部侍郎兼佥都御史彭韶，清代陕甘总督林扬祖，都是莆阳御史中慎思笃行、臻于至善的杰出代表。

---

[1]〔清〕蒋溥纂辑：《御览经史讲义》卷九，《影印文渊阁四库全书》本。

## 第二节　知行合一御史典型人物

### 一、静思克己、廉孝有声陈茂烈

陈茂烈是明朝一位理学名臣,是知行合一的践行者。他是理学"白沙学派"开创者陈献章(白沙)的弟子,其理学思想也影响他后来的为官理念。陈茂烈于18岁时写成《省克录》,谓倡正人君子立身处世必学之法则。后其受业名儒陈献章门下,深悟"其学以静为主"要旨,撰成《静思录》。其对心学的见解,颇具学术价值。后人以真德秀、林光朝、林亦之、陈藻、林希逸、陈茂烈等为闽学中心学派代表性人物。

陈茂烈(1459—1516),字时周,明兴化府东厢城内乌石街(今莆田市荔城区镇海街道梅峰社区)人,明弘治九年(1496)进士,历任江西吉安府推官、河南道监察御史等职。因其一生廉约、孝行和清修苦节,朝廷赐其居住的朝天街为"孝廉里",地方则树立牌坊宣扬表彰他的孝廉品格,莆田乡人则称其"孝廉先生"。

陈茂烈自幼励志苦学,一生静思克己,清廉自守。广东大儒陈献章的学养和安贫乐志的情操对其影响甚大。在《静思录》中,他认为士欲达到圣贤的思想境界,须从静字下功夫。陈茂烈在担任江西吉安府推官时,吉安百姓喜欢打官司,常常一纸诉讼递到官府,官府就轻率传讯当事人,受到牵连被

陈茂烈像

拘押的动不动就会达到百十人。陈茂烈则下令改革滥捕做法，规定凡告状的人不出场，则诉讼程序不执行，涉案的人有证据则传唤到官府，没有的就不传唤，解决了大量无辜民众被滥捕的问题，有力抑制了"好讼"的不良风气。他审理案件谨慎细密，不滥用刑罚、长久拘禁，并且亲自与当事人辨析案件来龙去脉，以至于当事人自己到案服罪。当时民间有谣云："要无冤，对陈（茂烈）言。"莆人郑岳曾称赞他"辩冤诬，敦伦纪，有出于法比之外者"。

陈茂烈在吉安任职 10 多年，吏部考核他政绩时，获得理官（法官）第一名的好评价，擢河南道监察御史。他虽然已身居要职，但依然穿着朴素，出门骑乘借来的瘦马，毫无高官显爵的架子，人人对他十分尊敬。

陈茂烈恪守其职，以维持朝廷纪纲为己任。户部尚书、郓城人倪钟（1439—1511），放纵儿子受贿，陈茂烈以"谀佞取宠，宜罢"疏文弹劾他，结果倪钟被勒令退休。陈茂烈又发现崔志端以道士的身份担任礼部尚书，也多次上疏论述弹劾他，认为让道士这一类人担任天子的股肱和喉舌，实在是国家的耻辱，但弘治皇帝以先朝任用崔氏为借口，没有采纳陈茂烈的建议。

当时，陈茂烈母亲张氏已经 77 岁高龄，一个人无依无靠，日夜思念儿子。陈茂烈感到朝中风气不正，自己对整肃朝廷纪律风气无多大的贡献，遂决定回乡奉养母亲。回到莆田时，陈茂烈的家里连一个会客的处所都没有。他精心安顿好母亲膳宿之外，一日三餐全都靠素食度日。家里缺少蚊帐，连陈茂烈夫妇的卧榻也是三只脚的破床，缺少的一根床脚用石块垫充。回归家乡其间，陈茂烈谢绝一切应酬，常常整日待在家里，以静观天地万物的运行，考察古今圣贤的言行，以及思考古今治乱成败的经验。若自己有比较现实的感受，就记在《静思录》中。当时，当朝太监刘瑾擅权搞乱朝政，每当陈茂烈从官府得到时事政局发生变动的消息，就特别激动，愤怒难于自制。他曾经与致仕在家的好友林俊，一起秘密商议起草《急除大逆以御大乱疏》，以弹劾刘瑾专权乱朝政。

陈茂烈辞官养陈母，安贫乐志，居家深居简出，交际馈遗，一毫不苟受授。正德十二年（1517），陈茂烈病卒。十三年（1518），都御史王应鹏上书曰："茂烈廉约如石守道，而所养独纯；孝行如徐仲车，而所处尤困。身死无后，

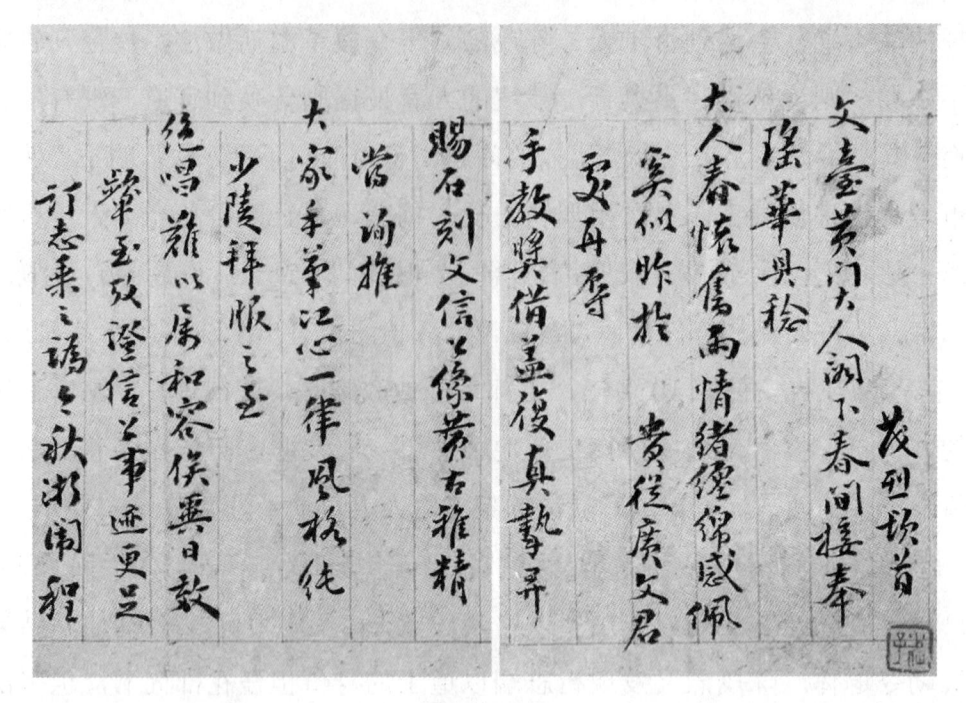

陈茂烈手迹

乞加恤典,用励士风。"皇帝乃诏赐立"孝廉坊",附入乡贤祠春秋致祭,并优恤其家。陈茂烈官秩仅七品,明世宗殊恩恤典。陈茂烈"为官三十年,官囊贫如洗",以孝廉名世。陈献章尝致书陈茂烈赞誉他"真百练金孝子也"。其孝廉品操与自省精神,对于饬正当时的贪风侈俗,有着积极的作用。

清道光十五年(1835)进士户部尚书、工部尚书兼武英殿总裁罗惇衍为陈茂烈作赠颂诗:

### 咏史诗抄·陈茂烈

考绩曾闻冷过淮,一生勤苦少人偕。
望云归养衣无絮,汲水忘劳户掩柴。
使粤得师经口授,希颜克己印心斋。
与谈顿觉沉疴去,同里推尊慰素怀。

清末广西忻城贡生莫人瑞曾作颂诗:

### 赞陈茂烈

亲老何须恋帝闉，承欢愿作彩衣人。
乌台欲遂乌私愿，凤诏优嘉凤倡陈。
堂北只留松作节，篱东雅爱菊为邻。
唐家李密陈情表，输与儒臣写性真。

## 二、刚正不阿、体恤民情林富

林富像

林富（1475—1540），字省吾，明朝莆田城内赤柱巷人，弘治十五年（1502）进士，授大理评事。林富在朝做官，执法严明，刚直不阿。林富是理学家王阳明的挚友，修伟持达，言议英发，有古豪杰之风。他受刘瑾迫害而下狱，与心学创始人王阳明讲《易》，桎梏间结为知己。林富为此还写下了一首《狱中与王阳明讲〈易〉》诗："浮云何黯澹，凄风生暮寒。微臣雕朽质，岂敢惜摧残。守法奉明主，时乖良独难。诏书忽下来，械击天牢间。天牢相晓暮，寤寐摧心肝。同患有俦侣，幸接心所欢。王通揽名理，讲《易》夜深阑。夜阑忽有得，明明寸心丹。且保泡沫命，旋当叩天阍。庶几浮云灭，恍惚见天颜。"因此，林富深受王阳明知行合一思想的影响，嘉言懿行，为民办实事，是知行合一的重要实践者。他在家乡设坛宣讲王阳明学说，培育嫡孙林兆恩，创立"三教合一"学说。

正德元年（1506），明武宗即位，宦官刘瑾得到重用，掌司鼓，与马永成、高凤、罗祥、魏彬、丘聚、谷大用、张永以旧恩得幸，人号"八虎"。刘瑾狡狠，日进鹰犬、歌舞之戏，得帝欢心，受到重用，进内官监，总督团营。刘瑾弄权，政治日益黑暗。朝中大臣屡谏，惨遭打击。而林富不畏强暴，逆流勇进，上疏进言，终招"忤逆瑾，系诏狱，谪潮阳丞"之祸。不久，其官被罢，还罚米百石。直至刘瑾被诛，林富才被起用为袁州府同知，升任宁波知府。在宁波府，林富为民办了许多实事。如当道议增海防建设，募乡兵，向百姓摊派款项，林富则以该岁收成不好，老百姓贫困为由，煞住了摊派风。又如市舶使太监横行霸市，掠夺民绢，林富当机立断，逮捕法办，绳之以法，维护了市场的正常秩序，又有利于当地纺织业的发展。还有如广德湖流域，土地肥沃，自宋以来划为官田，田租特重，明时又租调并征，老百姓不堪重负。林富参照他地全折办法，一律按民田征收赋税，为民减负，让他们富起来。据载，林富离开宁波府后，当地老百姓还念念不忘，在白鹤山上盖祠庙来纪念他。

嘉靖改元（1522），林富升任广西参政。当地经济落后，粮储素乏，林富上疏，请从广东拨银5万两购粮，充实库存，以利备荒，得到采纳。次年秋季入朝述职，林富"以治行卓异旌升广东右布政使"。在广东，林富一开始就遇到魏督学毁寺庙，各巨室妄图仗势霸占寺田，据为己有。林富力挽狂澜，以充军饷为主，另划部分为学田，让当地书院、社学、医学得以发展。

嘉靖八年（1529）正月，林富在时任兵部尚书的王阳明的竭力举荐之下，升任兵部右侍郎兼都察院右佥都御史、两广巡抚兼两广提督军务，俨然是集两广行政、军事、监察大权于一身的正二品封疆大吏了。林富在两广为官时，修书院，立驿传，定里甲均平法，筑南海卫城，设大埔县治，多次平定山寇海贼之乱，巩固了南部海疆，维护了国家统一，军功卓著，政绩突出，屡受朝廷褒奖。他又对两广百姓遍施惠政，努力让百姓得以休养生息，深得两广民心。

林富在广东最大的贡献是开放外商贸易，向所有"番舶"征收税款，改革市舶司的管理体制。自成化、弘治（1465—1505）之后，中国东南沿海商民违禁下海贸易已成趋势，葡萄牙、荷兰等西方商人也在东南亚一带建立贸易据点，世界性的经济贸易活动逐渐形成，明朝政府试图以杜绝的方式阻止这一趋势，显然是很不明智和徒劳的。广东在嘉靖（1522—1566）初年禁止葡萄牙等"番舶"进入交易之后，"番舶"纷纷转入福建漳州沿海一带贸易，致使广东的"番舶"税银收入锐减，不少广东地方官员叫苦不迭。

嘉靖八年（1513），提督两广军务兵部右侍郎兼都察院右佥都御史林富正式向朝廷建言在广东沿海开放外商贸易，向所有"番舶"征收税款。林富的奏折除列举开禁通"番舶"、征税抽分的种种益处之外，还指出"其祖训会典之所不载如佛郎机者，即驱出境。敢有抗拒不服，督发官军擒捕"。

林富不仅奏准在广东开禁通"番舶"，抽分征税，而且还对长期以来提督宦官把控市舶司的管理体制进行了改革，由巡视海道副使取代宦官，带管市舶司事务。之后，广东、福建各地的"番舶"往来，原本提督太监把控市舶司的局面逐渐改为由地方官员所掌握。嘉靖年间（1522—1566），广东地方后任官员承继林富的改革方向，对"番舶"征税抽分政策予以不断完善。

在两广巡抚任上，对朝廷组织大规模的采珠的祸害，林富大胆向嘉靖提出罢采珍珠的建议，写下了一封为民请命的《乞罢采珠疏》。疏文一开头便开宗明义地阐明了自己上这封奏疏的观点："乞罢采珠，以苏民困。"此即请求皇帝体恤民情，收回采珠诏命，罢采珍珠，以缓解采珠给岭南人民带来的困苦。在充分阐述采珠之弊后，林富请求皇帝"少俟数年，池蚌渐老，民困少苏，徐取而用之，则陛下亲亲之义、爱民之仁、用物之节，亦并行不悖矣"。为了给罢采珍珠的建议寻找理论依据，林富又在奏疏中援引了两位古代君王不爱珍珠、爱贤才、爱人民的例子："考汉顺帝时，桂阳太守文砮献大珠，诏却之曰：'海内颇有异灾，朝廷修政，大官减膳，珍玩不御。文砮不竭忠宣畅本朝，而远献大珠以求媚，封以还之。'元仁宗时，贾人有售美珠者，近侍以为言，曰：'吾服御雅，不喜饰以珠玑。生民膏血，不可轻耗，汝等当广进贤才，以恭俭爱人相规，不可以奢靡蠹财相导。'"这封对嘉靖皇帝动之以情、晓之以理、喻之以义的奏疏，调查深入，材料丰富，引经据典，言辞恳切，令嘉靖阅后虽心有不快，却难以辩驳。此时的嘉靖年富力强，初承大统，对国是想有所作为，努力革除前朝弊政，实行新政，对忠臣直士的不同意见还能听得进去，纵然需珠情切、索珠心急，也只得暂且作罢，于是在奏疏上批了"准奏"二字。采珠活动直至嘉靖二十二年（1543）才重新接续。林富为岭南沿海百姓赢得了十几年的休养生息时间。

在广西，由于卢苏一伙反叛朝廷，扣压知府以下官属，四处掠抢，形势一时十分紧张。林富临危不惧,威恩兼施,分化瓦解敌人,最终促使卢苏率众7万降朝。为了巩固统一,林富又对"改土归流"政策具体化,建议思州宜流官即由明朝政府委人担任;田州士官,必不可废,但稍贬降,分其权,做到"上不失朝廷大体,下不失夷人心"两全其美。广西各族人民进一步团结,经济得到发展。

因功勋卓著,林富离开广西后,去四川任左布政,连升都察院右副都御史。不久,他又出任兵部右侍郎兼右佥都御史,代总督之职,平息了广州、会宁等地叛乱,维护了国家统一。他还上六事疏,为会宁善后出谋献策,得到采纳。林富十分珍惜边疆安定,万民休养生息,反对轻举妄动。"富谓多杀非安边之策,奏请非甚棘,毋轻用兵",与御史异议,只好多次上疏,乞休归里。

## 三、勋功卓著、清贫无悔王大用

王大用(1479—1553),字时行,别号檗谷,其先祖为仪真(今江苏省仪征市)人,洪武(1368—1398)初成籍兴化卫(卫所在莆城),遂为莆田人。王大用是王阳明的学生,也是王阳明指定死后托付之人。王阳明临终前给朝廷上《举能抚治疏》,举荐广西右布政使林富、广东右布政使王大用、湖广按察使周期雍等人。王阳明认为王大用等具备"三好"的标准:一是"心好",即一切以国家、百姓利益为重,视人犹己,视国犹家,不"过刚使气,率意径行"。其次是"才好",即具有"忠实勇果、通达坦易之才",并熟悉地方风土人情。其三是"身体好",能"耐其水土,能以久居于其地,以收积累之效"。王大用则继承了王阳明"知行合一"思想,官至右都御史。

王大用于正德三年(1508)第进士,授工部

王大用像

主事，督造漕船，兼理临清闸座。有流贼刘六突犯临清，捕贼非大用职也，且其分署在城外，王大用留孥邸舍弗动，自拔壮勇据险迎敌，会兵备使者出应援，贼解去。而后其改刑部部主事署员外郎。其正德十一年（1516）九月擢广东按察司佥事，备兵清远，一讨乐昌高快马贼，获功千四百有奇；一讨清远猺盗，拔旗坑、菜塘、西坑、癞利诸寨，戮贼首梁永宽等千有奇；一攻黄藤坑、黄华洞、后山、千八山诸处，戮贼首唐镇山，伪都督杨旺等二千有奇；一获新会、白水、新兴、梅州等洞贼二千四百有奇；一获顺德、增城、香山沿海诸村贼三千二百有奇。

正德十六年（1521）二月，王大用升广东按察司副使仍理兵备分守，一征白水黎蛮，一征岭西高凉洞夷、獠具有功，先后赐金加俸。王大用临征剿，善出奇，用俘健，所以捕获境内贼。其令党正别民所业，互相觉举，游手暴横者，绳以法，里胥、父老各得捕所知。粤峤名多盗，王大用莅之五载，属界肃然。嘉靖二年（1523）十二月，其升江西右参政分守湖东道。当大计，言官风论大用酷治盗，其坐调贵州右参政。值军旅繁兴，其采木使命旁午，擘画供给，复以晏如。不久，其擢广东右布政，转广西左布政，嘉靖八年（1529）四月升应天府府尹，同年十二月继升都察院右副都御史巡抚顺天等府，改巡抚大同，赞理军务。大同卒悍难治，戕主帅者屡矣。王大用至，禁淫酗，课垦耕，严开中以通商盐，营堡落以备哨望，剿平强寇刘善果，钦赏白金纻丝。巡按御史张禄者，与王大用持礼节，嗾给事中秦鳌论劾之。其再疏乞休，改抚顺天。时嘉靖十年（1531）末岁大饥，其百方调度，奏给粮米数万，躬循赈济。其复疏陈防剿三事，世宗皆嘉纳之。其嘉靖十一年（1532）九月升右都御史，入掌院事。张御史怀前憾，复撼诋之。有旨切责张御史。王大用疏恳辞，得允。会朵颜三卫拥兵千余，假名入贡，王大用率参将周璇、萧升诣关抚谕，乃知其欲入犯，即令周璇、萧升拒敌，自单骑入城诫兵策应。敌觉，宵遁。王大用时又欲以金帛易马；又尝谕其头目干维者，令献黑谷关外地至太平寨长亘500余里，可径为边墙，以省关营大半。二议已定，俱未及请行。张御史复以此再诋王大用，王大用遂奉旨致仕，有时侨寓仪真，有时返莆，率僦居市耀，明农授徒，出入徒步而已。

嘉靖二十三年（1544），莆中荒旱，至不能具晨炊。同年九月复用荐起，其以原职巡抚四川，除墨吏，革铺官舫，禁净身，抑横债，厘茶法，定赋役，诸所兴革，务存节爱。其升南京刑部右侍郎，方候代，会白草番率众攻破平番堡，即奏剿之，使游击曹克新督兵救应，斩首70余级。兵科给事中扈永通论劾王大用失事基祸，有旨回籍听勘。代者张时彻随疏上捷，引王大用前功，奉旨赏银20两，纻、丝三表裹，待勘明录用。王大用归，复居仪真，嘉靖三十二年（1553）卒于贞州，遗命返葬于莆。其在官时，以事入都门，至不持一把也。殁而贫甚，其子邦圻空手入都，假贷得百金，为王大用求恤典。时严分宜当国，子世蕃货贿浊乱，凡大臣求恤典者，人重贿乃得。王邦圻徒以百金馈严世蕃，为严世蕃所却，咄咄无计治归装气。一夕，严世蕃召王邦圻便室，与王邦圻饮。王邦圻者，故嗜酒敢狂言，严世蕃心折之，已，悉如所请。疏下，人咄咄称怪事也。后知相在西直尝语严世蕃曰："王时行，一世伟人，素著战功，家甚窭尔，毋恒调困其子。"乃知严分宜知王大用矣。王大用卒后营墓于今涵江区江口镇顶埔头村，嘉靖（1522—1566）时赐葬。

明弘治六年（1493）进士，右副都御史、兵部左右侍郎郑岳为王大用作赠颂诗：

赠王时行赴任东广兼柬吴献臣方伯

晴莎细草马频嘶，极浦荒烟眼欲迷。
野静推篷山色绕，天寒度岭野猿啼。
五羊分署行新诏，九鲤寻真记旧题。
为语东湖诸旧侣，一区云水足幽栖。

## 四、正直无私、精干勤敏林云同

林云同（1500—1577），字汝雨，号退斋，明莆田县城内东厢观前人。林云同"天性孝友，律己方严"。少时有着鸿鹄之大志，他曾题辞于壁说："宁饿死，不为不廉之夫；宁布衣，不为干进之士。"他尝诵《孟子》"人

林云同像

有不为，而后可以有为"之言，终身服膺不忘。他认为天地圣人之蕴，尽于"六经"，"六经"垂宪之功，成于夫子。这些经世致用之学，对其后来他为官坚持知行合一、实事求是影响是很深的。

林云同于嘉靖五年（1526）第进士，选翰林院庶吉士，授户部山西司主事。嘉靖七年（1528），他以京官主试广西乡试，旋榷税江西九江关，作《誓江文》自励。他擢礼部员外郎，嘉靖十二年（1533）二月转浙江按察司提学佥事。任上敦德崇行，以古道训诸生，行部与诸生讲论，多归于仁义中正。时宰相张璁欲替其婿请补一等秀才，林云同坚决不准。作为百官之长，张璁平时在朝中颐指气使，百僚中无敢与之相抗者，只有林云同敢独碍其事。因为得罪权贵，林云同无法升迁，后以家丧归，服丧期满后，补河南按察佥事，备兵颍上。

嘉靖十九年（1540），林云同转为广东提学副使时，有御史欲以射圃改为邑宦园林，云同斥曰："必取府圃，请先归学篆（印）。"他调浙江参政，升右布政使，其左布政使为建宁人李默，此人有棱角、性耿直，与云同并负盛名，浙人称为"良觐"。他入觐时，行李萧然，因以廷旌（朝廷表彰）治行第一，擢为浙江左布政使。林云同公正威严，精干勤敏，其于民生国计，剂量擘划，咸中程度。当时有一桩玉金箔案，首犯被判死刑，家属暗中行贿宰相夏言，乞求解脱，夏言嘱巡抚为其脱罪，林云同正色拒绝："官可免，此囚不可出。"夏言记恨在心。直到夏言被严嵩暗算削职，林云同才升都察院右副都御史，巡抚湖广。

林云同对皇亲国戚中骄恣不法者，均以法制裁，绝不宽恕。如其属官县人李廷春，屡屡行贿严世蕃，林云同上疏弹劾。严世蕃指使李廷春自辩，并诬告云同。湖广巡抚查明真相，李廷春被撤职查办，林云同官复原职。严氏父子闻讯异常恼怒，自此暗中欲置林云同于死地。林云同以严嵩执政，上疏乞归。嘉靖四十一年（1562），操纵政权20年的奸相严嵩伏法，诏令林云同为刑部左侍郎，后转南京都察院右都御史，掌院事。他在职5年，政绩卓著。

隆庆元年（1567）穆宗新政，二年（1568），升林云同为南京工部尚书。四年（1570），江南水灾，林云同力排众议，奏减江南十县税之半。他以年迈请致仕，穆宗慰留，遂连上五疏，方允。林云同在《得归志喜》诗中云："久困微名累，低吟愧此生。即今烟树里，那复世人情。薇蕨雨余长，溪山月下清。兴来何所往，时自傍湖行。"林云同久困仕场，多次辞官不就，而今乞归得允，犹如倦鸟归巢，诗中流露出致仕返乡的喜悦之情，暗寓自此可傍湖安度余生。

万历三年（1575），林云同居家6年，已76岁高龄，兴化郡守吕一静，诚聘他和致仕居乡的工部尚书康大和两人同修《兴化府莆田县志》。刚欲开工，神宗登基，知林云同久负重名，复召为南京刑部尚书。林云同上疏恳辞，不允。他万般无奈乃强行就道，至京师面见神宗，复辞如初，惟恐有负圣恩。神宗见状慨然下旨云："云同力疾趋命，恳疏乞休，得大臣进退礼，俾乘传归。"林云同回莆阳，乃以诗会友，怡然自得山水间，万历五年（1577）卒，年78，朝廷赠太子少保，谥"端简"，诏令在莆城北门建"官保尚书"坊，彰其恩荣。莆人谓："自林贞肃而后，完璞纯名，云同一再见云。"林云同临终前，子孙们长跪请训。林云同说："没有别的话，你们只要'学吃亏'，这三个字就是禅宗五祖所说的'忍辱'二字。自古以来的英雄，只因不能吃亏，以致坏了多少事。"后林云同子林谐中举人，孙林璟官南京刑部主事。

明嘉靖八年（1529）进士湖广按察副使陈子文为林云同作赠颂诗：

### 送林汝雨宪副兵备颍州

六月长安云欲燃，清风独上木兰船。

东方答客已昨日，南省论才今十年。

洞壑豺狼回暮节，荒城鼓角散秋天。

河淮弹压须君辈，未必明时雨露偏。

# 第三节 深谋远略御史典型人物

## 一、才华卓荦、十年八座林大鼐

林大鼐像

　　林大鼐，字梅卿。宋莆田县（今莆田市荔城区）西天尾溪白村白杜人，唐九牧六房林蕴九世孙。其幼即诚实警悟，事亲孝谨，嗜书好修，学有源委，经史诸书，一览成诵，奇篇、隐帙、衍词、要语，"悉能道之"。及长，其风韵潇洒，气质刚方，端敏谦厚，才华卓荦，登绍兴五年（1135）、汪应辰榜进士。为举子时，其尝答策言秦桧靖康忠义之节，秦桧其时闲居，默识之，及秦桧得政，遂荐用之。岁率一迁，其历官诸王宫大小学教授兼秘书省校勘书籍官、太常寺薄兼尚书郎、太常寺丞、监察御史、殿中侍御史。绍兴二十二年（1152）三月癸酉，其任右谏议大夫兼侍讲，权吏部尚书。其居官风纪振而吏畏其威，理公道而人遂其乐。高宗用殿中侍御史林大鼐之请，诏建祚德庙于临安府。为御史时，秦桧嫉妒枢密副使巫伋，林大鼐因此弹劾巫伋黩货营私，巫伋因此落职。绍兴二十三（1153）年二月，右正言史才论林大鼐"狂躁欺诞，父在而不迎侍。陛下擢宋朴为枢密，大鼐以其出己上，愤然不平。若不亟去，必摇国是"。故林大鼐被罢去吏部尚书。绍兴二十五年（1155）其出知泉州，父丧，服除，以左朝散郎提举江州太平兴国宫，寻卒，年58，葬于涵江苍林村苍口山，刘夙状其行。其后入祀莆田乡贤祠。李俊甫《莆阳比事》"十年八座，九任五马"条载："林大鼐，字梅卿，登绍兴第，为临安教授，及诸王宫教授，自是六迁为吏部尚书，十年至八座。"所谓"十年至八座"指的是林大鼐以突出政绩，10年间连升8次。唐宋以六部尚书、左右仆射及令为"八座"，后世作高官的通称。可见大鼐之"公道先扬善，真才自拔尤"，道德当身，故不以物惑，笃志而体，君子也。林光朝撰作《吏部尚书林公梅卿挽词》诗云："百纸梅花赋，声名出渚东。向来惟李贺，胜处是扬雄。绕屋看书带，逢人说刺桐。尚书旧时履，只合步春风。"林大鼐平生好书卷，奇篇隐帙，衍辞要语，悉能道之，著有《铁砚文集》。《全宋文》录其《乞建九宫贵神坛奏》等奏折及文11篇。

绍兴八年（1138）状元黄公度为林大鼐作颂赠诗：

次韵林梅卿尚书新塘之什

翚翼东西势欲翔，高怀卜筑白云乡。

虾鬚半卷山排闼，属玉双飞水拍塘。

天上功名身未老，年来邱壑意何长。

万间广厦须公办，政恐徵书下建章。

## 二、谠谋除恶、情系桑梓林润

林润（1530—1569），字若雨，号念堂，明兴化府文峰宫前街城内下务巷（今莆田市荔城区镇海街道凤山社区）人，嘉靖三十五年（1556）进士，历任临川（今江西省抚州市临川区）知县、南京都察院监察御史、通政司参议，太常少卿、都察院右佥都御史巡抚应天府等职，对铲除严嵩父子的叛国势力做出了重大贡献。

嘉靖三十九年（1560），林润因政绩突出被任命为南京都察院山东道监察御史。此时，内阁首辅严嵩任宰相已经10多年。严氏结党营私，排除异己，贪污贿赂，滥用权力，一直被正直的朝廷官员所弹劾。严嵩的儿子严世蕃时任工部侍郎。垂老之年的严嵩把儿子看作自己的得力助手，各司有公事请示严嵩时，他必定会说："与小儿先商议"。严世蕃由此放纵开来，自视为人才。

林润像

严世蕃听说林润出任南京都察院山东道监察御史，特地置办了酒席宴请林润和其他几位御史。酒席间大家迫于严嵩父子淫威，不敢多言，唯独林润谈笑风生，严世蕃几次用眼神威慑林润，但林润毫无顾忌。

林润一到任后，发现国子祭酒沈坤借聚众防倭之名，擅自动用军法谋杀他的同乡人，又放任他的岳父收受商人贿赂，且在造墓葬父时，把旁边别人家的坟墓一一铲除。林润不畏权势，立即向嘉靖揭发沈坤的罪行，最后沈坤被打入监牢。

当时，担任都察院左副都御史的鄢懋卿，是严嵩最为宠幸的党羽。作为御史台副长官，本来没有外派的先例，但朝廷却特委派他全权受理淮、浙、皖等地方的盐税。他名义上是为国家储备财政，实则损公肥私、横征暴敛、中饱私囊。两淮是盐商聚集之地，鄢懋卿公开向转运使索取银子10万两，转运使于是依样画葫芦向商人转派。在扬州，鄢懋卿额外摊派盐税，百姓苦不堪言，盐商也纷纷逃离。鄢懋卿还仗着势力欺凌当地官吏，暴虐百姓，不到3个月时间，杖罚致死的就达20余人。不仅如此，鄢懋卿明知巡抚刘景韶为官贪婪，却故意放出风声说，将上疏弹劾他，以此来要挟。刘景韶听到风声，就给他送了万余两礼银。林润调查了鄢懋卿的上述所作所为，上奏本论劾鄢懋卿贪污纳贿、背公营私、奢侈纵肆、反道悖礼等5种罪行，条条有理有据，提议罢免鄢懋卿。但奏本呈上之后，因严嵩庇护，鄢懋卿最终没有受到惩处。

为人荒淫贪暴的伊王朱典楧为扩建他的王府，强行掠夺侵占百姓居所，又从民间挑选了女子700多人，留下其中长相漂亮俊俏的90人，剩下的强制让各自的家人用赎金赎回。伊王的这种恶行，引起极大的民愤，朝中御史多次上疏参劾，而他却丝毫不收敛。林润再次上疏弹劾，而朱典楧多次上奏辩解，并诋毁林润夹杂个人私怨趁机报复。严世蕃收受朱典楧的贿赂，最后，朱典楧只被下诏责备而已。

林润从朱典楧的荒淫霸道，看到整个宗室制度的弊病，以及其对国家大局的严重危害，于是上疏建议改革藩王供养制度。嘉靖命令礼部召集官员商讨对策，后来采纳了林润的意见，并制定宗藩条例，裁减王府每年的俸禄，缓解每年的供给压力，从而减轻了百姓的负担。

嘉靖四十一年（1562），御史邹应龙疏劾严氏父子贪纵不法罪行，严嵩被勒令退休回家，严世蕃被贬到雷州（今属广东省）。死灰可复燃，对于严嵩父子，这样的处理根本没有伤筋动骨。毕竟严嵩御前相伴多年，所以嘉靖在驱赶严嵩不久便感到了一种孤独。他下令："严嵩退休了，他的儿子也已伏法认罪，今后有人再敢上与邹应龙相同的奏折，立斩！"

严嵩倒了，但在安享晚年；严世蕃被贬，却是"衣锦还乡"。他并没有到雷州服刑，只在广东南雄住了2个月，就溜回分宜（今属江西省）老家。在老家，严世蕃不思悔改，变本加厉，依仗深山的险要，平日穿着蟒衣，乘坐高车，将自己与王侯大夫相提并论。他还以建造房屋的名义，聚众4000多人。其党羽罗龙文里外串联，勾结倭寇，为他谋求出路。

嘉靖四十二年（1563），林润到江西巡察江防，袁州府推官郭谏臣，向他揭发严世蕃不在戍所、勾结串联等情况。嘉靖曾警告过，敢再拿严氏父子做文章者，格杀勿论，但林润决定冒一次险，上奏嘉靖。嘉靖看见奏疏后大怒，下诏让林润将严、罗二人逮捕进京。严世蕃儿子严绍庭为锦衣卫官员，听到消息后急速派遣家奴传信给严世蕃。但当严府家奴上气不接下气到达江西时，看到的却只是一片狼藉。因为两天之前，"守株待兔"的林润已将严、罗二人押解上路。眼见为实，铁证如山，林润再次论劾严世蕃有图谋不轨的迹象。林润将严世蕃与明朝中期举兵造反的宁王朱宸濠相比，"包藏祸心，阴结典楧，在朝则为宁贤，居乡则为宸濠……"林润这一警钟敲得及时，最终使嘉靖痛下决心，彻底铲除权奸严嵩一党。在严世蕃被处决那天，京城人士不论百姓还是官员奔走相告，纷纷前往刑场观刑。

林润在南京御史任上，东南倭寇猖獗，多次侵犯莆田，他写下一首诗："岁荒连虏骑，故国忽传音。万里悲犹切，孤城恐不禁。黄尘迷海峡，白骨乱丘陵。极目南天远，临风泪满襟。"诗中无不体现出他对家乡的深深担忧之情。他紧急上疏请求朝廷派兵剿灭。

嘉靖四十一年（1562）十一月，倭寇攻陷莆田，屠杀了军民万余人，成为莆田历史上一次大浩劫。第二年正月，朝廷任命谭纶为福建巡抚、俞大猷为福建总兵、戚继光为副总兵，赶赴莆田剿灭倭寇，并于四月平息了倭寇之患。事后，林润又上《请恤三府疏》，特请朝廷减免租赋3年，以安民心，休养生息。当朝廷同意的旨意传到莆阳大地时，官民欢呼雀跃，纷纷称赞他的大功大德。嘉靖四十二年（1563），莆田东角遮浪海堤毁坏，海水涌到了城下，林润向朝廷疏请国库3000缗资助修堤。第二年，他又奏请朝廷拨银两重建被倭寇焚毁的学堂。这些都体现了林润关爱家乡的深情厚谊。

鉴于林润在御史任上的突出表现，嘉靖提拔他担任南京通政司参议，历太常少卿。明隆庆元年（1567），他以右佥都御史巡抚应天府，开府姑苏（今江苏省苏州市）。隆庆刚继位不久，有人就向他告状，说林润携带两块金砖，返回兴化府盖府第。派去的钦差大臣来查大吃一惊，堂堂御史，居住陋巷，几间破屋，却用朝廷给他的两块金砖在孔子庙重建学堂，造福桑梓。隆庆听后大为感动，立即拨款，在兴化府最繁华的下务巷建起一座"御史大夫第"，以表彰林润的清廉模范。

林润一生浩然正气，被称为"锄恶御史"，特别是对铲除奸臣严嵩父子叛国势力，起到重大作用。《明史》评严嵩父子之败，乃"发于邹应龙，成于林润，两人之忠，非过于杨继盛，其言之切直，非过于沈炼、徐学诗"。

嘉靖十四年（1535）进士，官至南京工部尚书、南京礼部尚书林庭机为林润作颂赠诗：

### 送林念堂柱史

使君奏绩此衔杯，远望千山霁色开。
累疏总关天下计，一时真羡洛阳才。
清时名动蓬莱阙，白日威生御史台。
自是中流须砥柱，凭谁力障百川回。

## 三、智勇取义、正气凛然张曰韬

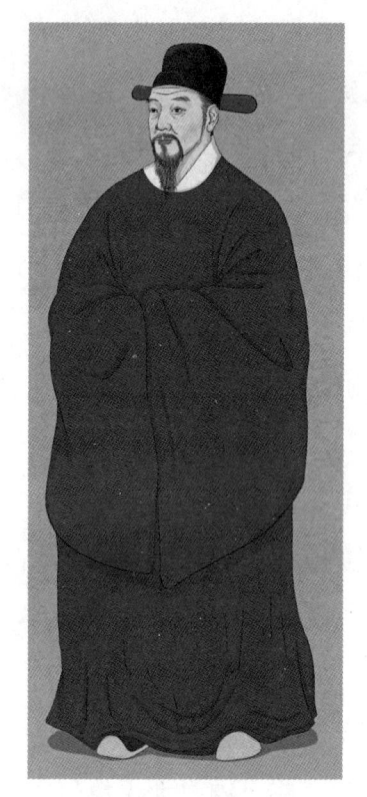

张曰韬（1486—1524），字席珍，号友松，明莆田县横塘西坑（今莆田市荔城区黄石镇）人。他自幼好学，博通经史，长大后闻名乡里。他与同学游九鲤湖，题《九鲤湖》诗："不识湖中景，今朝得胜游"。他为正德十二年（1517）进士，初授常州（今属江苏省）推官。武宗南巡，幸臣都指挥佥事江彬纵其党羽横行州县，将要到常州，百姓都争着想逃亡隐藏。当时知府和武进知县都入京去朝觐皇帝了，张曰韬兼管府县官印，他召集父老相约说："江彬的同党到，你们全力挡住。"他又释放囚徒，命令他们和乞丐各备瓦石等待。不久，江彬的同党果然接连骑马而来。父老直接在县境上阻挡，说："常州连年灾荒，物力匮乏，没有什么可以招待你们。府中唯有一名张推官，一文钱也没有，即使想准备草料，也无法办理。"

张曰韬像

说完以后，江彬的同党怀疑有其他变故，于是稍微后退，派人快速报告江彬。张曰韬马上向巡按御史上书说明情况。御史东郊巡行辖区经过常州，对他说："事情很紧迫，江彬将会以其他借口来逮你。"他命令张曰韬登自己的船先出发，自己坐小船尾随。江彬同党果然大批来到，索要张曰韬，误截了御史的船。东郊派人严格查捕截船的人，而暗中下令缓慢进行。他的同党害怕御史报告皇帝，都散去了，张曰韬于是免祸。江彬也告诫他的同党不要骚扰百姓，由此常州以南各府得以安宁。张曰韬后升行人司行人。

嘉靖二年（1523）五月，张曰韬以风裁异等，擢为河南道监察御史。张曰韬入宪台 4 月，连上七疏，奏言时事。杨廷和等争论织造的事情时，张曰韬也上疏说："陛下既然称阁臣所奏是爱主惜民，是明知织造的危害。既然知道，还不停止，确实是因为信任大臣不专一，而众小人执政。自古未有众小人在宫内蒙蔽国君，而大臣在外廷能尽忠的。崔文之类两三个小人曾经扰乱先朝，现在又蒙蔽迷惑圣心，私下作威作福。陛下怎么能任他们逞私欲，不早加斥逐呢？臣听说织造一官，行贿金钱数万可以得到。既然用重金钻营，而想要他们不向下属索取补偿，这一定是没有的事。"皇帝不采纳。席书以内廷下达的圣旨拜任尚书，张曰韬和同僚胡琼各自上疏极力争辩。嘉靖三年（1524）七月十二日，朱厚熜帝命礼部十六日为父母上册文，祭告天地、宗庙、社稷，群臣哗然。十五日，张曰韬与毛玉、杨淮等229人相率伏哭左顺门，抗论大礼，被廷杖。张曰韬既受杖责，仍然口述疏文弹劾奸人陈洸的罪行。三日后，他竟然去世。隆庆（1567—1572）初年，追赠张曰韬奉议大夫、光禄寺少卿。

张曰韬是莆田明朝正气凛然而被廷杖而死的官员之一。他在"礼仪之争"中不惜仗节死义，其勇于谏诤的精神，历来为史家所称颂。

## 四、谋事能臣、严明法治郑岳

郑岳（1468—1539），字汝华，号山斋。明莆田县蒲坂村（今莆田市荔城区新度镇蒲坂村）人，至其父郑仆庵时，举家居城内金桥巷（今莆田市荔城区镇海街道凤山社区）。郑岳于弘治六年（1493）第进士，授户部主事，改刑部主事。郑岳在任上直言敢谏。一日升堂，董天锡和锦衣卫千户张福判决囚犯死刑，张福恃威越座，坐在董天锡之上，郑岳上言不合礼制。郑岳还进言："举发弹劾非镇守太监的职能，而董天锡让他实施。太常寺本是礼部的下属，而崔志端专之。内外效尤，益无忌惮。"因语涉贵戚，孝宗大怒，将郑岳打入大牢。兵部尚书周经、侍郎许进等上疏救援，孝宗不听，最后花钱赎杖才得以复职。不久，郑岳升任员外郎。侍郎许进督师大同，显贵的近臣恶其刚直方正，商议找人代替。前被罢职总兵官赵昶想要被再次起用，京军屡出无功。郑岳进言"许进不可代，赵昶不可用，京军不可出"。朝论都赞同他的看法。

郑岳像

其后，郑岳擢湖广按察佥事，治理湖广深谋远略。他上任后就要求宗藩归还侵占的土地给百姓。施州卫少数民族相互仇杀，卫帅被杀，有司以叛乱报告。郑岳擒治其首领，其余的人都放走。荆州、岳州遇上饥荒，郑岳劝富民出粟，放松河泊运销的禁令。属县输粮边远卫所，大率二石运到只有一石，郑岳以其直给卫，而留粟以备赈灾，百姓获得救济。南京十三道推荐天下官员十七人，郑岳位列其中。

正德元年（1506），郑岳擢广西兵备副使。土官岑猛应当迁徙福建，占据田州不肯迁徙。郑岳答应上奏改成近处的地方，岑猛于是请求自效，稳定了局势。郑岳调任广东副使，"滞狱一空，治称第一"。八年（1513），郑岳擢升江西按察使，后升任江西左布政使。时江西洪州宁王朱宸濠，夺取百姓农田亿万计，百姓立寨自保。朱宸濠想要用兵镇压，郑岳认为不可。遇上提学副使李梦阳与巡按御史江万实相互揭发，郑岳承檄审理。李梦阳捉住郑岳的亲信小吏，声称郑岳之子郑沄受贿，欲用此威胁郑岳。朱宸濠帮助李梦阳上奏其事，囚掠郑沄。巡抚任汉顾虑不能决断，明武宗派遣大理寺卿燕忠和给事中黎奭查究审问。燕忠等上奏审理郑岳之子有不良迹象，而李梦阳挟制巡抚、按察使，应当一同罢官。郑岳罢官为民。后朱宸濠被诛，朝内外交相推荐，郑岳起任四川布政使。

郑岳针对内监干预司法、执法不公问题，上疏申明应按职务掌管，列举典型案件，指出执法的人应该做到公平公正，让天下人所称赞。遇到权势贵族，如果袒护，就会失信于天下人。古人有言"法行自近始"。法的执行首先要律己，管好自己不犯法才能要求别人不犯法，即使是法的执行者的亲信，就算皇帝的亲戚和宠臣犯法一样要执法如山。他又说："宫中府中，俱为一体。"皇宫中、朝廷中的官员都是一个整体，奖惩功过、好坏，不应因人而异。

"陛下应该借鉴前朝定下的规矩，遵守本朝祖宗制定的法律、法规。自今内宫、内侍等又犯法，应该听监察部院审问罪犯、拟定罪行，发大理寺审录，就可以昭示圣朝法律的明鉴与公平。"郑岳严申明法纪，坚守公平执法的原则。

弘治九年（1496）进士，礼部尚书兼文渊阁大学士贾咏为郑岳作颂赠诗：

送郑山斋致政归莆田

平生风节炳琳琅，宣室重征觐耿光。

廷尉不疑冤状少，儿童司马颂声长。

秋米谁有尊鲈思，君去先麾鹤陇装。

梓里云翁老诗社，南山松菊未全荒。

## 第四节 臻于至善御史典型人物

### 一、谏议载誉、办学兴闽翁承赞

翁承赞（859—932），字文尧，一字文饶，晚年号狎鸥翁、螺江钓翁，莆田县兴福里竹啸庄（今莆田市荔城区北高镇竹庄村）人。父翁巨隅，官少府监，购田筑宅于莆田县文秀乡漆林（今福清市新厝镇漆林村），并创建"漆林书堂"以训督子弟[1]。弘治《兴化府志·山川考》"待宾里·南山"条曰："在蒜岭之旁，旧属本县，今属福清县。唐水部员外郎翁承裕墓在焉。"翁承赞于唐乾宁三年（896）进士及第，选为探花使，出席曲江杏园盛宴，名动京师。后其历官京兆尹参军、右拾遗、户部员外郎、盩厔县（今陕西省周至县）令、秘书郎、左拾遗、右拾遗、谏议大夫、福建盐铁副使、左散骑常侍、御史大夫、

---

[1]《八闽通志》卷四十五"兴化府·学校"载："漆林书堂，在府城东北待宾里蒜岭之南，唐少府监翁巨隅之别墅也。巨隅尝创一堂，训督子弟。"见福建省地方志编纂委员会主编，黄仲昭著《八闽通志（下）修订本》，福建人民出版社，2006年版，第54页。

门下传郎同平章事等。

他看到当时割据一方的藩镇和掌兵弄权的南北司权要内外勾结,认为这是朝廷的莫大隐患,上章抗言云:"方镇交结权幸,终必误国。"其直言敢谏赢得朝野的赞许。翁承赞羁留京师多年,自觉无用武之地,遂萌生归乡之意。天复二年(902),翁承赞由鳌屋县县令调任秘书郎、左拾遗。他看到社会上因患麻风沦为乞丐者甚多,遂上章谏议曰:"天下残疾老稚无所依怙者,何忍听其沦落,宜加赈恤。"昭宗纳取其议,颁诏天下设立养济院。明崇祯元年(1628),里人、东阳县令郑为在乡里为翁承赞立碑记功。

天佑元年(904)四月,昭宗为笼络威武军节度使王审知,派遣右拾遗翁承赞回闽前往福州,奉诏册封王审知为检校太保、琅琊郡王。时平定黄巢有功的朱温(全忠)率军进入关中,控制了唐朝廷中枢,用武力把昭宗逼迁洛阳;八月,杀死唐昭宗,立只有13岁的昭宗第九子李柷为新帝,史称唐哀帝。天佑四年(907)四月,朱温逼迫唐哀帝的位,正式即皇帝位,改国号梁,定都开封。翁承赞归梁,被擢升为右谏议大夫。王审知为求闽中政局安定,向朱全忠上表纳贡。朱全忠知翁承赞前曾使闽,便派他为册礼副使,于后梁开平三年(909),再次回闽册封王审知为闽王。翁承赞回到

翁承赞像

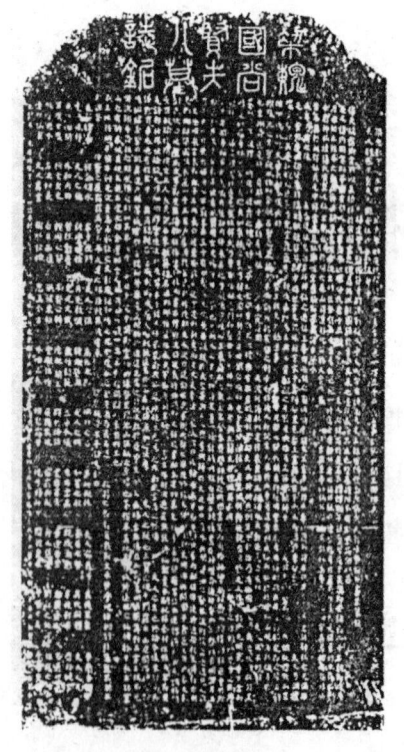

翁承赞
《梁魏国尚贤夫人墓志铭》

福州，备受王审知的礼遇。翁承赞又回到长安复命后，朱全忠任命翁承赞为福建盐铁副使，加左散骑常侍、御史大夫。因朱全忠日渐骄恣凶悍，翁承赞毅然辞官回闽。

翁承赞回闽后，王审知拜他为同平章事（丞相），封晋国公，成为莆田历史上第一个出任宰相之职的能臣。为闽相期间，翁承赞对福建社会稳定、经济发展，及文化振兴做出了重要贡献。他倡议创设"四门学"，借"以教闽士之优秀者"，造就高级人才，并在各府县建学，做到府有府学、县有县学、乡村有私塾，并派人四出访书，缮写刊印，海隅闭塞之民智为之一开，故人们称他为"办学兴闽第一人"。他对于王审知整饬吏治，发展经济等重要措施，都起了襄助的作用。后唐同光三年（925）十二月，王审知去世，翁承赞为撰《唐故威武军节度使守中书令闽王墓志》。因王审知诸子争立，混战不断，闽政日非，翁承赞称疾致仕，归隐建安新丰（今福建省武夷山市吴屯乡），长兴三年（932）去世，终年74岁，追谥"忠献"。翁承赞工诗，与同邑诗人黄滔、徐寅齐名，著有《昼锦宏词》等诗集。

民国著名诗人陈龙庆曾为翁承赞诗集作赠颂诗：

题翁文尧诗集

公本闽人为闽相，衣锦还乡无以尚。
弟兄联袂掇巍科，又擢宏词当少壮。
衔命册封使节驰，榕城百雉降旌旗。
里号光贤乡文秀，从今阀阅两相宜。
晚岁烧丹成大道，富贵神仙兼寿考。
唐代流传一卷诗，吉光片羽人争宝。
裔孙捧檄宰花封，百里侯邦胜弼廊。
政治余闲眈翰墨，搜求文献语雍容。
自唐迄今千余载，表微阐幽仍有待。
吩咐梓人梨枣刊，奇书万丈吐光彩。
莫为之前美弗彰，莫为之后谁传扬。
前贤端赖后贤继，孝思不匮永流芳。

当年余作祠堂赞，今题诗集挥柔翰。

微名两度藉君传，焦桐幸免供炊爨。

## 二、功成身退、清操自守彭韶

彭韶（1430—1495），字凤仪，自号从吾，明兴化府莆田县南匿里涵口（今莆田市荔城区新度镇港利村涵口）人，天顺元年（1457）进士，历任刑部山西主事、广东司郎中、四川按察使、广东左布政使、督察院副右都御史、大理寺卿、刑部侍郎、吏部侍郎、刑部尚书等职。彭韶同宦官、奸臣作斗争不遗余力，在朝中声名显著，与何乔新为同僚，当时并称为"何、彭"。

成化五年（1469），锦衣卫指挥、皇太后的弟弟周彧，想在京畿真定府（今河北省正定县）武强、武邑两地霸占民田，奏乞将未列入地籍纳租的民田赏赐给他。宪宗命令刑部派遣处事公正的官员前去勘核。同僚们推举彭韶前往。彭韶到真定后，深入一线实地察看，倾听百姓呼声，得知问题症结在于皇帝近臣与民争利。出于对老百姓疾苦的同情，彭韶未遵旨按亩丈量田地并提取书面保证书，便回朝向皇帝上奏请求制止皇亲国戚侵夺民田行径。宪宗看了上疏后，愤怒不已，责令把彭韶打入大牢。后来，其他言官争相上疏营救，彭韶才得以获释。

彭韶像

成化六年（1470），彭昭升任四川按察副使。他一路了解民情，将前任疑案、冤案、积案一一审理，缉拿凶手，除恶务尽，民心称快。

成化十四年（1478），彭韶升任广东左布政使。才下马车，他就召集数百个地方的乡亲父老，仔细询问民间疾苦，制定变革对策，并付诸实施。在任上，彭韶废除害民旧策，事事任劳任怨，且做到不损害百姓利益。当时衙门从民间补充官吏职员,往往要看其家族背景和贫富,并分别收取不等的进贡银两。彭韶感叹地说:"取其财物却责令其不贪腐,这样可能吗?"于是,彭韶改革旧规,选拔有书写能力、端庄正直的人来充当官吏职员,革除按进贡银两多少收补官吏职员的弊病。每月逢初一、十五,彭韶亲自接受民众状词,同时像对待自己兄弟一样谆谆告诫民众、感化民众,以至于原先愤然不平的民众,因羞耻告状而自行离去。新会县监生陈献章,心术端正,见识高明,涵养有素,德性坚定,荣辱不惊,彭韶特地上疏奏请,"以礼数征召其在京城担任学官,必有助于圣人之德影响士大夫"。

广东地处岭南,盛产山海奇珍,吏部奉旨从广东征收这些贡物。朝廷屡次派遣内官采办,彭韶向皇帝进谏:"自古圣王统治天下,以勤俭节约为大德,不追求奇珍异物,即使有也不用。希望陛下能够以身勤俭,感化天下。"彭韶还指出,臣子贡献奇珍物品,是为了阿谀奉承,并非诚敬之心,请求逐年停止进贡广东土特产。

成化二十年(1484),吏部尚书尹旻多次举荐彭韶是"可堪大用之才",彭韶因此被提升为都察院右副都御史,巡视应天(今江苏省南京市)、苏(今江苏省苏州市)、松(今上海市)等地。在任上,彭韶注重为政宽简、安定,使官吏职员百姓不敢违犯律法。

弘治年间(1488—1505),彭韶任刑部侍郎兼佥都御史治理浙东盐政。明朝对全国户口登记,分军、民、匠、灶四籍。灶籍为盐户,所以浙东盐民被称作"灶民",明朝政府严格规定:灶籍不许妄自变动,违者治罪。彭韶亲临盐场,看到成批灶民露宿荒野,采野菜,啃树皮,有的活活晕倒惨死于灶边,妻啼子号,哭声遍地,又遭总催和盐兵无理棒打棍击,过着牛马不如的生活。他的结论是所宣称的灶民叛乱,实际上是官吏不体恤百姓,克扣剥削,导致官逼民反。他把灶民的悲惨遭遇绘成盐场、山场、草荡、淋卤、煎盐、征盐、放盐、追赔等八图,每图配诗,淋漓尽致地写出了灶民的痛苦生活和当时官场"盐弊",进献给朝廷。同时,他召集浙东盐官在慈溪鸣鹤场官衙门里议事。他力排众议,以自己的亲身调查结果来驳斥各种谬论,教育盐官治理盐政要用太祖皇帝治理天下的办法:"治国上策,应当以宽厚为宜,不

彭韶纪念匾（彭氏大宗祠）

然就如拉紧了的弦容易断一样，把百姓逼急了就容易出乱子。"

他提出要体贴抚恤灶民，更改地方课税，减轻赋税和刑罚；外逃回籍者不治罪，废立保伍连坐法；拨出库银为灶民修灶和建仓等一系列措施。同时，他还驱逐了一批盐霸，撤换和革职一批民愤极大的官兵，使灶民生活和煎盐条件大为改善，因此浙东盐民称他为"再生父母、重生爹娘"。后来彭韶感到历代规定灶民不准应举是埋没人才、闭塞贤路，于是上疏孝宗，列举了灶民不能应举的弊端。他的奏章得到批准，从此灶民子女有了读书和应试的机会。在浙江慈溪市鸣鹤场有一个彭侍郎祠，是浙东的盐民为了纪念彭韶而建立的，每逢农历六月二十一日彭韶的生辰，百姓顶香上供，虔诚祭祀。

弘治五年（1492），彭韶升任刑部尚书，兼任经筵（为讲论经史而特设的御前讲席）。这时安远侯柳景总镇两广，收受赃银8000两，东窗事发，被都御史秦弦所揭发。彭韶不畏柳景有外戚亲贵的势力，坚决逮捕法办柳景，向皇帝上奏解除他的爵位，并追回赃银。孝宗下诏免于追回，但是彭韶再次直谏疏论，坚持追赃到底。

弘治七年（1494），彭韶在家连上3次奏疏请求退休。广东大儒陈献璋作《次韵顾别驾奉寄彭司寇》两首："今代为官到六卿，闽中此老最光荣。面前路阔身须退，阙下人嗟代有名。晚秫还家新酿熟，溪锄试手药苗生。相看不厌壶山好，笑拂松根坐月明。""二疏谁参汉大夫，都门今卖《送归图》。岂无经济酬当宁，已道头颅非故吾。自古功名关宠辱，几人庙廊不江湖。木兰之水清无恙，以配先生不可乎？"两首诗高度评价了彭韶引以为荣的仕宦经历与济世之才，对他功成身退、清操自守的大贤风范表示出由衷的钦敬，赞扬其德操可比之福建家乡清澈的木兰溪水。弘治八年（1495），彭韶在莆田去世。陈献章得讣，抱病赋《彭司寇挽词》3首，请友人陈时周带回莆田，以此稿付彭韶家人，"使藏之，以遗后世"，并请时周为吊彭韶之墓。诗云："男子故多奇，如公更不疑。经纶思昔日，功业问当时。鬼幸村巫小，棋还国手知。杜陵秋月下，兴尽《八哀诗》。"彭韶居官 30 多年，好学不倦。在任期间，他十分重视地方文化建设。他在四川任按察使时，纂撰《成都志》25 卷；在吏部任上，著有《天曹日记（北岳代行稿）》；任刑部尚书期间，著有《秋台录》。

清道光十五年（1835）进士户部尚书、工部尚书兼武英殿总裁罗惇衍作赠颂诗：

咏史诗抄·彭韶

亲非元舅负非租，千两赃才十一输。
抗疏自援京尹法，温纶乃免故侯辜。
门除私谒朝三老，灶绘穷商户八图。
民复旧畴尤侃侃，营田诸使类君无。

## 三、勤敏干练、精于吏事林正

林正（1436—1476），字克全，号素斋，明莆田县黄石书街（今荔城区黄石镇）人，成化二年（1466）进士，授广东道监察御史，为人勤敏清慎，有气节。其立朝论议，注重国家大局，不喜以自己琐细的一些政绩去沽名钓誉。成化九年（1473），其奉命巡视山东，直抵仪真一带，河道补罅漏，浚淤塞，派人植柳以固堤岸，并庇荫行人往来，舟楫亦皆称便。先前该地各州县沿运河两岸皆设有"浅铺"（浅埔是明清时期京杭运河沿岸挖浅的组织）。铺中聘有铺夫，夫出桩刍（按桩数交纳的草料），各有定数，而以耆民（乡老）掌之，率受赇（贿赂）蔽，刍不登于官，而敛重于民。林正至，令民视刍价减半折纳，其弊遂革。所辖州县，有支流通人行数处，或遇洪水泛滥，多溺死者。林正为措置区画，共造桥梁 12 座，自是人免病涉。成化十年（1474），其巡按苏、松、常、镇四郡，纠正违误，昭雪冤枉，风纪凛然。有丹阳蔡知县，善于结权要，凡往来经其县者，不问识与不识，皆厚馈遗之，无不满所欲而去。林正至，按其不法事。所识权贵交口为之救解，林正不为所动，竟夺其职，邑民皆称清德。

次年，其复巡按广东，至则首询民众疾苦，辄形于诗曰："凤鸾自古高鹰隼，郡邑于今尚茧丝。"其爱民之心，于诗中隐然可见矣。豪黠之吏方闻风敛迹，而穷困之民咸引领望苏。不料林正才履任3个月，忽染恶疾，竟卒于南海行台，享年41，士大夫咸恸惜之。莆人方珪，亦有志操，同样担任御史，敢于击贪官，革弊政，不料也只享寿33岁，莆郡士论皆称痛惜。成化八年，兴化知府处州人潘琴在莆城西街为林正立"绣衣坊"。明郑岳在《莆阳文献》"林正传"中称其"性聪警，精于吏事，以疾告致仕"。弘治《兴化府志》"林正传"评其"为人勤敏清慎，有气节。立朝论议，务持大体，不乐琐屑以沽名"。

## 四、尽忠职守、干臣直吏方良永

方良永（1461—1527），字寿卿，号松崖。莆田城内草舍里（今荔城区镇海街道梅峰社区）人。曾祖方孟章，祖父方象辉，父方朝深，母陈氏，弟方良节、良盛、良材，娶陈氏，子方重杰、重恩，孙方攸绩。天顺五年（1461）九月十五日生，行一。弘治二年（1489）福建乡试傅鼎榜第46名举人，弘治三年（1490），礼部会试第123名，殿试与弟良节同登进士第，得二甲29名。历官观户部政、刑部主事、员外郎、广东按察佥事、湖广按察司副使、广西按察使、转浙江左布政使、都察院右副都御史、南京刑部尚书等职，居官素谨，以廉洁著称。方良永入仕三十余年，是明代弘治、正德、嘉靖三朝以直节劲气闻名的重臣。其为官廉明刚正、不畏权势，敢于弹劾佞臣，有"干臣直吏"之美誉。为人外和内刚，不倚权势，不苟进退；忧国悯民，凛然请命。至孝孤忠，始终一致。方良永入仕三十余年，在官不及其半，居官素谨，以廉洁著称。为人外和内刚，

方良永像

不倚权势，不苟进退；忧国悯民，凛然请命。至孝孤忠，始终一致。清操雅望，上下交誉。

方良永出身莆阳望族之家，聪颖好学，立志功业。补郡邑庠生，后与弟方良节同科擢进士第。方良永登第后，先在户部观政，派往两广督收欠税。当地所司依例有馈赠，方良永严肃阻止。时邑人陈茂烈正奉使广东，拜会名儒陈献章为师后将归，遂与其联舟北还。夜泊时流寇猝至，众客惊慌失态，良永意气安闲如平时。陈茂烈敬服其胆量，遂定交为友。这年冬季，方良永授刑部广东司主事，任上审讯详明，断决平恕权贵涉案，为时任刑部尚书的彭韶、白昂所赏识。三载考绩，升员外郎。弘治十三年（1500），方良永擢广东按察司佥事。御史知方良永名声，檄令代理学政。时海南北道兵备缺员，吏部以方良永有气概有魄力，推补其职。方良永巡历两道防务，每到一处，所有行李皆令官员登记，离去时令开箱验证，杜绝玷污清廉的名节。

明正德三年（1508），方良永父丧服除，来京等候朝廷授职。时武宗荒政不上朝，官员朝见，至左顺门行顿首礼。太监刘瑾用事，权倾一朝，以皇帝自居。外官来朝礼毕，必须再拜刘瑾。同礼的鸿胪官员引导方良永至左顺门行叩头礼后，又令东向揖拜刘瑾。方良永不拜，径自出门返回旅舍。有人劝方良永另到刘瑾府上拜谒，以免生事。方良永怒曰："身可死，官可弃，礼不可屈也！"刘瑾闻之益怒数日后，吏部授方良永河南信阳兵备抚民佥事之职。刘瑾矫旨曰："此缺不系额设，方良永这厮如何营补选，著致仕去。"良永自料触犯刘瑾，其祸叵测，故以得准致仕为喜，谢恩即行。其实，此缺实为祖宗额设，孝宗尝申诏必推补有风力者任之，完全是刘瑾矫诬伎俩。方良永既去，刘瑾仍恨不罢手。适逢海南有人上诉一桩命案，因方良永尝代理海南兵备职事，欲嫁罪方良永，遂奏遣锦衣千户、刑部郎中前往勘问。刑部郎中周时敏主持正义，竭力辨明方良永无罪，得以幸免。方良永自此杜门不出，绝口时事。后来，方良永的一位同年系刘瑾党羽，来函告知，刘瑾对其事有后悔之意，并催促方良永前来拜见。方良永怒焚书信，不屑答复。明正德五年（1510）八月，刘瑾因密谋叛反被诛。方良永才被起用为湖广按察副使。之后，先后升任广西按察使、山东右布政使。在湖广时，邑人林俊适为巡抚，正奉命围剿兰、鄢之乱,催促方良永速赴军门谋议军事。方良永居蜀数月,对平乱赞画甚多,直到平定后方回署司事。方良永禁止欺压商贾的官衙私买,查处马头朱壁等人牟利害民之罪。

明正德八年(1513),方良永弟良节升任山东右布政使。开创闽人兄弟同登进士,又同掌一省的先例。翌年,吏部获准依照英宗正统间的做法,考察全国才行兼优、政绩显著的官员十六人,由朝廷表彰,方良永名列其中,奉旨以彩币羊酒犒劳。

明正德九年(1514),方良永由广东按察使转任浙江右布政使。到任伊始,问民疾苦,清除多名奸吏,又取府库羡余代民常供,抑制监督织造内臣的蛮横霸道行径,所省不赀。良永初到任,便闻近侍朱宁鬻钞攫财,坑害民众之事,心甚恶之。方良永对朱宁鬻钞害民行径,深恶痛绝,同时对宪宗心腹之臣刘瑾、

唐寅为方良永画《松崖别业图》

玉堂，本可轻而易举地加以阻止，却一脸愁态，无可奈何，一曰："不得不为"，一曰"不得不解"，助纣为虐，横敛害民行径，不忍缄默。他亦深知，事涉权贵，言出祸随，但念"一身之患害，轻于百姓之荼毒"，故昧死上疏参劾朱宁。方良永这篇以"为还民财，以消民怨"为主题的《劾朱宁疏》，以高屋建瓴之势，从"民为邦本"破题，揭露朱宁攫取民财、戕贼邦本罪行，及其负恩欺君嘴脸。《劾朱宁疏》无情揭发内侍朱宁鬻钞害民欺君恶行，直指明武宗之失，不胜激切痛愤之至，尽现其忠君爱民之心。朝野僚友纷纷赞扬方良永之疏。浙江士绅奔走贺曰："近五十年无此疏也！"时为大理寺卿的莆臣黄巩，致书赞曰："官钞一疏，足以落权幸之胆而束其手，拔浙东、西数百万生灵垂死中而生之。宇宙间数百年，不可无此举；朝内外数千大小执事，不可无此一人；丈夫生世如朝露，官爵如雨泡，不可无此一着。"高度评价方良永之疏的重大意义及其非凡风节。后宁王朱宸濠与朱宁密谋叛反，人多服方良永有先见之明。

明正德十六年（1521），明宪宗病死，世宗登基，朱宁伏法后，方有转机。御史朱节、沈灼皆奏请起用良永，左都御史胡世宗再加荐用，称方良永"为人仗义，而不随流俗；舍己为民，而不避权势。有体国为民之志，修政立事之才，与他龌龊自守、惟保名位者不同。"遂擢都御史，抚治郧阳（今属湖北）等处。方良永为人至孝，念老母年已八旬，身婴痼疾，连疏乞请终养。世宗见奏情词迫切，暂令在家侍养，俟母病痊之日起用，又降旨"待有相应员缺用他"。都御史姚镆奏请，予以破格褒宠。吏部尚书乔宇、户部尚书孙交建议："方良永居官素谨，家无赢余。宜依廉官侍郎潘礼孝养、御史陈茂烈例，月赐食米。"世宗圣旨曰："方良永既居官素谨，著有司月给米三石养赡。钦此。"方良永上疏，以家虽贫犹能自给，供奉未缺，处境亦与潘、陈二臣稍异为由，辞免月米。因已有成命，不准辞却。多年后，老母谢世，世宗遣官谕祭，命有司营葬，又以廉孝赐月米，皆是特例优礼待遇。明嘉靖六年（1527）七月底，方良永母丧服除后，诏命总理粮储，兼巡抚应天府等地。方良永念朝廷之恩，国事之重，闻命即行。于八月初随带家人二名，兼程就道，炎热不避，至浙江衢州府发病。郡府延医诊视，方良永自度病势非药力能降，孤身客死无益，不得已连疏乞归。因病情危重，未报急返，九月逝世，年六十七。此前，朝廷推用方良永任南京刑部尚书，卒后诏命方到，令人不胜悲叹。朝廷赐祭葬，谥简肃。卒后入祀莆田乡贤祠，邑人于荔城故里为其建祠立坊。

正德六年（1511）进士，吏部侍郎，代行尚书林文俊为方良永作赠颂诗：

题方松崖司寇赐谥简肃卷

官联八座望尤崇，凶讣俄传叹息同。
屡触雷霆惊壮节，终垂日月照遗忠。
山中续食清廉吏，身后易名简肃公。
感旧怀贤嗟莫及，凄然泪洒向西风。

## 五、鞠躬尽瘁、操守端方林扬祖

林扬祖（1799—1883），字孙诒，号岵瞻，清莆田县武盛里英田里（今莆田市秀屿区埭头镇英田村）人，后迁城内庙前（今莆田市荔城区镇海街道长寿社区），道光九年（1829）登进士第，历官刑部主事、员外郎，充顺天乡试同考官，入直军机处，后补授湖广道监察御史，擢兵科给事中，转工科掌印给事中，京察一等记名，累官河南布政使、陕西按察使、陕西布政使、甘肃布政使、陕甘总督，是清朝莆田籍为官最高者。

道光三十年（1850），林扬祖入侍军机处。他于稽查京师粮仓时，向皇帝详细阐述利弊之处，所言皆有理有据，很是规矩得体，得到道光皇帝的采纳。有一天，恰逢节假日，道光皇帝忽然去了军机处，林扬祖正忙着整理案卷，再问得知军机处诸大臣均按照惯例回府第休养，只有林扬祖照常值日。道光皇帝又问："为什么只有你不休假？"林扬祖回答说："我

林扬祖像

担心有钦差奉命交办事件，无人承办，贻误军机，因此在此值班。"皇帝龙颜大悦，又与其谈论经史，林扬祖均能对答如流，所答也颇合皇帝心意。道光帝对一些贤明的臣子，常常会私下记录在一本小册子上。后来道光皇帝在病危时，将这本小册子交给太子奕詝，叮嘱他："要用人在此册中求之。"奕詝登极后，一日翻阅这本小册子，发现道光所记载的"林扬祖可大用"六字，便对林扬祖加以拔擢。可见，林扬祖之显达，是以认真办事得到皇帝的赞赏和褒扬的。

林扬祖扇面书法

咸丰元年（1851），林扬祖由京官下派，任河南开封、归州、陈州、许州诸道兵备。一到任，他就着手革除当地一些沉疴弊病，督促各司及时处理久而不决的案件，精简不必要的行政开支，下大力气挫压豪强，而对孤贫弱小之辈则多行扶持救济之举，节省河运费用5万余两，政绩不可谓不显著。河南督察慧秋谷对林扬祖非常欣赏，称颂他"明体达用"，上奏朝廷，赏戴蓝翎，升河南省按察使。

咸丰三年（1853），太平军进攻河南，河南巡抚陆应谷刚好奉命备兵归德府，奏请让林扬祖管兵防。太平军攻打开封城，情况万分危急，布政沈云业决定固守城池以待援兵。林扬祖带头捐出俸银和自家粮食。当时城内守兵仅500人，乡勇仅1000人，居民争相出城逃命。为了安抚民心，林扬祖带着幼孙，手持探报与群众晓以大义："敌兵逼近了，逃避已来不及，与其以性命财产白白地送敌人，何不如跟我守城，大家生则同生，死则同死，比逃走要好。"士民踊跃呼应，全部听从指挥，决定与城池共存亡。五月十三日，太平军已围城3个昼夜，大雨连下不止。林扬祖与兵民不论年少年长，纷纷登上城堞守御。林扬祖聚集士兵和乡勇，大声呼吁："各位父老乡亲平日都以骁勇闻名，常苦于没有机会抵挡大敌。现在敌兵虽然看似很多，但都是一些乌合之众，大家不用害怕,赏金在此,何不与敌军决一死战?"众兵勇奋力搏战,杀敌800多人。因全城军民同心协力守城,太平军久攻城池不下。后关东巡抚李吉人率援兵前来,太平军见势不妙便撤离了。当时有僚属献策,劝林扬祖诱敌入城,然后决黄河之水淹死敌军,林扬祖全力阻止了这个建议。他慨然而叹:"我愿至死报效国家,但不愿做李自成、张献忠第二。"最终,林扬祖因守城有功,累署河南布政使,升甘肃布政使,旋署甘肃巡抚,任职期间胥吏畏威、百姓安堵、颇著政声。

咸丰九年(1859),林扬祖入京觐见,指陈时政得失,特旨署理陕甘总督,适逢大阅之典,奏请钦命阅兵,明赏罚,严军法。新任总督乐斌对林扬祖十分不满。至年终大计,他对林扬祖上报考绩批以"年老颓废"四字,遂得朝旨令林扬祖以原品休致归里。旨下时为同治元年(1862),时林扬祖年才64岁。实际上在咸丰帝主政时,受道光帝遗嘱而任用林扬祖,当时执政者旗人肃顺对汉人无歧视,故林扬祖才得以一路顺风官至一方大员。及至咸丰驾崩,赏识林扬祖的顾命大臣肃顺被西太后所杀,属于"肃顺党"的林扬祖固就难逃在劫。林扬祖历任京官18年,外任11年,所任皆要职。他归故里后则致力于兴学,历任莆田擢英书院、郡兴安书院和仙游、永春、厦门等书院院长。晚年,他还主纂《莆田县志》稿1部。光绪九年(1883),林扬祖卒于家,享年85。其墓志铭由清工部尚书、光绪帝师翁同龢撰文,光绪三年(1877)状元、翰林院修撰、山东提督学政、林扬祖孙婿王仁堪书丹。在《清诰授通奉大夫晋授光禄大夫甘肃布政使司布政使署陕甘总督随带加三级岵瞻林公墓志铭》中载:"陕甘总督林扬祖岵瞻少而孤,聪慧过人,长而练达有节概,任京官十八年,外用十一年,所居皆要职,以文章经济邀圣眷,有'办事认真、操守端方'之奖。"文末墓铭曰:"山苍郁兮育大材,发菁华兮历风雷,蕴瑰异兮镇埏垓。人魁梧兮可大受,振儒林兮靖群丑,臻休嘉兮享台耇。人归于山,幽宅闲闲,人不朽兮山增颜。"

# 第七章
# 莆阳御史纪念性建筑

　　名人纪念性建筑种类繁多，如名人故居宅第、祠堂、纪念馆、文化园、墓茔陵园，乃至于牌坊、亭台楼阁、名人塑像、石刻碑铭等等。纪念性建筑不仅作为人文景观具有观光价值，而且具有宣传教化、传播正能量的文化价值，因此受到民间和政府的重视，许多名人纪念性建筑都被列为文保单位。本章莆阳御史纪念性建筑主要列举与御史官员有关的古今牌坊，现存御史故居、祠堂，新辟的纪念馆以及墓园等几类建筑，借窥民众对著名御史的尊崇和怀念情愫，奕叶相承，永怀不替。

## 第一节　莆阳御史纪念牌坊

　　旧兴化府莆田县牌坊数量据明弘治《兴化府志》、万历《兴化府志》，清乾隆《莆田县志》以及民国张琴《莆田县志稿》统计，去除旧志中记载"旌表立坊"而无确切坊名和立坊位置的牌坊，旧莆田县辖境历代牌坊总数为568座。其中包括衙署坊15座、学馆坊17座、科第坊201座、官阶坊96座、忠孝坊13座、名臣坊8座、名贤坊10座、门第坊122座、贞节坊60座、旌义坊3座、人瑞坊3座、标志坊16座、墓葬坊4座。兴化古城（莆城）内牌坊总数达257座。兴化府仙游县古牌坊，根据新点校出版的清乾隆三十六年（1771）《仙游县志》记载统计，全县牌坊总数128座。该统计数据不含乾隆三十六年后建造的牌坊。古兴化府莆仙两县，牌坊总数应超过700座。其中与御史官员有关的牌坊主要是科第坊、官阶坊、忠孝坊、名臣坊、名贤坊、门第坊等。兹介绍其中一些较著名的御史坊。

## 一、现存及新修建御史牌坊

### （一）唐林氏九牧墓坊

唐林氏九牧墓，古称"故唐九牧伯仲林公墓"，位于今莆田市荔城区西天尾镇林峰村枫林自然村（古称"北螺村"）福平山之原。林披次子林藻亦

林峰唐林氏九牧墓园坊

葬于九牧墓园。该坊20世纪60年代初遭毁，2002年依原址并按九丘并列重建。2008年，陵园广场新建墓坊。石牌坊为四柱三门冲天式，面宽9.8米，高约5.8米，明间横额匾题曰"唐九牧伯仲林公墓"。牌坊明间的单额枋上圆雕"双凤朝阳"、额匾下的牌板浮雕"双龙戏珠"、小额枋高浮雕"双凤穿牡丹"图案，次间的额枋、牌板上浮雕有麒麟一类的瑞兽、花鸟图纹和题字。坊柱嵌刻楹联，柱上部有云纹雕饰，柱脚以抱鼓石夹柱。牌坊前后广场上各置1对圆雕西洋风格的石狮，增添墓园的庄严肃穆感。

## （二）莆城"仆射"坊

仆射坊，原立于莆城橄榄巷（今庙前）北巷口，是北宋熙宁（1068—1077）初年为旌表特赠尚书左仆射橄榄巷人陈靖所建的纪念坊，毁于明末。2022年春，重建"仆射"牌坊。新仆射坊，四柱三间五楼，石结构，仿木檐楼，歇山顶，通宽11.4米，高11.2米，明间面阔4.3米，次间净宽1.55米。中楼檐下的龙凤牌阴刻"恩荣"两大字，单额枋下之横匾阴刻"仆射"坊名，额匾两侧花板透雕"加官晋爵"图。大额枋下之字板正面楷书刻写旌表立坊人仆射陈靖的生平事迹，背面刻其与父仁璧舍宅建军署，移居橄榄巷创建"橄榄陈氏"的历史。明间小额枋高浮雕"双凤朝阳"，左、右次间雕"狮子""麒麟"图案。牌坊匾额下之花板透雕"耕织"图，两侧衬以"三羊开泰"和"五谷丰登"镂空图，次间花板雕刻"五福捧寿"吉祥图，借以表现传统农耕社会百姓对安定生活、

莆城"仆射"坊

富足长寿的期盼和向往。牌坊建筑主体用长泰青花岗岩，罗源青为辅料石材。

### （三）蔡宅"忠惠坊"

蔡宅为蔡端明赐谥忠惠立"忠惠坊"。宋时，兴化军在南门外蔡宅为襄立"忠惠坊"。明成化七年（1471），巡抚都御史滕昭过襄宅，命知府蒋云汉重立"忠惠"坊，后圮；清光绪间（1875—1908）绅士林兆骐重建。21世纪初，因旧城改造，蔡宅忠惠祠迁建于村南，而忠惠坊被拆除，构件尚在，有待重建。另宋时在仙游县治东街亦襄立"忠惠坊"，至明嘉靖五年（1526），知县萧宏鲁重修易匾为"庆历名臣、端明学士"坊。

蔡宅"忠惠坊"

### （四）枫亭蔡襄陵园坊

蔡襄陵园，位于今莆田市仙游县枫亭镇铺头锦岭下古官道旁，旧福厦公路西侧。陵园坐东南朝西北，墓葬呈凤字形，总占地面积13000平方米。1961年，蔡襄墓被列为福建省省级文物保护单位。

蔡襄逝后，其先葬于莆田县华亭将军山，明成化间（1465—1487）迁葬枫亭，正德间（1506—1521）续有重修。陵园前有清乾隆吏部尚书、文华殿学士蔡新为立的石望柱1对。神道前亦竖有"武官下马，文官下轿"的下马碑，以及石翁仲、石羊、石马、石虎等石像。陵墓两旁绿树参天。1997年，蔡襄后裔重建"蔡襄陵园"。

蔡襄陵园入口处，1998年建有陵园前导石牌坊，四柱三门五楼式，面宽10.9米，高约7.2米。坊额正面题名"蔡襄陵园"，为赵朴初书；背题"忠国惠民"。正面坊柱刻有2副柱联，柱脚前后以夹板石护柱，上圆雕有瑞兽。

枫亭"蔡襄陵园"坊

进入陵园的神道前,又建有一座四柱三门三楼式的石牌坊,面宽9.9米,高约7.5米。坊额前书"庆历名臣",后书"刚正康明"。柱脚前后只用夹板石护柱,不雕瑞兽。其坊似作仪门,对陵园墓葬和碑林起着空间分隔的作用。两座牌坊简朴庄重,肃穆矗立。

### (五)东海蔡襄文化公园忠惠坊

蔡襄文化公园,位于莆田市城厢区东海镇中心地段的浮山东北山麓,依山瞰海。园内主要建筑有蔡襄文化活动中心,以及蔡襄书画活动室、茶苑荔圃、洛阳桥微缩景观、牌楼、景观亭等。公园内有竖于广场前的"蔡襄文化公园"石牌楼和文化活动中心大楼右侧的"忠惠"石牌坊。"蔡襄文化公园"石牌楼,建于2021年春,四柱三门七楼式,石结构,面宽19.8米,高约15米,中门7.8米,门高5.2米,仿木檐楼,歇山顶。檐楼下正面横匾题"蔡襄文化园",背面题为"忠国惠民",坊柱皆刻楹联。牌坊额枋和字(花)板均雕刻各样图案,

东海蔡襄文化公园"忠惠坊"

柱下设置绿豆青雕刻大型须弥座。明间两柱须弥座正面有绿豆青圆雕蹲狮，背面为瑞象。次间边柱须弥座正背面皆以抱鼓石夹柱。牌坊体量大，楼数多，形制高，结构明朗，造型优美，工艺精细，气势不凡。

### （六）玉湖"陈丞相里第"坊

"陈丞相里第"石牌坊，位于玉湖公园"陈氏大宗祠"西侧。陈氏大宗祠，旧称"玉湖祠"，旧祠在阔口陈府池沟埕，2009年城市建设易地迁建今址。祠堂坐北朝南，三进九开间三脊，抬梁穿斗木构架结构，占地面积836平方米，规模庞大，雄伟壮观。

2011年，在大宗祠西侧即玉湖公园门口，营建有一座四柱三门三楼式的"陈丞相里第"石牌坊。其面宽11.7米，高约9.8米，仿木檐楼，歇山顶。中楼龙凤牌题刻"圣旨"两大字。明间横匾题曰"陈丞相里第"，这里是宋丞相陈俊卿的祖居地，故名。左右次间匾额分别题为"状元""榜眼"，即指宋咸淳四年（1268）状元陈文龙，绍兴八年（113）榜眼陈俊卿。有祠联曰

玉湖"陈丞相里第"坊

"一门二丞相,九代八太师"。坊柱刻有楹联,抱鼓石夹柱。牌坊前置1对圆雕大蹲狮。牌坊匾额的题词和坊前威猛雄壮的狮子,文武互映,相得益彰,突显玉湖陈氏"陈府"之高贵荣耀。

### (七)东峤"天恩特贲"坊

"天恩特贲"坊,原建于莆田市北高镇吴城村石坊自然村,为褒扬崇祯甲申(1644)殉难忠烈尚书王家彦而立。1958年修建东圳水库渠道,"天恩特贲"坊被拆毁,构件散落民间。2008年,王氏族裔开始集资并搜集旧坊构件,易地在其故里东峤镇先锋村重新修复石牌坊。新牌坊坐西朝东,背靠泽林山,为四柱三门三楼式,仿木檐楼,歇山顶。牌坊外柱间面宽8.5米,高约7.2米。檐楼下的龙凤牌竖刻"恩荣"两大字,两侧花板以绿豆青浮雕双龙图案,明间横匾题曰"天恩特贲",次间左题"宫保"、右题"司马",均使用旧坊原石刻构件复原。牌坊明间小额枋浮雕"双凤穿牡丹",其下两端有圆雕龙头雀替。次间左、右小额枋均浮雕"草龙纹",花板平雕花鸟纹饰,额枋

东峤"天恩特贡"坊

下圆雕卷草雀替。柱脚雕刻须弥座抱鼓石夹柱，牌坊台明四周以石栅栏围护，明间前置设1对圆雕蹲狮。牌坊雕刻精细古雅，结构造型朴实流畅，形象稳重庄严。

### （八）华亭"大冏卿"坊

卓迈，字士英，万历四十七年（1619）进士，选授云南道监察御史，官至太仆寺少卿，卒，墓葬华亭镇铺柳园出米岩。陵墓坐西南朝东北，占地面

华亭"大冏卿"坊

积82平方米。墓前置石马、石虎、石羊各1对，左右立棂星门石牌坊共2座。牌坊形制相同，二柱单门式，方形青石立柱，直径0.4米，高约3.5米，柱顶置蹲吼2尊，两横枋间夹匾额。左侧石坊额匾正面刻楷书"大冏卿"，两侧落款，上为"贞初卓老师"，下款"零陵明人王勃勒"，背面刻楷书"清正共推"。右侧石坊额匾正面刻楷书"世待卿"，背面刻四字"忠淳特鑑"。

## 二、方志载原莆田县域御史纪念坊

状元坊：一在延寿桥北，宋熙宁九年（1076）为徐铎立；一在务巷门首，徐氏子孙后徙居务巷，弘治八年（1495）重立在务巷门首。故状元御史徐铎纪念坊有二处。一在玉湖街，宋咸淳四年（1268）为陈文龙立。

亚魁坊：一在孝义里，宋代为榜眼陈睦立。一在玉湖，宋绍兴八年（1138）为榜眼陈俊卿立。

联璧坊：在城内大度，明成化二十二年（1486）为天顺进士林诚、杨琅、吴希贤、陈按等八人立。

群凤坊：在莆城东门内，成化二十二年（1486）为成化二年（1466）进士林正、丘山、陈鼐等十二人立。

文明坊：在南门街，成化十二年（1476）为成化五年（1469）进士方岳、陈鲤、方珪等九人立。

应奎坊：在衙后，成化二十二年（1486）为成化八年（1472）进士吴玉荣等八人立。

英贤坊：在南门街，成化二十二年（1486）为成化十一年（1475）进士林元甫等十一人立。

戊戌进士坊：在后街，为成化十四年（1478）进士林俊、吴球等十人立。

文英坊：在驿下，成化二十二年（1486）为成化十七年（1481）进士邱天祐等八人立。

文光坊：在文峰宫前，成化二十二年（1486）为成化二十年（1484）进士周进隆等四人立。

庚戌进士坊：在新观前，为弘治三年（1490）进士方良永等七人立。

癸丑进士坊：在驿前，为弘治六年（1493）进士郑岳等八人立。

丙辰进士坊：在驿前，为弘治九年（1496）进士陈茂烈、陈琳等四人立。

己未进士坊：在后街，为弘治十二年（1499）进士陈伯献、李廷梧、林季琼等七人立。

壬戌进士坊：在南门街，为弘治十五年（1502）进士林茂达、林富、许瀚、朱俨等八人立。

龙虎齐登坊：在大度，为正德六年（1511）进士余瓒、林有孚、朱鸣阳等十二人立。

登瀛洲坊：在大度，为正德十二年（1517）进士姚鸣凤、郑洛书、林若周、张曰韬等十九人立。

应会坊：在察院前，为正德十六年（1521）进士郑一鹏、史梧、詹宽等十六人立。

癸未进士坊：在大度，为嘉靖二年（1523）进士朱淛、方一桂等十五人立。

己丑进士坊：在东门内，为嘉靖八年（1529）进士郑絅、郑大同等七人立。

壬辰进士坊：在大度，为嘉靖十一年（1532）进士姚虞等十一人立。

乙未进士坊：在驿前，为嘉靖十四年（1535）进士郑芸、陈策等九人立。

戊戌进士坊：在南门街，为嘉靖十七年（1538）进士周鲲、黄洪毗、林应箕等十四人立。

辛丑进士坊：在驿前，为嘉靖二十年（1541）进士张英贵等七人立。

丁未进士坊：在南门街，为嘉靖二十六年（1547）进士邱预达、朱文汉等六人立。

庚戌进士坊：在南门街，为嘉靖二十九年（1550）进士郭应聘、林兆金、黄谦等九人立。

癸丑进士坊：在后街下，为嘉靖三十二年（1553）进士方万有、郑茂、陈志、方攸绩等八人立。

丙辰进士坊：在大度，为嘉靖三十五年（1556）进士林润等二人立。

丁丑进士坊：在北门内，为万历五年（1577）进士林休徵、陈扬善等五人立。

进士坊：一在南门街，为严泎立景泰五年（1454）甲戌科。一在阔口街，为陈鲤立成化五年（1469）己丑科。一在前黄，为黄谦立嘉靖二十九年（1550）庚戌科。一在洋城，为周进隆立成化二十年（1484）甲辰科。一在清浦，为翁世资立正统七年（1442）壬戌科。一在黄石，为方岳立成化五年（1469）己丑科，一在埔尾，为姚虞立嘉靖十一年（1532）壬辰科。一在佘埔，为黄琏立成化二年（1466）丙戌科。

解元坊：莆田有多座解元坊，一在东井，为杨琅立天顺三年（1459）己卯科解元，八年（1464）三甲进士。

五魁坊：在南门街，为嘉靖二十二年（1543）解元黄继周举人第一人；经魁林文宾广西中式第二人，适补五魁之数；黄谦举人第三人，庚戌（1550）进士；林仰成举人第四人；江从春举人第五人立。

给事坊：在石幢街，宋为给事中王晞亮立。

豸绣坊：一在后埭街，景泰五年（1454）为陈敬任御史立。一在塘头，景泰五年（1454）御史陶复为提调南畿学校、御史叶峦立。一在南门街，为封御史朱贵和立。朱贵和，黄石琳井人。子朱文科，嘉靖举人，官终云南按察使。贵和以子贵封御史，赠知府。

峨豸坊：在山坪，天顺七年（1463）御史滕昭为南京监察御史洪楷立。

大司徒坊：在仓前街，为明成化户部尚书翁世资立。

绳武坊：在井亭街，为云南道监察御史严泎立。

方伯坊：在乌石街，成化二十二年（1486）知府丁镛等为布政使严泎立。

两朝侍御坊：在驿前街，成化二十三年（1487）知府丁镛为归田监察御史林诚立。

大司寇坊：在涵口，弘治元年（1488）御史吴一贯为彭韶立。

总藩坊、总宪坊、柏府坊：在黄石清浦村，三坊俱为知府周进隆立。

豸史坊：在南门内横街，弘治七年（1494）御史贾宗锡为监察御史周进隆立。

台宪坊：一在南门街，为佥事余琦立。一在墓兜，为副使吴希由立。

都谏坊：一在仓后，为林元甫立。一在横塘，为朱鸣阳立。

少方伯坊：在塘下，为参议许瀚立。

父子中丞坊：在仓后街，为明林元甫、林有孚父子立。

名世上卿、同朝岳伯坊：在后埭街，为明刑部尚书方良永、布政使良节立。

清朝侍御坊：一在马巷，为史梧立。一在吉了，为陈策立。

开国侍臣坊：在演武场边，嘉靖间（1522—1545），御史聂豹为林廷纲立。

两京柱史坊：在吴刀，为詹宽立。

两按畿甸坊：在南门街，为御史陈志立。

两按名藩坊：在驿前街，为林应箕立。

总制坊：在塔兜，为明总督两广、侍郎林富，祖训导弥宣、父垠并赠侍郎立。

内台总宪坊：在南门街，为明都御史邹守愚立。

柱史坊：一在务巷口，万历二年（1574）知府吕一静为御史朱文科立。一在横塘，为张曰韬立。

宫保尚书坊：在北门内，为林云同立。

宫保坊：在南门街，为郭应聘立。

大司马坊：在南门内，为郭应聘立。

翰苑柱史坊：在南门，为林休徵立。

柱史宪臣坊：在北郊，为方万策立。

尚书坊：一在莆田里清浦，为翁世资立。一在后埭街，万历二年（1574）知府吕一静为林云同立。

都宪坊：一为成化八年（1472）知府潘琴等为翁世资立。一为弘治五年（1492）参政魏瀚等为彭韶立。一为弘治十五年（1502）巡按御史陆傅为林俊立。以上三坊俱在义井望海门里。一在仓后街，为林有孚立。一在井亭街，巡抚殷从俭为御史郭应聘立。

绣衣坊：一在井头街，正统十二年（1447）御史柴文显为监察御史林祥凤立。一在由坪，为南京监察御史洪楷立。

峨豸坊：一在清浦，景泰五年（1454）佥事宋珣等为御史周哲立。一在横塘，天顺四年（1460）知府潘本愚为御史林荣立。一在西街，成化八年（1472）知府潘琴为御史林正立。一在横塘，成化十二年（1476）布政使钟清为御史丘山立。一在坑井，为成化御史吴球立。一在清浦，弘治九年（1496）御史陆完为御史周进隆立。一在黄石，弘治十二年（1499）御史张敏为监察御史丘天祐立。一在北门巷里，为御史郑光琬立。一在耕原，为监察御史王玉荣（榜姓吴，后复王姓）立。

二忠祠坊：在城隍庙左，为宋陈文龙、陈瓒立。

天恩特贲坊：原在北高吴城，2008年迁建东峤山美，隆武元年（1645）为王家彦立。

旌表孝廉坊：在旧北门街，为明陈茂烈立。

元老旧弼坊：在望仙门（南门）内，宋为陈俊卿立。

宰政坊：在府学前街和美巷，绍熙二年（1191）知军赵彦励为龚茂良立。

三朝元老、一代名臣坊：在城关东门内，为彭韶立。

一代名臣坊：在南力里草鞋墩，为彭韶立。

少保贞肃坊：在义井街材行铺，为林俊立。

乔木凌云坊：在蒲坂，为郑岳立。

三代司马、四世名宦坊：在文峰宫前，为明彭甫、彭大治、彭文质、彭宪范、彭汝楠立。

忠惠坊：在南门外蔡宅，宋端明蔡襄赐谥忠惠，郡为立坊。

三贤坊：在后街，成化十一年（1475）御史尹仁为宋陈俊卿、蔡襄立"二贤"坊，后佥事林克贤增入林光朝，改匾"三贤"。

联芳坊：在黄石清浦村，正统十五年（1450）御史毕鸾为翁世用、翁世资兄弟立。

父子兄弟同朝坊：在黄石清浦村，为翁瑛及子翁世用、翁世资立。

三世登瀛坊：在南门内横街，成化二年（1466）监察御史魏瀚为林英及其子甲辰（1424）进士林辉、孙甲申（1464）进士御史林诚立。

世荣坊：在后塘巷，成化四年（1468）知府岳正为方鼎登永乐乙未进士、侄朝宗登天顺丁丑（1457）进士，并朝宗父鸾封主事立。

群龙坊：在连江里林墩，成化十年（1474）监察御史尹仁为方珪等立。

济美坊：在前埭东黄里，成化十年（1474）为御史黄深等立。

黄堂济美坊：在山坪，为洪楷立。

三世青云坊：一在方巷，成化二年（1466）巡按御史魏瀚为御史黄谨、以子谨恩赠监察御史黄宣等立。

世科坊：在涵口，弘治七年（1494）知府王弼为彭韶暨子彭濬立。

世牧坊：在清浦，为周进隆立。

科甲联芳坊：在东华，为郭应聘等立。

清朝世侍御坊：在埔尾，为姚鸣凤、姚虞等立。

世进士坊：在乌石街，为柯英及子柯维熊、维骐、孙本俱登进士第立。

父子兄弟进士坊：在柯山，为柯英及子维熊、维骐立。

兄弟进士坊：一在前街，为方一桂、一兰兄弟立。

都台归第坊：在下井街，为林大辂立

累世进士坊：在横塘，为彭甫、彭大治、彭文质、彭汝楠联登进士立。

奕世宠荣坊：在黄石，为朱文科等立。

大中丞坊：在南门街，为林一鹤立。一鹤以子林润赠佥都御史。

状元茔坊：在安乐里柯山柯朱村，为柯潜立。

大冏卿坊：在华亭，为卓迈御史墓立。

## 三、方志载仙游县域御史纪念坊

状元坊：在兴泰里龟岭，宋乾道五年（1169）为状元郑侨立。

鹿鸣进士坊：在文贤里屏山。

省元坊：在西街尚贤巷口，宋为尚书省省试第一人叶大有立。

尚书坊：绍定时为叶大有立。

绣衣坊：在折桂里后坂，为唐御史陈峤立。

端明学士坊：在县治东街，宋时为蔡襄立。初曰"忠惠坊"。嘉靖五年（1526）知县萧宏鲁重修，易今扁。乾隆元年（1567）知县邵成平重修。

正简坊：在东街，为叶颙立。

少司马坊：在万善里留坡，为陈谠立。

耆德坊：在县治东街，为陈谠立。

忠孝双美坊：在县治，正德九年（1514）知县范珪为御史李鼐立。

忠孝完名坊：在兴贤里蜚乌大路，嘉靖二十六年（1547）户部侍郎顾珀为李鼐立。

豸绣坊：在香田里，为御史李梁立。

甲第蝉联坊：在留坡世第，为进士陈谠、陈谅等立。

# 第二节　莆阳御史故居祠堂

中国各地都存在大量的名人故居宅第、专祀祠堂等纪念性建筑。这些建筑多属名人后裔等私人所建，也有的得到地方政府或官员的资助。一些刚直不阿、勇进谏言而受贬者，兴利除弊、有功于民者，或宁死不屈或战功显赫的民族英雄，乃至著名文人等，因为深受人民热爱，其故居宅第、名人祠堂往往也声名大振，拜谒者不绝。历代莆阳御史留下的故居、祠堂，今存者已是百不及一。这些幸存的纪念性建筑整体，至今不但有旅游观光、寻根谒祖功用，更有让人知荣明耻、明辨是非的教化和激励后人作用，故多数都已被列为文物保护单位。

## 一、唐宋莆阳御史故居祠堂

### （一）后坂陈峤祠

陈峤祠，又称"陈峤御史祠"，旧志载在"仙邑折桂里侯坂"，即今莆田市仙游县榜头镇后坂村。陈峤原居莆田县城郊延寿村，后迁入仙游候峰（今榜头）后坂山。御史祠始建于唐文德年间（888），尚存旗杆石等文物。陈峤曾孙陈绛，于宋咸平二年（999）登进士第，官工部郎中知福州兼福建路马步军都总管。北宋天圣（1023—1032）初年，出任福州知州的陈绛回乡祭祖时，

后坂陈峤祠

倡建第二座和第三座陈氏宗祠。2021年12月，后坂村依托3座千年陈氏祠堂创建了"进士文化园"。

### （二）东里黄滔祠

黄滔祠，位于今莆田市荔城区镇海街道英龙社区东里巷，坐东向西，大门上有"东里黄氏大宗祠"匾额，祠内亦悬有"黄滔纪念馆"匾。该祠占地面积约780平方米，建筑面积650平方米，始建于元大德八年（1304）。黄氏裔孙为纪念东里黄氏始祖黄滔，创建祠堂正厅"思敬堂"。明天顺年间（1457—1464），黄氏族人又在原祠基础上增建下厅"敦叙堂"、大门马台和东直房等。黄滔祠门内墙嵌有《品树连阴图记》石刻。正厅悬挂有"文章初祖"匾额。大门对联书"雄藩息烽火，名士集南州，规正许功，闽海一时称乐土；延福世书香，甲族开东里，文章初祖，莆阳千载仰高贤"。1986年，黄滔祠被列为莆田市市级文物保护单位。

东里黄滔祠

## （三）蔡宅忠惠祠

蔡襄祠，在今莆田市城厢区棠坡村西北。蔡襄晚年迁居莆田城南，故其村号"蔡宅"。蔡襄卒后，子孙即以水亭之旧居第改建为蔡氏祠堂。明洪武十六年（1383），蔡襄十一世孙蔡得复重修祠堂；正统、景泰间（1436—1457），世孙潮阳丞蔡应元又重修，尚书陈俊作《蔡氏祠堂记》。至成化六年（1470）巡抚都御史滕昭行部过城南，见路旁废祠有蔡忠惠字，乃下车瞻拜蔡襄祠堂，并命郡守潘本愚重建。弘治七年（1494）郡守王弼复扩建"忠惠祠"，并赎回蔡氏果园以及水池，置为祠产，以供祀事。嘉靖壬戌（1562），该祠毁于倭祸。隆庆六年（1572）十七世孙生员蔡宾、蔡志豪等呈巡按御史杜化中，行郡给祭租赢金重修。21世纪初，因旧城改造，忠惠祠迁建于村南。新忠惠祠有祠联云："壶山兰水同千古，庆历熙宁第一人。"祠旁以宋体字新刻明代进士周瑛撰《重修蔡忠惠祠记》一文。

蔡宅忠惠祠

另外，在仙游县鲤城镇洪桥街也有蔡襄祠，蔡襄任职过的泉州、福州等地也都有蔡襄祠。

### （四）龙华蔡襄纪念祠

龙华蔡襄祠，也称"龙华蔡襄纪念祠"，位于莆田市仙游县龙华镇灯塔村，由蔡襄第十七代裔孙蔡思斋创建于明正统二年（1400），清康熙元年（1600）扩建，乾隆五十九年（1794）重修，1996年再修竣工。蔡襄纪念祠坐北朝南，单进合院式，悬山顶，土木结构，占地5000多平方米，建筑面积590平方米。主殿面宽三间16米，进深二座32.9米，有左、右护厝，下厅、上厅间设天井。纪念祠的文物遗迹丰富，有清乾隆文华殿大学士蔡新题赠蔡祖苞寿庆围屏12幅及"恩荣叠案"寿匾，国民革命军第十九路军军长蔡廷锴题写的"壶范荣婺"匾额。"蔡襄纪念祠"匾额由中国人民解放军空四军原副军长蔡园将军题写。

龙华蔡襄纪念祠

### （五）仙游王回祠

宋代御史王回的祠堂，在莆田市仙游县境内据说历代有6座之多。最早的王回祠是宋代建于善化里上坂（今大济镇西南村，俗呼"乌台""乌头"）王回故宅鸡山（又称"鸡足山""奎山"）之精舍。宋嘉定间（1208—1224）知县樊泰曾作《御史王回祠记》云："始获拜公之祠于鸡山之精舍。暇日，从其家得司谏吴公所述志文，且访其家世之遗事。"可知仙游第一座王回祠是建于王回故居鸡山（奎山）。但到了清季，陈居禄《宋侍御王公景深祠堂记》提道："公之祠，旧在鸡山者已不可考。"可见清末该王回祠已废。

现存的五座王回祠分别是：

1. 鳌顶王回祠：在今仙游县福利院与正觉寺附近，俗称"鳌顶""鳌头顶"。据载为绍兴十五年（1146）仙游县知县长乐人陈致一所创建。址在旧保福院法堂西侧。清乾隆十五年（1750），王回后裔、上舍生王国栋（字孚翁）在县城鳌顶选址重建王回祠，乾隆十八年（1753）冬竣工。莆田人林黉撰《仙邑宋御史王公祠堂记》以纪之。

2. 昆仑山王回祠：又称"昆山王回御史祠"。昆仑山，在县东十五里榜头镇云庄村。王回祠建于昆仑山顶，始建于南宋绍兴年间（1131—1162），明正德年间（1506—1521）重修，嘉靖二年（1523）王子桂又重修。祠内有明户部尚书大书法家倪元璐题"元祐名臣"匾，柱联刻"名标党籍播芳徽，秀拔昆峰留胜迹"。1958年，祠宇被拆毁。1997年，王回御史祠被列为仙游县县级文物保护单位。昆仑山旅游风景名胜区董事会正拟在原址重建王回祠。

昆仑山王回祠

3. 顶古濑王回祠：据榜头《云庄王氏族谱》载，入闽始祖王逢，二世王居、王楷兄弟于五代后晋开运元年（940）卜居仙游常德里（今大济镇）乌头村，地名曰"鸡山"（又称"奎山"）。王居为仙游奎山王氏始迁祖，王回乃奎山王氏七世孙。南宋嘉定年间（1208—1224），其后裔由奎山散居涵井村，南宋绍定间（1131—1162）再徙县东昆仑山麓（今云庄、后庄、昆仑一带）。顶古濑王回祠，系由昆山王氏第十四世王谷韶、谷安迁居万善里大旗山（又名"大帽山"）之麓古濑村创建。祠址位于古濑村后街（又作"后溪"）125号，有楹联"固始家声大，奎山世泽长"，又一联"祠茂臻富贵，堂开沐朝阳"。

顶古濑王回祠

4. 云庄王回祠：今也称"王氏宗祠"。位于仙游县榜头镇云庄村（又名"汾庄"），始建于明成化十四年（1478），清代重修。祠宇坐东南向西北，悬山顶，由门厅、天井、左右廊庑、内庭、正厅、护厝等组成，面宽三间，进深三间。内置王回塑像，存有清代"溪山奇观"石刻及清末科进士莆田人张琴手迹石柱楹联1副。1997年1月，祠被列为仙游县县级文物保护单位。

云庄王回祠

5. 建华王回祠：旧称"尾厝王回府第"，位于仙游县龙华镇建华村下王自然村52号，明代

建华王回祠

前创建，明代重修。祠宇坐南向北，歇山顶，前后两进，占地面积约2500平方米。祠内尚存明崇祯三年（1630）仙游县丞王日新（字学孟）题"世德凝祥"匾及民国辛酉年（1921）陆军少将王献臣题"槐庭普荫"匾。祠堂有楹联云"奎山松苍柏翠，槐庭叶茂华繁"。又一联"柏府正气，刚直不阿；槐堂凝德，源远流长。"1997年，王回祠被列为仙游县县级文物保护单位。

### （六）溪口叶颙故居

叶颙故居，位于莆田市仙游县大济镇溪口村（旧与古濑村同属古濑府）西北，现为叶氏大宗祠。宋淳祐年间（1241—1252），兴化知军福清人林希逸倡立叶丞相祠，历代多次重修。祠宇坐北向南，占地面积约2000平方米，分上、下埕，尚存台基、柱础、宋代浮雕石狮等文物。1984年，后裔在遗址上重建门厅、主厅和左、右两厢房及照壁等，建筑面积约880平方米。大门联刻："古濑家声大，南阳世泽长。"1984年，故居被列为仙游县县级文物保护单位。

除在仙游县有叶颙故居和叶氏大宗祠外，在广东省佛山市南海区还有叶

溪口叶颙故居

颙墓和叶氏宗祠。

### （七）玉湖二相祠

玉湖二相祠，也称"玉湖祖祠"，原在莆田市荔城区镇海街道阔口玉湖（古山），南宋末始建，原系丞相陈俊卿故居。元兵陷兴化城后，祠毁。明成化三年（1467），兴化知府岳正主持重建为玉湖二相祠，祀陈俊卿和陈文龙。万历年间（1573—1620），玉湖裔孙陈日孜、陈承芳先后重修。清乾隆、同治年间（1736—1862），裔孙重修重建。至20世纪70年代，玉湖祠尚存有门坊、大门坦、拜亭、正厅及护厝，占地面积345平方米，坐北向南偏西，由祠门、拜亭、正厅等组成。正厅面宽三间，进深一间，歇山顶，穿斗式木构架。大门刻楹联："一门二丞相，九代八太师。"祠内还有"文章魁天下，节义愧当时""冠裳承雨露，蘋藻肃春秋"等楹联。1993年，玉湖祖祠被列

玉湖二相祠

为莆田市市级文物保护单位。2008年春，因阔口片区改造，玉湖祖祠迁建于玉湖公园，2009年底，新祠迁建落成。12月20日，数千名陈氏宗亲参加玉湖祖祠迁建落成庆典活动。迁建后新祠占地面积836平方米，除原样迁建主殿和拜亭外，增建偏殿和山门。山门两侧扩建了祭祀陈文龙、陈瓒的昭忠庙和城隍庙。迁建后的玉湖祠为公园增添了一个新景点，也成为一处爱国主义教育基地。

## 二、明代莆阳御史故居祠堂

### （一）东阳陈道潜故居

陈道潜故居位于今莆田市荔城区拱辰街道东阳村。故居建筑群现存有御史第、司马第、陈氏两座宗祠，均为穿斗式木构架，悬山顶。其中御史第规模宏大，明代始建，清代重修，占地面积约约1500平方米，坐北向南，由外大门、砖埕、照墙、三进厅房和天井两侧的廊屋组成成。厅房面宽五间，进深三间，悬山顶，穿斗式木构架，建材以砖木为主，墙基石砌。故居保存有明嘉靖六年（1527）正月立的陈俨庭训石碑。1993年，故居被列为莆田市市级文物保护单位。

东阳御史第

### （二）魏塘世侍御祠

世侍御祠位于今莆田市涵江魏塘（今莆田市涵江区白塘显应村），为纪念明恩赠侍御陈道潜父陈鎣和长兄陈道亨而建。明初，陈道潜胞兄陈谦（道亨）长子锐（宪六，字公鼎）、次子铉（宪七）从莆田东阳迁来，遵陈谦为魏塘陈氏始祖。魏塘世侍御祠，系浮山陈氏第二十世裔孙、明成化十年（1474）

举人、巢县知县陈瑞（字孟玉，号少村）所倡建。祠奉赠侍御史世祖砺峰公陈䇞，赠侍御诏赐冠带遁斋公陈道亨，赐进士江西道监察御史、理学名臣陈道潜及宪六公陈锐、宪七公陈铉、少村公陈瑞等列位族祖。世侍御祠于清顺治五年（1648）毁于兵燹。

魏塘世侍御祠

十八年（1661），裔孙效端割地以拓大堂基，思卿、思臣、效迪等董事协成，匾书"世侍御祠"复奉列祖。道光五年（1825），祠又大修。六年（1826）十月，进士陈池养撰《魏江世侍御祠考》碑记，原刻今存。近年，陈氏裔孙又曾重修世侍御祠。祠大门书联曰："宗派承淇水，云礽衍魏江。"祠内另有"颍水宗祖规模远，浮山儿孙绍述长"等柱联。

### （三）涵口彭韶祠

彭韶祠，原称"尚书祠"，位于今莆田市荔城区新度镇港西村北厝184号，系明刑部尚书彭韶故里，创建于明代。村里另有世德祠、清源祠两座彭氏祠堂。后岁久祠废。1993年，港利、横塘、南箕、下皋石斗、梧塘林外等村彭氏后裔共同发起成立"重建尚书祠董事会"，推选彭元辉先生担任董事长。港利9个自然村彭氏族裔集资10多万元。当年年底，在原

彭汝楠书法

港西村彭氏大宗祠

址上建起了一座尚书祠正堂。后经各地族裔商定，尚书祠合三祠为一祠，扩大后改称"彭氏大宗祠"。1995年7月，在祠内设立"彭氏历史名人纪念馆"，由时任福建省文化厅文物处处长的吴玉贤题馆名。馆内图形绘影，奉祀纪念彭氏历代名人，如受姓始祖彭祖、宋状元吏部尚书彭汝砺、宋太学生卓彭受、宋潮州刺史彭延年、宋国子祭酒彭椿年、宋特奏名状元彭彝甫，明刑部尚书彭韶、明兵部侍郎彭汝楠、清广东巡抚彭鹏等。正殿"陇西堂"大门壁柱联书"盛德大功，四世国家元老；孤忠峻节，百年天地一人"，乃赞颂彭韶铁面无私、严正执法、威震朝野的旧联句。1996年，董事会又在纪念馆前增建左右两廊，廊壁镶嵌7块石刻，镌刻彭姓名人的题联和题词。

### （四）赤柱林富故居

林富故居，在今莆田市荔城区镇海街道英龙社区赤柱巷。林富嘉靖十一年（1532）致仕后建别墅"东山樵舍"于东岩山隐居。故居占地面积3000多平方米，坐西北向东南，歇山顶，抬梁，穿斗式木构架，由山门、拜亭、正殿、两厢、两庑等组成。正殿面宽三间，进深二间。宅中保存明代麒麟石。

后花园有千年古樟树，树围13.8米。林富曾于此讲学，逝后由弟子改建为侍郎两广总制林富祠堂。1949年后，祠堂废祀，后来莆田军分区征建于此，20世纪末旧城改造，故居征迁。其赤柱后裔所居宅第则仍以"东山樵舍"作为姓灯标识。

赤柱林富后裔宅

### （五）华中余瓒祠

余瓒祠，又称"世卿家庙""西余祠""赐书堂"，位于今莆田市荔城区黄石镇华中村，始建于明嘉靖年间（1522—1566），初为祠，后扩为家庙，2001年曾大修。家庙坐北朝南，二进三开间，建筑面积260平方米。大门上悬余一石书"世卿家庙"匾及大门联"圣朝崇特祀，囯寺世承恩"。庙前廊两边砖砌拱书，祠堂内石珠、木构雕艺等均显明代典型构式。厅堂中悬有"进士""忠谏名臣""父子囯卿""赐书堂"等匾额。

华中世卿家庙

## （六）横塘张曰韬祠

张曰韬祠，又称"忠谏公祠"，位于今莆田市荔城区黄石镇横塘村后厝111号，据说原称"世侍御祠"，明代为纪念御史张曰韬而建。祠宇坐南向北，单进面宽五间。张祠历史上屡毁屡建。现存忠谏公祠，据匾额纪年为"乙亥年冬"，可见祠宇重建于1995年冬。

横塘忠谏公祠

正面窗上有"侍御世业""忠谏济美"题字。又有2018年重修功德碑，可见已多次修建。祠中尚存有一通饶州府通判方叔猷为岳父张曰韬拜书的墓道碑，文刻"赐进士第文林郎河南道监察御史赠光禄寺少卿横塘友松张先生"。尚有《月洲衍派》等几块叙记横塘张氏来历的碑刻。

## （七）莆城林润故居

林润故居，旧称"中宪第"，原位于今莆田市荔城区镇海街道下务巷，

莆城林润故居

始建于隆庆元年（1567），光绪年间（1875—1908）曾改建，坐北朝南，东大门坦面朝下务巷，面宽38.4米、进深57.83米，占地面积2500平方米，为三进庭院式建筑。中轴线上依次由院埕、门厅、中厅、后厅及后花园组成。中厅面阔三间，进深五柱，悬山顶，穿斗式木构架。后厅和中厅左侧均有厢厅。20世纪末因旧城改造，都宪第移建到位于学园南街莆田一中新校区西隅，称为"林润故居"，被列为莆田市市级文物保护单位。

### （八）钟潭司马山庄

郭应聘原籍为今莆田市荔城区黄石镇华中村，村中有郭氏宗祠。郭应聘第一次返乡归隐六年，于今城厢区霞林街道办事处霞林社区西部的锦亭钟潭筑别业及读书亭，致仕归乡后隐居于此。郭应聘官至兵部尚书，别称大司马。潭边今存"大司马"石刻，其所筑别业，人称"大司马山庄"，简称"司马山庄"。钟潭大司马山庄废弃已久。2003年，霞林社区和钟潭风景区重建了一座"司马山庄"，内祀郭应聘雕像，作为郭应聘纪念馆，以彰显景区的人文底蕴。司马山庄为单进三开间仿古祠堂建筑，建材为钢筋水泥和木石构成。廊柱、门柱均有对联装饰。其廊柱联云："司马功成营翠阁，山庄景泰耸崇楼。"

钟潭司马山庄及郭应聘塑像

### （九）先锋王家彦祠

王家彦祠，又称"忠端祠"，位于今莆田市秀屿区东峤镇先锋村王氏祠堂。王氏祠堂创建于清朝前期，堂宇共3座。建筑群沿中轴线依序排列，坐西北朝东南，规模宏大，后经康熙截界变乱，濒临倾圮，至1924年合并为一座。现宗祠为1999年秋重建，祠堂面宽三间，进深8米，堂中供奉山美王氏家族历代先祖灵位及历朝科甲封荫石刻名榜。祠堂西侧竖立特赠资政大夫、太子少保、兵部尚书实斋公（王家彦祖父）神道碑，系明隆武元年（1567）家彦之父维箕所立，今碑石保存完整。王氏祠堂前座今定名为"忠端祠"，其形制规模与后座祠堂类似，系2003年8月重建，主祀王家彦。堂上悬挂清顺治年间（1644—1661）赐谥"忠毅"匾额。主厅进深7.30米，宽9.6米，两厢宽3米，深11米建。该祠拟辟为明忠烈名臣王家彦纪念馆，陈列有关王公史迹文物，供后人缅怀、瞻仰。

先锋忠端祠

### （十）枫亭林兰友祠堂

林兰友祠堂，创建于清康熙年间（1662—1722），位于枫慈溪下游南隅、集英亭之东约100米处。祠宇坐南朝北，面向蕉溪，背负鱼街（兰友街）。早年祠堂前后遍植荔枝，印石丛峙。祠宇面积为196平方米，系土木结构的平瓦房，由门厅、正堂、左右回廊组成。祠内悬挂"忠贞成性"匾额，为兴

枫亭林兰友祠

化府尹紫桢所立。这座祠宇虽古朴简陋，却雍容大方，与霞街明右参议陈迁家庙隔溪相望。祠堂现列为仙游县县级文物保护单位。

### 三、清代莆阳御史故居祠堂

#### （一）坊巷彭鹏祠堂

彭鹏祠堂位于今莆田市荔城区兴化府历史文化街区坊巷与大路交界处，原本是明布政司左参政彭文质中举人后从莆田黄石横塘村迁入坊巷的府邸。因彭文质的儿子参与反清复明活动，这座府邸被焚毁，而他的曾孙彭鹏在清代立功受到康熙皇帝的诏见，赠黄金三百两，并将彭氏府邸归还彭家改作彭公祠。祠堂为二进五间厢大厝，中夹东西三天井，悬山顶，穿木结构。后落中三间为敞开式，旧时作为享堂。1949年后，祠废，后安置自书香巷征迁的原氏家族迁住，成为民居。兴化府历史文化街区修缮后，建筑改作莆田木雕工艺展示馆，向民众开放。

坊巷彭鹏祠堂

## （二）金桥彭鹏故居

彭鹏故居位于莆田市荔城区镇海街道文献社区金桥巷 105 号，坐北向南，悬山顶，穿斗式木构架，占地面积约 1000 平方米。故居原有 120 多个房间，由外大门、前后厅房组成。大门坦临巷，门内为院埕，北为四进七间厢大厝。前落为厅廊，二、三进为正厝，两进间夹有左、右、中三天井，两旁为护厝。

金桥彭鹏故居

后落为供堂。第二进厅堂梁上悬有清左都御史于成龙题"帝眷忠清"巨匾。正厝左侧，有一座独立小院，为彭氏购居前的明后期建筑原构，称"帝君庙"。小院主屋建筑为悬山顶、穿斗结构的五间厢平屋。正中为厅堂，厅两侧为正房，两旁为厢厅。门前为庭院，东过隘门，有大门坦通井头街。1993 年，故居被列为莆田市市级文物保护单位。

## (三)庙前林扬祖故居

林扬祖故居位于莆田市荔城区兴化府历史文化街区庙前街,即莆田市荔城区镇海街道长寿社区后街71弄、111弄,庙前街58弄,始建于清咸丰年间(1851—1861)。故居坐南向北,悬山顶,正厝屋顶作三段脊、高低檐,穿斗式木构架,二进七间厢大厝,清中后期莆田庭落式士大夫宅第典型建筑,建筑面积900平方米,单进合院式建筑,由砖埕、左右院门、门厅、上厅及与厅并列横向建筑的诸多房舍、右邻小院等建筑组成,门扇木雕和柱础石雕精美。1993年,故居被列为莆田市市级文物保护单位。

庙前林扬祖故居

## (四)梅洋江春霖故居

江春霖故居俗称"百二间大厝",位于莆田市涵江区萩芦镇梅洋村。故居首建于清乾隆至嘉庆年间(1736—1820),历经增建、拓建。故居坐东南向西北,占地总面积4408平方米,计有正屋125间(包括厅子房)。故居为三进七开间,悬山顶,土木结构。中轴线由外埕、大门坦、内埕、下厅、顶厅、月堂厅等组成。中轴主建筑左右各有3座护厝,由新厝里、楼顶里、二弄及尾楼组成封闭式结构。故居右后角原建有铳楼,以备防范匪盗。外埕进入内院简朴的大门坦联板刻"源从济水,派衍淮阳",点明江氏郡望。进入下厅

梅洋江春霖故居

的大门上悬"文魁"匾，系江春霖父江希濂于同治乙丑科（1865）中举人时所挂，门联为"柏叶家风古，笔花春色新"。大厅还有"进士""杖朝眉寿""玉杖扶鸠""鹤筹添算"等匾额。近年来，涵江区纪委监委牵头，对江春霖故居进行修缮与保护，使其成为一处重要的廉政教育基地。

# 第三节　莆阳御史纪念馆

纪念馆是新时代开辟的一种为纪念有卓越贡献的人或重大历史事件而建立的纪念性建筑，当代则可结合声、光、电、实物等，多方面多视觉立体直观地表现人物或事件，以增加展示效果。莆阳御史人物纪念馆，包括一些陈列馆、展示馆，主要有两类建筑。一类为新建的纪念馆，多为现代建材和现代风格，如翁承赞纪念馆、东海蔡襄纪念馆、绶溪公园刘克庄文化馆，以及壶山陈文龙、陈瓒展览馆。还有一类是依托原有的祠庙，开辟纪念馆、陈列馆，造价较低，但往往规模较小，如玉湖祖祠陈文龙纪念馆、涵江龙津社陈文龙纪念馆等。本节列举一些较有代表性的纪念馆。

## 一、独立新建的御史纪念馆

### （一）莆阳御史文化馆

莆阳御史文化馆于 2025 年 1 月开馆，是全市廉洁教育资源最丰富的综合性展馆。文化馆坐落于木兰溪畔玉湖新城，建筑面积约 1800 平方米。展馆主要由"孕育""风骨""传承"三大篇章组成，展示千年廉脉的莆阳清风图谱和新时代的制度借鉴及精神传承。"孕育"部分介绍壶山兰水孕育了莆阳御史刚毅不屈的性格特点、千年廉脉厚植了莆阳御史大爱无私的文化秉性、莆阳文脉厚植了莆阳御史忠诚孝廉的价值追求；"风骨"部分从"道""德""术"三个方面提炼莆阳御史忠贞爱国、勤政爱民、铁面无私、刚强正直、恪尽职守、知行合一、深谋远略、臻于至善的 8 个精神特质；"传承"部分阐述挖掘莆阳御史文化是"第二个结合"的生动体现、御史文化对自我革命的制度借鉴以及对全面从严治党的实践启示。

莆阳御史文化馆

建设莆阳御史文化馆，既是根植本土地域的厚重读本，也是深度融合"两个结合"的示范载体，旨在讲好纪检监察故事，打造纪检监察人精神家园；重拾莆田廉洁文化精髓，发挥德润人心功效，为加快建设绿色高质量发展先行市营造风清气正的氛围。

### （二）蔡襄文化园

蔡襄文化园（原蔡襄纪念园）坐落于福建省莆田市仙游县枫亭镇锦岭山，占地面积45亩，现为"省级廉政教育基地"。其前身为蔡襄陵园，2005年被授予莆田市廉政教育基地和青少年爱国主义教育基地；2014年被福建省纪委、监察厅授予"省级廉政教育基地"。2021年、2023年先后两次进行改造提升，

蔡襄文化公园

进一步挖掘蔡襄历史文化内涵，将其核心思想归纳提升为"民本、任贤、吏治、德治、教化、监察"六大方面，形成集廉洁教育、观光游览、文化休闲等功能于一体的廉洁文化教育基地。

文化园由公园、展馆、碑廊、陵园等多个部分组成，通过详实的文史图片资料阐述、洛阳桥等仿真实物展示、石雕壁画等基础建设呈现、多媒体展播等多种形式，集中展现了蔡襄勤政廉洁、忠国惠民的一生，对于引导党员干部崇廉拒腐、崇德向善具有积极的教育意义。其中：公园主要包括休闲广场、茶园、荔枝园等；展馆面积共1200平方米，以时间为序分九个篇章展现蔡襄的廉政思想和人生历程；碑廊全长134米，由154块黑色大理石碑文组成，为福建省现存规模最大的碑林，用楷、行、草、隶等各种书法镌刻，展示蔡襄诗文书法手迹及历代名人赞誉文章；陵园由主体墓、石仪门、前仪门、四垂亭、石望柱和仿古石雕等组成。

### （三）壶山陈文龙、陈瓒展览馆

2012年6月，陈瓒后裔经过寻勘，在壶公山麓发现陈瓒、陈文龙衣冠冢，

并发掘出"宋义士侍郎忠武、文魁太师忠肃陈"字样墓碑及石翁仲等文物。嗣后玉湖陈氏后裔决定在壶公山修建二忠陵园。2013年6月，二忠文化公园筹建董事会成立。当年冬至，二忠陵园初期建设竣工。2015年9月6日，

壶山陈文龙、陈瓒展览馆

陈国章董事长又牵头在壶公山五仑山麓石鼓峰上兴建二忠城隍祖庙，工程历3个月完成。2015年10月，在二忠城隍祖庙旁又增建二忠"爱国楼"，11月17日竣工。2018年，又开辟陈文龙、陈瓒事迹展览馆。11月25日，展览馆在壶公山二忠文化公园爱国楼正式开馆。

### （四）绶溪公园刘克庄文化馆

刘克庄纪念馆位于绶溪公园"后村梅园"，由刘克庄文化馆、刘克庄展示馆、琴思苑、棋韵斋、书香馆、翰墨斋及民俗馆等7座建筑组成。刘克庄文化馆为主展馆。馆门悬匾由张煌书"刘克庄文化馆"。该馆竣工于2024年2月，于当年春节开馆即吸

绶溪公园刘克庄文化馆

引众多游客参观。文化馆为莆仙传统民居风格，开放2层楼空间，分7个板块，以刘克庄人生经历为主线，以文字、绘画、雕塑、光影、书籍实物、文创产品等形式，多角度展示莆田文化名人、南宋著名文学家刘克庄的生平事迹。

考亭书院是南宋理学家朱熹晚年居住的讲学之地。刘克庄任建阳知县时，重修考亭书院，并重振粮食储备仓，救助灾民。为此，陈列馆一层特立缩小版木构"考亭书院"牌坊，以缅怀他与朱熹的关系。梅花墙绘和花瓣光展馆则把刘克庄刻苦治学故事、家学渊源融入其中，以墙上文字描述其生平故事，墙下则设置体验区，并展示刘克庄家风戒尺、文创胸针等物品。在书法体验区，提供"生花妙笔"文创水笔，供游客描摹刘克庄诗词。另有"刘克庄展示馆"亦由张煌书匾，大门板联刻："文献钩沉，犹观风姿天韵；名邦垂范，更昭后裔前徽。"

绶溪刘克庄陈列馆

## 二、依托旧祠庙开辟的御史纪念馆

### （一）玉湖祖祠陈文龙纪念馆

玉湖陈文龙纪念馆位于今莆田市荔城区镇海街道荔园南路玉湖陈氏祖祠，旧称"陈丞相里第"。玉湖陈氏祖祠，原建于木兰溪畔的白湖境后浦边古山（今荔城区阔口村）。莆田玉湖陈氏后裔于明初重建祖祠，奉祀陈俊卿和陈文龙两位宋代丞相，故称"二相祠"，又称尚书祖庙，历有重修。中华人民共和国成立后，阔口村玉湖陈氏祖祠作为公产分给私人居住。20世纪80年代末，玉湖陈氏裔孙集资收回祖祠。福清市蒜岭村爱国华侨、印度尼西亚玉湖陈氏裔孙陈德发先生独资修建祖祠、拜亭、重建坊门等。1990年8月，第七届全国政协副主席、民革中央名誉主席屈武先生为祖祠题写"玉湖陈氏祖祠"祠名和"民族英雄"匾额。1993年6月，莆田阔口玉湖陈氏祖祠被列为莆田市

古山民族英雄陈文龙纪念馆

市级文物保护单位，并开辟古山"民族英雄陈文龙纪念馆"，2005年，被公布为莆田市第二批爱国主义教育基地。2008年，荔城区阔口片区改造，玉湖陈氏祖祠易地迁建，"民族英雄陈文龙纪念馆"亦征迁。现祖祠迁建在原祠东面100米左右的"玉湖公园"内，占地864平方米，主殿与拜亭保持原来模样，两边新建副殿壁廊。2021年，玉湖文化教育基地亦辟为陈文龙新纪念馆，开展对陈文龙相关文物资料的征集、整理、保护、修复、研究、展示及传承，弘扬陈文龙传统文化，开展家风家训教育、爱国主义教育、廉政教育、公益服务等。

## （二）涵江龙津社陈文龙纪念馆

涵江陈文龙纪念馆位于莆田市涵江区涵东街道铺尾社区龙津社，建筑面积1000多平方米。里社始建于宋代，因陈文龙手题匾额"龙津"而得名。明嘉靖元年（1522）莆田县知县雷应龙改建为"二烈祠"，主祀"建文忠臣"陈继之、陈彦回。明嘉靖四十一年（1562），"二烈祠"毁于倭患。现存建筑据正梁上"清乾隆四十三年（1778）重建"字样，即是清代重建的标记。

1986年村民集资修葺该社。该社面阔五间，深二进，由大门、正厅及两边厢房组成，单檐歇山顶，抬梁、穿斗混合木构架。社门上有长方形匾额一块，行楷"龙津"二字，原右上款书"正诏状元陈文龙书"，下款书"释褐状元谢侯善立"，但"文革"后重修

涵江陈文龙纪念馆

油漆"龙津"大匾时把"释褐状元"误书作"释独状元"，此匾今已不悬于大门外。但大门所镌楹联尚存："护国庇民，天下更无双玉阙；取名立社，古今几见两状元。"此"两状元"即指题匾状元陈文龙和立匾状元谢侯善。谢侯善是宋代莆田涵江人进士谢斯立裔孙，为南宋宝庆元年（1225）释褐状元。龙津社于1989年辟为"陈文龙纪念馆"。纪念馆主殿，保留明代建筑风格，其主殿采用原万寿尚书庙的主殿梁架。正厅内石柱上刻有现代书画家、裔孙陈鹤撰写的"民族英雄魂归葛岭；浩然正气众仰龙津"的楹联，两旁墙上还挂着《丹心报国》《誓守兴化》《祖社题匾》等巨幅国画。前殿加祀由涵江楼下人、民间泥塑师刘锦铭塑的陈文龙塑像。庙中的珍贵文物也被移至新殿中，如康熙、嘉庆、道光三代皇帝以及林则徐、沈葆桢等名人祭祀陈文龙题写的匾额与柱联，还有一副由马祖水部尚书庙敬送的"护国佑民"的匾额、来华琉球人与福州人民一道捐款修建陈文龙庙的碑刻等。1993年6月龙津社及纪念馆被列为莆田市市级文物保护单位，成为一处瞻仰先贤、激励后昆的道德教育基地，对弘扬爱国主义精神、增进中外文化交流与友好往来等皆具有重要意义。

### （三）莆城二忠祠（陈文龙、陈瓒史迹馆）

陈文龙、陈瓒纪念馆原在莆田市梅园路兴化府城隍庙旁，为兴化府城隍

庙附属建筑"二忠祠"，奉祀陈文龙、陈瓒二位抗元民族英雄。二忠祠倡创于明正德五年（1510）秋，正德七年（1512）竣工，并举行春秋致祭。祠内立有《二忠祠记》巨碑。明万历十四年（1586），莆田知县祝致和加以重修，并再立一巨碑，刻沔阳陈文烛所书《重修二忠祠记》。清顺治三年（1646）起照旧例拨银祭祀，后因战乱而废祀典。康熙二十四年（1685）又恢复祭典。1956年二忠祠被列为县级文保单位。1989年12月，兴化府城隍庙重修，莆田县人民政府将城隍庙及二忠祠辟为陈文龙、陈瓒纪念馆。20世纪末因旧城改造，二忠祠被拆毁，尚未重建。祠址尚存《重修二忠祠碑》等文物。今城隍庙内辟有陈文龙史迹馆，作为纪念陈文龙、陈瓒的爱国主义教育基地。

兴化府城隍庙二忠祠存碑

## 第四节　莆阳御史墓园

历代名人的墓茔、陵园，历史多有记载，这些名人墓园，与名人祠堂一样，往往也成为后人凭吊、怀思故人的载体以及教化后人的重要基地。所谓"知有某祠，敬心生焉；登某丘，知有某坟，哀心生焉。敬哀不忘，于礼俗其庶几乎"（弘治《兴化府志》）。据《莆阳名人史迹》第四章"史载名人寿域"统计，莆田地方史志中名人墓园有明确完整记载者，自唐御史陈峤至清御史江春霖，共有245座。这些墓园随着社会的发展、时间的流逝，不少已荒废无迹，尚存者则基本都已被列为各级文物保护单位。本节介绍尚存的一些莆阳御史墓园，以见一斑。

## 一、唐代御史墓园

### （一）海口吴贤秀墓

吴贤秀墓位于今海南省海口市美兰区演丰镇博渡村西，始建于唐元和四年（809），为夫妇合葬墓，历代重修，1996年裔孙再修。吴贤秀（742—807），福建莆田人，唐乾元二年（759）进士，官至户部尚书。永贞元年（805）因闽中社会动乱，避难海南，寓居海口灵山镇大林村，成为吴姓渡琼始祖。墓园规模宏大，坐西南向东北，占地面积4000平方米，由拜亭、墓亭、墓碑、刻有楹联的1对石望柱等组成。墓丘高2米，用石块砌成，平面八边形，呈九层塔形。墓前独立一碑，高2.15米。墓碑正面刻"唐进士户部尚书来琼始祖吴贤秀公、王夫人之墓"，碑阴刻"琼州第一古墓"字样。石望柱刻楹联云："唐代名臣迁琼州，壶邱开文运；朝廷尚书辞长安，圣旨赐功牌。"2015年11月，吴贤秀墓被列为海南省第三批省级文物保护单位。

### （二）西天尾林藻墓

林藻墓在今莆田市荔城区西天尾镇林峰村枫林自然村（古称北螺村）九牧兄弟墓群（"故唐九侯伯仲林公墓"）。明弘治《兴化府志》载："林九牧墓在县东北兴教里枫林积翠庵后，九坟并列，仅存堍块。唐九牧林氏兄弟合葬于此。"九牧墓俗称九头墓。明林俊《重修先墓记》谓："重修坟园九丘并列，条石铺砌，端州刺史苇公居中，诸弟依次分列左右。场地宽阔平坦，广十六丈而奇。"林氏九牧墓是福建省规模最大的唐代古墓，20世纪60年代初遭毁。2002年依原址并按九丘并列重建九牧陵园。陵园包括九牧公墓、谒陵广场、陵园碑廊、碑坊、碑门、积翠庵、放生池等建筑群，供海内外九牧林族裔瞻仰拜谒，寄托追本溯源之思。

### （三）后坂陈峤墓

陈峤墓在今莆田市仙游县榜头镇后坂村，修建于唐天祐年间（904—907），御史莆田人黄滔撰写墓志铭。墓用唐砖和石块砌筑，由墓丘、内外堂组成，墓前尚存望柱1对华表及石人、石马、石羊等石雕。1989年，该墓被列为仙游县县级文物保护单位。

### （四）莆城黄滔墓

黄滔墓在今莆田市城厢区龙桥街道兴安社区莆田哲理中学黄滔公园内，被列为莆田市市级文物保护单位，保护范围为墓主体四周各外延5米。墓原为三合土构筑之封土堆龟背形，因近年莆田哲理中学的改建，墓园位于学校大门口旁，原有的墓前石碑"始祖唐御史大夫黄公墓"已然不见。墓园已成为"黄滔公园"，无墓丘呈现。但此墓址至今仍是各地黄滔后裔祭拜追思先祖的重要建筑载体。因墓园位于中学校园内，近年黄滔后裔倡导举行不点香、不烧纸钱、不跪拜，以新型环保仪式完成祭祖的新祭仪，受到媒体的报道表扬。

### （五）赖店郑良士墓

郑良士墓在今莆田市仙游县赖店镇横塘村飞凤山。墓用唐砖砌筑，封土1.5米厚，由龟头、云框、内外堂组成。墓园占地面积300多平方米，墓坪进深18米，面宽8米，因历代皆有重修，保存良好。今墓碑刻"唐左散骑常侍郑公神道"，这应是原来的神道碑，已断裂，现改嵌立于墓龟前。1984年12月，郑良士墓被列为仙游县县级文物保护单位。

## 二、宋代御史墓园

### （一）枫亭蔡襄墓

蔡襄墓园也被尊称为蔡襄陵园，位于莆田市仙游县枫亭镇铺头社区锦岭村福厦公路西侧。原官道旁有巨碑"宋端明殿学士忠惠蔡公神道"。蔡襄晚年迁居莆田南门外蔡宅村，逝世后原葬于莆田华亭将军山，后迁葬于出生地

枫亭蔡襄墓

枫亭。蔡襄墓于明成化年间（1465—1487）、正德年间（1506—1521）重修，并建享堂、两庑、仪门、围墙，重刻欧阳修所撰墓志。1997年，海内外蔡襄后裔把蔡墓重建为蔡襄陵园，历时3年，于1999年竣工。陵园占地面积20亩，仍保持宋代艺术造型，增建山门牌坊、仪门、围墙、端明楼、四垂亭、书法碑廊以及管理房和停车场，重塑文武石仲翁、石羊、石马、石虎，建设石墓埕、水泥通道等附属设施。今墓园坐东朝西，有围墙环抱着古墓。墓用石板块筑成凤字形，墓埕分内、中、外，长80米，宽30米，墓丘封土高2.8米，总占地2400平方米。墓左立"蔡襄墓"石碑，墓前两侧矗立1对高5米的石望柱，左右刻清代蔡新题联"四谏经邦，昔日芳型垂史册；万安济众，今朝古道肃观瞻"。蔡襄墓于1961年被公布为福建省省级文物保护单位。

### （二）锦亭林英墓

林英，又名林悦，其墓原在旧莆田县南厢（今城厢区凤凰山街道）锦亭山，2008年由其后裔迁建于莆田城厢区霞林九龙山，存古墓碑"宋故金紫林公墓道"。2024年，为纪念林英公诞辰1000周年，莆田金紫理事会又在莆田市城厢区霞林九龙山宋大学士林英陵园隆重举行九龙山忠孝文化园开工仪式。九龙山林英忠孝园广场尚在建设中。今人有把宋代仙游大济高坂林瑛墓也误植为莆人林英葬茔，造成混乱。仙游林龙锋先生曾撰有专文辨误。

### （三）龙华王回墓

王回墓在今莆田市仙游县龙华镇建华村。墓园占地面积约225平方米，坐东南向西北，墓丘为三合土构筑，呈凤字形，进深15米，面宽15米，有内中外三级墓埕，1997年曾用粗石水泥重修，增建六角亭2座，被列为仙游县文物保护单位。近年王氏裔孙重修墓园，也有举行祭祀活动。原墓碑石刻已破碎，在两旁"墓手"尚可辨后人新刻的"奎山灵萃地""子孙共繁荣""王氏思始祖""御史葬奎山"等字迹。

### （四）海口蔡成墓

位于今海南省海口市龙华区遵谭镇涌潭村蔡氏古墓群。南宋庆元六年（1200）蔡成去世后，按其生前交代安葬于此，后成为蔡氏家族墓园。墓园今存宋至清蔡墓10余座，总称蔡氏古墓群，占地面积约3000平方米，坐南朝北，二级台地，三面火山岩石垒砌高1.2米的围墙。2015年蔡氏古墓群被列为海南省第三批省级文物保护单位。蔡成墓为墓群主墓，实为蔡成与二世、三世、四世祖的合葬墓，石砌，分为4层，圆弧形顶，前置两柱式石檐。墓前立有2座墓碑。前墓碑为明隆庆五年（1571）立，碑刻"宋故始祖纲使蔡公墓"，左右小字题刻二、三、四世祖名讳官职，署款时间为"隆庆五年远孙等立"，可见重修于1571年。后墓碑为1989年蔡氏族人重立，碑刻"宋始祖考妣讳成进士官阁门纲使谥忠刚蔡太公淑娴邱夫人之墓"。

### （五）大济叶颙墓

叶颙墓在今莆田市仙游县大济镇乌石村，宋代始建。叶颙于乾道三年（1167）卒，有子孙定居南海，据载原葬于南海（今广东省佛山市南海区）

叶颙像
（南海叶正简纪念馆）

大沥镇颜峰村。墓向东南，面积160平方米，1994年被列为南海市文物保护单位。叶墓后迁回仙游重建，占地面积约2500平方米，坐西向东。墓丘砖石构筑，呈凤字形，进深30米，面宽18米。墓前有神道碑，圆首，高2.4米，宽1.2米，刻"宋尚书左仆射正简叶公神道"。1987年后裔重修墓园，被列为仙游县文物保护单位。南海和仙游的两处叶墓，当有一处为衣冠冢。

## （六）常太陈俊卿墓

陈俊卿墓在今莆田市城厢区常太镇常太村龙汲山半山腰，原墓构筑于宋淳熙八年（1186），明代重修，2002年发掘并依旧制重修。墓园为三合土与砖、石混合构筑，呈凤字形，前有五级墓坪。墓丘呈龟背式，高1.8米，宽3米，长度4.5米。正面有石刻墓碑，宽0.69米，高度1.2米，上刻"宋左丞相魏国正献陈公之墓"，后面是半圆形的石块砌坡。墓园坐北朝南，通长39.3米，通宽14.8米，占地面积581平方米，后面是树林，前面是东圳水库，今称"圳湖映碧"。四级墓埕由北向南分立，有新雕刻的石翁仲、石马、石羊、石虎各1对。原有祭台，须弥座形制，宽5.3米，深1.41米，高0.22米。第一层墓埕对称分置4只半蹲的石兽首，左边也刻有"陈俊卿墓"碣。陈俊卿墓被列为莆田市第四批市级文物保护单位，保护范围以墓丘为中心，四周各延长30米。

## （七）华亭龚茂良墓

龚茂良墓在今莆田市城厢区华亭镇山牌村石马山，明嘉靖癸卯（1543）、民国五年（1916）进行较大规模重修。20世纪50年代至"文革"期间，该墓又遭毁灭性破坏。1996年5月，海内外龚氏裔孙组成重建龚茂良陵园董事会，正式重修龚茂良墓园，工程于当年10月告竣，12月3日举行隆重的合族裔孙谒墓祭拜大祭典礼。墓园占地1240平方米，坐北向南，九阙九埕，墓丘石构，呈凤字形，道旁立"参知政事龚公神道"，新刻 4 对石像生，被列为县级文物保护单位。

### （八）度尾陈谠墓

陈谠墓，俗称埔坪陈氏墓，位于莆田市仙游县度尾镇埔坪村，坐西南朝东北，总占地面积 1140 平方米，进深 65 米，面宽 12 米。墓丘为砖石结构，平面呈凤字形，三级墓坪。龟背形墓丘嵌有方形墓碑，碑高 1.25 米，宽 0.8 米，方首，上刻楷书"宋开国侯陈谠墓"，尚存原墓碑刻"宋开国侯侍郎留坡陈公墓"。墓前尚存有石翁仲、石马、石羊各 1 对。该墓于 1987 年。由裔孙重修。2013 年，陈谠墓被列为福建省文物保护单位。

陈谠像（颍水祠堂）　　　陈谠游桂林题刻

### （九）度尾余崇龟墓

余崇龟御赐墓在今莆田市仙游县度尾镇霞溪村云居山五峰之麓，营建于宋代，1990 年余氏裔孙重修。墓园坐西北向东南，通面宽 13.8 米，进深 30.7 米，呈凤字形。墓丘为三合土和砖石砌成，为龟背状。所嵌墓碑刻"大宋钦赐祭葬进士监察都御史兵部侍郎崇龟余公墓"，并刻墓联"继祖德千秋昌盛，承宗泽万代兴隆"。墓前有三级墓埕，并残存石像生 6 尊，原神道和神道碑等已毁。该墓 2013 年被列为仙游县文物保护单位，保护范围为墓四周外延 20 米。

余崇龟像
（《余氏族谱》）

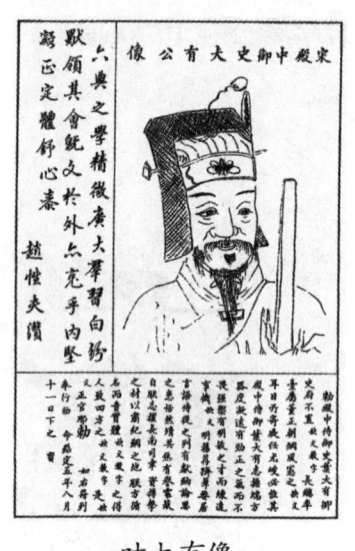

叶大有像
（《叶氏族谱》）

郑侨像（郑氏宗祠）

### （十）鲤城叶大有墓

叶大有墓在莆田市仙游县城东万福村（今鲤城街道万福社区）。墓占地面积约 800 平方米，坐北向南，墓丘砖构，呈凤字形，进深 10 米，面宽 5 米，1990 年由后裔重修，被列为仙游县文物保护单位，2021 年由仙游县叶氏委员会组织重修的，经数月努力，于 3 月 20 日竣工。

### （十一）永泰郑侨墓

郑侨墓在今福建省福州市永泰县梧桐镇潼关村，坐北朝南，呈半圆形，墓体及围墙为砖砌，台基石砌，占地面积约 800 平方米，进深约 70 米，面宽约 60 米，依山砌筑 6 层，每层前后有 5 米至 10 米宽平面，层层间有红砖阶级登上，底层 48 级。第三层壁上镌刻宋光宗赞郑侨语："朝野臣僚能如侨之爱民，则天下安矣。"顶层墓碑刻"宋太师郇国公郑侨之墓"。墓后墙高 2 米如屏风。墓埕两侧尚存部分石像生。1987 年，该墓被列为永泰县文物保护单位。

## （十二）绶溪刘克庄墓

刘克庄墓，据记载原建于莆田县延寿徐潭之原，明《八闽通志》则记载在鼓楼山。其自南宋后，在历史上曾几次湮没又寻而复得。明万历年间（1573—1620）刘克庄裔孙刘元桂曾重修刘墓，此后湮没于蒿莱。清光绪元年（1875）四月刘克庄后裔刘尚文在西刘山先寻获刘克庄发妻林节墓，十一月又在常太马坑山寻获刘克庄真墓，并获得明万历戊子（1588）冬裔孙元桂重修所刻的"宋工部尚书赠少师谥文定后村刘公墓"碑。刘墓经重修后，中华人民共和国成立初期被当地村民平整，开荒种田再遭毁破坏。1992年7月明代刘元桂重修墓碑在延寿村被寻回，2020年又发现刘墓神道碑。2014年3月，莆田市文物部门邀请厦门大学历史系以及武夷山汉城考古人员对刘克庄墓进行实地勘探，基本确定了刘克庄墓的具体位置和地理坐标。莆田市人民政府根据考古人员的建议已经作出决定，将在绶溪公园内重建刘克庄墓，并建立刘克庄纪念园。

## （十三）杭州陈文龙墓

陈文龙墓位于今浙江省杭州市西湖区西湖北山街静逸别墅东侧。陈文龙于1277年被元兵押送到杭州在谒岳庙后气绝身亡，随后葬于西湖原智果寺旁。现墓园为民国十八年（1929）所重修。墓丘坐北朝南，圆形圈座式，下条石围砌，上水泥封顶，墓前立"宋参知政事陈忠肃公墓"碑，为前清进士、翰林院编修、民国四大书法家之首的谭延闿书写。墓埕置有石香炉。墓园两侧及背后用灰色的砖筑成回龙墙，墙面上嵌一青石碑，上刻"宋陈忠肃公墓"六字。今墓墙前柱联刻"丹忠昭天地，节义壮山河"。陈文龙墓被列为杭州市重点文物保护单位。

### 三、明清御史墓园

## （一）武宣廖盛泰墓

廖盛泰墓，当地称廖盛泰陵园，位于广西壮族自治区武宣县三里镇武星村龙头山以西的半山腰上，坐东向西，规模宏大，占地面积10余亩，封土由灰沙土夯成，有青石碑刻24方，除7方为墓前正碑外，余作墓栏。碑刻作文字记载的有16方，另8方则刻以凤鸟、麒麟、翠竹、花草、八卦等纹饰，分立于墓之两侧，还有石狮1对分别立于墓之两侧。主碑的框、帽刻有蟠龙、腾龙、游旗等纹饰，其中部刻有"都督"两字。历代古墓数度遭盗挖，近年廖氏子孙筹资重修，墓园前照墙刻"明代清益将军廖盛泰公陵园"。1994年武宣县将廖盛泰墓列为文物保护点。

### （二）盖尾李梁墓

李梁墓在今莆田市仙游县盖尾镇琼峰村，墓丘为三合土结构，呈凤字形。墓碑刻："民国戊寅（1938）修，琼峰明江西道御史梁李公配林夫人，卓峰清拔元一林李公淑配邱孺人寿域。"可见此墓是民国戊寅年（1938）重修的明代御史李梁夫妇与清代卓峰（今盖尾镇宝峰村）拔元（即拔贡朝考第一名）李一林夫妇的合葬墓。拔贡李一林应是李梁后裔。神道碑为仙游籍户部尚书郑纪尚书题"赐进士第江西道监察御史钝轩李先生神道"，上款刻"赐进士出身翰林院检讨眷弟郑纪顿首拜书"，下款刻"天顺癸未（1463）仲秋穀旦立玄孙春贵（等十人）重修"。1984年李梁墓神道碑曾被列为仙游县级文物保护单位。

### （三）赖店陈燮墓

陈燮墓，又称陈燮御史墓，位于今莆田市仙游县赖店镇张埔村石牌兜山上。墓丘为三合土结构，呈凤字形，近年陈氏裔孙重修。山下墓碑刻："成化乙亥（1487）监察御史莆林诚立石，周瑛书，明广东提刑佥事陈公墓。"该墓1983年4月被列为仙游县文物保护单位，保护范围以墓为中心方圆40米地。御史墓旁有"宋清源郡奉政大夫陈大亨与明诰赠宋代南京监察御史陈禧合葬墓"。

### （四）华亭彭韶墓

彭韶墓在今莆田市城厢区华亭镇华林工业区旁。墓园坐西北向东南，占地面积约150平方米。墓丘为三合土结构，呈凤字形，近年彭氏裔孙重修，重刻石马、石羊等石像生，墓旁重建有"从吾亭"。彭韶墓被列为城厢区文物保护单位。

### （五）华亭卓迈墓

卓迈墓位于今莆田市城厢区华亭镇埔柳村柳园自然村石狮山，始建于明，坐西南朝东北，通面宽7.64米，通进深16.46米，占地面积125.75平方米，呈凤字形。墓丘石构，为三片石材砌成。原有三级墓埕，第二级墓埕两侧存有柱狮1对，墓后围存有龙首1对。墓道左前方龙眼林中仅存石马1只，做工精细。墓前东西侧相距32米处各立高5.15米、宽3.98米单间石坊1座。东侧石坊正面刻"世侍御"，背面刻"忠淳特鉴"，西侧石坊正面刻"大冏卿"，背面刻"清正共推"。20世纪90年代卓迈裔孙又在墓右侧建一座六角形的"六合亭"，双檐，红瓦，石柱。前亭柱刻联云："一亭光彩千秋道，历代人文六合观。"后亭柱刻联："世上文章扬正义，御前一语足匡时"联句皆由林井心书写。亭内立有"卓迈之墓"碑，碑阴刻卓迈简历，亭后有一面诗壁。2020年，卓迈墓被列为莆田市文物保护单位。

### （六）枫亭林兰友墓

林兰友墓在莆田市仙游县枫亭镇铺头社区梅岭头。墓园为清康熙四十一年（1702）仙游县知县田沺，访得林兰友孙林继昌、林继祖，饬其营葬于此。墓园占地面积450平方米，坐西北向东南。墓丘为石构，呈凤字形，进深38米，面宽12米。墓前有八角石望柱1对。该墓1982年重修，被列为县级文物保护单位。相传林兰友生前留嘱"生不戴清朝天，死不履清朝地"，故以铁链悬棺下葬。辛亥革命前夕，有盗墓贼掘开墓穴，民国成立，后裔修墓时悬棺落地，传为奇谈。

### （七）华亭彭鹏墓

彭鹏墓在今莆田市城厢区华亭镇云峰村，康熙四十三年（1704）赐葬。

墓园坐东向西，占地面积约 300 平方米。墓丘损坏严重。墓室尚存。墓埕尚存有石翁仲、石马、石虎、石羊各 1 对。

### （八）萩芦江春霖墓

江春霖墓在今莆田市涵江区萩芦镇梅洋村西 1000 米山上。墓园坐南向北，占地面积约 120 平方米，呈凤字形，三合土结合石材构筑，墓坪分 3 层。墓丘前嵌石刻墓碑纪年为"岁辛未（1931）孟春谷旦"，可见营建于民国二十年（1931），非是己未年（1919）十二月建于柯山之麓的江春霖原葬墓。墓碑正文分 8 行刻："诰授中议大夫、赐进士同出身、翰林院检讨、前掌新疆道监察御史杏村江公暨淑配杨淑人，胞弟敕授文林郎、候选儒学正堂、岁进士梅村，胞弟妇杨孺人之寿域。"可见该墓是一座江春霖（杏村）夫妻与其胞弟江春澍（梅村）夫妻的合葬墓。该墓已被列为县级文物保护单位。

# 第八章
# 莆阳御史奏议选

　　奏议，又称奏、疏、奏疏、奏折、奏章、奏稿、奏状、奏表、奏札等，是封建社会有一定职位的官员呈给皇帝的文书报告，文体上属于公牍，即实用公文类。古代负责监察的官员和机构，被称为"天子耳目，风纪之司"，因此，这些官员必须认真监察，发现问题，及时向皇帝上奏折，认真汇报公私事务，并进行问题分析，提出解决问题的建议。奏议的基本思想内容有治国之道、知人善任、广开言路与纳谏、安民抚众、节俭与开源、尚德缓刑等。有时还要向皇帝进谏，即直言规劝，一旦惹怒皇帝，轻则廷杖贬谪，重则招来杀身之祸。因此历史上许多重要奏议，如改革国家政策、弹劾高官显宦、直谏皇帝决策的奏疏，其史料价值比一般官员的文书要大得多。司马迁《史记》提出："究天人之际，通古今之变。"司马光《资治通鉴》强调："鉴前世之兴衰，考当今之得失。"很明显，研究历史，是为"通古今之变"，了解前世之兴衰得失，以为今世之借鉴。历朝历代的奏议对以往朝代兴亡嬗替的经验教训，都是有所总结的，并结合其本朝的情况提出建议。综观历代莆阳御史，多能认真履职、勤呈奏章、纠擿奸讹。许多御史都留下珍贵的奏议文献，为莆阳御史铮铮铁骨、高洁品性留下生动的文字佐证。如宋代御史陈次升，其传世《谠论集》原录奏疏达207篇，后散佚，清代四库馆臣从《永乐大典》中辑录86篇，又从明人《历代名臣奏议》中增补30篇，采掇编次5卷，收入《四库全书》。这些奏议,虽"较诸原本所存,仅什之五六,然昌言伟论,为史册所未载者,尚可考见其梗概",其中弹劾权相蔡京、蔡卞罪状的奏议就有3篇。又如被誉为"晚清第一御史"的江春霖,他任御史前后6年,积极访察吏治,不畏权贵,共上奏章68篇,对庆亲王奕劻、袁世凯、徐世昌、孙宝琦等炙手可热的朝廷大人物进行弹劾,声震朝野,身后留有《梅阳江侍御奏议》专集。本章从历代莆阳御史众多奏议中选录部分,借以窥见他们的高风亮节和精妙文章之一斑。所选篇章在题材上,则偏重政治建议和官员纠劾方面的奏章。

## 第一节　五代北宋御史奏议选

### 〔五代闽国〕翁承赞

#### 充册礼副使延英殿谢恩表

臣承赞言:臣准宣旨,充武威军节度使、闽王审知册礼副使,今月四日,延英殿中谢恩。

伏蒙圣慈,而赐紫袍金带并鱼袋者,舜日流光,忽临于冻壤;尧云布彩,罔陋于燋原。臣族绪孤单,性灵拙直。担簦入学,叨承宁越之风;提策观光,偶中孙弘之志。春闱际会,阳道亨通,累践桂科,寻升宦路。奏声京兆,结绶王畿,旋敛迹于天台,亟标缨于谏署。礼弁或详,谥议粗立。公方宪司,首显于廉介;使封闽府,遽垂于末品。洎陛下龙飞紫极,凤应黄星。叨荣于仪仗之前,供奉于乘舆之右;序迁省闼,乔擢地曹,兼差督府之正权,稽究计司之弊事。罄智虑而不败挠,输赤忠以绝觊觎。奉册列藩,宣求专对。岂谓唐朝之暮齿,获蒙圣泽以还家。诏行而肉骨生辉,梦到而松楸改色。宝箱重叠,擎来而袭带御香;紫绶辉华,捧处而密聆天诏。身疑无力,汗实交流。尽捐犬马之微躯,曷报乾坤之厚泽。谨认君亲之睿恩,惟酬臣子之丹心。视川陆之遥程，暂违文陛；敷朝廷之厚德，载仰天恩。无任沥血感恩，激切屏营之至。

谨诣东上阁门，奉表称谢以闻。

〔北宋〕陈靖

## 一、上太宗乞行考课之制奏
### 淳化三年（992）

臣今日内殿起居，次当转对。自量荒昧，莫识变通。当求理之期，唯思进说；顾犯颜之罪，不敢避诛。庶同千虑之愚，少助万机之智。

伏以皇帝陛下应乾御宇，十六七年；拓土开疆，万数千里。尊师问道，期庶绩以咸熙；审官求贤，欲百揆而时序。每日临轩决政，随事制宜，小大之权，悉干进止，以至中夜忘寐，未明求衣，惕厉恭勤，何尝暂舍！臣诚不佞，以臣所观，由尧舜已还，君天下者，未有若陛下之焦劳也。然则焦思劳神，陛下之所已至；守官供职，群臣之所未专。颓坏纪纲，亏损政教者，诚以考课之法尚阙，升降之资不常。得之者未必贤才，失之者未尽不肖。《舜典》曰："三载考绩，三考，黜陟幽明。"夫子曰："苟有用我者，三年有成。"盖圣人因其国而设其官，久其官以行其政。官不久何以明其术，政不行何以观其化？明术则美恶难逃，观化则治乱可审。然后考课之法不得不精，黜陟之方不得不当。既精且当。虽元凯在下，致之于股肱，四凶居高，投之于荒服，乃其分也，夫何怨焉！《语》云："舜有天下，举皋陶，不仁者远矣。汤有天下，举伊尹，不仁者远矣。"静而思之，由此道也。

伏见前制有考课官人之法，先在有司定其优劣，六品而下尚书覆问，五品已上天子与公卿评其善恶。上上者迁之，下下者黜之，中中者常调之。能否各当，赏罚大行。方今幕职州县官，虽流内铨考其资历，京朝监司之任，审官院较彼幽明，然且寮属至繁，寰宇至广，不可远视遐听，究极是非，徒能按式准文，聊为隆杀。往往假声窃誉，骤越阶资，课实责虚，不拘殿最。且人心犹水，法制犹防，或御得其宜，则澄彻之姿至矣；苟限非其要，则怀襄之势起焉。又况州县之官，乃京朝之基本，京朝之任，亦卿相之椎轮。必须先正其初，然后不挠其末。今考功之职，虽有其名，绵历岁时，莫闻振举。是致有自州县幕职，遂升京秩、赞洗三丞者；才及京官秩、赞洗三丞，便望正言、司谏、郎中、御史者；洎至正言、司谏、郎中、御史，又图给舍丞郎；既得给舍丞郎，即希公卿宰辅者。争驰互竞，厚援广交，接声势以相毁称，伺衅隙而相攻击。贪名冒进，弃礼让以如遗；揣己循涯，岂满盈而知戒。如此，则下位者，唯用心而图上；在上者，诚自固而不遑。虽有皋、夔、稷、契之能，龚、黄、鲁、宓之术，亦何暇恤民忧国而成功著业者哉！

臣按于传，品士之科，一曰德行，以立道本；二曰理才，以详事机；三曰政才，以经国体；四曰学才，以综典文；五曰武才，以御军旅；六曰农才，以教耕稼；七曰工才，以作器用；八曰商才，以兴利源；九曰杂才，以长讽谅。凡此九等，委在百司。合而论之，则邦国之政斯备；分而考之，则小大之职各扬。又李唐考课，有德义清谨、公平廉恪之科，由近侍至于镇防，并据职事目之为最，各有等级，元属考功。以臣所观，自古黜陟之制，其远者逮至九载，其近者六年、四年，拟之于今，不可猝用。臣欲乞天下诸色官属，依旧三年替移，仍一年一考。是非三考，然后升降。有绩者赏，无劳者罚。善最特异者，锡以殊劳；累任无状者，置之散地。不能致功，虽有善名者，不与之陟，不废其职，虽有恶名者，不录其尤。黜陟审于实，不信于虚；幽明察于直，不凭于诈。其在京百司及台省已上官，逐年乞选任公直御史一人，采察能否虚实之状，职事者以功勤为效，散官者以才行为程。必在周详，无许阔略。其外地长吏、使臣、寮属已下，乞委逐路转运使、副，亦如御史所行，并至年终，具逐人功过事状开拆申奏。乞下考功，从考功依准格条，比附优劣，一如往制。先定考辞，量等级而褒惩，体幽明而黜陟，先取允当，无涉党偏。然后申入中书，及关报流内铨并审官院，再加详酌。的是公平，即具等第奏闻，取候圣旨除授。其中或有奇才异略，蕴蓄经纶，硕学雄文，服勤笔砚，可以整齐纲纪、羽翼朝廷、师傅帝王、扶持社稷者，不在此限。并内外官属或有过恶之迹，不预品较之文，别致昭穆，会得确实。若采访有漏，即罪采访之官，如考课不明，即罪考课之职。按其轻重，断在必行。庶使各励恭勤，无敢弛慢。如此则官有常序，事有彝伦，奸宄不能任其邪，忠良不可夺其正，名器各有分，贤愚各有途，狗不续貂，石不参玉。欲使职事不治，政教不行，民不康，俗不阜，争讼不息，廉逊不兴者，未之有也。

臣诚以能致民康俗阜，讼息逊兴，其要者不出牧宰之任也。而使牧宰得其人，则郡邑政行，僚吏事肃，编民不殆，外奸不生。又以能致郡邑政行、僚吏事肃者，莫出于转运使、副也。由是而言，则国家任官择吏，其谨重者，在于此焉。且方今天下，知州军仅及四百，县不减数千，若令一一选于朝廷，人人欲其称职，深恐阔略，未得精专。臣愚以为择县令、知县，莫若于知州、知军；取知州、知军，莫若于转运使、副；制转运使、副，乃系于朝廷。又且转运使、副，不过三十来员，况当文物盛明，士之众庶，倘或推公遴选，何忧不得其材？既朝廷选任至公，则转运使、副，安得不公？转运使、副既公，则知州、知军，孰敢不公？知州、知军既公，则掾佐之吏尽公，而况县令、知县敢有不公者乎！

夫如是，则赤子有归，苍生受赐，遐迩之俗，小大攸同。古所谓形直影端，上行下法，其理要而其效速，其功倍而其教神者，此其略也。但臣忝居通籍，无补圣朝，次当上言，不敢避罪。所有加减考课之制，详酌今古之宜，尚有科条，难尽披述。设或陛下赐之睿鉴，朝廷许其必行，则臣愿竭狂愚，乞与有司评议。

注：这篇谏书作于宋太宗淳化三年（992）。适值宋太宗统治末期。当时社会生产虽有所发展，但剥削很重。政治上继续采取加强专制主义中央集权的措施。为此，诏令群臣献计献策。

## 二、上太宗聚人议

臣伏以天生烝民，为国之本；地生百谷，为民之财。国非民罔兴，民非财罔聚。故《书》有"本固邦宁"之旨，《易》有"聚人曰财"之文。考斯格言，诚为要道。夫先王之聚民也，岂能耕与之食，织与之衣？盖开其货殖之门，示以农桑之本，俾夫养生送死，力服田畴，而无轻家离乡之心。是知理国之道，聚人为先。人聚则野无闲田，家无乏用，义夫节妇，由是而生。内则恭睦于亲姻，外则协和于乡党。争讼无所作，邪伪无所安。欲其教化不行，不可得也。苟不然者，则官无定籍，世有浮民，逆党凶徒，由是而起。

小则干陵于闾里，大则侵轶于州县。礼逊无所兴，仁信无所设。欲其刑罚不用，不亦难乎！是故王者察顺逆之端，究存亡之理，设职官以持国本，立井田以节民财。贫弱者不使之饥寒，富豪者不使之兼并。小大毕济，遐迩同归。然后赋调上均，而国无苛敛；衣食下给，而人无他求。仓廪充盈，时俗康阜，既庶且富，近悦远来，尽令四海之民，咸若一家之子。纵有风雨不节，螟螣为灾，但可以小虞，未足以大害也。而自秦坏周制，立阡陌而尚战功；汉因秦规，益算缗而取民利，故使国内咸怨，天下无聊。至有刘、项之争，莽、卓之乱也。逮夫晋魏，迄于隋唐，其间明主昏君，治乱相继。或增之以掊剋，或施之以宽平。或用于国而资于民，或利当时而弊后世。损益之理，史籍具存。然则地之生财有时，人之用力有倦。必在人君审时以测地，察倦以因人，使其力出无穷，财生不匮，则聚人之要，在于兹矣。

今国家富有万国，治胜三王，塞邪路于汉刘，剗讹根于晋石。罄域中之黎庶，孰非王民；穷宇内之舟车，咸输贡赋。用众庶则方今特出，拟丰盈则邈古难差。而且游力尚多，旷土不少，冻馁之色，十五其民。得非版籍之所未精，劝课之所未备？臣愚以谓精版籍，莫若遵闾伍之法；备劝课，莫若申殿最之科，如是则游力必除，旷土尽辟。《管子》曰："欲治其国，先知其人；欲知其人，先明其地。"盖黄帝有乡井之制，周人置三遂之官，使其什伍相司，里邻相保，有无得以相贷，巧拙得以相谋，生产得以相均，死病得以相救，危难得以相助，婚嫁得以相媒。人顾其家，家守其口，奔亡者无所匿，迁移者无所从，欲盖而彰，不救而得。故民有安土之意，官无漏人之虞，主政可行于民，民心可系于主，众寡之额，老幼具存。故《周礼》每至孟冬，司徒献其人数，王拜而受，冢宰贰之，乃命有司登于天府，其重民籍也如是。及东晋以土断其民，北齐之间，浴便其制。陈亡隋乱，纪紊纲颓。洎乎李唐，大革斯弊，乃有村正掌其田野，坊正司其邑居。大约科条，与今相类。然以彼时村正坊正，皆选强干廉平；州官县官，悉知丁口存殁，三年一造，户籍三本，一本供省司，一本在县主将，一本纳州照对。隐一户则罚加守宰，漏一丁则罪连乡邻。故得上尽其心，下竭其力，互相检谨，无敢罔欺。加以纠摘奸讹，督课租赋，随其等级，并有劝惩。

今则州额不登，天府未闻其必罚；县数有漏，州司亦因而无言。存亡只任于里胥，增减悉由于田畯。地有奸恶，至彰露以方知；户有死亡，遇差徭而始报。夫如是，得不掩藏其疾，而使复本归农者哉。故曰：版籍之所未精也。又地者，谷之所生；谷者，人之司命。地不耕无以取其谷，谷不熟无以养其人。是以古者宅不毛，田不辟，皆有里布之率，屋粟之租，盖勉其勤劳而罚其怠惰也。汉诏曰：《洪范》八政，以食为先，斯诚家给之源，刑措之本，是宜厚农藩赋，令与孝悌同科者，其重农也如是。及孝平元始之初，有大农部丞之制，分管劝课逐处耕桑，未逾二三载中，垦田九百万顷，户足人给，流亡渐还。又晋司徒石苞奏：郡县农桑，未有殿最，宜增官属，有所巡检。帝俞其言，民获其利。洎后或弛，不可备论。逮乎李唐开元，则立口分永业，各定顷亩，随其等级。于事虽涉太烦，亦可体为常式。但臣切见先有敕命遍下诸州，俾置农师，犹谓劝人复本。然虽有其诏诰，而且无其主张，坊村得以因循，郡邑不虞其殿最。遂使耕耘之力，尚遗畎亩之间。故曰劝课之所未备也。

臣所议上件事由，兼有前占制度。傥若陛下不遗葑菲，特赐施行，即乞据令村坊，加之保伍，随其土断，不问侨居。应是浮浪之徒，悉归版籍所管。然后按其人数，授以土田，五家为邻，五邻为保，递相检察，责以农桑。勿容游食之徒，勿纵惰耕之子。仍更示其殿最，励彼属官，或土不旷功，则隆之以爵赏；人有游力，则降之以典刑。自然上下相承，小大无隐，良畴委而再辟，游民荡而复归，太古之风，于今曷远。故曰：精版籍，莫若遵闾伍之制；借劝课，莫若申殿最之科。其有子细事宜，更在临时条贯。退循虚昧，无补盛明。

〔北宋〕蔡襄

## 一、言增置谏官书

庆历三年（1043）三月

臣伏见朝廷选用王素、余靖、欧阳修等增备谏官，是三人者，皆特立之士。昔以直言触忤权臣，摈斥且久，今者一日并命，人无贤愚，万口相庆，皆谓陛下特发神断，擢任不疑。盖陛下深忧政教未举，赏罚未明，群臣之邪正未分，四方之利害未究，故增耳目之官，以广言路，此陛下为社稷生灵大计也。臣窃思任谏非难，惟听谏之难；听谏非难，惟用谏之难。如素、靖、修等，忠诚刚气，著信于人，况蒙陛下奖拔之知，必能箴阙政，献明谟，摘回邪，击权幸，思所以报效也。然邪人恶之，必有御之之说，不过曰：某人也，好名也，好进也，彰君过也。或进此说，正是邪人欲蔽天聪，不可不察。臣请为陛下陈之。

一曰"好名"。夫忠臣务尽其心，事有必须切直者，则极论之，岂顾名哉？若避好名之毁，而无所陈施，则土木其人皆可备数，何烦陛下选拣如此之至？况名者，圣人以之励世俗，分善恶，岂可废乎？借使为善近名，陛下试思，今之人远权利、敦洁行，以近名者，亦有几人哉？

二曰"好进"。前古谏臣之难者，遭遭昏世，上犯威严，旁触势要，鼎镬居侧，斧踬在前，死且不瞬，安得好进乎？盖近来谏官，进用太速，故世人咸以谓之好进。今谏官有尽忠补阙之效，陛下但久任勿迁，使其人果忠且义，虽死于是官，亦无恨矣。

三曰"彰君过"。凡谏诤之臣，盖以司乎过举也。缓则密疏，急则昌言，期于必正。若人主从而行之，适以彰乎从谏之美，安得谓之彰过乎？然谏官亦有好名、好进、彰君过者，异于此。巧者之为谏臣，事之难言者，则喑而不言，择其无所忤者言之，就令不行，复再议，退而曰：某事我尝言之矣。此可谓之好名也。容容默默，无所耻愧，践历资序，以登贵仕。此可谓之好进也。凡人主有过，谏官最为近密，或不尽言，人主何从而知且变更乎？传之当世，垂之于后，终以为过。此可谓彰君过也。臣向之所论，乃忠臣、巧者之分，愿赐省览。

今陛下出于圣虑，擢谏官必自主之。若有陈述，于理适当，即赐施行。无使天下之人，谓朝廷有好谏之名，而无好谏之实。使其言有激切，亦愿陛下优假，无为奸邪构间，致有斥逐，使天下之人指朝廷之失也。臣迹远言近，不任兢惶激切之至。臣襄昧死再拜，谨上。

## 二、乞罢晏殊宰相奏

### 庆历四年（1044）九月

臣等窃以宰相之职，代天工，断国论，镇抚夷夏，表则官师。非有经纶之才、廉正之德，而居之者，是谓失其所任。然当中外多事之时，苟能尽心竭力，以济公家之急，纵有不逮，人或恕之。而敢不恤物议，务营私产，与细民争利，推其为心，岂可相天子而率百僚也？臣窃见宰臣晏殊，自登枢府，及为宰相，首尾数年，不闻奇谋异略，以了国事，唯务私家营置资产。见于蔡河岸上，托借名目，射占官地，盖屋僦赁。以宣借兵匠外，多占外州军人，日夕苦役，怨讟之言，闻于道路。

臣等谓今年以来，灾孽相仍，盗贼继作。内有百万骄冗之卒，而不能更其法；下有亿兆愁苦之人，而不能宽其力。盗贼屡动，延及岭南；虏使交来，事绪未已。河决于北地，兵叛于边城。观此事势，大臣之责，其过均矣。然晏殊当此忧危之时，恬然自安，窥图小利，此于大臣中尤见其所为之谬也。臣等闻：唐高宗朝中书令褚遂良贱买中书译语官地，为御史弹奏，贬同州刺史；又闻太平兴国中，宰相宋琪与宣徽使柴禹锡互请宫中邸第一，太宗皇帝鄙其不识廉耻，宋琪以本官罢免。二人当朝廷无事，于官司有所营取，尚行贬降。今日中外人心忧危，殊为辅相，既不能了得大计，又占射官地、役苦军人，日趋数十钱之资，情状如此，岂可尚容于庙堂也？

伏惟陛下以祖宗社稷之大、天下生灵之重，久付已为失任，加之营私忘公，无所愧畏。臣等伏乞陛下，特出英断，罢免晏殊，别求贤才，以救时弊。取进止。

## 〔北宋〕陈次升

### 一、上哲宗论治道

#### 绍圣二年（1095）

臣窃观《易》以龙名《乾》，以马名《坤》。盖龙者，能变能化，不制于物者也，有君之象焉，故以《乾》名之。马者，地类行而承顺者也，有臣之象焉，故以《坤》名之。乾刚位乎上，故能制物；坤柔位乎下，故制于物。刚柔既立，而君臣之分正矣。是以古之圣王，黜幽陟明，惟先蔽志，彰善瘅恶，断出于己。贤否既辨，邪正自分。彼虽欲崇私党、尚朋比，何缘而致哉？后世之君，间或昧此，主威不立，权归乎下，终底危亡者，以其失乾刚之道也。

臣试论之：汉武帝外勤师旅，内耗黎元，非有厚德以结民心也。五十年间，中外无事，特以威德归上，奸臣不敢专国命尔。唐明皇初无失德，非有甚过恶也。卒有播迁之祸者，以李林甫专权故也。以此知主威不可不立明矣。主威不立，虽欲去邪，而失在于不断；虽欲任贤，而失在于不果。邪不去则害忠良，忠良进则邪自消，二者势不两存。治乱之原，实辨于此。唐之开成，陈夷行极言奸臣干权，文宗依违不决，卒陷正人，此失于不断者也。汉成帝欲用刘歆，断出于不果，而问王凤，凤终止之，此失于不果者也。去邪既疑，任贤不果，权臣所以执国命，同己者阴相结纳，置之权要，以为己助，异己者则去之，曾不旋踵。王凤之于汉，李宗闵、牛僧孺之于唐是也。夫朋邪萃于朝，则人事失于下；人事失于下，则天变见于上。近者正阳之月，天多阴晦，采之舆议，咸谓奸邪蔽国之应也。考之《汉书》，元帝时，郑朋、杨兴等往来谗毁，交斗阴附。是岁夏寒，日青无光，众以谓阳蔽，则明有所掩，小人用事之兆。恭、显反归咎于更生等，元帝不能察，汉祚由是衰矣。唐代宗初，元载为相，内结宦官，外乃绐帝，令群臣奏事，先白宰相，颜真卿极论其非，盖欲尊君而卑臣故也。以此推之，威福之柄，宜在君，不宜在臣。收威福之要，不在乎他，在乎果断而已。《书》曰："惟克果断，乃罔后艰。"致治之本，其在兹乎？

恭惟陛下德侔天地，明并日月，好恶一遵于王道，正邪悉判于渊衷，巍巍乎二帝三王之上，汉、唐之君，何足为陛下陈之？然兴亡之事，足为鉴戒。以舜之为君，禹犹纳言曰："无若丹朱傲。"愚臣区区，敢效古人，引此以献狂瞽。伏愿陛下作威作福，念箕子之惟辟；勿贰勿疑，稽伯益之戒禹。察言邪正，以别忠佞，斥去奸回，以破党与，则太平之基，可指日致矣。

## 二、上徽宗论豫戒六事·用人

### 建中靖国元年（1101）三月

臣尝学稼于农矣，凡播殖之宜、耕锄之功，等则获，无或异。苟阴阳之和，雷风之动，雨露之泽，不时则与之同饥馑，时则与之同丰穰。由是而知天地之所以能成其大者，岂非以其无私者耶？

是故先王法之，其于用舍也，能激天下之不善而使之退愧，劝天下之良才而使之乐进，以致治者，抑亦法天地之无私，故能成其大耳。后世不该不偏之主，鲜克由是。其于用舍之际，或崇势地而抑寒门，或任亲密而弃疏远，或采虚誉而废卑贱，或悦其才能而略历试，或重朝廷而轻四方，或皆反是而益乱，其故何也？夫君子小人，所出不在于世禄与侧微，而言行非一事之可概，出处非一端之可见，此愚智同知也，奈何立贤而有方哉。以为必出于势地与亲密耶？而膏粱子弟，至有不辨菽麦，而高车大马以为民上，则版筑之叟、渭滨之渔，何从致哉？以为必出寒门与疏远耶？而碌碌腐儒，持方尺之纸，书骩骳之文，以享万钟，则伊尹之伊陟、周公之鲁公，何从致哉？至采虚誉而废卑贱，悦其才能而略历试，内外迭为轻重，是皆昏君之所为，可深戒者。

夫王者一视而同仁，苟德义可尊，无择负贩。故管仲之举二盗，穆公之用由余，齐威王以左右誉而烹阿大夫，功成于当年，名著于后世，可谓明也已矣。以舜之圣，受命之初，且犹历试诸难，况其他乎？近古汉宣，亦可谓急贤之主矣，而萧望之、杜延年盖其所尤厚者，或出而治民，或出为边吏，非惟烦使之以观人才，亦所以维持四方，均内外势也。其治优于文、景者，不其然乎？

夫禄一不才，爵一无功，未病于国而终为害者，非惟其忌贤者进而害能者用也，而贤能亦羞与同群，或耻居其下，此其所以为害也。自古人君之于进贤也，罔间亲疏贵贱，无有爱憎，惟较其贤否耳。故丁公于汉祖有活己之恩，非徒不用而加诛焉；唐太宗不恤秦王府官吏之怨嗟，以为朕与卿辈日所衣食，皆取诸民者，设官分职，以为民也，当择贤而用之，岂以新旧为先后哉！臣愿陛下稽古先王，法天地之无私，鉴汉祖、唐宗之公正，不以布衣寒士、公卿弟子，惟贤是用，不及私昵，无所偏徇，庶几贤者汇征，以光左右。建中靖国元年三月上。

### 三、弹蔡京第一状

建中靖国元年（1101）

臣伏见蔡京奸邪凶险，阴害善良，呼吸群小，交通内外，臣僚章疏累上，朝廷已罢京翰林承旨。舆论以为京之过恶甚多，而交结近习之罪最大，安可以赦？今犹宠之以端殿之职，委之以帅府之权，显是失刑，须至弹奏者。谨按京职居翰长，身为从官，委蛇经幄，日侍清光，可谓贵臣矣。而乃卑躬屈己，亲昵阉宦，或以货财相结，或以书札往来，污辱搢绅，清议所鄙。京扬扬然有自得之色，原其设心，岂徒然哉？实欲令其伺陛下之起居，漏宫禁之事，而又使之周旋庇盖。前日与章惇、蔡卞相济之恶，虚称其美，以侥幸进用。陛下既察见底里，议罪如彼其轻，何足以厌天下之公议？况宫禁之中，自古以来，漏息之法，极为严密，所以防奸人之窥伺，虑患生于不测。今京交通如此，禁中之事，必无不知，苟有奸谋，何所为而不可？思患豫防，古人所戒。伏望圣慈察京之罪，重行贬黜，以警官邪，以清宫禁，以为国家社稷之福，不胜幸甚！

### 四、弹蔡京第二状

臣伏见新除端明殿学士、知永兴军蔡京，凶邪肆害，罪状著闻，中外交通，踪迹可验，言章屡上，天鉴难逃，宜鸣鼓而显攻，彰大佞之已辨。陛下特优禁从，未即谴诃，畀之以端殿之华，付之以帅权之重。诏命初下，物论尤喧，谓奸恶之免诛，有典刑而何赖？臣闻斯议，尝具奏弹，今已弥旬，未蒙显责。如闻京尚怀偃蹇，不体恩私，慢君命而弗处，丐祠宫而自若，肆行忿忮，愚弄朝廷，如此可容，孰不可忍？

伏望圣慈检会臣僚前后章疏，付外重行黜责，以副朝望。

〔北宋〕徐铎

### 一、侍从臣荐官事奏

崇宁三年（1104）三月

知县关升通判，通判关升知州，合用升陟举状内，各要正监司一员。今来侍从臣荐京师在职官,已许当监司官员数,如荐外州官,即未有许当监司明文。欲乞应侍从臣所荐外州在任官升陟,并许当正监司员数关升收使。

### 二、进编类奸臣章疏事奏
#### 元符三年(1100)四月

准绍圣四年三月二十八朝旨节文,蹇序辰奏:"窃见朝廷前日追正司马光等奸恶,明其罪罚,以告中外。乞将贬责过奸臣所言所行事状,并取会编类,仍录一本,分置三省、枢密院。"又准绍圣五年四月四日朝旨,蹇序辰奏:"昨准朝旨,编类贬责过司马光等事状,俟编类毕,缮写一本进入,以备省览。今勘会编类臣僚章疏局已准朝旨,将前后编类、章疏并一宗行遣尽纳入内。"臣契勘上件事状,多于章疏内节出文意,类编成书,事体一同。今来合与不合,依编类章疏局已得朝旨,将一宗行遣进入。

## 第二节　南宋御史奏议选

### 〔南宋〕陈俊卿
#### 劾汤思退奏
#### 绍兴三十年(1160)十一月

臣伏见十月癸亥,日方过中天,无云而有雷声,人情骇异。臣窃谓变不虚生,当有任其咎者。及观本朝庆历八年,京师一日无云而震,仁宗皇帝谓张方平曰:"夏悚奸邪,天变如此。"亟命草语罢之。今日之应,其陛下之大臣乎?宰相代天理物,共天位,治天职,食天禄,若得罪于天,必示警戒。雷比之号令,君道也;云从龙之物,臣道也。今以阳气潜伏之时,无云而雷,是臣怀奸而乖其志于君,君震怒而发隐慝于臣。天变昭然,与庆历之事若合符契。

臣谨按宰臣汤思退挟巧诈之心,济倾邪之志,本由章句,荐历要途,专于徇私，素无人望，观其所为，多效秦桧。盖思退之致身，皆桧父子恩也。始以掌文衡，曲意取其子孙，缘此汲引，以致政府。桧死燨逐，值更化之初，四方贤才，号召未至，陛下姑且留之。不旋踵而汤鹏举为御史，二人素通谱系，鹏举首鼠顾忌，网漏吞舟；而思退且结约贵近，诡秘其迹。自是安若泰山，寖登辅相，而敢肆意矣。思退起于微官，即登秦氏之门，一时耆哲，略无识者，自居相位，唯务招延亲党，佐其羽翼，昵近小人，以为心腹。盗名器而行以私恩，假威权而倾摇同列。有大议论，则皇皇而无谋，每临事机，则迎合而自固。其负宿望者，阳交而阴沮之；其不附己者，中伤而决去之。曲庇豪强，驯致纪纲不振；多为回护，暗使风宪不立。土木云扰于乡郡，贿赂辐辏于私庭。每月俸金，则更会于他邦，而强买良田；戚属门人，则密讽于太学，而屡玷优选。奸伪万状，外示人以不疑。巧设机阱，阴伺间隙。臣恐太阿之柄，倒持窃弄，无所不至也。然其罪恶，未若桧之甚者，以台谏不由其门，未兴狱，连缙绅之祸耳。

自张孝祥、王希亮、邵大受、方师尹、祝公达、沈介之去，自知寡助，每愤惋不平。刘宝之罢兵柄，以迫于众议，而思退先与之通书，若不得已。刘锜之召为管事，公议惟允，而思退密使人迎谒于前路，欲收其恩。身为首相，四海具瞻，而举动大率如此，正尧代之共工、鲁邦之少卯，有夏竦之奸邪，而无其才术。臣备位耳目之官，况睹天变，苟循默隐忍，是为旷职。伏望陛下赫然震怒，寘之典宪，上以合仁宗皇帝之威断，下以快天下之公言。

〔南宋〕龚茂良

## 一、议修吏部七司法奏
淳熙元年（1174）

官人之道，在朝廷则当量人才，在铨部则宜守成法。夫法本无弊，而例实败之。法者，公天下而为之者也；例者，因人而立，以坏天下之公者也。昔者之患，在于用例破法；比年之患，在于因例立法，谚称吏部为"例部"也。今《七司法》，自晏敦复裁定，不无疏略，然已十得八九，有司守之以从事，可以无弊。而循情废法，相师成风，盖用例破法其害小，因例立法其害大。

法常靳，例常宽，今至于法令繁多、官曹冗滥，盖繇此也。望诏有司裒集参附法及干道续降申明，重行考定，非大有抵牾者弗去，凡涉宽纵者悉刊正之。庶几国家成法，简易明白，赇谢之奸绝，冒滥之门塞矣。

## 二、乞去左右近习奏

### 隆兴二年（1164）八月

水至阴也，其占为女宠，为嬖倖，为小人专制，为夷狄乱华，而其间因权幸以致者，盖十七八。方崇、观之间，小人道长，内则奄腐窃弄威柄，至其末年，浊乱极矣。于是有京城大水之异，驯至夷狄乱华，海内横溃。今左右近习，不过数人，众所指目，形于谣诵，一二年来，进退人才，施行政事，命由中出，人心哗然，指为此辈。甚者亲狎之语，流闻中外；赓酬之作，传播迩遐。昔孝元信任恭、显，汉业始衰。京房尝因燕见，所以觉悟其主者，类数百言。元帝不能去显，而京房由是死。臣每读其书而深悲涌水之变，由显而致，房卒当之，可哀也。

## 〔南宋〕方廷实

### 一、乞昭雪褒赠忠臣义士奏

#### 绍兴九年（1139）六月

访闻刘豫深文密网，滥及无辜，忠臣义士，多被杀戮。或因贬窜流落失所，或挂罪籍未经昭洗，情实可悯。望委应新复路分提刑多方采访，并取索大理寺、开封府元断罪案牍看详。其忠义显著之人，具名闻奏，优加褒赠。应官员犯罪未经叙雪之人，并具元犯申取朝廷指挥，并特与改正除落，以慰中原人心。

### 二、谏和议疏

#### 绍兴八年（1138）十二月

臣自靖康以至今日，每论议和之无益，徒竭民膏血，坐困中国，沮将士之气，启奸雄之谋。此臣愚陋，自守所见。而不敢附会其说，以欺陛下。今使人以江南诏谕为名，或传陛下欲屈膝受诏，则臣不知所谓也。

呜呼！谁为陛下谋此也？天下者，中国之天下，祖宗之天下，群臣、万姓、三军之天下，非陛下之天下。陛下躬聪明勇智之资，传嗣正统，有祖宗积累之基，有长江之险，有甲兵之众。群臣、万姓、三军皆一心欣戴陛下，如子弟之从父兄。手足之扞头目。陛下纵未能率励诸将，克复神州，尚可保守江左，何遽欲屈膝于敌乎？陛下纵忍为此，其如中国何？其如先王之礼何？其如天下之心何？

〔南宋〕叶颙

## 一、节用爱人奏

今日费财，养兵为甚。兵多则有冗卒虚籍，无事则费财，有事则不可用。虽曰汰之，旋即招之，欲足国用，当严于汰、缓于招可也。孔子曰："节用而爱人。"盖节用，则爱人之政自行于其间，若欲生财，只费民财尔。

## 二、言选人差注格法之弊奏

乾道元年（1165）

选人差注格法、堂除赏典，并在中铨人之上。比年以来，调官者急于请谒，而堂除不胜其多；在官者巧于经营，而赏典不胜其滥。至于铨试，号为公选，旧来一岁二试，十取其七，今乃从而损之，岁止一试，十取其五。夫其严且难如此，而注授之际，乃为多且滥者所升压，非所以为平也。

## 三、条奏国用事宜劄子

乾道三年（1167）正月

准敕，宰相兼制国用使，参政同知国用事。

今条具下项：一、欲以三省户房国用司马名。一、逐时将上及拟进，并行下批劄文字，欲并依三省体式，仍就用尚书省印。一、常程文字自行下户部施行，其余取会外路监司州军事务，系干财计利害文字，立号置籍，候回报到逐一够销外，切虑承受官司报应稽迟，奉行灭裂。如有似此去处，欲具违慢官吏取旨重作施行。一、行在百司诸军经常岁支月用及年例诸杂非泛支使，自来皆系户部以诸色窠名钱物应副。近又降指挥，从本部所请，以官户役钱等衮同支遣。所有州军合发上供等钱物，户部自合遵依条法指挥，逐时举催应副支使。如有每岁经常非泛杂支之外用度钱物，及经画利源节省事务，并从本部措置拟定，申取旨挥施行。一、诸路州军合起发户部钱银物帛米斛等，并系指拟应副行在百司大军支遣，不可少有阙误。近年州军将合起钱物侵欺移易，拖欠数多，户部虽逐时举催，多是虚申纲解，或不即应报，致有阙乏，已降指挥，诸路州军合起上供等钱物，每岁上下半年从户部比较最稽违拖欠去处，具名按劾，中国用司取旨挥，重作黜责。如有起发足办，别无违滞去处，亦申国用司取旨，优加推赏。在外委逐路总领所依此施行。一、契勘诸路所起经总制钱，近来州军侵占妄用，一岁亏少动以数十万贯。欲令提刑司严行约束，常切检察，今后须管依年额，尽数起发。如拖欠违戾去处，按劾申国用司重作施行。一、逐路总领所申请经常钱粮，本部自合依年例申朝廷科降。一应得旨文字，欲随事关送三省、枢密院，如系急切事务，即先次行下所属施行。一、欲于三省户房内选点检文字二人、主管文字五人，掌管簿书；守阙二人、书写文字一十人，于三省诸房内踏逐选差。添给纸劄等，并依机速房已得指挥减半支破。

〔南宋〕陈尧道

### 请行公田法奏

景定四年（1263）一月

井田古也，而未易行于后世；限田近古也，犹足以救今日之急。盖兼并之患，至今急矣。奈何时异事殊，法出弊生。夫三边屯列，非食不饱；诸路和籴，非楮不行。既未免于虏兵，则和籴所宜广图；既不免于和籴，则楮币未容缩造。为今日计，欲便国便民而办军食、重楮价者，莫若行祖宗限田之制。以官品计顷，以品格计数，下两浙、江东西和籴去处，先行归并诡析，后将官户田产逾限之数，抽三分之一回买以充公田。但得一千万亩之田，则每岁可收六七百万石之米，其于军饷沛然有余，可免和籴，可以饷军，可以住造楮币，可以平物价，可以安富室，一事行而五利兴矣。

〔南宋〕黄镛

## 论守边急务奏
咸淳四年（1268）四月

今守边急务，非兵农合一不可。一曰屯田，二曰民兵。川蜀屯田为先，民兵次之；淮、襄民兵为先，屯田次之。此足食、足兵良策也。

〔南宋〕黄黼

### 一、乞择近臣委以边任奏

周以辅翼之臣，出任方伯；汉以牧守之最，擢拜公卿；唐不历边任，不拜宰相；本朝不为三司等属，不除清望官。仁宗时，韩琦、范仲淹、庞籍，皆尝经略西事，久历边任，始除执政。边奏复警，范仲淹至再请行。贝州之变，文彦博亲自讨贼。乞于时望近臣中，择才略谋虑可以任重致远者，或畀上流，或委方面，习知边防利害、地形险阨，中外军民亦孚其恩信，熟其威名。天下无事。则取风绩显著者不次除拜，以尊朝廷。边鄙有警，则任以重寄，俾制方面。出将入相，何所不可？

### 二、洪适谥议
淳熙十一年（1184）

饰乎外而无乎内，其失也诬；有乎内而不饰乎外，其失也固。君子以为与其诬也宁固。故华实贵乎相称，表里贵乎相符，言行贵乎相顾。既其文不既其实，君子不由也。故丞相洪公某，以文章发身，以纯实履行，其亦华与实称、表与里符、言与行顾者欤！

方忠宣公某之在房中也，公犹未冠，能自刻厉，援取异科。忠宣还朝，抵牾时宰，窜谪瘴地。公之仲季角立杰出，如璩、玚处魏，机、云入洛。公益务自晦，不敢萌一毫干进意。迨受知两朝，出入中外，其为政则兴利除害，而有惠术；其立朝则守法奉公，而无私心。声实蜚腾，眷简隆渥，不数年间，径至大用，其亦遭时遇主然耶！

窃尝比其始末而究观之。按庚江东也，病役使不均，则论上中十户均差，而使贫下得以受惠。方鬻逃田，则请业主以元估价就赎，而使流徒得以复业。总饷淮东也，均海州解围之赏，而士卒无异辞；增沿边降胡之券，而归附无离心。则公之惠利，抑亦宏矣。至于视草擅涌泉之誉，批敕有回天之风。洎膺柄用，首斸三省密院额外吏，而正堂后官谢褒私其子之罪。刘贡之始除台察也，公以其贤而誉之。后昵近技术之流，颇扰台宪，未几除殿中。公于上前斥言其过，除书不启而贡罢。上益知其无私。周旋省闼，登践政途，在相位无几，而未尝为亲故干求荣进。论事务理胜，而无私怨有所不恤；荐进先寒素，而其失举也不敢自恕，断断然无毫髪之私。居闲十六年，幅巾藜杖，倘佯绿野之适。涵茹古今，陶冶物态，时寓于歌咏纪述之间，荣利不入其心。其进也若畏，其退也若休。则公之平生大概亦可睹矣。

世固有兴除利害，搜剔敝蠹，使实惠在民，而遗爱及远，是其政也。而或病其少文，亦有摘藻掞庭，舒文华国，可以用世，可以行远，是其文也。而或病其无实，乃公兼之。按《谥法》："德美才秀曰文，遗爱在民曰惠。"哀是二美，则于公其有合矣。

### 〔南宋〕傅淇

#### 言浙西水利事奏

淳熙三年（1176）

近臣僚奏陈围田湮塞水道之害，陛下复令监司守臣禁止围裹，此乃拔本塞源之要术。然豪右之家，未有无所凭依而肆意筑围者，闻浙西诸县江湖草塘，计亩纳钱，利其所入，给据付之。望条约诸县，毋得给据与官民户及寺观。

### 〔南宋〕叶大有

#### 太宗仁恕英武如何论

论君德于运用之地，不若原君德于一念之天。以大有为之君，出而宗主民物，举天下之人莫不畏服而爱戴，此其君德之大，固足以震动天下、酬酢一世。然要其运用设施之本，则必有一念之天流通乎其间也。何者？仁者，天理也，根于一念之微，推而及人则为恕，用以定天下则为英为武，一念所形，初无限量。太宗造唐，盖得诸此。方其仗义之初，已勃然有拯民涂炭之心；而定天下之后，终不忘其哀矜恤刑之意，是非偶然而发也。至于一念流行彰著，自有所不容掩耳。吁！知太宗之天，斯可以论太宗之德矣。

太宗英武仁恕如何？愚请因史氏之说，而归之于仁。尝谓君人之德，莫盛于唐虞三代，莫衰于后世，而犹仅见于太宗，是何也？谓时有先后，而德有盛衰欤？则后乎唐虞三代，前乎太宗，其能如太宗者盖寡。而太宗之姿，可与为尧、舜，可与为汤、武，可与富民而措刑，是则德之盛衰，不以时之先后论矣。然而君德之盛以过人者，其必有所本也。

呜呼！无亦本诸一念之天乎！天者何？仁是也。仁者，上天生物之心，而帝王得之以仁天下，是以一念之天，涵育浑融，周流贯彻。推仁之心，则为及人之恕；发仁之勇，则为服人之英武。唐虞三代之盛德，焉有不本于仁哉？是故矜孺子，惠困穷，不敢侮于鳏寡，此仁之推也。圣神之运，勇智之表正，明德之广大，此仁之至也。征有苗，戮防风，与夫一怒而安天下之民，此仁之有勇者也。后世人主，岂无志于帝王之盛者，惟夫猜忌以害仁，是自小其天也，而何以尽推己之恕！以力而假仁，是自拂其天也，而何以有定功之武。内多欲而外施仁，是自弃其天也，则虽有英伟之资，只以自弊而已。呜呼！世变愈降，仁心寂寥，孰谓太宗之造唐，而犹有帝王之用心欤？观帝以百战取天下，叱咤风生，指顾电扫，其英武固可想矣，而俄焉施德教，尚忠厚，抚摩长育，哀矜恻怛，为爱民恤刑之举，是果何见哉！吁！于此可以观太宗之天矣。

自黄初以来，天下之人牧未有不嗜杀人者，而一世之人，必有济世之仁者以主之，岂徒角智力以长有天下哉？故其安民一念萌蘖于潜龙之初，而所禀之天已足为众善之长矣。兴义师，除苛政，仁心之发用；去功利，施仁义，仁心之流行；纵囚覆罪，平狱缓刑，仁心之浃洽。天日之表，足以夺奸雄之丑，真英主也。而辞色之假人，是不止于英毅而已也。雷霆之威，足以整乾坤而清六合，此武功也。而文德之绥海内，是不止于武功而已也。夫天下固未有不仁而能终身以行恕者，而帝王之定天下，亦岂徒恃威武而能济哉！吾故曰：太宗之德，凡见诸运用之地者，皆根本乎一念之天者也。史氏之志刑法，论其定天下以英武，而称其天姿之仁恕，至其所谓恕者且以仁先之，岂不曰仁者天理之全体，本乎人主之一心，囿乎吾天者，则推之以恕；梗乎吾天者，则震之以英武。随出而为用，而天者固不泯耶！不然，何其爱民之深、恤刑之至，而待天下以君子长者之道也！议者又曰：恤刑，仁也，奚为不恕于蕴古？寝兵，亦仁也，又奚为耀武于辽东？太宗之仁，亦少贬焉。吁！是岂天姿之未高耶？或者学力之未到也？

嗟夫！一刑虽暴，未几而有覆奏之令；一役虽过，还归而思仁义之臣。亦可以见天理流行，不可泯没者也。以帝王之天姿，加之以帝王之学力，则太宗之德纯乎天矣。嗟夫！又岂可以尽归之天姿哉！

〔南宋〕刘克庄

### 奏乞坐下史嵩之致仕罪名状

淳祐六年（1246）十二月

臣伏睹御笔，从嵩之昨日所请，俾之致仕，圣断赫然，中外臣庶莫不鼓舞。臣遵奉诏旨，即以书行，但有管见，怀不能已，须至奏陈。

窃见先朝进退大臣，皆着功罪。贬丁谓之制曰："无将之戒，深着于鲁经；不道之诛，难逃于汉法。"贬蔡确之制曰："裕陵与子，何云定策之功；大母立孙，乃敢食天之力。"谓、确，皆宰相也，皆着其罪，况罪浮于谓、确者乎？臣窃意陛下所以委曲回互，不欲暴扬，必其罪状丑恶之故。臣今只论其子道有亏、臣节不顺，而不敢及其隐匿。

谨按：嵩之有"无父之罪"四：父在日劝行好事，每悖训言，一也。父临终戒勿起复，首违治命，二也。当五内分裂之时，阳为不闻，出入朝堂，食稻衣锦，分布私党，授以邪谋，先起复而后奔丧，三也。宰我欲短丧为期，得罪圣门，嵩之谋于卒哭以内赴堂治事，甘为宰我之罪人，四也。

有"无君之罪"七：自昔握兵大臣，尤当恭谨，以远嫌疑。嵩之督师于外，乃用诡计，微服疾驰，诈称张路分径，入将作监，见百官，秉魁柄，袭王敦、苏峻下石头之迹，一也。外交王楫、俸盏以劫制朝廷，祖秦桧挟挞喇之智，二也。其欲恐动陛下，则警报交于道途，及欲顺适陛下，则捷奏出于怀袖，与赵高指鹿无异，三也。己所狎昵，并居要津，上所亲信，各就散地，疏隔勋旧，中伤忠良，有林甫、卢杞所不敢为，四也。枢印携归四明，斥堠摆至四明，堂案决于四明，堂吏役于四明。除目先禀四明，然后出；边报先达四明，然后奏。虽桓温自姑孰制朝权，亦未至此，五也。国本未建，忠吾君者皆欲早定，嵩之外为妇寺之谄语，内怀商贾之贩心，殆与田蚡相类，六也。大臣负罪，当合门恐惧，嵩之刺探机密，睥睨宫省，朝廷动息毫发必知，意所欲为，七也。

臣观其心胆粗大，志望无厌，盗威柄为己物，视英主如委裘，天下皆谓斯人必为国家之疽根祸本，而陛下犹以旧宰相礼貌之，过矣！

臣闻古者贵臣抵辜、迁就为讳者，谓帷薄不修、簠簋不饬之类尔。若得罪于纲常，自绝于名教，九州四海知之，千万世知之，固非可以掩匿之事也。陛下倘以谏官、御史、给舍、侍从、群臣、诸生所言，他罪狼藉，流传四方，恐伤国体。则乞圣慈详臣此章，止是言其公罪，虽使嵩之有喙三尺，不能自文矣。自来旧相致仕，必有制词，既从嵩之自乞，则合用杜衍、欧阳修之例，为褒词以宠加之，何以示天下后世？设为贬词，则既不坐下罪名，秉笔者何所按据？此綦崇礼所以必请高宗御笔，然后草秦桧罢制也。臣窃谓公议咸请诛窜，而陛下终始保全，第令休致，不谓不尽恩意矣。若群臣若不体圣意，复于休致之外，别请削夺，则曰难行。今臣所陈，止乞明诏，着其所以致仕之因，庶几词臣有所按据，见之训词，以塞公议，以昭国法，宜若可施行矣。

臣疏远孤立，受圣知最深，蒙圣恩特厚，不敢持高论亦沽虚名，所以黄至即书，既书又斋戒沐浴，密削此奏，仰俾圣政之万一，惟陛下财赦而采择焉。

（贴黄）臣伏恐圣意亦欲付臣此奏于外，则乞圣睿采臣愚忠，涣发诏旨，戞栝三数语，略言臣僚交疏论列不已，陛下以其亲老，终始保全，俾之致仕之意。臣当仰体圣意，微婉其词，庶几恩出君父，允协事体。或陛下重于亲老礼，乞令二三大臣议定，取旨施行。

## 第三节　明代御史奏疏选

〔明〕马明衡

### 举盛礼以光圣孝疏

嘉靖三年（1524）二月

臣惟臣子之事君亲，莫不愿其有德而获福，尤莫不愿其有寿而享福，故歌咏庆祝，天下之至情也。国家以孝治天下，每遇万寿圣节，则文武群臣毕贺于外；皇太后圣节，则命妇人人贺于内，所以昭福德之休而尽臣子忠爱之极也。兹者二月三十日恭遇昭圣慈寿皇太后圣旦节，先该光禄寺请办寿筵，陛下欣然举行。臣虽至愚，有以仰窥陛下纯孝之心至诚至笃，上欲承欢于皇太后，下欲广示孝爱之风于无穷也。伏睹近旨，复令命妇免朝贺，臣窃疑之。非惟臣疑之，在庭诸臣及众庶莫不尽疑之矣。夫暂免朝贺，在寻常固有是事，然当议礼纷更之时，正人心匈皇之际，忽传此报，至情所激，安得不疑？故皆私怪窃叹，以为此意若出于皇太后，则中间必有因事拂抑之怀、往来存没之感，故情无聊赖，不暇及此；若出于圣意，则陛下母子至情有隆无已，岂以皇太后圣旦之节而忍辍此盛礼哉？此臣民之疑所不能自己者也。况前者兴国太后令旦节，命妇已行朝贺，臣见当时左右之人，宴赐之余，咸欣欣然有喜色。今昭圣皇太后圣旦之节，相去未越月耳，乃辍而不行。前后情文相违，臣民之疑又何足怪乎？

伏维孝宗皇帝临御天下，十有八年，深仁厚泽，实在人心，至今父老道及孝宗时事，甚或流涕。天下人心之思孝宗如此，则其思昭圣皇太后当何如哉？陛下仁孝凤成，恩礼之隆，宜无不至，然万一因礼文末节之微，稍成嫌隙，此其关系非细故也。

夫母子之间，人所难言；人臣爱君，思杜其惭。况孝敬难笃而易疏，逸言易间而难合，征之往事，自古为然。其在今日，尤不可委曲而加之意乎？伏愿陛下思孝宗之仁恩，念武宗皇帝之付托，追前者皇太后之懿旨，体今日皇太后之深情，益隆孝养之诚，务尽恻怛之实，圣旦之期，还令命妇人贺。彼此之情洞然无间，则皇太后安，陛下安，天下臣民俱安矣！虽有今日之疑，适为陛下隆孝之地耳。臣言及此，不觉痛心，伏惟圣慈，俯垂睿察，则天下幸甚！

〔明〕方良永

### 劾朱宁疏

正德十年（1515）

浙江等处承宣布政使司左布政臣方良永，谨奏为还民财以消民怨事。

臣待罪承宣，自惭无补，偶有所激，不忍缄默。固知事涉权贵，言出祸随，然窃计脂韦之罪，重于强聒，而一身之患害、轻于万姓之荼毒，故敢昧死为陛下言之。陛下亦知民者邦之本，财者民之心乎，又知国家财赋尽出东南，浙居其半乎。故爱国必爱民，爱民必惜财。而浙之民之财，尤当爱以惜也。陛下聪明天纵，岂不知此，若曰我有大臣可付托也，我有亲臣可倚任也，我罔敢知，固有知之者矣。臣则以为陛下有大臣而不能用，有亲臣而不肯为用，虽谓之无臣可也。陛下环视左右，最亲且信，与国同休戚者谁耶？臣以为莫如朱宁。宁也出自贱氓，甘为民养，陛下一旦假以义子之宠，跻诸公侯之列，势倾中外，富拟封君，其亲之也至矣。为宁者粉身碎骨，以图报称，尚不能万分之一，乃忍攫取陛下之民财，戕贼陛下之邦本，以自速其不臣之罪，无是理也。无而有之，其愚耶，病狂耶？不然欺也。陛下俯听臣言，即甚爱宁，必大怒也。臣于正德九年十月初十日到任，即闻朱宁鬻钞害人，心甚恶之，无何旧镇守太监刘璟语臣及三司曰："宁堂钞价意欲倍增，何如？"臣茫无以对。细询之，先是分发十一府每钞一块，易银二两，钞之不行久矣，以此易银，是白取民间财物也。传报朱宁，怪其太轻，故欲增至四两。次日复语如初，臣坚持不可。璟离席立誓曰："以内臣而畏宁如此，权势所在无常轻重也，我受朝廷厚恩，朝廷为我立感惠祠。我岂不知此事贻害朝廷百姓哉？顾势不得不为耳。我即不为，他人必为，百姓依然受害，而我之祸立至矣。"言与泪俱于浥不能自禁。又次日,复语如初,竟增至三两,计钞一万一千九百九十六块,该银三万五千九百九十八两。臣退而思之,有官守者,不得其职则去,心虽愤激,力不能捄,亦失职也。乃自劾求去,遣此尸素。继闻新有禁例,势豪鬻钞害人者必罪。臣窃喜此事徐当中止,故栖栖不去以待其变。今既数月矣,例格不行,而有司征解急于星火,或缘为奸,倍而又倍,椎肤剥髓,民不堪命。天门万里,相与赴愬于监司。监司欲言而未果发,民亦吞声而不敢言。输解之吏,络绎于途矣。新镇守太监王堂,知民怨且作,亦蹙然不安,如此称谓亦非体式,乃出巽辞,谓:"宁堂好人,初不知鬻钞之难如许,苟豫知之,必不为也。今业已为之,可以已完二万四千两截解,少慰其意。前头太监既为之敛,我不得不为之解。"二臣所称宁堂,指朱宁也。其势焰之熏灼可知矣。臣反复思之,方今四方群盗甫息,疮痍未瘳,边塞多虞,馈饷或不时继,浙东西诸郡自冬徂春,雨雹为灾,蚕麦不利,待哺之民,嗷嗷千里,此何时也。大司徒不能为陛下画万年长策,以去京师之冗食,乃遣官四出,坐索数十年之逋税,亦综功之察也,然岂得已哉?冗食不可去而奇祸随之矣。臣故曰陛下有大臣而不能用。此犹可诿也。

　　刘璟、王堂皆陛下腹心之臣,其在浙也,皆有爱民之誉,宜其却此无名横敛,于谈笑间直易易耳。而二臣者,徒能涕泣蹙额,付之无可奈何。一则曰不得不为,一则曰不得不解,是亦岂得已哉?横敛不可却而隐祸中之矣。事势若此,苟犹隐忍不为陛下言,则已敛之财,必入朱宁之手,而民心伤矣。心伤则本伤,本伤则枝干凋瘁,根柢蹶拔。陛下其能晏然于上乎?是孰为孰使之哉。陛下之义子亦陛下之亲臣也,陛下反思及此,能不寒心。臣独怪朱宁之忍于负陛下也。今人有一饭之恩必报,陛下之待朱宁,岂一饭比哉?不图报则亦已矣,反取陛下之邦本而动摇之,畧不顾惜,此臣之所未喻也。故迹其所为,即以义子责之,在子为不孝,在臣为不忠,在法则必诛,而无赦者也。臣所谓陛下有亲臣而不为用者非耶。然臣惟朱宁席宠以来,陛下之锡予无算。四方之馈遗不赀,箧笥之中必不少此,又不病狂丧心,何忍为负恩之贼,犯此必诛之刑?又开一路,使宁得有所诿卸以结鬻钞之局也,意必真愚而为人所使,未可知也。伏乞陛下割偏私之爱,奋独断之勇,廷诘朱宁以鬻钞害民之故，如果愚不解事，误听人言，而请罪祈恩之不暇，则削夺官爵，薄示惩戒，根究主使之人，坐以重罪可也。如其饰非护短，不肯服辜，是敢于欺罔也，是不有陛下也。陛下又何取而必欲子之乎？下之诏狱，明正典刑，以昭示天下，为臣子悖逆之戒可也。斯二者，惟陛下明察而果行之，仍乞急敕都察院、行巡按浙江监察御史，会同镇守三司等官，将已敛钞价，尽给还民，未敛之数，随即停止，并查究奸吏影射多科侵克之弊，悉置诸法，则民怨未甚，犹可慰解；邦本未摇，犹可培植。陛下诚如是，臣死且甘心，其他利害，固不遑恤也。陛下如以臣言为不然，置之不问，日复一日，尾大不掉，将必蚕食天下，肆无厌之求，出于寻常所不料者。陛下于是时也，悔之晚矣。

〔明〕郑岳

## 一、申明职掌疏略

臣惟：内臣贾全等侵盗仓库，宜伏正法，而特蒙曲贷，将使左右效尤，恣意侵盗，设至败露，又图幸免，其害不可胜言。且自皇上即位以来，如陵户任文举，法司查例免差，乃因太监扶义之请，特免全户；千户鞠王英，法司依律坐徒，乃因太监阎洪之奏，特调外卫；火者邵经，分赃满贯，太监传伦，借债钜万，法应提问，俱送司礼监发落。

夫法者，所与天下共者也。事涉近幸，辄有轻重，是法不信于天下矣。古人有言："法行自近始。"又曰："宫中府中，俱为一体。"故申屠嘉辱邓通，而文帝不以为忤；韩琦安置任守忠，而英宗不以为专。前史书之，以为盛事。陛下宜远鉴前代之规，近守祖宗之法。自今内官、内使等有犯，悉听部院问拟，发本寺审录，则可以昭圣朝平明之治矣。

## 二、正刑狱失平疏略

臣惟：王钦罪当殊死，赃至百万。今虽发遣，合将家产抄没。各营牧马草场，侵费百万，罪虽遇革，赃应入官。两广总兵朱麒，纵仆为患，屡经参奏，应合革回。内官石明，因追私债，殴杀平人，法当成狱，乃因妄诉冤枉，断发充军。给事中刘最、御史黄国用、主事罗洪载、郎中颜如璟、给事中邓继曾，各所犯罪薄而充军为民，降调似为太重。南京署员外郎李棠，该守备衙门参奏，远挐下狱，事难追究，乞解同南京法司问。拟试监察御史马明衡、朱浣，因皇太后圣旦，免朝贺，辄有论列事，虽欠审心，实无他试。御史李本、陈逅，员外郎林应骢，列疏论救，仍并下狱。乞将诸臣早赐宽释，以慰群情。

〔明〕林俊
### 请诛刘瑾疏

自古奸邪弑逆之贼，如赵高，如石显，如李辅国、程元振、鱼朝恩、陈宏志，如王守澄、田令孜、杨复恭，如刘季述、韩全诲，凡可以危人主而破败人国者，刘瑾皆备之。

瑾，古今恶魁也，今近而京师，远而天下，皆曰"两皇帝"：朱皇帝、刘皇帝。又曰"坐皇帝""立皇帝"。夫天，至尊也，帝虽为天所立，不得并称天，故曰"天子"。帝，至尊也，太子为帝之副，不得并称帝，故曰"帝子"。岂有给事之内臣，得并称皇帝哉？国家成法，制于太祖，遵守于太宗，至精密也，刘瑾尽取而纷更之。陛下尊为天子，容制于权宦，不能庇祖宗耶？大臣择于孝宗，至当也，刘瑾尽诬而摈斥。刘大夏最贤，祸最大；刘健、谢迁、马文升、韩文、杨一清又贤，祸又大；张敷华亦以忧死，是明与孝宗抗也。陛下尊为天子，容制于一权宦，不能庇其父耶？太皇太后、皇太后时被离间，使纯懿之主母，忍下家奴之色，受其挟取。陛下尊为天子，容制于一权宦，不能庇祖母、母耶？故事：皇太子未举，举未立，亲王一位不之国，为根本，虑至深远也。刘瑾谗间荣王，径遣之国，致陛下于孤立；又且傲视荣王，挟取其物，无所畏忌。陛下尊为天子，容制于一权宦，不能庇其身与其叔耶？藩王金枝玉叶，陛下同潢派者也，刘瑾吹毛刮垢，日恣索害。陛下尊为天子，容制于一权宦，不能庇其族耶？刘瑾安受皇亲夏儒之跪拜，呼呵叱咤，无异市儿，重索其金。陛下尊为天子，容制于一权宦，不能庇外家耶？

公侯驸马伯，非勋则亲，与都督等官，皆朝廷之腹心爪牙，同休戚者也。刘瑾骂唾骗索，任情中伤，又甚则不顾铁券之誓。平江伯陈熊，身发充军，手下人发枭首，致陛下尽失勋戚之心。内阁九卿，非贤则旧，与科道等官，皆朝廷之股肱耳目，致太平者也。刘瑾诛求凌侮，极力嫁祸，今日杖某死，明日抛某死，又明日发某为民充军，又甚则已死之。都御史钱越，忍心种祸，抄没其家；出差之给事中计天赐，寻事吓财，逼令自杀，致陛下尽失文臣之心。二十四监，或历事累朝，或守礼识事，陛下之侍御左右，与刘瑾同辈行者也。刘瑾败群伤类，废置由心，今日易镇守，明日易掌印，又明日易管事，又甚则王岳之赐死，萧敬、邓原、丘聚之间废罢黜，致陛下尽失近臣之心。指挥千百户，或起艰难，或由勋绩，刘瑾故阻其替袭，难其比试，今日调某卫，明日降某官，又明日充某军，致陛下尽失武臣之心。屯田将无而作有，税粮既免而重征，法令烦苛，摇手犯禁，官校连络，触眼无分，致陛下尽失天下军民之心。

且一家之用，为财易足也。刘瑾括尽天下之财，富于内库，非欲为逆，暗邀人心，何聚财之多如是耶？一家之居，为屋易足也。刘瑾盖尽关防之屋，多于内府，非欲为逆，屯驻兵马，何聚屋之多如是耶？一家之乘，为马易足也。刘瑾畜尽西北之名马，非欲为逆，给发骑兵，何聚马之多如是耶？中外传闻，刘瑾议将京军、边军更番上操，为张永所沮，奏将京军官校随回祭扫，为张永所沮，信有之。是刘瑾之叛逆，不特京师知之，天下知之，至同类亦知之矣，独陛下未知也。

臣闻京师盗贼之起，曰因刘瑾而致。两直隶、山东、河南盗贼之起，曰因刘瑾而致，臣未详也。广东、广西、福建盗贼之起，曰因刘瑾指差查盘，剥削匮竭而致，臣则详知之。江西盗贼之起，因刘瑾指差勘事，剥削而致。湖广盗贼之起，因刘瑾两差计处备荒，索银十数万两，剥削匮竭而致，臣则亲询之。今四川夔保蓝五等贼之起，因刘瑾之革抚民，播州、宁安、夭苗等蛮贼之起，因刘瑾之庇杨友及剥削匮竭而致，臣则亲审之。又闻云南、贵州土夷纵横，盗贼充斥，亦因刘瑾多方诛求，剥削匮竭而致。而前日官军乱辽东，今日官军乱宁夏，贼杀守臣，僭立安化，明以共诛刘瑾为辞，是刘瑾未自反，逼天下人皆反矣。

臣与刘瑶素不相识，素无雠怨。刘瑾斥逐正人，朝野局空，独臣一人幸免。前年投无名奏内廷之时，明对诸臣，许臣忠义，及今有巡抚之起，臣宜以知己为报。顾若操戈而入室者，臣受三朝厚恩，诚不忍坐视天下将乱，社稷将危，而不之救者。昔崔洪荐郗诜，诜奏洪；王凤荐王章，章劾凤；安禄山荐颜杲卿，杲卿讨禄山。臣敢以一人之德之私，废天下公论、宗社至计哉？

〔明〕林润

### 劾严世蕃、罗龙文疏

臣惟严世蕃、罗龙文二犯悖逆凶丑，罪恶滔天，仰荷圣明洞察，逮狱考讯，一时人心奋跃，孰不曰必粉身碎骨，庶可以泄神人之愤，伏蒙圣恩宽大，宥以不死，姑从末减充军。为二犯者，宜感激再生，没身图报可也。乃弗自省愆，反怀怨望，蔑视国法，径不赴伍，而安享富贵，僭拟三公，此无忌惮何如哉！如龙文之居，则据山为险，去县五十余里，谒祖则鼓乐盛张，冠裳炫耀；居常则擅著蟒衣，妓女环列，且招集恶少，出入靡常。今之江洋行劫，虽未必尽出其门，要皆多彼之党矣。世蕃之暴横，无异于在朝之时，或肆为讪毁，或纵为淫乐，或夺人财产，员国背恩，乱风败俗，莫此为甚。闻乡里含冤，每赴诉于官司者，动以百计。近以造屋为名，聚众至四千余人，机谋诡秘，人心动摇，百姓争挈父母妻孥而逃。有司以城池仓库为惧，不有推官郭谏臣申文上司解散，而地方之变成矣。

夫此二犯，横恶夙著于平时，狂凶更彰于谪后，以世蕃之逆，而济以龙文之险，以小人之无忌惮，而更怀怨望之心。况其交结往来，神出鬼没，而莫知其状；招集党与，夜聚晓散，而莫测其踪。此其意欲何为哉？臣恐失今不诛，后患难图，乱机所伏，关系匪轻。故敢披沥以闻，伏乞敕下法司详访，如果臣言不虚，乞赐将严世蕃、罗龙文差校提解，或行各原籍抚按严拿。窃恐臣已发觉，二犯必闻风暂赴该卫，仍乞行各著伍所在抚按，严督解京究问，明正典刑。庶法度昭而奸宄知惧，祸根绝而朝野宁谧矣。

## 〔明〕杨琅

### 疏通言路疏
成化四年（1468）七月

臣闻盂圆则水圆，盂方则水方。上有好言之君，下有敢言之臣。今皇上德侔成汤，而从谏弗拂；量迈唐宗，而纳谏如流。即位以来，大开言路，言之是者，无不听纳；言之失者，亦加优容。是以谏诤路通，人心思奋。但有一得，咸愿上陈，此皆皇上盛德至善，天下之所共仰者也。

迩者，陕西道监察御史谢文祥以新进之小才，感皇上之显擢，累进謇言，上渎圣听，原其设心，亦思图报。然以历任未久，事体未谙，听察不精，言事多有失实，加之以罪，固其所宜。但念祖宗设立耳目之官，许之风闻言事，将以广聪明，廓视听也。若因所言之差失，而遽绳之以严刑，窃恐自此之后，言官丧胆，谏臣夺气，孰不缄口结舌，自图保全？纵有大奸大弊，谁敢为皇上陈哉？此臣等所以不避斧钺，切切进言也。

彼谢文祥一小臣，曾何足惜？所惜者，朝廷大体耳。伏望皇上霁雷霆之威，开天地之量，曲赐保全，以昭圣明纳谏之美，以作臣下敢言之风，天下幸甚！

## 〔明〕林大辂

### 待罪上言疏
正德十四年（1519）

臣窃见近奉内降，有南巡之命，群臣咸进言，愿留圣驾。昨蒙圣恩，将兵部武选司郎中黄巩等六人同下诏狱，及将吏部等衙门官员，俯伏待罪阙下，独如臣等不及，臣等窃实耻之。

夫职虽各有所司，然食禄均有国忧，众皆越职触罪，危言敢谏，臣等何人，不能一言以效死耶？臣等诚有觍面目矣。臣谓陛下宜赏进言者，而罪不言者。言者，忠君爱国，奋不顾身者也。言者虽出位，纵不赏犹当宥之；不言者虽不罪，实当罢之。而邪正分，而赏罚明，而国家定矣。臣窃以雷霆之威，震骇如此，虽京师小民，皆以为陛下自今决罢巡幸矣。然未赐施行，犹疑有所蒙蔽而不知，今既罪言者，则已明知众臣皆以巡幸为不可矣，又岂得独违众以行耶？圣虑回，则是数臣虽死，而使宗社获安，天下受福，忠谠之心，真足以报祖宗于地下矣。臣等复何敢爱一身之命，而不与之同死哉？然谏官者，天下之元气，元气宜通不宜塞。人身之元气塞，则人病；国家之元气塞，则国伤。

伏愿陛下垂宽容之听，广忠直之路，将黄巩等所奏俯加详察，哀其恳恳之诚，特赐宽宥，毋使后世有杀谏臣之名，则幸甚幸甚！臣等不胜惓惓，出一旦之命，待罪阙下。

〔明〕陈茂烈

### 正大纲以存国体疏
弘治十七年（1504）

臣惟朝廷之尊，莫先于严体统；体统之严，莫先于正名分。故朝廷莫如爵为政，必先于正名所关，其重如此。我祖宗以神武戡祸乱，以文德绥太平，文武并用，名实相须，体统尊严，枢机周密，贻谋远矣。

洪惟陛下继统，励精图治，法祖用贤，文武效力，天人协应，华夏蛮类，咸仰陛下如天之尊，诚宗社万年之庆也。夫何日者，太常寺卿崔志端考满，猥被尚书之擢，彼固非文非武，特一羽衣之流、谀佞之辈尔，不阶尺寸，滥叨金紫，几二十年，荣幸极矣！若以其熟于典礼耶，郊祀省牲，复命失仪，典礼乖矣；若以其出尘而离俗耶，赃私之污，被人讦发，清规玷矣。陛下当对越之忱，秉精明之德，自足以感天地而格祖考，何取于异端邪行之人哉？乃复昌此高爵，是以道士为天子之喉舌，股肱辱国之甚，何以加此文武两班，大小庶职，当其拜恩，咸失色而吞声，及至退朝，皆私议而切齿。群臣耻与之同朝，六卿耻与之并列，贤者将有求退之心，邪党将有希进之念。况近年以来，灾异相仍，兵甲屡兴，外夷之顺逆，特窥中国之时势，尔其使臣朝贡，在兹者，岂不曰堂堂天朝，尚书极品，亦可以道士为之耶？宁不轻中国之无人而起狼子之心也哉？

伏愿陛下以社稷为重，以祖宗为法，仰承天意，俯顺人情，追回新命，则名分以正，体统自严，朝廷自尊，人心咸服。天意可回，若必悯其年劳，亦乞圣明别为区处，虽天地有包荒之量，而彼大马当有满足之心矣，岂可坏我国家之纲维哉！兹非细故，实关大体。臣忝耳目，若事蒙蔽，则天下后世视臣为何如人？恐将上及陛下矣，伏望宸断，天下幸甚，万世幸甚！

## 〔明〕彭汝楠

### 劾魏忠贤疏
#### 天启四年（1624）

日者宪臣杨涟特参魏忠贤一疏，胪列罪状，深切著明，无待臣复列而彰也。现未奉明旨处分，人情共愤，义形于色。臣等虽碎首玉阶，所不辞者。忠贤自知众怒难犯，因而百计遮护，导陛下以宴居，不使群臣得望颜色。从此朝讲希御，贤士大夫日疏，釜鬵之势渐成，丛神之假滋甚，其气象尚忍言哉！

《易》之《象·九》曰："天行健，君子以自强不息。"《泰》之《彖》曰："天地交而万物通也，上下交而其志同也。"反是则否。皇上方法天之健，成泰之交，奈何轻听阉寺小人，自隳明作，而使否塞之形立见乎？昔赵高恃恩专恣，以私怨诛杀人，恐大臣入奏言之，乃以闻声称朕逢其主，使群臣莫窥其面，大权遂归于高，卒至指鹿为马，莫敢言者。

今皇上英明果锐，如日初升，固万万不至此。而此辈铤而走险，包藏祸心，其势必至于是。语曰："吾畏其卒，故怖其始。"愿皇上深思而预防之也。然此辈所以得其饰说者，臣知之矣，不过以皇祖末年，亦曾静摄耳。夫晚而倦勤，在皇祖诚有之。当万历初年时，蚤朝宴罢，如许励精，夫有三十载之辛勤，而后可享暮龄之优游。识者已不胜远计矣。今明作伊始，倦端已见，后此更当如何耶？且皇祖历练日久，太阿在握，其时未有臣奸大猾在旁为之假借，虽朝讲不亲，宫府固自肃也。今皇上之血气未定，忠贤之羽翼已成，万一纲解纽弛，恐将来之事，更有不可知者矣，奈何动以皇祖为口实哉？

臣，言官也，批鳞折槛，自是分内事，触事惊心，谊不容默。是用昧死沥陈，伏乞圣明毅然独断，将忠贤一切罪状，直穷著明，明正法纪，毋养痈以贻患，务使皇上之志气，与贤士大夫相接，则天行常健，泰交成而万物同矣。臣不胜云云。

## 第四节　清代御史奏议选

〔清〕彭鹏

### 请严惩贪虐各官疏

请严惩贪虐各官疏臣闻秦省西、凤两府频年灾荒，民命阽危，流离转徙，而灾属各官仍行敲朴，每事扣克饱囊，营私肥己。安其危而利其灾，臣不忍遽信。比见新任督臣佛伦于《筹秦疏》内有"灾属各官敲朴比粮，营私自利，私派扣克，乘开例捐纳，离任卸事"等语，于《特参贪劣疏》内有"灾属各官，反于其中恣行扣克，前疏痛切直陈"等语。夫扣克而至恣行，痛切屡指各官，所参渭南县特其一耳。至于《勘荒疏》内有流民六十一万八千一百二十六丁之数，合丁册则老幼妇女不知凡几，臣始痛所闻悉。真天灾流行，贪吏上负圣恩，下戕民命，甚以救民不得已之开例，一经收纳，百计取盈。臣所谓利其灾者，比比皆是。其罪当死，贪吏死而贫民生矣。在督臣钦承皇上宽大慈祥，姑与维新，请于旧任者革职戴罪，于捐纳者提回原任，限年招垦，准其还职照用；违限，前罪并治，复照侵克钱粮治罪，会议无异。臣见督臣疏称：诛不胜诛，黜不胜黜；又称此辈将地方倒坏已极，思之眦裂。窃以死罪或可赎，而还职照用，养痈流毒，断断不可容也。所当确采舆论，分别差等，察其最甚者备死罪状，榜诸灾属通衢，明示以招流垦荒赎罪，贷一死，仍革职，永不叙用；果无剥克者，不在此例。请自圣裁。又闻已故三原知县汤为雯逆天殃民，柩出邑门，饥民唾骂。所当削其生前卓异之名，追夺品级，使未死贪奸心寒胆落。秦民闻圣恩允发三十七万五千余金为牛种、农具工本；又以从前民害虽死无赦，其克剥最甚者赎罪，不准留任，尽除所苦，必皆保抱携持，言归恐后，此则招徕之本计也。

注：此疏上于康熙三十二年（1693），时值陕西西安、凤翔两府遇灾，朝廷令彭鹏运河南米十万石往赈饥民，其于沿途了解到不少地方官趁灾剥克，

"安其危而利其灾"之实情。彭鹏对于当时任川陕总督的佛伦对贪官重罪轻罚，借口"诛不胜诛，黜不胜黜"，而一味宽纵的做法深感气愤。其特以此疏上闻朝廷，要求严惩贪官，"以伸国法，以慰舆情"，由此表现出其体恤民隐、为国分忧的思想。疏中所述对犯法的贪官"养痈流毒，断不可容"，"从前民害，虽死充赦"，应"追夺品级，使未死贪奸心寒胆落"等项主张，以及"贪吏充而贫民生"的认识，真可谓字字铮言、正气凛然，对于正在致力于肃贪倡廉的当代人无疑也是一种无声的激励。

## 〔清〕林源

### 一、请严京城缉凶疏

雍正五年（1727）四月

臣窃惟国家立政，莫重于刑名，杀人者死，法律难宽。伏睹皇上御极以来，饬吏以安民，惩奸以保善，于人命尤加慎重，务得实情，诚刑期无刑、辟以止辟之至意也。

臣奉命署理刑垣，窃见各处命案，必获凶犯方可审结。乃有一种被害无命之人，既无尸亲，又无识认，此等冤魂，尤为可悯。在外省州县地方，遇此等命案，犹必严定处分，勒限务获。况京师为辇毂重地，设立文武各衙门不为不严，番役人等不为不多，而被害无名之尸，往往而有。臣职司稽察刑部事件，查雍正五年二、三两月，五城等处报部无名之尸，共计八起，刑部行文各衙门缉凶，未闻有一起拿获送部。

最可异者，本年二月初一日，礼部二门内有被害无名人之尸。夫衙门何地，把门办事人役不知凡几，或系本处殴杀，或从别处擅移，岂无一人知觉？而凶犯亦至今无获。光天化日之下，安容暋不畏死之徒，肆胆杀人，脱然逃罪，一至于此！良由京城向来此等人罪，一经行文，即为完案，以致凶徒漏网，死者含冤。且京城街巷繁多，人迹错杂，缉凶稍缓，必致远飏。其承缉立限之处，似宜视外省加严，应请皇上敕部严定限期，令该管本地方之官，遇此等人命，一面报部，一面查拿，且详开年貌服色，多张告示，招人识认，仍设立首报赏格，必务弋获凶犯，限内不获，参处。倘接缉之官，及他地拿获者，予以议叙。庶棍徒知法网难逃，从兹咸知敛手，而被害含冤者得沐皇仁，昭雪有日矣。如果臣言可采，伏乞皇上敕部议覆施行。

## 二、请禁投拜门生疏

雍正七年（1729）闰七月

太仆寺卿加一级、臣林源谨奏，为请严投拜门生之禁，以肃官方，以除民害事：

臣一介庸愚，毫无知识，伏睹皇上宵旰精勤，民生是念，凡察吏安民之道，次第举行，至周至悉矣。至于州县之官，与民最亲，履奉上谕，谆谆训戒，稍有人心者，自无不兢兢业业，涤虑洗心，勉为良吏。但从前外吏每有投拜门生，出入内署者。在道府以上，体统严肃，罕有其事，独州县衙门，出入较便，投拜甚易，此风不行申禁，将来必敛而复炽。

夫惟执经授业，乃有师生之名；试艺荐贤，亦有师生之谊。至论设科取士，生成大恩，出自君父，犹不得以师生之私情，昧国家之公义。况州县士庶，与师生何涉？乃或于新选之时，赠盘缠为执贽；或于到任之后，馈厚礼为受知。受其投拜者，其初必谓彼以礼来，殊属无碍。渐而倚为耳目，渐而资为线索，每有所求，曲徇其请，愚民以为官长门生，莫可奈何。且投拜门生者，未有不结交猾吏，相倚为奸，其弊不可胜言。

臣窃思此等恶习，宜严禁绝。仰恳皇上敕下五城御史，加意巡察，凡各省、州、县新选之时，如有本处之人，私行馈送投拜门生者，查访确实，立即参处。在外则令督抚严饬所属，不许复蹈前辙。本地生监，不得私入内署。从前或有受人投拜，务令即绝往来。倘阳奉阴违，该督抚访确，即将受拜之员题参；投拜之人，并严治罪。如此则官方肃，民害除，而士习亦有裨益矣。如果臣言可采，伏乞皇上睿鉴施行，为此谨奏。

〔清〕江春霖

## 一、劾庆亲王父子疏

光绪三十三年（1907）三月

奏为报纸评论亲贵，前后顿殊，托辞更正，拟请饬并调核传问，以凭查究，恭摺仰祈圣鉴事。

窃庆亲王奕劻及其子农工商部尚书载振，威权日甚，势倾中外。此次奕劻七十寿辰，都下喧传收受礼物，骇人听闻者甚多；而京外各报，尤秉笔直书而不讳，不第署抚段芝贵一人、歌妓杨翠喜一事而已。

臣久拟疏弹，以上年七月初八、八月初十、十二月二十四及本年二月二十五日，奏劾内外大臣各摺片，均皆奉旨留中未发，又念赃私之律，授受过付同罪，言之虽确有凭，按之类皆无据。康熙五十年，江南乡试副考官赵晋交通关节，苏抚张伯行劾江督噶礼索银五十万保全一案，若非圣祖仁皇帝俯鉴孤忠，几陷不测。是以一月以来，屡贻仗马寒蝉之消，而不敢撺拾上陈也。不意本月廿五日，御史赵启霖奏参，才奉谕旨，派醇亲王载沣、大学士孙家鼐查办。而天津《大公报》《顺天时报》又有更正杨翠喜之说，臣阅之大骇。外议多谓载振当将杨翠喜赠其旧好王益孙出名顶领，而胁报馆为之洗刷。人言固不尽可信，但以臣所见各报门包寿礼数目，言之凿凿，路人皆知，何以绝不更正，独沾沾于更正杨翠喜一节。且各报皆有访事，前之误登，访从何处？后之更正，访自何人？断非绝无来历，岂容信口雌黄。

现蒙谕饬载沣、孙家鼐查办虚实，应待奏覆，本无庸更参一议。惟情节既挂弹章，而报纸顿更初议，难保无掉弄笔墨，颠倒是非，荧惑众听情弊。应请饬并调查各报，传到该报馆访事、主笔，诘问前后不符原因，以凭追究。臣为慎重查案起见，谨缮摺具陈，是否有当，伏乞皇太后、皇上圣鉴训示。

再上年载振由东三省回津，直督留听女戏二日，翠喜在场，恋恋不舍。臣得之天津官场中人口述，颇为详悉，招议似非无因，合并陈明。谨奏。

## 二、劾军机大臣袁世凯权势太重疏

光绪三十四年（1908）九月

奏为枢臣权势太重，列款上陈，恭祈圣鉴事。

窃臣谨按《尚书·太甲篇》云："臣罔以宠利居成功。"《洪范篇》云："臣之有作福作威，其害于家，凶于而国。"《春秋传》云："保君之禄，是以聚党，有党而争命。"自古权奸窃弄，始未尝不以忠顺结主知，泊乎威名日盛，疑忌交乘，骑虎既已难下，跋扈遂至不臣。岂尽其本心然哉？利之所在，势之所趋，而一时衔恩进款之士，又相与翼佐而拥戴之。即欲终守臣节而不能耳。此雨雪之有取于见晛，而履霜坚冰，圣人所为，谨防其渐也。臣于军机大臣外务部尚书袁世凯权势太重，前在直督任内，已屡言之，均皆奉旨留中不发。上月世凯生日，又荷渥赏寿物，恩礼逾常，大小臣工献颂贡谀，以百千计。臣虽愚戆，亦知诵"鼎铛有耳"之言，而缄口结舌矣。顾念梅福以南昌故尉而上书，朱云以槐里故令而折槛，彼皆身无言责，犹且慷慨纳忠，矧臣备位谏垣，何能嘿尔而息？不避冒渎，谨就耳目所及，再为我皇太后、皇上列款陈之。

亲藩之重，冠绝百寮。向时亲王书款，皆称某王，无称名者。至结拜兄弟，则更未之前闻矣。乃世凯寿辰，庆亲王奕劻去爵署名为祝，贝子载振则称世凯为四哥，而自称四弟，对联两合，为众目所共瞻。熏灼一时，几炙手之可热。此交通亲贵权势之重一也。

都察院纠察行政，非政府所得过问。乃前闻中外条陈，盈积累尺，都御史张英麟等已拟封进，徒因世凯一言而止。条奏有无违碍，外间故不得知。宪纲竟听指挥，下此又谁敢议。此把持台谏，权势之重二也。

荐贤为国，非以为私。桃李公门，古人弗受。而世凯前后之所保举，莫不执贽而称门生。但举显者而言，内则有民政部侍郎赵秉钧、农工部侍郎杨士琦、外务部侍郎梁敦彦、右丞梁如浩、大理院正卿定成、顺天府府尹凌福彭之徒；外则有直隶总督杨士骧、出使大臣唐绍仪、吉林巡抚陈昭常、安徽巡抚朱家宝之属，荐跻通显；或有合于同升，认作师生，谓无私，其孰信？此引进私属，权势之重三也。

安徽巡抚冯煦之开缺，河南巡抚林绍年之调仓场，皆奉上谕，外议谓世凯以不附己挤之。初未敢执以为据，而代冯煦之朱家宝，为其门下；代林绍年之吴重憙，为其世交，则滋人疑窦。他如三省总督徐世昌、两江总督端方、江西巡抚冯汝骙、山东巡抚袁树勋，或谱兄，或契友，或亲家，或宗姓，综计直省大吏多半与之有连。同寅协恭，固属谊所应尔；联盟树党，不知意欲何为？此纠结疆臣，权势之重四也。

北洋新军，为直省冠。世凯既入军机，又恐兵权削夺，于是引其门生杨士骧代为直督，诸事不得自专，悉皆受其节制，名曰开府，实则传法沙门、护法善神而已。战功卓著之臣，投诸闲散；奉令维谨之辈，寄以干城。此遥执兵柄，权势之重五也。

科举递减之奏，世凯本与张之洞同之。继而请裁科举，专办学堂，意在杜绝歧趋，建议未为不是。乃无何，而举贡之保送，优拔之加额，又请自世凯，倒之颠之，反之覆之，新学喜于速化，既群奉为祖师；旧学得乞末光，亦共推为恩主。此阴收士心，权势之重六也。

善则归君，过则归己，伊古良弼，罔或不然。国会发自世凯，既而滋用不靖，意在缓开。谓宜以一身当众，难之衡可也，乃世凯之阻都察院代奏，则以朝廷不欲为辞。已实党魁，而被四海以横流之祸；身为壅蔽，反诬九重以愎谏之名。此归过圣朝，权势之重七也。

度德量力，外交固贵和平；仗义执言，公法尽堪理论。世凯自任外部以来，遇事多占失著，苏杭甬铁路借款，经三省绅商合力抗拒，英人闻已降心矣。卒以邮传部□□向借了之。假强敌之威，以施压力；饰睦邻之说，用盖奸谋。此潜市外国，权势之重八也。

俄日战争，声明中立，乃国家万不得已之事，岂臣子所宜邀赏之时。世凯乃铺张扬厉，胪列多人，角逐坐视两雄。本无功之可纪，异常保至三百，犹谓赏不酬劳。卢未逐麑，鼠能变虎。此僭滥军赏，权势之重九也。

州县选缺，虽由吏部，而饬赴与否，权则在于督抚。数载未到官，数月即撤任，黜陟只须四字考语耳，无所妨于吏治也。世凯既联督抚为党，又欲增重其权，遂请谕旨概归外补，公费有加，部臣诱于利而不能正。道府照旧，科道塞其口而不复言。此破坏选法，权势之重十也。

为政不用子弟为卿，富贵且讥其垄断，世凯之子克定，年未三十，即以候补道营入农工商部，旋由右参议历署左右丞，是已方柄用，子弟已为卿矣。垄断为何如耶？用人正当破格，内举固不避亲，借势而得美官，受爵究嫌不让。此骤贵骄子，权势之重十一也。

鸦片之禁，诏令綦严。亲王不以废法，学士因而罢官，亦既风行雷厉矣。乃臣闻江苏一省嗜好者多被咨回。世凯族姓十余，稽查者不敢过问。副都御史陈名侃得人私书，当众言之凿凿。办理未公，虽不由于嘱托，气焰可畏，亦略足以见端。此远庇同宗，权势之重十二也。

夫王莽谦恭下士，周公恐惧流言，人固难知，知人亦良不易。臣何敢遽指袁世凯为奸邪，第就臣列款观之，其心即使无他，而其迹要难共谅。历考史策所载，权臣大者贻忧君国，小者祸及身家，窥窃神器之逆贼，且置勿论。即功在社稷，如汉之霍光、唐之李德裕、明之张居正等，其以权宠太盛，灭族破家者，何可胜道？则不独为国家计，宜少裁抑，即欲使世凯子孙长守富贵，亦不可无善处之道也。臣起家寒素，既绝党援，并无恩怨，只以时间阽危，恐致焦头烂额之伤，不得不献曲突徙薪之策。敢恳圣明宣示臣章，俾自申辩。语如涉虚，请治臣罪，以为诬谤大臣者戒。倘以臣言尚近情理，亦当鉴古来权臣祸败，为世凯善全始终。昔东汉二袁四世三公，一败涂地，国既不振，家亦遂亡，以彼例此，尤为至近。缕缕血诚，无任激切。伏乞皇太后、皇上圣鉴训示。谨奏。

# 第九章
# 莆阳御史家族规训文选

　　家训，也称"家戒""家诫""家范""家约""家规""家教"等；族训，也称"族规""宗规""祖训""宗约""族约""宗仪""家礼"等。前者是指一个家庭对子孙立身处世、持家治业的教诲训言，后者则扩大为对一个宗族的。家庭和宗族实际并无实质性区别，故可合并称为"家族规训"或统称为"家训"。据说中国最早的家训萌芽于五帝时代，现存最早有文字记载的家训为西周时的周公（姬旦）家训。家训于明清时期达到鼎盛。作为一种家庭教育的形式，家训是维系和发展一个家庭和宗族重要的精神纽带，对个人、家族乃至整个社会都有重要的教化作用，因此是中国优秀传统文化的组成部分。莆田儒文化教育肇始于南朝梁陈时期的郑氏"开莆来学"，自唐代以降，科甲鼎盛，人才辈出，出现许多科举世家、科宦望族。人才的健康成长、道德观形成，与家族注重子嗣品质教育、传承良好家风是分不开的，莆田古代御史，几乎都是从这些注重家风家训传承的世家望族出身的。莆田世族大姓，皆有宗祠之设、谱牒之传，它们是家训传承的主要载体。本章的莆阳御史家训主要选自御史本人所著文集，个别选自姓氏族谱所载。这些家训或为独立篇章，或以书札、示儿诗文为载体，文辞较为雅驯，又不失其通俗易懂性，对传承传统美德，对推进社会主义道德建设，涵养社会主义核心价值观具有重要的现实意义。

# 第一节　五代宋御史家族规训文选

## 一、翁承赞训诗

寄示儿孙

力学烧丹二十年，辛勤方得遇真仙。
便随羽客归三岛，旋听霓裳适九天。
得路自能酬造化，立身何必恋林泉？
予家药鼎分明在，好把仙方次第传。

## 二、蔡襄训文

（一）福州五戒文

观今之俗，为父母者，视己之子犹有厚薄；迨至娶妇，多令异食。贫者困于日给，其势不得不然；富者亦何为之？盖父母之心，不能均于诸子以至此。不可不戒。

人之子孝，本于养亲，以顺其志，死生不违于礼，是孝诚之至也。观今之俗，贫富之家，多于父母异财，兄弟分养，乃至纤悉，无有不校；及其亡也，破产卖宅，以为酒肴，以劳亲知，施于浮图，以求冥福。原其为心，不在于亲，将以夸胜于人，是不知为孝之本也。生则尽养，死不妄费。如此岂不善乎？

兄弟之爱，出于天性，少小相从，其心欢欣，岂有间哉？迨因娶妇，或至临财，憎恶一开，即成怨隙，至于兴诉讼，冒刑狱，至死而不息者，殊可哀也。盖由听妇言，贪财利，绝同胞之恩、友爱之情，遂及于此。

娶妇何谓？欲以传嗣，岂为财也。观今之俗，娶妻不顾门户，直求资财，随其贫富，未有婚姻之家不为怨怒。原其由，盖婚礼之夕，广糜费，已而校奁橐，朝索其一，暮索其二，姑辱其妇，夫虐其妻，求之不已。若不满意，至有割男女之爱，辄相弃背。习俗日久，不以为怪。此生民之大弊，人行最恶者也。

凡人情莫不欲富，至于农人、商贾、百工之家，莫不昼夜营度，以求其利。然农人兼并，商贾欺谩，大率刻薄贫民、罔昧神理。譬如百虫聚居，强者食啗，曾不暂息。求而得之，广为施与，冀灭罪恶，其愚甚矣。今欲为福，孰若减刻薄之心，以宽贫民；去欺谩之行，以畏神理。为子孙之计，则以久远；居乡党之间，则无良善。其义至明，不可不知。

【校注】此《福州五戒文》虽作于福州，实亦家族之训文也。

### （二）论忠孝

事父母之道曰"孝"，天之性也；事君上之道曰"忠"，人之义也。犹耳目心腹，有身则有之，非外物也。迩代以旌赏劝其孝，爵禄劝其忠，则孝非天之性，忠非人之义矣。犹无耳目心腹，岂为人欤？乃亦若鹭白鸟玄，盖物之本然也，苟染而色之，何可长也？惟忠与孝，待劝而行，讵至孝至忠乎？

夫忠孝者，感天地，动鬼神，故有冰鱼、寒笋之事，返风、起禾之应。或饰名沽誉，虽劝诸，亦可舍诸。则三五之世，忠孝多由于性；三五之后，忠孝多由于劝也。劝之尚不能，况不劝乎？

## 三、林英训文

### "四要六凡"族训

一要谨行言信，入孝出悌。确守廉洁，广施恩惠。闻义必从，有过必更。道人为善，不矜己长。莫揭人短，莫毁他能。处友必端，毋交匪类。

二要精读诗书，博览史策。射御书数，闲以琴瑟。教饬子女，勤课耕织。严恭祭祀，礼待宾客。洒扫门庭，葺理庐室。条限依期，毋忝尔祖。

三要贫而无谄，富而不骄。隆师重道，亲贤取益。奋发下帷，光前裕后。

四要节朔往来，庆吊馈遗。患难相赒，轻财重义。会聚尚齿，言行忠信。

耕则逊畔，行则逊让。为人息争，和众集事。

凡岁时庙祭，悉依家礼而行，务将遗像悬于神主之后。而子孙有官者，各具本色，鲜明衣冠；无官者也各具新洁衣巾；如贫乏者，随分排班行礼。祭毕依昭穆序齿而坐，不许喧哗失礼。所用祭品，自有轮流定额，每祭推族长一人为主，以下陪祭。如有子孙无故不与祭者，族长量行责罚。先人遗像要加意收藏，若年久颜色剥落，绢纸色烂即整之。

凡子孙有志读书者，如本房艰难不能供给，族长即率族中人有力量者为资助，以成其学，庶可显扬祖德。

凡子孙出仕者，务以清廉为主，贪黩为戒；为商者，以勤谨为主，奢纵为戒；为农者亦然。如子孙不肖违戒者，众攻而责之。

凡有子孙能敦古道，躬行仁义，以厚风俗。当用则用，不得私蓄，不得私为借与。

凡有族人年七十以上者，其子孙殷富，自克饱暖幸也。或贫乏无以度日，如族中人有力者，量其薪米布帛以救残喘，勿令转乎沟壑。

凡族人或遇盗贼、疾病、天灾者，及婚不能娶者，族中有力之人扶持周济。如有不务本分职业、嗜酒淫赌生事、一切不遵约束者，定要众加责治，令其悔过自新乃止。

【校注】林英，又名林悦，《金紫林氏族谱》录此文题作《林英（悦）公家训·四要六凡》，作于北宋崇宁三年（1104）。

## 四、陈俊卿训文

### （一）家训

事亲必孝，待长必敬。兄友弟恭，夫义妇顺。冠婚丧祭，秉礼必慎。学文必功，习武必勤。治国必忠，治家必严。居功毋骄，见恩必谢。士农工商，择术必正。毋听妇言，而伤同气。毋作非法，而犯典刑。毋以众而暴寡，毋以富而欺贫。毋以赌博而荡产业，毋以淫辟而坠家声。制行唯严于律己，处世当宽以待人。

## （二）遗训

凡立身，则以本朝名公为师。若行事，当直而无挠为上。凡持家，须叨节俭，毋务奢侈。与人忠信，毋坠吾祖风。吾有书卷，宜授诵讲，可以明道，可以持身。吾仕宦所有此身羸困，所书草率，不能详悉，以类推之。同体吾平日所行，亦粗知可以处世也。

丧葬不可过度，送终自有典礼。斋供之设，始于僧道二教，万世所不能免。独吾乡习俗乖谬，殊失圣人本意。今条数事，宜遵守之。

丧葬，人子之所念，不过棺椁衣衾之美，与夫择地安葬，不可稽时而未有。葬地，或不免俗，有阴阳拘泥，岂可去殡及葬，但结采衣棺，不欲使见而恶心也。慎不可效风俗多设仪，华侈以违礼法。所谓棺椁衣衾之美者，非俗其华侈，但可固身坚固，不至速坏足矣。

祭以鬼神，人予之以亲虽已亡，岂事亲之诚哉？其为不孝莫大焉。供奉本为僧道设，亦所谓固急也。若供僧道，只于一七、二七，缘不为寡。推而广之，亦不取其多，俱当量其家力，不得效风俗，广筵宾客，以谢来吊。况吊客之予丧家，赐赠以固其急，今之不免，岂当反待之哺啜，是其待吊客不太薄否？彼岂无羞恶之心，他日躬往谢之。

人之处世，动一则悔吝。虽知改过，而随作随有，故圣人许以改过，而释氏有忏悔之说是也。盖虑死者未能忏改，故请僧或为亲哀词忏礼，祈所愿勉以自身也。但言知悔，其诚已达足矣，慎不得效风俗作连宵道场，读诵重复，是岂宜再三读哉？道释经史，皆圣人之微言。诵之，其妙则达道德性命之本，其粗必使人就善避恶。人子有亲，竟平日未能诵读，故僧人读之，欲其闻听而或有闻悟也。如道人之灵宝度人、玉枢清净，释氏莲华严、金刚、楞严、身觉等经，其发明密旨足矣。慎不得效风俗，广召僧道，惟务数声，况彼一本阅月而已，实何补哉？吾平日质之以圣人之言，参之以圣事，理断不诬。汝等切宜遵守，慎不得效于愚俗，惑于庸说，惟务奢靡，以取风俗之誉，至于破荡产业，而实无毫发之益，又况被讥有识者。

吾所以谆谆重训者，汝等切不可违，诸婿之家亦宜遵守。

## 五、刘克庄训诗

### （一）示儿

瓜芋村边一亩宫，闭门不复问穷通。
生羞奏技伶人里，死怕标名狎客中。
讲学有谁明太极，吟诗无路和薰风。
身今老矣空追悔，但祝吾儿勿似翁。

### （二）送山甫铨试二首并寄强甫

#### 其一

二昆南北各驱驰，季复随群试有司。
蕃衍皆因先世积，荒嬉端为乃翁慈。
争名古有答儿语，任运吾无责子诗。
万一原夫能末缀，采蒲裹粽待归期。

#### 其二

家事如今亦尽传，此冠未挂待何年。
忍抛老汉火炉畔，去傍渠侬水镜边。
逆旅我能几时客，自家儿最得人怜。
归鸿数寄平安字，莫遣衰翁望眼穿。

# 第二节　明代御史家族规训文选

## 一、林俊训文

### 家　范

凡林子孙，父慈子孝，兄友弟恭，夫正妇顺，内外有别，尊幼有序，礼义廉耻，兼修四维。士农工商，各守一业。气必正，心必厚，事必公，用必俭，学必勤，动必端，言必谨。事君必忠吁，居官必廉慎，乡里必和平。人非善不交，物非义不取。毋富而骄，毋贫而滥，毋信妇言伤骨肉，毋言人过长薄风。毋忌嫉贤能，伤人害物。毋出入公府，营私召怨。毋奸盗谲诈，饮博斗讼。毋满盈不戒，妙微不谨。毋坏名丧节，灾己辱先。善者嘉之，贫难、死丧、疾病周恤之，不善者劝诲之。不改，与众弃之，不许入祠，以共绵诗礼仁厚之泽。敬之，戒之，毋忽！

## 二、郭应聘训文

### （一）郭襄靖公家训

一、明蒙训

古者八岁入小学，教以洒扫、应对、进退之节；十五入大学，则以成人望之。今人此义阙然矣。严乏义方，慈率骄奉，孩提稍长之良埋没已甚。比其浸壮，愚者溺偷惰之习，智者亟荣进之图。而父兄所以督课其子弟，要不过博一第，当一秩，是足高大其间，显融其宗矣。吾幼孤，遵先公遗诲，勉自植立，壮叨仕版，念先公清贫世业，雅志不在轻肥。兹三十余年矣，幸不负生平。天子待老臣殊不薄，尔曹虽未登进，世荷国恩，不可不立此心地以为根本。宴安是娱，温饱为志，皆非吾愿。今后吾家子弟，六岁即宜延师家塾，教习句读，慎毋令外学，与市井诸儿群狎，嫚语成习也。《易》曰"养正于蒙"，何可不重？十岁以上，量其才质，渐次拓充，尤宜择严师益友与之朝夕，不惟切磋文章，抑亦熏陶气质，家庭定省，为父兄者，尤宜提撕以圣贤大道，祖宗正训。童而饫闻，壮而实践，幸而学成业就，固自耻荣，肥而思表竖，即或遇塞，犹不失以善士重乡评。其为扬亲显宗，孰大于此？此吾子孙当务第一义也。

### 二、端习尚

凡子弟讲习固所当严，交游尤所尚慎。盖少年血气方刚、志意未定，金壬之辈假驵侩书记谐谈以入，最能巧术愚人。或诱以呼卢博塞，或诱以粉黛优伶，或诱以醉舞酣歌，或诱以斗鸡走马。利饰以义，奸托之直，变幻百出，莫知端倪，甚有窥探人家事而持其是非。《小弁》《角弓》《白华》种种诸祸，皆此辈能为之。子弟习尚，一有不端，比之匪人，未有不倾家荡产而败其躯者。故凡此辈，尽宜痛绝。吾晚得二子，早暮在侧，出入必禀命后行，往来朋戚，非关白不得辄通。《诗》曰："教诲尔子，式谷似之。"吾谓此法，百世守可也。

### 三、崇谦德

恶盈好谦，天之道也。故古人训子，以门第高为可畏不可恃，故亡问亲族，即处邻里，有微且贱，亦当和颜交接。吾性最拙直，每诵"宁人负我，毋我负人"之句。凡接人无众寡小大，兢兢不敢慢易，尤不喜以言语餂人，并攻发人隐过。吾涉仕途颇久，见世之贵人达官，大抵忠厚长者，绝无崖岸。悻悻矜己尚人，终非远器。盖吾即学擅古今，秩跻崇膴，亦是自贤自贵，何预他人？安可借此使便生骄心？即间有横逆难堪，当思古人所遭更有甚于此者，惟能雅量优容，自足以潜销狂暴。他如子弟僮仆恃势凌人，曾足贻累名检。纵出枉抑，只当责己，不必尤人，尤不宜怙威轻讦。盖势有时尽，而乡族相与无已时也。至无名联帖之类，尤为损德抵禁，可不痛哉！

### 四、绝嗜好

胡文定曰："士人当崇简朴恬澹，不可有富贵相。"故不惟颠狂灭义、淫纵伤生，当刻骨痛戒，即嗜好之类，如溺琴棋、聚宝玩、购字画、蓄古款，以及不务本业、耽事诗酒，自谓放达清流，岂知为身家大蠹？吾性迂拙，绝无嗜好。居端许多年，未尝畜一砚贻二子，非故矫激沽名，诚不欲以此启子孙骄奢之习。

五、务世业

箕人之子学为箕，裘人之子学为裘，吾家子弟固当以诗书期绍先业。其有资质庸驽、不堪上进者，亦宜令及时各占一艺，毋容坐食山崩，终成蠹物。至于女子，六岁以上即宜教习纺绩，专精女工。至记书认字，不过粗辨帐数已耳。

六、戒营利

人生福禄，各有定分，不可强求。田地财物，得不以义，子孙必不能守。故仿利而行，不问居官居乡，皆敛怨之道也。古人造"钱"字，一金二戈，盖利少害多，旁伏劫夺之祸。其聚也，既以不善；其散也，奔逸四出。安能以善去？殃其身及其子孙。"多藏必厚亡"，老子言有味矣。吾每念贫时蔬食茹羹，犹不易得，今幸受主恩至此，常惧报称无由，断不肯为欺天欺心、贪昧隐忍之事。尔曹但能勉自树立，亦可不至饥寒。若究其极，此身之外，皆为长物，何徒自苦，且贻毒其子孙为也？至于霸占僧屯田土、接受投献产业与放债车估、准折人子女房屋，尤非盛德昌后事，非独不可身为，僮仆辈皆宜痛禁。王文正公每有赐禄，见家人置于庭，即瞑目叹曰："生民膏血，安用许多？"每见家人服饰，即瞑目曰："吾门素风，一至于此。"李文靖公亦谓："世界犹有缺陷，安得圆满，自求称足？"此非胸襟阔大、识见超越者，孰道及此？诚可效法。

七、谨婚嫁

婚姻论财，夷虏之道。但当择俭朴有家风者为上，不必计其仕宦之显赫、资财之充盈与否。司马温公曰："凡议婚姻，当先察其婿与妇之性行及家法如何，勿苟慕其富贵。婿苟贤矣，今虽贫贱，安知异日不富贵乎？苟为不肖，今虽富盛，安知异时不贫贱乎？妇者，家之所由盛衰也。苟慕一时之富贵而娶之，彼挟其富贵，鲜不轻其夫而傲其舅姑，养成骄妒之性，异日为患，庸有极乎？借使因妇财以致富，依妇势以取贵，苟有丈夫之志气者，能无愧乎？"大抵汰侈之家，其子女必骄而愚；俭朴之家，其子女必恪慎而兢兢礼法。盖其习然也。

婚姻，人道之始，何可不慎所择者？其礼大率准《家礼》。行问名，只遣一二谨厚媒人，以年生通讯，二家允许，或以花币，或以首饰为定。有问名、纳征同时并行，亦听其便。俟男女长成，先以期请，然后婚娶。聘礼从我，嫁饰从彼。贫而不及者为随分，富而不及者为敦简，皆可推奖。有相拘索争者，是自夷虏其阀阅也。婚之日，奠雁礼必不可废。至则婿妇交拜，合卺，成礼。礼不举乐，思嗣亲也。三日庙见，拜其舅姑，惟同宗五服内亲相见，不得见诸异姓。七日或十四日，回车见妇之父母，会亲筵待，不必陈设戏台。凡一应婚礼，自问名以至成婚，皆宜敦尚简朴，不失先世家风。两家交赞及新妇被面鞋帕、仆夫酒席犒赏，俗例相沿，俱宜撙节，毋得滥及。其有专事腆厚、竞饰繁侈以自夸其富贵者，此仅可骇市里之观，终无解达人之诮。

八、重庙祀

庙以萃涣，所以合子孙而格祖考也。有庙必有祭，报本追远之义最严。世俗前期不斋，临祭无仪，祭毕请客饮酒，皆太子孙受室者，不至则简，均非礼也。今遵照《大明会典》内载周制，祖庙：天子七，诸侯五，大夫三，适士二，官师一，庶士、庶人无庙，祭于寝。汉唐以下，代有沿革。先儒朱子约前代之礼，创祠堂之制；品官之家，立祠堂于正寝之东；庶人无祠堂，惟以二代神主，置于居室之中间，或以他室奉之。国朝品官庙制未定，权仿朱子祠堂之制，奉高、曾、祖、祢四世之主，亦以四仲之月祭之，又加腊日、忌日之祭与夫岁时俗节之荐享。至若庶人，得奉其祖父母、父母之祀，已有著令，而其时享于寝之礼，大概略同于品官焉。典礼昭然，何敢不恪。吾家庙貌鼎新，祀事宜虔。岁定春秋二祭，朔望忌，辰时荐，诸礼一不可缺，其仪物遵所定簿例。有服之祖讳日，皆用青衣素服；父母则有终身之慕，用白巾缟衣。遗像、遗书、遗衣，当年者善加藏贮，递年交收，损失者罪当年。

九、修宗谱

程子曰："宗子法废，后世谱牒尚有遗风。谱牒又废，人家不知来处，百年之后，骨肉无统，虽至亲亦薄。"故谱者，姓氏之经纬、家代之纲纪也。吾家谱牒由来已久，不幸火于倭，掇拾煨烬之余，尚存十一于千百，不至无稽。自兹以后，遗祐益绵，生齿渐盛，定五年一稍辑，十年一大修，人之梓。此自有志有力者事。义田中量资其缮录，助其刊行，则不可已也。

十、时祭扫

祭扫先茔，春秋再举，于礼于情，皆不容恝。今定以清明、重阳二候，即有极冗，必须及时举行。阴晴迟速，不得过五日。礼物照簿例。本房子孙既冠娶者，立簿列名，当年执簿，预徇于众，违期及不至者皆有罚。展墓时宜整肃，成礼从容，遍度山域。平时督守茔者勤照，颓则以时葺之，责在当年之人。

十一、稽圭田

古有圭田，以供祀事，即今烝尝租是也。祖宗既有所遗，不容子孙分析及私行变卖，犯者即为祖宗罪人，众共斥之，不与复收租谷。毋论居官、业商，租不满百者，力自不赡；有置至二百石以上者，断入租十石，以增本宗烝尝。等而上之，每百而取其五石，上奉祖宗，殊不为过。吝不与者，守钱虏耳。有愿推及公祠、入租均众者，众共以大义奖之。司马温公曰："积金以遗子孙，子孙未必能守。"念之，念之，何如以崇孝祀之为可久也！且私积易析，公田永流，其为子孙计，亦未必非兼得矣。

十二、汰丧燕

居丧宜一轨之礼，不可赴酒筵、邀盛客、丝竹之类，非惟己不忍设，偶闻其音，急宜趋避，不可与坐。至于初丧，孝子固无饮酒茹荤之理，张筵置酒以待吊客，均属非礼。盖赴吊之客，非吾姻娅，即吾友朋，俱有同忧共戚之谊，食于丧侧，安忍于饱？为孝子者，亦安忍口腹其人而处之非礼也？今人沿袭成风，骤革似简，稍存挽回者，终不能破俗辈天下俭亲之诮，不知孟氏所指"恔于吾心"乃为棺椁衣衾之类。此在送死，自当大事，于此不尽心，安所尽其心？有不竭吾力所能为者为之，岂足为子？世俗于此反多忽处，而倾资罄产于享会吊客之烦文。呜呼！薄死者之具，夸生者之观，孟氏忍见耶？豪杰之士，自宜特操，有与吊而责人以此，真饮食之人，则人贱之矣，何所恤其短长也？远乡临吊者，当款便饭，毋得张筵。蔡忠惠公著戒以"生则尽养，死无妄费"为孝之本，谅哉！佛事宜遵《家礼》革去。

十三、禁停葬

葬者，藏也，欲人不得见也。力能办者，随分尽礼，不可以天下俭其亲。贫者穴土藏棺，成礼而已。世有妄惑风水祸福及兴发某房之说，停葬父母至十数年，尸棺暴露，骨肉忍残，伤害天和，变生瘟疫，为故匪细。痛哉！惜哉！今定为例，除已有地者自亟葬，未有者丧内宜亟卜地。有停柩至服阕一年，溺于风水，兄弟相推托不葬者，即属非孝。葬地固不宜太逼城郭，尤宜稍近十里之内为上，二十里次之，至二十五里而止。有溺风水而必远卜，每岁春秋祭扫，贫者不办舆马，弱者不耐驱涉，久之享祀不继，甚且并墓所失之。觊渺茫不必然之福，而弃其身所自出也，犯此者罪之。

十四、厚吊恤

庆贺之礼皆可省，惟吊死恤孤不可吝靳。盖亲族朋友，平居饮酒征逐，谈道义，披情款，侈缛饰，繁磬折，诩诩夸悦，夫孰不能？一遇死生利害，未免易心。此最情义之薄者，君子不道。今后凡遇亲族朋友不幸有故，宜尽心维持，极力周恤，财赗之礼，悉宜从厚。有孤寡不能自存及外侮横加者，亟区处扶全，甚为抚诲，待其成立。生缔石交，殁见道殣，岂心所忍？即宜代为殡厝赒襚，辍衾嫁孤，资钱助葬。天道好还，古谊具在，汝曹勖之。

十五、先亲睦

骨肉天亲，连枝同气，凡利害休戚，当死生相维持。若因财产致争，便道路人相视，死生患难，反面不相顾，甚且输情外向。观变旁嗤，祖宗有灵，岂忍见此？良心灭绝，何择豺狼；人祸天刑，应捷桴鼓。昔人云："世间至易得者，田地；至难得者，兄弟。"当熟念之。故古有九世同居，六院同庖，兄弟妻妾无私斗粟尺帛，此最高谊，有志者自宜法之。但今大家，长幼臧获，食指颇多，其间人心不能尽协，若必拘合居同爨，反生异同。不如父母临以至公，兄弟处以和气。交思逊让，勿占便宜。钱谷出入，各从其便。一应吉凶庆吊，燕会公礼，自当合举。当年者总其事，毋容分析。岂独省费，亦足联情。愿吾子姓，各存此大体。器量大者，自然不屑私利；器量小者，亦勉强相效。则家兴仁让，福祚无穷矣。至于族戚亲知，绝不宜交利营私，希图封殖，恐取予之间，一生猜嫌，终伤肉骨。有真贫者，量吾力所能办，从厚周之，毋悚吝也。

十六、定义租

范文正尝谓子弟："宗族于吾有亲疏，然吾之祖宗视之，则均是子孙，固无亲疏也。吾安得不恤其饥寒？且自祖宗来，积德百余年，而始发于吾，得至大官，若独享富贵，不恤宗族，他日何以见祖宗于地下？今亦何颜以入家庙？"置为义庄，以赡贫族，其法至今称善。吾宗发祥魏阙，诸附阙居者，率耕读而贫。吾参政展墓，已略仿此，意置租若干，及侍郎守制，复增益之。贫不能婚若葬者，悉取给焉。散敛之法，董之族长、族秀、族干，详具《三孝祠规》。吾本房子孙，每岁务推一人，稽其出纳，毋致紊废，有失睦族本意。

十七、省宴会

待客品物，本有常规，如亲友常往来，即一鱼一菜，亦可相留。司马温公曰："先公为郡牧判官，客至未尝不置酒。或三行，或五行，不过七行。酒沽于市，果止梨栗枣柿，肴止脯醢菜羹，器用磁漆。当时士夫皆然，人不相非也。会数而礼勤，物薄而情厚。"今后常燕，肴醢不过四品，佐以二蔬。如遇尊客，稍加至倍而止，有以三汤，列以四果，不必过繁。酒随所有，不必强劝。澹泊能久，宾主相欢，但求适情而已。其有非肖子弟，务以丰侈相矜，广邀狂客，醉舞酣歌，酗饮彻夜，自为豪举。或因之呼卢掷采，争赌胜负，竟以倾资荡产不悟；或因之使酒逞气，嫚詈兴辞，不顾讪辱其身；或因之倾倒街市，毁伤遗体而贻惟疾之忧。似此之习，皆为凶类，即达如刘伶，吾不愿汝曹有此也。

十八、节经费

昔人以窒利孔、戒漏卮为守家良法，盖殖利所宜痛禁，费出不可无经。吾家世宦清白，尤当节缩。除一应内外冗食及不堪婢仆与戚党、比邻闲杂往来之人、虚糜无益者悉行汰去外。每岁租谷收储，以若干供岁用，以若干办粮差，量存十分之三封积，以备凶荒。粜谷银两，亦宜量入为出，务存赢余，以预婚丧大礼及诸意外不测之费。岁置出入簿二扇，一纪钱银，纪租谷，凡百费皆书。计合家长幼尊卑人口共若干，长者月给谷五斗，幼者递减，季总计若干；衣服蔬果油薪，尊者月量给银若干，卑者若干，季总计若干；各房登簿预备宾客往来谷若干；亲族庆吊、节序同候公礼银若干，此则轮当公用者支持，亦各簿记，按季支给，闰月照加。仿四柱法，挨顺日月，逐项勿遗，以凭公私查考。厥廪务固封识，毋容僮仆擅开，以防冒窃。

十九、平收粜

田租不问公私，各应置簿，开写某佃人承耕某地名田若干，该早晚租谷若干，已完，尚欠若干，各明书项下。如遇荒歉，当思农作之苦，慎勿刻意取盈。毋容僮仆人等额外秤头加收，致有不堪。如遇荒凶，亟宜平价，以倡闾右、恤邻党。闭籴抬价之事，最不可为。

二十、办粮赋

凡人一饭之恩，犹思图报。荷天之德，食土之毛，肥私亏赋，食兽何择？吾家诸房，幸俱有租税可纳，宜各房磨算，置簿开写某房某地名田若干、载租若干、应纳某名色米若干、合一房共若干，请官额分几限。先期措办，如期完纳。有故违者，责在某房，毋相推诿，毋觊幸赦，则官省催科之劳，门免督趣之扰，岂非善民？若平时分派不定，急则互推，各房骨肉自相迫促；或已定派，平时不知预算积贮，以应征输，急则信息称贷，于人又无措。则遗累比征，自罹桎梏。此皆荡覆无日矣。可不畏哉！

二十一、严出入

外人不入，内人不出，最为第一家法。凡巫婆、卖婆、媒婆三种妇人，游行闾巷，往来人家，惯能摇鼓唇吻、簸弄是非，甚且看觑虚实、诓诱盗贼，何所不至，岂可听惑妇人祈禳贸易，纵其出入不问？媒婆，家有子女婚娶、臧获鬻买，势不能尽无，亦须慎择谨厚熟识者一二，余者不得入二门。邻舍老妪，亦未必善人。有夤缘混入者，责在与进之人。其方外左道诸家，假称烧炼符咒，类多无藉之徒，小之欺骗，大之钩通，皆其惯习，均宜绝之。至于吾家妇女，尤宜严境外之禁。元宵张灯，游观市里，间有荡子故突谩嘲，隐忍甘受，是独何心？每遇平时，当家者各讥察扃钥，以防臧获。私游不可怠纵，春夜尤谨。婢妇亲上市街，僮仆径入中堂，皆须禁止。昏暮不许慢游，宴会亦必早散，世情叵测，宜备非常。吾里居数载，此法素定，内外出入，颇称严肃。予愿永恪遵，毋失此意。

## 二十二、别嫌微

礼有之：父母没，无归宁之义。兄弟往来，立谈不逾门阈。别嫌明微，其礼至肃。其在孀妇，称未亡人，尤宜悫慎。父母而在犹制于义，没可知矣。不拘父家、夫家，一应吉庆筵燕事，皆不得与。记着"从父、从夫、从子"之条。为女子者，固宜以礼自闲；为夫子者，尤宜以礼立教。至于平时亲族往来，幼小男女，皆当教令回避。多有姑姨表兄弟娣妹，自少出入无间，长而恬不为怪者，非所以训也。

## 二十三、杜戏剧

戏者，戏也。其间借谐谑以劝世者固有，然既谓之戏，则俚亵之语、淫狎之态，何所不至。矧优伶辈大都狡狯之尤，又每极意谑浪，以悦听闻。浮薄子弟广招厚畜，置酒张筵，声乐杂陈，歌舞竞售，手持竹板身盘旋，唱和其中，以自以为得意，而不知有识君子已嗤鄙而虑其终矣。

吾尝究人家演戏之蠹有五：宾客交错，揖让相先，乃此优人喧哗杂沓，嘲谑无忌，体统谓何？蠹一。演戏之家，拥观必众，扃钥则抛掷群呼，辟户则竞入混杂，夜暮更阑，势不能止，无赖恶少，因而窥伺其隙，是曰"诲盗"。蠹二。剧戏当前，诸客罗列在坐，而妇女垂帘聚观，男女窃觑，已失别嫌之道，唱舞亵媟，荡人心志，是曰"诲淫"。蠹三。朝廷命服，所以辨分，先人遗裳，所以永思，内人衣饰，所以明微，乃志溺优伶，意期华侈，不同概用之，一举而渎分，忘孝溃防，众恶毕具。蠹四。子弟少年，志气未定，习陵乱之音，狃俳优之态，比狎顽童，包挟女旦，皆起于此。蠹五。有一足倾其家，矧五乎？

吾里居，即宴会，未尝设戏。今后子孙，永宜遵守禁绝，毋失初意。如有上官尊客，大礼不容已者，鼓吹无妨也。家有期功之服，即大礼，亦不得用。

## 二十四、儆僭逾

礼辨上下，定名分，毫发不可僭逾。吾莆壬戌以前，犹多古意，此后风渐汰侈，人渐逾越。甚有厮养下贱、巾服类士人，缘履夺天孙，与夫方撮白领之属，遣女娶妇，侈饰高舆，扬扬街市，僭之恬不自惭，纵之恬不为怪，蠹坏风俗，伤败人心。设令贾傅见之，不知宜何如痛哭流涕者。有志者宜共维礼法，挽回古风，毋贻羞于海滨邹鲁。

## （二）贻诫家帖

吾宦路三十载，率在蛮烟瘴雨之乡，劳役干戈，形神尽敝，偶以人乏，载晋开府，责益重而虑益深，惟无以称塞明时，负生平而辱祖父是惧。岭外猸猺错处，炎疠难宜，至者传舍其官，曾无固志，以是纪纲日弛、盗贼繁兴，雕剿之事，无时无之。吾念天道好生，多杀邀功，必非善终昌后之道。八十老母在堂，二儿具幼，岂忍为此？大兵所至，玉石俱焚，吾无日不战兢，故每一出师，连日挥泪，求其生而不可得。此自我辈为朝廷任事，爱民真心，亦未必非延佑寿母、培养幼儿之福升赏云云。非惟不当，挂之口亦不当，萌之心，一以是心行之，莫知税驾所矣。弟侄及家人辈，相我有封侯骨否，人生富贵利达，总之无非前定，造物忌多取，古人有是言矣。

吾官许多年，自揣过分，颇有倦飞知还之意。惟是封疆多故，未敢遍请，今府江、怀远，幸次第荡平矣。藉手报命，即可连章乞归养，居庐足蔽风雨，薄田足供菽水，便了吾一生。

吾家素风，万宜谨守，以吾居官，天神共鉴。断不宜为欺天欺心、贪昧隐忍之事，以自斩削阴骘，虺蜴子孙。丝毛俸薪所入，比他人千万一般，一意节缩，不为无益不经之费。晚年谢官后，俭用或可得过，不至窘乏。惟俭不夺正，弟侄辈所以成我清苦也。

至倚吾名色，出入公门，假张咸声，轻行讦讼，尤吾生平痛恶。吾忝一命，方愧无能为乡邦造福，何可恃势凌人？盖势有时尽，而乡邻相与固无已时。一切接受投献产业，吞占僧屯田土，霸管山海花利，皆盛德不为。况官不能常存，业岂能常保？今日得之以为荣，则异日失之以为辱；今日献于人与占人，即异日献人与占于人之端也。无荣无辱，无献于人，无占人亦无献人与占于人，此滋味孰能知之？故吾每为今退步，让了一分便宜，将来便留子孙一分便宜；今尽步占了一分便宜，将来便损子孙一分便宜。天道在上，断乎不爽，若曹不可不念也。

若曹下乡，田禾母秤头加收，当思农作之苦。银两毋放债佅估，当思好还之速，宁独宜念，吾付托令为吾养福，惜名节，不令为吾牟利敛谤讟。即若曹力培心田，亦不宜分毫为此，人不可欺，天尤不可欺也。孔子曰："放于利而行，多怨。"自古以来，无大无小，无贵无贱，未有专利而不取忌，于人不得罪于天者也。诚之，慎之！

## 第三节　清代御史家族规训文选

### 一、彭鹏训文

#### （一）寄示（圣）坛儿语八

己巳临洵稿

吏之不职被劾，夫何言？虽然子民者，吏之职也；累民者，吏之不职也。以不忍累民与累无辜之民，而以溺职纠。以不忍累民与累无辜之民案久批州，详未到府，而以不审不报，突称溺职纠此。吾谨陈被劾之情，静听处分之议，三状所由作也。抄寄铁山先生，吾儿可取览，并今所抄命案原详、原批四篇，一一细阅，稍有过即摘以告我。前状所云处卑评尊，攻人为己，皆儒者所羞道，诚疾痛夫！

普天之下，吏之勇者，吞声饮血，竖发裂眦，搥胸啮指；吏之怯者，性近习远，必将胆落心寒，首垂气丧，颜奴膝婢，如蛇如虺，以俯仰逢迎为幸，暮夜摇尾，平旦骄人，徂诈虚饰之风，由兹而炽。某年已五十三，何恋何畏，而不大声疾号，为天下勇者、怯者，稍一吐发乎？重录此段，使儿知之，亦愿儿鉴之，与其为齿，不如其为舌。

【校注】此件为康熙二十八年（1689）作者在知河北临洵县（今河北省三河县）任上所作。

## （二）寄示坛儿语二十二

癸酉燕台稿

骐骥驾盐车而登九折阪者，以世无伯乐也。遇伯乐而弗顾则与凡马等。世之论者，谓伯乐相马，以骨、以神，吾谓骐骥而至于毛色脱落。皮肤枯槁即欲以神骏当一顾也，难矣。文章亦然。今科遇孙子未先生而不入彀，必其脱落、枯槁而大损其神骨，慎毋叹乎命之穷也。且汝父安命人也，但愿儿多读书耳，更愿儿多读书，少说话，慎交游。吾病甚，行即乞归，此札为儿提耳过，此面命之矣，不尽。十月初十日。老父古愚书。

【校注】此件为康熙三十二年（1693）作者在京城工科给事中任上所作。

## （三）寄仲弟季弟语

丁卯临洵稿

普天下争于名利关头，营营恋恋。汝寡兄胸中，绝无此两字，所以造化，老子直置诸无名无利之场，处以极难极苦之地，以为非此不足以机我也。薄园糊口，贤弟云：不足以供坛儿，若汝寡兄归来，吸露餐风乎？贫者，士之常；清白者，吾家祖训。为儒食贫，为吏清白，咬断菜根，万事做得，耐之而已。三邑去年水灾绝粒，今岁又旱，三春不雨，近详各宪，有民间"磨蝗为浆、购糠作糜"等语，又有采榆钱、撷柳叶以克饥而相争至死者。人情汹汹，豺虎搏而饿狼随之矣。寡兄督捕快，巡缉庄村，从昏达旦，匪能无惧，命自由天耳。贤弟以不宜夜行为爱。

昔人云：身外为长物。汝寡兄下转语曰：身即长物也。何日故园驻马亭、草桥上，老兄弟促膝而谈，诸先在捷，仆口中不尽。

【校注】此件为康熙二十六年（1687）作者在知河北临洵县（今三河县）任上所作。

## 二、林源训文

### （一）家训

#### 敬 恕

立身之道，未期有功，先期寡过。凡率意而行者，必动辄得咎，故圣人教人以敬，敬则诚，诚则正，过不求寡而自寡矣。处世之道，未期获福，先期免祸。凡惟知有己者，必怨恶交集，故圣人教人以恕，恕则公，公则悦，祸不求免，而自免矣。敬之反为肆，恕之反为私。"敬恕"二字，终身由之不尽，其大要惟不敢肆、不自私而已。肆心、私心，人之所不能无，贵在时时自省而自克耳。吾生平用，方于此幸免大过，故训尔等，亦以"敬恕"为首务。

#### 亲 亲

由父子而有兄弟，由兄弟而有伯叔侄，亲莫亲于此矣；爱敬友悌，太和之气，萃于家庭，天必降祥，人必起敬，美莫美于此矣。其有乖违情理者，当思所以化之；其有离间骨肉者，当思所以杜之。则积庆垂休，无穷无尽矣。末俗因小利而害义，因小嫌而起衅，甚至偏听偏信，构怨不休。乡里欺之，奴仆玩之，子孙效之，家道其能昌乎？试观古来圣贤豪杰，无不以亲亲为本务，我子孙当以此意互相劝勉。至于正家之道，往训可法者备矣，无庸另训。

#### 神 祖

上下神祇，鉴观有赫，安可不敬？吾平生未尝谄渎鬼神，而祭神如在。凡拈香拜揖，皆如临在，上质在旁，恭敬之心，至老罔斁也。至于祖先，乃生身之本，远近不同，致敬则一。当祭之时，尤宜诚谨，不存如在之心而以一拜了事者，良心失矣。

#### 言 动

吉人辞寡，躁人辞多，多言固当戒也。然一言失而驷马难追，其咎不独在多言也。更有一种好言人过、好评人私，往往以此招祸。子贡云："恶讦以为直。"孟子云："言人之不善，当如后患何！"读圣贤书，何可不畅然儆省也。吉凶悔吝生于动，动厥身者，起居酬应是也；动厥事者，举措营为是也，吉一而已，一不慎而凶悔吝随之，可不惧哉！

## 族　戚

服外疏族，皆吾一本，长幼之序，不以疏废，富欺贫贵，凌贱浇风，不可效也。若亲房子姓，又非疏族之比，喜相庆，患相恤，善相劝，过相规。诚意交孚，可以化彼之薄，同归于厚；其不可化者，亦当徐以俟之。莫加以斥责而使无所容也，待亲戚亦然。

## 睦　邻

谚云：远亲不如近邻。盖洽比谊敦，自然感悦，救灾捍患，不呼而至，虽至亲不如也。我先君待邻甚厚，招饮必尽其欢，遇邻之小辈，亦必假以言貌。耿变时，得邻人一言退暴，此睦邻之明效也。若稍有余资，济其困乏，其感德又不待言矣。

## 课　子

进取以读书为本，保家亦以读书为本。家无论丰啬，不课子以书，则纵逸比匪、同归破散。子无论智愚，不严课以书，则杂好纷投、同归放荡。故凡不能亲教其子者，他事可省，师友之费不可省。

## 恤　下

仆婢卖身为役，所望者抚恤耳。彼亦人子，此语最宜，深念善者嘉之，不能者矜之、教之。三餐勿令过时，服劳度其胜任，彼非土木，能无感动？吾七年京宦，淡薄自甘，仆辈皆依恋不忍去，实心体恤，颇能感动之也。笞骂威怒，可以不用，彼安而我亦安。若顽梗之辈，不可化诲，笞骂亦属无益，不如托他辞而速遣之。

## 治　生

许鲁斋为元代大儒，尝言"学者以治生为急"，非教人分心营利也，欲其内顾无虑，得以尽心学业也。但儒者治生，与市井异，如先业苴资馆金之类。俭积置产，自有生息，"勤俭"二字，乃治家本根。仰事俯畜，不至以困乏累心，固不必口不言钱，以鸣高也。

## 自　重

非公不至，圣门所称，我自重，人自不得而轻之。不贪私利，不履邪径，不动血气之怒，不开争讼之端，不欠输纳之粮，则公门可以不至，小辈安得而轻我哉？至非我亲知，勿至其家；非我同道，勿赴其席；喧闹之处，切莫入群；谈笑之时，切莫浪谑。凡皆自重之道也。

### 知 耻

人必知耻，乃能自立。凡非理之事，皆可耻也。今人无耻之事，莫如赌博，欲夺人之财，而自丧其财，不仁不智，无礼无义，皆备焉。而恬不知耻，身受污辱，家受饥寒，祖宗怒于幽冥，正人不与为伍，蹈此者，非人类也。

昔年著《师曾广义》，专言守身、事亲之道。近岁偶笔一编，于伦行之要，皆有发明，斯训则举日用、行习最切者，约书数条，贤子孙自能合二书而体会之，不然则视同故纸，虽著作满架，何益之有？

## （二）女训

男得乾道，女得坤道，乾坤合德而万物育，男女合德而家道昌，自然之理也。故训男必兼训女。昔之训女者，曰"德"，曰"言"，曰"容"，曰"功"，统名之曰"四德"。

所谓德者，孝恭和睦，动必合礼，无偏爱偏憎，无自私自利，守身如玉，克俭克勤，此妇德之大端也。言不可多，务在当理和平，劝夫方正，训子不苟訾，不苟笑，不辩说是非，不高声呼唤时，然后言无矜贤智，则妇言得矣。容不贵饰，务在端庄，对尊我者恭而婉，等我者坦而和，卑我者温而肃，和顺在中，自无傲慢，则妇容得矣。功不贵巧，务在知要，勤女红，洁中馈，谨奉养，虔祭祀，倡率家人，先之劳之，则妇功得矣。

至如戏剧勿看，寺庙勿游，尼媪勿亲，唆惑之言勿听，非礼之书勿览，嫌疑之地勿履，视听言动，刻刻检点，不使少有远礼，则"四德"备矣。古来贤女、贤妇，纪载史传，流芳百世，岂能有加于此哉！

## 三、江春霖训文

### （一）示著儿（选录）

儿云"儿七月已入学堂"，深惬余意。近日洋文甚重，中文固不可废。洋文尤宜勤习，不能洋文，中文虽佳，终觉输人一著。汝性质素纯，须下二十分刻苦工夫，否则恐难成就也。

科举早晚必废，汝诸弟若要读书，仍须与厚安合，必不可合，即宜禀明叔父，令葳、筳入都，只是经费为难，目下力有不给。御史虽补缺，清贫与翰林不甚相远，但有言责可建白耳。张纪诸君，皆世谊，中文有未达，无妨与商。敏而好学，不耻下问，孔文子之所以为"文"，况朋友讲习？疑奇固无妨赏析耶。勉之，望之！

【校注】此件作于光绪三十一年（1905）清廷废科举前夕。

### （二）半耕书室自跋

先大夫尝拟辟一书室，颜曰"半耕书室"，示子孙毋忘稼穑艰难也。乙未秋，霖自京假旋，梅弟以居室逼仄，无以为子侄读书所，就隙地拓而大之，仍以"半耕"命名，承先志也。因慨当世贵介子弟，食租衣税，不复知民间疾苦，其不肖者，荡其先业；即其贤者，致身通显，诗酒风流，视民肥瘠，不加喜戚，误天下苍生者，夫岂少哉！

书此以示儿辈：食旧德，服先畴；入为肖子，出为良臣。先大夫九原之灵，庶几稍慰也夫！

【校注】半耕书室在今莆田市涵江区萩芦镇梅阳山江氏祖居，本为光绪二十一年（1895）秋江春霖胞弟江梅村所拓建。宣统二年（1910）江春霖辞官归里后，作为家居书房并作此跋以纪。

# 第十章
# 莆阳御史诗文选

## 第一节 唐、五代御史诗文选

〔唐〕林藻

### 为 樵

致政惭轻举，为樵亦易穷。
文章还古道，礼数逐秋风。
独鹤千松下，万航一水中。
最怜当路草，衰败与人同。

### 夜

久绝白云信，愁心如水长。
蛩鸣万户月，鸦步一溪霜。
不识红尘险，安知皓首狂。
捣衣中夜望，今古事寻常。

〔唐、五代〕黄滔

### 一、灵均

莫问灵均昔日游，江篱春尽岸枫秋。
至今此事何人雪，月照楚山湘水流。

### 二、赠郑明府

庭罗衙吏眼看山，真恐风流是谪仙。
垂柳五株春娅姹，鸣琴一弄水潺湲。
援毫断狱登殊考，驻乐题诗得出联。
莫起陶潜折腰叹，才高位下始称贤。

### 三、寄敷水卢校书

谏省垂清论，仙曹岂久临。
虽专良史业，未畏直臣心。
路入丹霄近，家藏华岳深。
还如韩吏部，谁不望知音。

### 四、送翁拾遗

还家俄赴阙，别思肯凄凄。
山坐轺车看，诗持谏笔题。
天开中国大，地设四维低。
拜舞吾君后，青云更有梯。

### 五、书事

望岁心空切，耕夫尽把弓。
千家数人在，一税十年空。
没阵风沙黑，烧城水陆红。
飞章奏西蜀，明诏与殊功。

## 六、书怀寄友人

此生如孤灯，素心挑易尽。
不及如顽石，非与磨碧近。
常思扬子云，五藏曾离身。
寂寞一生中，千载空清芬。

## 七、以不贪为宝赋

以玉为宝兮，宝之常名。以不贪为宝兮，宝其可惊。彼空矜其纯粹，此特禀其清贞。洁己虚中，既处一言而落落；飞声擅价，终倾众宝以铿铿。宋人获希代之珍，子罕当连城之赞。且曰伊我之宝，非君莫遗。提携而日月耀手，跪拜而邱山属意。殊不知饮冰励节，如冰之色何烦；匪石推心，剖石之姿足弃。如此则别号琼瑰，得之非荆山者哉。独为奇美，种之乃情田而已。莫不扫埃垢于嗜欲，扩规模于廉耻。器之于国，雕镂皆仗剑之流；利之于人，贸鬻悉投钱之士。繇是焕烂群目，锵洋一时。自叶至珍之比，永辞凡口之嗤。岂可轻重贵贱，诹议磷锱。炫实矜华，尔则以琬琰当也；辉今映古，我则以惇素称之。卒使民知反朴之风，俗靡攫金之过。岂唯清白以足谓，固亦温良而大播。所以不润屋而润身，盖非货而曰货。则知以非货而为宝者少，以所货而为宝者多。少则与珪璋而合美，多则与瓦砾而同科。故其涤以芜秽，加诸琢磨。采于己而不采于彼，贵于我而不贵于他。纵饶秦氏，当时曾欺赵地；争奈楚君，昔日荐刖荆和。宋人于是辞默而惭，颜赪而走。斯言既得以佩服，吾宝乃分其妍丑。谁能持确论，秉贞姿，问贪夫之信不？

## 〔唐、五代〕郑良士

### 送人罢尉归山

数年山县掌闲司，罢任还同到任时。
临别更无邀客酒，还归空有寄僧诗。
路傍岳色行难尽，馆宿泉声梦最迟。
想达故斋春日晚，旧栽庭树是花枝。

〔唐、五代〕翁承赞

### 一、书斋漫兴二首

#### （一）

池塘四五尺深水，篱落两三般样花。
过客不须频问姓，读书声里是吾家。

#### （二）

官事归来衣雪埋，儿童灯火小茅斋。
人家不必论贫富，惟有读书声最佳。

### 二、松

倚涧临溪自屈蟠，雪花销尽藓花干。
幽枝好折为谈柄，人手方知有岁寒。

# 第二节　宋代御史诗文选

〔宋〕蔡襄

### 一、喜欧阳永叔余安道王仲仪除谏官

御笔新除三谏官，士民千口尽相欢。
昔时流落丹心在，自古忠贤得路难。
好竭谋猷居帝右，直须风采动朝端。
人生万事皆尘土，惟是功名永远看。

### 二、授转运使罢州端居述怀

被诏领均漕，前解闽州符。
掩关谢来宾，释然舍挛拘。

日晏眠宝斋，啼禽在高梧。
神情已欣快，疴恙还轻苏。
暂闲固自适，况与尘滓殊。
勿乐夸毗子，开眼趋畏途。
投身试罗网，反用腴妻孥。
精虑成长谣，鉴此非迷愚。

### 三、安静堂书示子
勿学异世人，过常不可深。
勿学慢世人，侧身随浮沈。
白日当中天，难破是非心。
不有拔俗器，安得太古音。
大暑苦烦浊，清泉流高岑。
烈士无恋嫪，至理须推寻。

### 四、读乐天闲居篇（节录）
早衰鬓已华，忧伤乃自攻。
我知古人心，生德贯上穹。
何为论贵贱，贵畏非大公。
南归虽云乐，此念殊忡忡。

### 五、四贤一不肖诗·高若讷
人禀天地中和生，气之正者为诚明。
诚明所钟皆贤杰，从容中道无欹倾。
嘉谋谠论范京兆，激奸纠缪扬王庭。
积羽沈舟毁销骨，正人夫从奸者朋。
主知胶固未遽弃，两鞱五马犹专城。
欧阳祕阁官职卑，欲雪忠良无路歧。

累幅长书快幽愤，一责司谏心无疑。
人谓高君如挞市，出见缙绅无面皮。
高君携书奏天子，游言容色仍怡怡。
反谓范文谋疏阔，投彼南方诚为宜。
永叔忤意窜西蜀，不免一中谗人机。
汲黯尝纠公孙诈，弘于上前多谢之。
上待公孙礼益厚，当时史官犹刺讥。
司谏不能自引咎，复将忆过扬当时。
四公称贤尔不肖，谗言易入天难欺。
朝家若有观风使，此语请与风人诗。

### 六、国论要目·辨邪佞

知人则哲，帝尧犹以为难。尧，圣人也，难于知人。曰：人之难知，虽圣人必须审慎也。进说之臣万端，人主以要道持之。阿随人主之意，而不论理道之是非，此佞臣也。附托权要之势，因事自媒其身，此邪臣也。多引前世之事，专为高论，不顾今世难行，此迂疏之臣也。多取众人之誉，舍违公道，不为国家久计，此奸诈之臣也。其言忠，其事实，此鲠直之臣也。无所附依，进退自守，此公正之臣也。陛下进一忠直，退一邪佞，则天下莫不慕忠直而丑邪佞矣。惟陛下博访问，则天下幸甚。

〔宋〕郑伯玉

#### 咏 炭

满天霜雪火炉开，便作炎炎火焰来。
莫谓世人长炙手，来朝谁肯向寒灰。

〔宋〕陈次升

#### 一、上哲宗论选举（选录）

臣窃以朝廷之事，宰执得以行之，台谏得以言之，上下相维，彼此相制，以防私徇，以杜奸惑。祖宗以来，选任台谏官，宰执不得干预，若有妨嫌，必须回避，所以存大公之道，立太平之基矣。

## 二、上哲宗奏星变

臣观书曰："皇天无亲，惟德是辅。"《诗·序》曰："皇天亲有德，飨有道也。"以此知有道德之君，天必爱佑之，时出变异，以警戒之。恭惟陛下圣德隆盛，朝廷清明，今有此变异者，岂非天之所爱佑，以此警戒乎？窃闻陛下谦冲退托，下诏损常膳，避正殿，罢秋宴，求直言，此盛德之举、社稷之福也。然考之故事，先朝有遇星变，必颁恩以涤幽枉。臣欲乞断自圣衷施行，庶使变异自消，福祥日至，不胜幸甚。取进止。

〔宋〕徐铎

### 朱氏天和堂

朱朴隐居华亭自号天和子。

先生晦迹谷水东，志趣不与晋贤同。
遥听鹤唳笑二陆，巢倾穴碎非为工。
浩然养素远声利，脱去羁束离樊笼。
醉隐亭中三十载，桃红李白摇春风。
感时啸咏聊自适，谁知富贵为穷通。
羡君高操超流俗，直疑变姓称朱公。

〔宋〕方廷实

### 谏和议疏

臣自靖康以至今日，每论和议之无益，徒竭民膏血，坐困中国，沮将士之气，启奸雄之谋。此臣愚陋，自守所建，而不敢附会其说以欺陛下。今使人以"江南诏谕"为名，或传陛下欲屈膝受诏，则臣下不知所谓也。呜呼，谁为陛下谋此也？天下者，中国之天下，祖宗之天下，群臣、万姓、三军之天下，非陛下之天下。陛下躬聪明圣智之资，传嗣正统，有祖宗积累之基，有长江之险，有甲兵之众,群臣、万姓、三军皆一心欣戴陛下,如子弟之从父兄,手足之扞头目。陛下纵未能衰励诸将,克复神州,尚可保守江左,何遽欲屈膝于虏乎?陛下纵忍为此,其如中国何?其如先王之礼何?其如天下之心何?

〔宋〕陈俊卿

### 一、共乐堂

共乐台前花木深,登临当暑豁衣襟。
红垂荔子千家熟,翠拥篔筜十亩阴。
老退已寻居士服,清欢时伴醉翁吟。
凭栏四望丰年稼,差慰平生忧国心。

### 二、示二子

兴来文字三杯酒,老去生涯万卷书。
遗汝子孙清白在,不须厦屋太渠渠。

### 三、哭林艾轩

出为岭峤澄清使,归作甘泉侍从臣。
百担有书行李重,十金无产橐中贫。
经旬把臂言犹在,昨日题诗墨尚新。
清晓访君呼不起,寝门一恸泪沾巾。

〔宋〕龚茂良

### 一、绝句

千章古木转头空,去与人间作栋隆。
未必真能庇寒士,不如留此贮清风。

## 二、吊方提举喜（良永）

八千里外望归云，十九年间送落曛。
书到上林无别语，孤臣有死不忘君。

## 〔宋〕谢洪

### 赋 梅

朔风飕飕著古梅，寒枝冷落俟春回。
可怜雪萼无人问，乞借阳和早放开。

## 〔宋〕陈谠

### 赏汾阳李氏白牡丹二首（选一）

晓来玉露泡香腮，雪态云裳妙剪裁。
不比世情随冷暖，此花端为老人开。

## 〔宋〕丁伯桂

### 晚 坐

小雨流花急，香风随晚荷。
清天闻野磬，高木乱秋波。
人度红桥少，灯来溪径多。
幽冥间一坐，深恐负苍萝。

## 〔宋〕陈炜

### 刘伶巷

有酒宜成颂，知君耻独醒。
回车经巷口，荷锸信丘冥。
死岂人埋得，言犹妇可听。
闭关当日饮，想象只忘形。

〔宋〕陈尧道

### 春日田园杂兴

化日村田乐，春风耕织图。
秧肥科斗动，桑暗鹁鸠呼。
罢社翁分胙，占蚕媪得符。
傍花随柳处，此事不关吾。

〔宋〕刘棠

### 同太守游东湖

兀兀尘编日自迷，怪来春色转芳菲。
吹嘘气象湖山远，点缀工夫草木微。
挈榼不辞倾美酒，挥戈宁解住残晖。
身闲官冷何欣幸，秉烛长随五马归。

〔宋〕刘克庄

### 一、戊辰即事

诗人安得有青衫，今岁和戎百万缣。
从此西湖休插柳，剩栽桑树养吴蚕。

### 二、落梅

一片能教一断肠，可堪平砌更堆墙。
飘如迁客来过岭，坠似骚人去赴湘。
乱点莓苔多莫数，偶粘衣袖久犹香。
东风谬掌花权柄，却忌孤高不主张。

### 三、诘猫赋

余苦鼠暴兮，语之所亲。或致狸奴兮，稍异其伦。甚俊黠兮尤服驯，既咆哮而威兮，亦斑斓而文。余乏精识兮，以貌而取人，阅一历兮差良辰。栖以丹槛兮借以华裀，饭以香粳兮侑以绚鳞。谓子苍辈之闻风兮，退避而逡巡。犹鳄悍愈而徙海兮，盗惧会而奔秦。始俘禽其一二兮气稍振，意薙狝其族类兮愤乃伸。俄伤饱而恋暖兮，复嗜寝而达晨。信半质之难矫兮，况驴技之已陈。彼睊尔兮柔而仁，汝视彼兮狎不嗔。久遗毒于一室兮，寖旁及于四邻。尔尚施施而厚颜兮，嘿嘿而容身。余架无完衣兮，桉无完书。大穿穴于墙壁兮，小覆翻于槃杆。闯荐庙之鱼菽兮，伺享宾之牢蔬。将大嚼而后快兮，宁垂涎于饯余。彼蝶栩栩于栏槛兮，雀啾啾于庭除。嗅残花啄弃粒兮，哀所营之区区。尔睊睍而袭取兮，之二虫又奚辜！余甚怜雪衣女兮，置诸座隅。譬之能言之流兮，绝代之姝。尔一旦窃发兮，掩其不虞。使果入朝而入宫兮，其不忮害也夫！嗟尔以捕为职兮，狞面目而雄牙须。于所当捕兮，卵翼之勤渠；于所不当捕兮，踊跃而驱除。余欲诛之兮不胜诛，尔犹有知兮亟改图。否则世岂无含蝉之种兮，任执鼠之责者欤！

## 四、庚申召对劄子（一）

　　臣起州县俗吏，以文史小技受知明主，遍尘清近。人所恃者权贵，臣所恃者君父。虽人言诽诋，无所不至，然圣恩记忆，久而未衰。复随弓旌，来觐旒冕，敢陈瞽言以献。臣惟国家三数年来，凶相弄权，以富强自诡，辅圣天子而行霸政，为天下宰而设骗局。朝野之人相与窃议曰：相非相，狙也；政事堂非政事堂，垄断也。其所操之术，所行之事，适足以殄民蹙国，安能富强？一旦陛下赫然震怒，逐而出之，内出白麻，魁柄改属，国人皆喜曰：是名父子也，甲科郎也，必有以慰人心、纾国难者。而又不然，天下怨凶相入骨髓，屈厘厨车、元载臭韈未足塞责，而卵翼覆护，台简屡上，不伤毫毛。天下大事当合天下之贤隽共图之，而所汲引，所拔擢，不过于平昔绸缪相结纳三数人。凡不能附丽者，无雅素者，或貌敬心疏，或文与而实不与，专引狂生吻士为更阑夜半之客，固已失士望矣。及集百官廷议移跸，大失天下之望，国事愈趋于坏，不可收拾。《语》有云："既往不咎。"臣之所言，颇咎既往，多谈奚益，请为陛下试条舍旧图新之策。臣闻国以危惧存，以佚乐亡，以奋发强，以玩弛弱。方其危惧而奋发也，必悔艾，必忧勤，亡者可存，弱者可强。

及其佚乐而玩弛也，悔者忘，勤者怠，而成败祸福始相寻于无穷矣。去岁秋祸，亘古未有，凡娄宿无木所未至之地，兽蹄鸟迹皆至焉。祗髪之忧，近在眉睫。天锡陛下勇智，下诏罪己。前代帝王有终始以卢杞为清忠者，有终始以恭显为谨信者，陛下英明果断，或窜逐，或疏远，如弃涕唾。于斯时也，天子危惧奋发于上，旬宣之臣朝闻夕引，有母不敢顾，躬摄甲胄，往来指授于矢石之间；将帅之臣、城郭封疆之臣，或扼险燔梁，或婴城坚壁，力战死守于边塞之外。然后虏之游魂者无噍类，而中国礼乐衣冠之统几绝而复续，岂非君臣上下危惧奋发而然欤！臣有今之所以私忧而过计者，近里之郡邑稍复矣，并边之藩篱稍葺矣，交、广之覆出者遁去矣，河南之金摘者向北矣，连以捷告矣，熙事成而岁有秋矣。爱吾君者皆曰，向之危惧者得无趋于佚乐乎？向之奋发者得无转为玩弛乎？窜逐者安知不重迁移乎？疏远者安知不复亲近乎？虽无此事，然有此理。古人请释楚以为外惧，先正李沆不愿真宗皇帝与虏和亲，其虑远矣。臣不胜大愿，愿陛下毋忘胡马饮江时，愿大臣毋忘入峡时，毋忘汉阳舟中时，毋忘咸宁道间与白鹿矶时。狳犹孔炽而周兴，呼韩来朝而汉衰，永洛失而赵高、吕公著之言见思，澶渊归而彭年、钦若之谀获售，然则必持胜，必虑患，必亲君子，必远小人，非吾君责乎？谢安能走苻坚而暮年有馋其之叹，裴度能缚元济而晚节贻浮沉之议，寇准能赞亲征而不能不傅会天书，王旦能致太平而不能让东封、西祀，然则必弥违，必格非，必为群公先正所不能为，非大臣责乎？王羲之讥诸贤以清谈废务，浮文妨要，先朝用杨时为给谏，或者尚有不言防秋、不言炮石之诮，然则先急政要务，后薄物细故，非士大夫责乎？臣虽老耄，一念忧爱，狂言望择，惟陛下裁幸。取进止。

## 〔宋〕陈文龙

### 寄仲子

斗垒孤危势不支，书生守志定难移。
自经沟渎非吾事，臣死封疆是此时。
须信累囚堪衅鼓，未闻烈士竖降旗。
一门百指沦胥尽，唯有丹衷天地知。

# 第三节　明代御史诗文选

〔明〕陈道潜

### 一、戒子二首
#### （一）
愧余飘泊已无成，望汝年来稍俊明。
圣主乞身何日遂，到家应喜有孙迎。

#### （二）
昔别应知汝尚愚，不知别后竟何如？
愧余已被儒冠误，犹望年来子读书。

### 二、待漏二首（选一）
天临黼座新，龙颜时悦怿。
涣汗自天颁，万国皆春色。
斯时报国心，惟余一寸赤。

### 三、惜阴轩记

余见沈氏所惜者独异，因为之言曰：夫俗之所惜者，珍宝金玉玩而奇之，以为罕有；车马田宅，爱而重之，以为燕翼。至于易度光阴，往而不复者，则诿曰：此天运之常，无足惜者。今子独于分阴是惜，真亘出夫人矣。盖其鸡鸣而起，力学不倦，每有焚膏继晷，而惴惴夫日月云迈，岁不我与之意。此其德日以进，学日以成，出而用世，丰功伟节，清名雅誉，载在简册，昭然天壤，垂之万世不泯也。彼玩日愒岁，而谓今日不学，尚有来日者，固不可与比伦矣。若夫不知学为何事，徒爱珍宝金玉车马田宅，率皆生无闻于时，死无闻于后，与草木同朽腐者，又何可同年语哉？是知惜阴者，虽不能久生于世，而有不死者存也；不惜阴者，纵享世百年，驹隙易度也。吾子既知所当惜，进德修学，显今传后，未可以浅近议也。余少弗力于学，迨今四十余矣，縻于冗职，奔走汩没，恐老无闻焉，书君斯轩，重自愧慕。

〔明〕翁世资

### 一、文敏公像赞

俨乎衣冠，肃乎仪形。

其未达也，暮史朝经。

其既达也，身践力行。

荐跻华要，任重阿衡。

笙簧治道，粉绵太平。

海岳以奠，宗社以宁。

允矣君子，展也大成。

【校注】文敏公，即姚夔（1414—1473），字大章，浙江桐庐人，曾任礼部尚书，卒谥文敏。

### 二、青州松林书院

宋室名臣驾汉唐，数公勋业更殊常。

巍巍庙貌云山耸，耿耿声名日月光。

先后立朝弘大化，联翩作郡盛流芳。

嗟予祠下瞻衡宇，含愧临风酹一觞。

### 三、临朐沂山东镇庙祷雨

不到沂山岁两更，重来颙竭祷祈诚。

骄阳久亢麦多死，甘雨不来民少生。

老我不才延此祸，尔神有道救斯氓。

呼云吸雨须臾事，顿使艰危转太平。

〔明〕林喦

## 塔　山

群鸦报天曙，春色开林落。
光尘透竹窗，山影疏帘箔。
叶露滴犹响，花光照经阁。
殿宇正曈昽，金碧明丹臒。

〔明〕杨琅

## 松林书院

庙貌宗先哲，巍巍列缙绅。
青齐联出守，黄阁总名臣。
勋业昭前史，仪刑肃后人。
至今千载下，遗泽尚如新。

注：松林书院在今山东省潍坊市青州市，杨琅时任青州提学佥事。

〔明〕彭韶

### 一、送钟岳贤侄之教上海

吾家田舍少闻儒，分派横塘颇读书。
伯子仙郎超美秩，季方博士得新除。
风生池畔芹香细，雨过庭前草色舒。
文教从容真可乐，慎毋倚席度居诸。

### 二、与长男浚图世科事

莫恨当年志未酬，更思黾勉绍箕裘。
鸡窗独掩槐花暮，蟾窟高攀桂子秋。
宦业成名存显晦，文章家数有源流。
若能早立规模定，方可终身事进修。

### 三、送郑思亨淳安司训

秋闱曾占一经魁，分教名邦宠异才。
细雨侵阶春草合，轻风入树杏花开。
讲明礼乐收余烬，绪正文章淑后来。
此地从前多俊杰，儒仙又见陟蓬莱。

〔明〕林俊

### 一、下狱闻欲加刑

抱病死将至，临刑命复传。
老亲犹有赖，弱息不须怜。
臣本比干后，君今虞舜前。
尚方未赐死，感激向谁先。

### 二、题武穆庙

十二牌来马便东，郾城狼狈泣相从。
中原赤手经营外，底事书生早料中？
大将几看刑白马，诸公无分饮黄龙。
播迁竟阻奸臣计，吹落崖山此夜风。

〔明〕陈茂烈

### 一、眺木兰

莫怪藏珠肯剖身，古来好施几多人？
黄金浮世轻如羽，青史垂名胜似珍。
天上银河分一派，莆中粒食共千春。
庙门斜向东流水，烟火茫茫遍海滨。

## 二、省墓还瑞安游仙岩

吾乡山水介中州，匹马西风汗漫游。
水木有怀仍乐土，功名无意付丹邱。
引裾当日谊何切，仰止斯人递欲流。
拟借绳床参凤契，白云回首未堪留。

## 三、乞终养疏（选录）

慈闱衰迈，夕照如飞。母今年七十有七矣，君恩犹可以再酬，母年不可以多得也。况臣又无男嗣，又无兄弟，一母一子，各天一涯，千思万思，无时不思。疾病独自呻吟，药饵孰与调节。臣既思母，则报主之心乱；母复思臣，则保身之念微，臣心可悯，母心尤可虞也。伏望皇上怜母子孤苦，乞敕该部照例放臣终养，使得以慰倚门之望，少伸寸草之忱。臣虽只奉龙颜，仰瞻天日，愈思恩渥，益励初心，尚期涓尘埃之报于将来，更效犬马之劳于未死，岂敢释然而常住。

## 〔明〕方良永

### 一、鲤湖赋

乾坤灵气萃，此地压东南。
石老苔痕古，林深鸟韵酣。
湖光频弄月，山色漫拖岚。
满眼评难尽，吾心自与参。

### 二、赠陈敦贤给谏膺荐再起序（选录）

士君子立身之大节，出与处也。匪出处之为大，不轻于出与处之为大也。一偏一曲之士，平时不灼见真知，临事辄依违迁就，而干没不已。果于忘世者，又往往率意而任情，其于出处，且不知为何物，无惑乎立乎？其大者寥寥于天下也。顷者奸宦怙宠，窃弄威权，欲逞弥天之恶，首箝士夫之口，于是肆为残刻贼害忠良，流毒天下。中外之臣，殒身于桎梏、窜戍、榜答者，非可一二数，其幸存者，亦困踣颠顿，朝不谋夕。当是时也，出乎处乎，不待智者能辨之矣。然居其职，婴其祸，则谊不可处，必早见，必豫待，必不徘徊顾恋，而视富贵如浮云，夫然后可处，即处于大节也无负。故夫痛愤激烈出危言以触祸机，至亡身丧家有不暇恤者，有见于不可处之谊也。是与阿媚懦巽尽弃平生曾不少愧者，虽不可同年语，要之，见几而作，又或一道也。

### 三、与同乡诸台谏

景运天开，吾人毕起，莆际其会者，无虑十而人，亦云盛矣。不才如生，顾亦滥竽其间，感激之中，不胜愧悚。夫仕而安其身，必有人在乎君侧。若投之闲散，无先为容，其名声能遽达，官秩能自至乎？生固知十而人者，阳而荐举之，阴而吹嘘之，皆乡缙绅如列位先生者之力也，生亦何幸，得厕十而人之后，而亦误蒙余荫有今日耶。顾此生命薄，愿与时违，向也亲健，而时格之，今其时矣，而亲在床褥，则从前至今，皆无可出之时矣。故连具两疏，期必得请，不知列位先生，能阴翊之退，亦如阴翊之进否？生敢重有望也。若不察其私，徒悠悠之曰：圣天子在上，可以出而仕矣。则夫人能言之，所望于知己也，逼切之情，万乞垂照。

## 〔明〕林茂达

### 次郑山斋韵

小有林皋数亩园，兴来时自命琴樽。
白云满地无行迹，松月当阶鹤候门。

## 〔明〕郑岳

### 一、楚城端午吊古

屈子力扶楚，怀王误信秦。
浴兰传旧俗，包黍荐明神。
奇字终投阁，谀文独美新。
反骚空有赋，千古愧累臣。

## 二、谒岳武穆王祠

十二金牌一日催，三军恸哭卷旗回。
马前果中书生计，河上深孤父老来。
开辟乾坤无此变，古今成败有余哀。
皇明尽复中原土，地下忠魂亦快哉。

## 三、过杨伯起（震）墓

自知诚不易，知人良独难。
荐贤本为公，私念安得干。
暮夜怀金来，相对多腼颜。
伤哉市道交，古意何时还。
幽明宁可欺，此心炳如丹。
千载诵遗言，清风墓道寒。

## 四、幽居公署书怀四首（选二）

### （一）

溪壑绝险巇，千仞犹可穷。
人心如其面，谈笑伏兵戎。
田灌平生交，杯酒不相容。
魏其力解纷，乃并遭祸凶。
往事昧明训，邈哉廉蔺踪。
鹬蚌久相持，渔人并收功。

### （二）

平生相倾慕，会合意何敦。
相期振颓靡，抚心悯元元。
如何自猜忌，枝叶伤同根。
川洛搆党祸，善类鲜安存。
王导仇伯仁，千载抱烦冤。

古来同叹息，弃置复何言。

### 五、嘉兴遇同年胡静庵亚卿夜话
我即南归路，君当北上时。
方舟侵夜话，聚首积年期。
兵柄难操切，宦途多崄巇。
平生重节槩，出处复奚疑。

### 六、送朱必东侍御还莆
仍著初衣返故林，许身真不愧南金。
片言悟主情尤切，万死宽恩幸亦深。
更向一贫看壮节，岂容暂蹶负迩心。
白头乡国惭无补，却借多贤振好音。

### 七、正德辛巳再起巡抚江西书怀
十年落迹旧溪山，漱石眠云秪一闲。
黄纸到门翻局促，白头临事重疏顽。
别怀况值三秋候，感遇真超百代间。
谩向夕阳问飞鸟，迥凌霄汉几时还。

### 八、吴长官（兴）庙修祀辞
若有人兮江之湄，含灵气兮耀奇姿。
捐家赀兮千亿，堰溪流兮成陂。
何怪物兮为祟，赴沧波兮手刃妖螭。
变斥卤为膏壤兮，粳稻离离。
阅百千祀兮，民食其遗。
庙杂丛祠兮祭久隳，涓兹佳辰兮郡侯莅之。
堂庑既饰兮肴核维时，灵其偃蹇兮芬菲。

穆将下兮逶迤，驾龙辀兮建云旗。

慰我民兮不，不嚬以嘻。

## 九、国朝莆阳科第录序（选录）

岂道德性命之蕴，儒先讲究已明，学者习而由之，道固在是。所谓德业、文章、气节，率皆由是出也。夫圣贤之道，本于人伦日用之常，反躬践履，要皆实地，夫岂凌虚蹈空，别有一种道理，而索之于杳冥想象间哉？是故学者将以行之也。昔人尝论居今之世，使孔子复生，不免应举。艾轩、考亭固皆科目中人，顾惟所志不屑于富贵利达，而义理之心足胜尔矣。

## 〔明〕李廷梧

### 送人休致

漫将春浪浣尘衣，天马如今不受羁。

旅客岂堪千里别，故乡初见一人归。

薰风驿路黄鹂语，细雨湘云紫蕨肥。

回首都门联旧侣，江湖应有寸心飞。

## 〔明〕林富

### 一、狱中与王阳明讲《易》

浮生何黯澹，凄风生暮寒。

微臣雕朽质，岂敢惜摧残。

守法奉明主，时乖良独难。

诏书忽来下，械系天牢间。

天牢相晓暮，窘寐摧心肝。

同患有俦侣，幸接心所欢。

王通揽名理，讲易清夜阑。

夜阑忽有得，明明寸心丹。

且保沟渎命，旋当叩天阍。

庶几浮云灭，恍惚见天颜。

## 二、福林寺

山上禅门寂不关，白云野鸟共高闲。
谁知紫绶金章客，兴在清泉白石间。
境为通幽忙亦爱，峰于最上倦犹攀。
诗成愧我当官去，又促肩舆向市寰。

## 〔明〕王大用

### 岳坟二首

（一）

二帝生还已有期，金牌谁遣竟班师。
今日湖山歌舞地，故宫禾黍久离离。

（二）

金人胆落撼山易，奸相谋成纵虎难。
千古英雄长下泪，几令坟上不曾干。

## 〔明〕朱浙

### 一、赠别黄方山二首

（一）

靡靡嗟流俗，刚方慕古人。
朝廷三尺法，男子百年身。
道已齐荣辱，时哉任讪信。
苍生须料理，行路展经纶。

（二）

高贤自城阙，下士祇山林。
未必平生旧，相期一片心。
风云人事改，天地主恩深。

白日关山道，归囊有素琴。

### 二、题宋友泉杨休录
从政何曾易，居乡更自难。
大都交际处，总在是非间。
去日留遗爱，逢人不愧颜。
乡评与士论，千载不能刊。

### 三、和冯检斋方伯赐诗（选一）
澜水壶山已隔生，何期使节重行行。
直从当宁分忧顾，终与斯民致太平。
茅屋惠来今雨候，德仪端拜古风清。
明公事业须钟鼎，沮溺都忘世上情。

### 四、乡先正友泉宋公生平树立不愧高第某以谫劣邈在下风永怀若人实深慨叹用述短章以致景行之意云尔
一官轗轲余霜鬓，直道平生志不违。
富贵自来还自去，乾坤公是与公非。
苍云古木新丘陇，白石清泉旧钓矶。
欲拟大招追楚些，临风怅望重依依。

### 五、登梅峰制干李公新祠
莆阳一水分南北，童稚能知制干名。
好义时从遗老说，临危深见古人情。
苍山英爽宜尸祝，白日冠裳有典刑。
松叶祠门伸一拜，长风飒飒起天声。

### 六、和璞斋题岐南书舍

小斋空坐思悠哉，心远乾坤景自开。
忧国几余华发在，逢人先觅菊花栽。
宦囊两世惟书卷，尘事无端付酒杯。
避俗底须方外去，杖藜随处破苍苔。

### 七、乙巳春夏间民饥更甚老农述此（选一）

饿夫不受嗟来食，惭愧当时食者心。
一叱裂衣甘饿死，古来沟壑有知音。

### 八、古松

谁将茧素刚一尺，写出寒松千丈直。
高枝多半入白云，眼前天矫苍虬立。
鳞甲振奋掌爪撑，左拿右攫令人惊。
划然霹雳欲飞去，动地波涛风雨声。

## 〔明〕林大辂

### 一、蒋子云都水定居西长安门外

南泠三载赋闲居，春日长安近卜庐。
苑树飞烟分客榻，禁钟浮月散朝车。
扬雄天禄多奇字，方朔金门有谏书。
相望西桥应不远，莫教风雨往来疏。

### 二、吊马伏波祠

野渡维江舸，荒祠荐涧芹。
鱼龙喧永昼，日月照迷津。
阻绝征蛮路，艰危报主身。
只今嗟薏苡，临吊几伤神。

### 三、浮踪

浮踪甘屏裔,簿领亦闲闲。
虎迹村间路,猿声郭外山。
四愁仍欲结,双鬓惭成斑。
长见乘槎者,天风万里还。

〔明〕张曰韬

### 九鲤湖

不识湖中景,今朝得胜游。
峰峦连碧汉,石洞瞰清流。
仙阁来新月,炉烟散暮秋。
一尘飞不到,吟兴自悠悠。

〔明〕马明衡

### 答黄西壶先生

孤亭高敞紫霞傍,招隐歌成逸兴长。
靖节早应归栗里,庞公久不入襄阳。
百年海上丹心远,五月松风白葛凉。
徙倚高台瞻北斗,山中夜夜抱清光。

### 哭阳明先生

不见河汾久,今为执绋行。
帆经严子濑,剑挂越王城。
海岳回真气,朝廷仗老成。
封章豺虎避,节钺鬼神惊。
羽翼惟先达,渊源启后生。
中台云里折,孤柱雪中倾。

钟鼎还鸣世，文章失主盟。

及门多少士，双泪独纵横。

〔明〕郑洛书

### 谒李忠简公（昴英）祠

有祠东海上，簪笏俨生荣。

问此为谁欤？忠简李先生。

昔为宋朝彦，史志留其名。

读书遗故处，香火妥精英。

天吴拥飞宇，孤屿水不倾。

不见乘驹人，空闻流水声。

流水不复返，海月递来明。

思欲扳前驾，凄恻独驰情。

〔明〕邹守愚

### 桃　源

风雨来清夜，孤亭客思深。

谁为青眼客，先寄白头吟。

万里瞻云泪，平生报国心。

驱车如有待，莫惜此登临。

### 逐蛛文（选录）

爰有蛛国，网国之设。吐丝为城，四隅有截。左属右凭，居正罔缺。环若外巡，凝若中宅。矛弱蝇营，咸靡不灭。余曰噫嘻，是独可恶。蚓窍浊泉，蝉潄清露。生生色色，厥形天赋。谁唏谁欣，忍为物蠹。客笑且言，心以形误。谓客言然，去而弗顾。淫雨晴旭，散发跣步。翘首伫瞻，群颠聚锢。曾余俄顷，其一始仆，如愤如逃，如呼如诉。我心戚戚，则莫我御。于彼何怜，于此何苦。对时育物，吾闻其语。吾且贳汝，毋居吾处。小大咸若，以蕃以庶。

### 吊刘谏议文（选录）

孰谓天高之不闻兮，又焉知乎余狂。大厦岌岌其将倾兮，燕抱雏而处堂。余闻天命之靡常兮，眠人谋之否臧。俾龙逢比干之究其志兮，绵昌历于无强。安得皇与天地合德兮，日月合明。召皋夔使吾御兮，殛鲧工使震惊。国泰山而四维兮，姱同修乎令名。何行迷之不复兮，陨典刑与老成。变初服非吾志兮，胡缨绂之为荣。业一失而不可救兮，余不知其所止。已矣乎！其又谁尤兮，节何适而不可弹。东濯扶桑之波兮，西采昆仑之芝。心郁结而无聊兮，夫岂志谷者之所取。后先生盖千载兮，独仿徨乎公之里。谅精爽之不吾拒兮，撼明志于芳芷。气聚而为景云兮，嘘而为和风。甘与世而抹铩兮，揖芳名而弥隆。睨当时龊龊以干进兮，空窃浮荣以兴戎。余敢不夙夜自淬砺兮，撼孤立之朴忠。岂涓埃之可竭兮，颂帝德之无穷。

〔明〕林云同

## 一、归赋二首

### （一）

幽居十八载，宦兴已殊违。
一旦逢新诏，三迁向紫微。
同袍无可数，故老亦云稀。
回首沧江晚，山云欲满衣。

### （二）

夏雨方舒郁，秋苔遂积阴。
感兹日月迅，兼以雪霜临。
作宦心无竞，退耕力可任。
湖山相映处，玄境不须寻。

### 二、游玉涧和他石韵

出郭神应豁，登台气益凉。
风回青入座，涧曲碧流觞。
林鸟迎风啭，池荷映日香。
碧筒犹屡劝，待月恣徜徉。

## 〔明〕黄洪毗

### 禹　门

禹门山豁大河流，开辟乾坤奠九州。
秦晋平分云外树，鱼龙长护水中洲。
真源滚滚平成界，灏气茫茫日夜浮。
闻说桃花春浪煖，欲从此处觅丹丘。

### 月下有怀

旅馆春心切，江城别望赊。
可怜今夜月，偏照故园花。

## 〔明〕郭应聘

### 一、闻二卿之报

戎马间关岂独贤，忽闻新命转忉然。
司农叨并诸曹列，宦辙惊非廿载前。
万里弓旌依白日，寸心葵藿有青天。
君恩子职应同重，欲向衡阳卜去辕。

### 二、重阳日，盆菊未开，友人宋怀西访予，讶之，感而赋此

忆昨时初夏，东邻菊有花。
云何此庭菊？九日未含葩。
无私造物心，淹速讵尔差。

应知植本弱，溉滋容未加。
我闻凌霜操，弥晚节弥佳。
俯首群芳歇，独立舒菁华。
餐英情自剧，采实意犹遐。
丈夫重晚路，气味良足夸。
惭予衰薄姿，浮名苦樊笯。
高踪忆陶令，赋归卧云霞。
三径荒已久，胡为天一涯。

### 三、贞肃林先生文集序（选录）

先生当宪庙朝，毅然纠权珰妖僧于廷，明之罪，声震雷电，而抟魍魉，是韩昌黎佛骨之表业，国史将大书特书之。然而以国事皦皦自鸣，非先生志也。而侈竹帛者，复艳谭先生伐先生。填江右则藩濠杜请，莅川蜀则蓝鄢投戈。是汲长孺之寝淮南，赵清献之抚西蜀也。两国人固百世尸祝之，而先生则非幸勋伐为声者。若术先生文，则是编具在也。疏牍先忠悃而后藻饰，辞章崇神理而薄傲诡。是又陆敬舆之奏议，欧阳永叔之文章而集其成者。

〔明〕林润

### 一、谒靖节墓

五斗腰难折，秋园菊已花。
无弦心独契，有酒兴犹赊。
晋室流风远，孤坟宿雾遮。
生刍向晚奠，古木响寒鸦。

### 二、秋兴

秋思悠悠客里情，可堪落叶动秋声。
月高兰渚归舟远，风度蘋洲去棹轻。
烽火有时传北塞，甲兵何日静山城？

万方多难奔驰苦，夜雨寒窗梦不成。

〔明〕吴兆元

### 渡铁桥

  峭壁称天险，奔涛震若雷。
  龙知听法至，鸟解傍人来。
  宝筏群生渡，金绳八道开。
  乘梁惊灏瀚，经济有奇才。

〔明〕李宗著

### 解石帆大中丞重修滕王阁兼建环漪楼即事二律（选一）

  岧然杰构倚江濆，襟带潆洄绝代勋。
  丹臒章天浮汉堞，宫商掷地韵唐文。
  云光贴阁来新爽，帆影当杯堕夕曛。
  直北传闻烽火静，清澄常咏圣明君。

〔明〕黄起雏

### 和林羽伯秋拍

  天外萧萧变徵声，江山万里筑愁城。
  鼎湖龙去云何在，燕垒堂倾子未成。
  汉苑铜人秋泪寂，隋堤枯柳月痕明。
  几回目断绳河影，惆怅晨钟久不鸣。

〔明〕王家彦

## 一、城头秋感二首

### （一）

  漠漠寒云起暮笳，烟尘犹未退戎车。
  壁门明月临青海，朔野霜风卷白沙。

幕府夜阑蛩复切,严城秋老菊无花。
可怜关塞凄凉甚,荒冢垒垒数万家。

### (二)

铁笛齐吹汉月秋,壮夫有志竟悠悠。
凄凉关塞寒风集,杳渺河山积雪留。
匹马曾过青草冢,大军昔驻皋兰洲。
平生最厌推卫霍,百战无封亦便休。

## 二、汶上咏淮阳同知路东皋赈饥事有序

岁庚辰自春历夏,几内接齐鲁皆旱灾,流离枕藉者几满于道。汶阳路东皋先生乃倒囊橐饭而药之,糜数千金,全汶者以万计。呜呼!世不乏富贵人,率以金钱为性命,即邻里乡党莫之救卹,况异乡道路之人乎?先生独能为人之所不能,为齐鲁仁人天下义士也。予奉简命过汶上,闻赞颂声不置,因为之记。

年饥若见化二偏,载道哀鸿孰为怜?
赖有春风吹齐鲁,能除菜色润山川。
金钱散尽还无倦,玉粒糜空尚恝然。
一片心涵千古意,沛然霖雨补青天。

## 〔明〕林兰友

### 一、唐关墩遇盗

一经鼓棹一违心,板荡方知覆载深。
已恨鸱鸮甘毁室,更怜豺虎复惊林。
荒村箭落迷健马,同侣魂消对夕阴。
此命江湖无可寄,不堪挥泪独横襟。

### 二、书带投缳,不死

缓死原为孝,捐躯遂作忠。
千秋大快事,一笑入玄穹。

### 三、燕京羁中

沉沉一室锁累臣，俯仰惟余未死身。
地仄并无天可覆，道穷时与鬼为邻。
河山泪洒还成血，宇宙魂销欲作尘。
惆怅微忱曾格主，几回封事复批鳞。

### 四、野鹤自喻

野鹤飞来客路难，蓼江隐处且相安。
谁怜迂拙堪同调，自愧萧疏只素餐。
谷备无虞丝腹枵，囊空最怕玉翎寒。
相知鹏鹗应排解，俾得轩然振羽翰。

## 〔明〕余飏

### 一、岭上题壁

南眺乡关事事非，一隅又说受重围。
孤心岂似衡阳雁，为怯高峰向北飞。

### 二、拜戚少保祠

当年一旅下闽疆，歼绝倭酋罢战场。
父老今犹谈斗伐，春秋时复奠蒸尝。
铜龙鳞甲苍苔落，画壁虫蛇碧草荒。
几度啼鸦飞绕树，岧峣古庙焕山阳。

## 〔明〕林岵

### 一、恨述

正德年中事远征，六龙亲御五云城。
将军白马来传檄，使者黄牌出按营。

极北鼓鼙永夜振,山南豺虎一时平。
萧条今日难身遇,徒使英雄带甲行。

### 二、蒋给谏中完(鸣玉)
一春传谏草,慷慨尔犹多。
拂地金霜色,负天玉树柯。
闻声曾怅恨,顾影屡婆娑。
江海谁云卧,感君慰薜萝。

# 第四节  清代御史诗文选

〔清〕彭鹏

### 一、无山自誓十四条(选录)

干谒为嫌疑之地。肩欲胁而病夏,面无汗则成冰。自筮仕来,耿耿落落,久为诸君子所谅,幸邀圣眷,益自凛凛。今者援例请假,羸马布路,一路绝不投刺。前辈有言:士大夫宁使人讶其不来,勿使人厌其不去。誓此旦旦,稍违此誓,再世奴颜婢膝,转生花脸油腔。

### 二、木兰笔约

削牍与人,慎之再誓之三:鄙人骨鲠成性,下笔为文,绝不作媚世语、违心词。即持使面请者,亦以不能书谢。苟或献谀、献颂,与夫不辨种类,扇头绫幅,词丈、亲翁充类,皆可耻。假手者,君以吾誓拒之。君如曰:"愚公何甚?"且归而谋诸客卿,即墨侯东楮,固公即以吾言,并为三君约。

## 三、门约

心如水而门如市者,水即市也。市者,古愚之所深恶。如或非议而请,非道而陈,蝇营狗苟,辞勿入;如或狭策而前,缓颊而至,需同影响,谢勿入;如或巧言欲簧,厚脸欲甲,子弟陷而不知,习俗移而不免,拒勿入;如或毒能为蛇,鬼能为蜮,巨蠹而怙,终奸猾而凭藉,叱勿入。勿入,则门不为市;不为市,则水即心也,去其如之,见可矣。

〔清〕林源

### 一、初入兰台

紫宸遴最吏,恩奖荷龙光。
柱下新簪笔,台端聚绣裳。
宝箴悬日月,清秩肃风霜。
历览前贤传,吾宗有念堂。

### 二、戒儿孙读书箴四首

#### (一)戒纷驰

人心如水亦如灯,灯欲光明水欲澄。
定静而安方能虑,莫教昏浊得相乘。

#### (二)戒作辍

工夫无间始能精,磨杵为针亦可成。
俄顷之间茅复塞,从新开径费经营。

#### (三)戒早眠

夜窗无扰又无营,静对银釭意境清。
玩味燖温纯熟候,中宵梦寐亦书声。

#### (四)戒晏起

及时用力戒优游,平旦清明好讲求。
鸣鸟亦催人早起,光阴安可问庄周。

## 三、师曾广义·甘淡泊

从来分外营求生事惹祸者,皆从不甘淡泊来,慕奢丽美纷华,营求日多徭役日甚,以悠扬之岁月,为沉溺之居诸,小人之所以长戚戚也。夫素位而行则无入不得富贵行乎?富贵非奢华侈肆之谓,如居上不骄富而好礼,皆是贫贱行乎。贫贱非自安卑下之谓,如菽水承欢、箪瓢自适,皆是乃富贵贫贱之所当然者也。人能恬淡寡营,以安其心,心安则气和,疾病无自生,祸患无自至矣。

## 四、师曾广义·喜读书

读书之乐,非但可以博科名、跻通显也。讲明道理,玩索涵泳,日用言行之间,自有一段书卷之气。父母见之而加爱,旁人见之而起敬。凡以读书为畏途者,由其心浮气粗、格格不相入耳。凝神定虑,口诵心维,朝斯夕斯,无欲速躐等。无见异而迁,无半途而废,工夫日熟,识解日高,一题到手,自有一片神机。当此之时,真觉人生乐事,无有过于此者。伤生害性之事,不期远而自远矣。但读书亦贵有法,"四书五经"传注、古文、时文,务要精熟。有余力,则史书及诗,不妨涉览,以广学问,间有酬答,可不求人。若小说淫书,坏心术、纷精神、妨正功,断不容经目。

## 〔清〕廖必琦

### 莆田县志·附论(摘录)

古来称理学者,类皆潜心于圣贤之学,根极理奥,探讨本原。凡天人性命之精微,了然于心,脱然于口,非词章训诂之所能也。号称名臣,洵未易易。上为君国,下为民生,高敢言直谏之风,任启沃纠绳之责。俯仰不愧,衾影无惭,斯足当之。人臣不幸以忠见,要其矢志殉君,捐躯报国,临大节而不可夺,丹心照日,青史留芳,大义真忠,千秋如一日也,此岂可于时辈中求哉?风节之称,昔人所贵。谔谔怀方,不为利诱,不为威怵,其精神可以感天地,其血性可以泣鬼神。诗云"疾风知劲草,板荡识忠臣",其风节之谓与。

〔清〕林扬祖

### 消寒图

染尽胭脂暖气融，一枝红逗待东风。
人间无限春光好，已在冰痕雪影中。

〔清〕江春霖

### 一、买书

十年薄宦更无余，清俸分来尚购书。
扩我见闻山海外，令人想象帝王初。
潜心早已惭高凤，老眼犹能辨鲁鱼。
坐拥残篇贫莫患，籝金遗子竟何如？

### 二、独坐偶成

营营逐逐意何如，闭户时还读我书。
学讲方言新世界，家传经训旧菑畬。
服官自愧三长乏，受禄犹赢五斗余。
筋骨能劳亦天佑，莫弹冯铗怨无车。

### 三、试差未与家人盼学差戏作

美官无过得钱多，钱到多时欲若何？
田宅谁家长作主，弟昆同室或操戈。
三苏未享文章福，两汉先崇孝弟科。
富固不淫贫亦乐，酒酣耳热且高歌。

### 四、黄先生德辉七旬寿序（选录）

宜以有余之财，建不朽之业。远绵则如李长者之功，列诸祀典；近则如徐万安之行，书诸通志。则先生之寿且将与吾莆之壶山兰水俱永，岂特耄耋期颐而已哉？霖不佞，幸得入芝兰之室，忝附葭莩之末，臭味之投，非泛常比。

自念年将及艾，毫无建树；修名不立，时用隐忧。然霖官于朝，舍文章，政事未由自见。文章既非所长，政事权复不属。先生居于乡而赢其财，而又承乡里多故之后，当上下交困之际，南北水利久废而不修，中西学堂有名而无实，舍人所不肯舍，为人所不能为，任举一节，皆堪于古。矧夫乐善好施，见义勇为，有不声施后世者耶？

【校注】本寿序为光绪二十九年（1903）春霖居乡为其亲家、莆商大同号主人黄孟誉七十岁祝寿所作。

# 第十一章
## 莆阳御史现存著述

　　莆阳御史，除封赠者外，凡正式出任御史官职者，几乎都是由科举出仕，且绝大多数都是进士出身。这个群体和莆田其他科举官员一样，不但能廉谨从政、精于吏事、政声远扬，而且多学有专长，或践行学术，或擅长诗文书画，或勤于各种著述。据统计，自唐至清，莆田著述作者达1029人，著述4131部，其中就有一大批是御史官员之作。只是由于历史上的各种天灾人祸等因素影响，莆人著述散佚十分严重，现存者已是百不及一。据统计，目前清朝及以前的莆人只剩300多位有传世著述。但吉光片羽，仍可窥见莆田官员具有很高的文化水平。他们在从政之余或致仕之后的著述，为中国文化史留下了宝贵的文化遗产，值得后人继承与弘扬。以下列举简介30多位莆阳御史现存的40多种传世著述，以此亦可窥莆阳御史群体贤能勤奋之一斑。

## 第一节　唐宋莆阳御史现存著述

**〔唐、五代〕黄滔《莆阳黄御史集》**

黄滔诗文集历代版本众多。《唐书·艺文志》载为15卷。明正德八年（1513）重刻本《莆阳黄御史集》为上、下秩。万历三十四年（1606）曹学佺刻本《黄御史集》为8卷。天启间（1621—1627）黄起有刻本《黄御史集》为10卷。清《四库全书》本《黄御史集》为8卷。2005年

黄滔《唐黄御史全集》书影

黄鸿恩重印《莆阳黄御史集》为上、下秩，附有正德本《唐黄御史集别录》1卷、崇祯本《唐黄御史集附录》1卷，以及序、凡例、跋等。《文渊阁四库全书》本《黄御史集》及《四部丛刊》本《唐黄御史公集》均为8卷本。目录为：卷一赋，卷二五古、五律，卷三七律，卷四五排、七排、五绝、七绝，卷五碑记铭，卷六墓志铭、祭文，卷七书启，卷八序、赞、杂文。附录含《唐昭宗实录》《莆阳志》《容斋四笔》《丹铅总录》《氏族大全》等有关资料。《全唐诗》录黄滔诗208首，《全唐诗补编补逸》补1首。《全唐文》录文4卷。

**〔唐、五代〕翁承赞《昼锦堂诗集》**

据载翁承赞原著有《昼锦宏词集》《翁拾遗诗集》等。《新唐书·艺文志》

著录有《翁承赞诗》1卷,然翁氏原集皆早佚。《全唐诗》录翁诗37首,《全唐诗续拾》录2首。民国十五年(1926)冬,翁氏六十八世裔孙潮安翁辉东编翁承赞(忠献)40多首诗为《昼锦堂诗集》,并与家藏明兵部尚书翁万达(襄敏)诗稿残本《稽愆诗》合编为《唐明二翁诗集》,由上海华丰印刷铸字所排印,潮汕中华书局等机构分售,今不少图书馆皆有藏本。此本共46页。《昼锦堂诗集》封面由"丁卯冬褚德彝"题签书名。正文前有翁承赞画像、略传、2篇序文、6首题词。全书正文收录翁诗五律2首、七律21首、五绝1首、七绝21首、断句1联、附录17首。

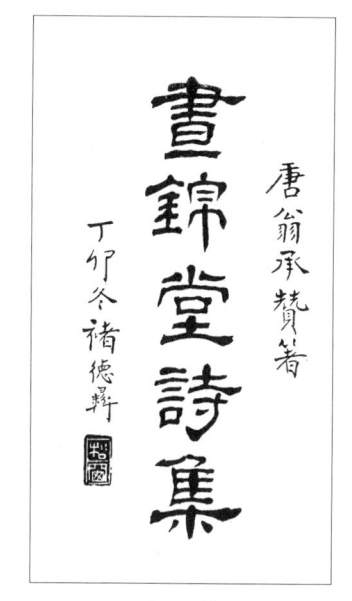

翁承赞《昼锦堂诗集》书影

### 〔宋〕蔡襄《端明集》

《端明集》,又称《宋端明殿学士蔡忠惠公文集》《蔡忠惠公文集》《蔡忠惠公集》《莆阳居士蔡公文集》《蔡端明集》等。历代流传的蔡襄集自2卷至70卷,版本繁多。据《宋史·艺文志》载有《宋蔡襄集》60卷又《奏议》10卷,共70卷。后代则有46卷、44卷、40卷、36卷、34卷、29卷、24卷、17卷、10卷、8卷等等诸多版本。但较流行的是清雍正、乾隆间(1723—1796)蔡廷舢逊敏斋刻本《蔡忠惠公文集》36卷附别纪补遗2卷本,以及清《文渊阁四库全书》所收《端明集》40卷本。蔡氏逊敏斋刻本《蔡忠惠公文集》,卷首有清孙嘉淦、蔡廷魁、雷鋐、

忠惠蔡公遗像

吴日炎的《序》,《蔡忠惠公本传》,以及王十朋、蔡善继、史继偕、黄国鼎、何乔远等人的《序》。全书分为诗8卷、文28卷,另附有补遗2卷。《文渊阁四库全书》本《端明集》则包括提要,序,卷一至卷三古诗,卷四至卷八律诗,卷九箴,卷十至卷十五制诰,卷十六至卷二十一奏议,卷二十二国论要目,卷二十三书疏,卷二十四表,卷二十五状,卷二十六劄子,卷二十七书,卷二十八记,卷二十九序,卷三十至卷三十一启,卷三十二斋文,卷三十三至卷三十四杂著,卷三十五茶录、荔枝谱,卷三十六哀词,卷三十七神道碑,卷三十八至卷四十墓志铭。

### 〔宋〕蔡襄《蔡襄集》

宋蔡襄著,明徐𤊹等编,吴以宁点校,上海古籍出版社1996年出版,1004页,为新版蔡襄诗文集整理点校本之一。全书包括前言;《宋端明殿学士蔡忠惠公文集》40卷;《蔡忠惠集外集》(录:一、轶诗8首,二、轶文77篇);附录:(一)《宋蔡忠惠公别纪补遗》卷上文3题(171则)、卷下文9题(205则),(二)蔡襄生平资料汇辑,(三)北宋名儒贤臣——蔡襄(吴以宁),(四)蔡襄著作考(程光裕);后记。

### 〔宋〕蔡襄《蔡襄全集》

宋蔡襄撰,陈庆元、欧明俊、陈贻庭校注,福建人民出版社1999年出版,被列为《蔡襄及柯蔡文化研究丛书》之一,865页,为新版蔡襄诗文集整理点校本之一。正文前包括丛书编委会名单、蔡金发撰《蔡襄及柯蔡文化研究丛书》总序、校注者撰《前

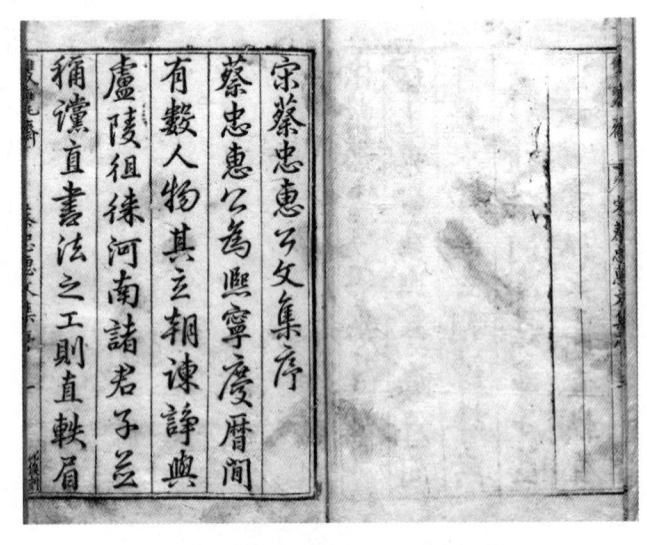

蔡襄《蔡忠惠公文集》书影

言》。正文以清蔡廷舢逊敏斋刻本《蔡忠惠公文集》36卷为底本进行点校。详目：卷一赋、四言古诗，卷二五言古诗，卷三七言古诗、杂言古诗，卷四五言律诗，卷五至卷六七言律诗，卷七五言排律、七言排律、五言绝句，卷八七言绝句，卷九至卷十三制诰，卷十四至十七奏议，卷十八国论要目，卷十九书疏，卷二十表，卷二十一状，卷二十二札子，卷二十三箴、铭，卷二十四书，卷二十五记，卷二十六序，卷二十七启，卷二十八启、笺、别纸，卷二十九斋文、传、疏、说、议、赞、论、对、解、文、辨、述，卷三十杂著、《茶录》《荔枝谱》，卷三十一杂著，卷三十二哀词、祭文，卷三十三神道碑、墓志、墓表、墓碣，卷三十四至三十六墓志铭。正文后为附录《补遗》（诗15首、断句4条、词1首、文114篇），后记。

### 〔宋〕陈次升《谠论集》

陈次升原有《谠论集》，录奏疏207篇，然久佚不传。清四库馆臣从《永乐大典》中采掇编次86篇，又从《历代名臣奏议》中增补30篇，共录文116篇，通过"考证时事，次第先后，釐为五卷"。此书有文渊阁《四库全书》影印本。《谠论集》全书5卷包括提要，绍兴五年（1135）原序，卷一主要为上哲宗皇帝奏议31篇，卷二主要为上徽宗皇帝奏议21篇，卷三为上皇太后和徽宗奏议29篇，卷四为弹劾官员奏议30篇，卷五为弹劾奏议5篇及《宝文待制陈公谠论跋》《待制陈公行实》2篇附录文章。

### 〔宋〕蔡卞《毛诗名物解》

《毛诗名物解》20卷，版本有文渊阁《四库全书》本、清康熙纳兰成德辑《通志堂经解》本等。此书专释《诗经》中之名物，凡11类，即：释天、释百谷、释草、释木、释鸟、释兽、释虫、释鱼、释马、杂释、杂解。其书虽奉王安石《字说》之学为宗，然征引发明，亦有出于唐孔颖达《毛诗正义》及三国吴陆玑《毛诗草木虫鱼疏》外者。

### 〔宋〕刘克庄《后村先生大全集》

刘克庄长寿且勤于著述,除编《千家诗》等外,个人创作也甚丰赡。目前最完整的刘克庄创作集为《后村先生大全集》。据载其季子刘山甫初汇本为 200 卷,民国《四部丛刊》所收者为上海涵芬楼影印旧钞本共 196 卷,包括诗 48 卷、赋 1 卷、文 125 卷、诗话 14 卷、长短句 5 卷、附录 3 卷。新近整理者亦皆以该版为基础进行整理补订,较著名的整理本有王蓉贵、向以鲜校点的《后村先生大全集》8 册,四川大学出版社 2008 年 12 月出版;又有辛更儒校注《刘克庄集笺校》16 册,中华书局 2011 年 11 月出版,被列入《中国古典文学基本丛书》。清末民国初刘克庄后裔刘尚文以《四部丛刊》为底本,以家传刘克庄集校勘补正,是为后村集之最完善本,惜此本未见出版。

刘克庄作品的各类选编本历代版本繁多,难以尽举。如清《四库全书》本《后村集》为 50 卷,又有《后村诗话》《后村题跋》《后村别调》《后村别调补》《后村长短句》《后村词笺注》《刘克庄词》《江西诗派小序》《后村诗钞》《玉牒初草》《玉牒初草集证》《刘后村小品》《刘克庄小品》等等选本。

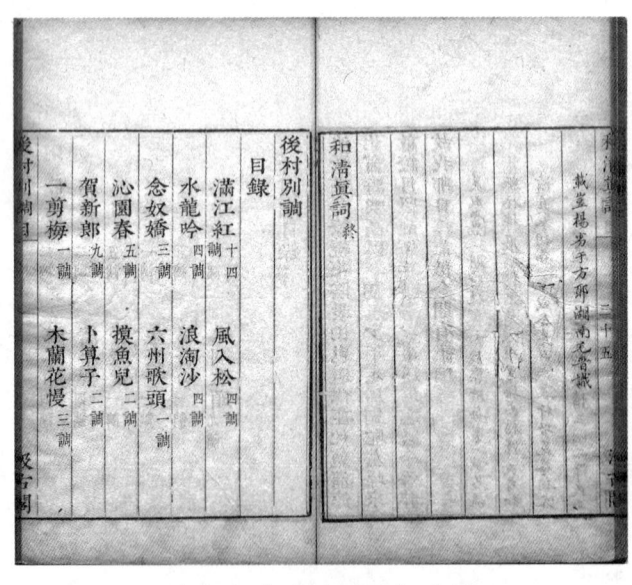

刘克庄《后村别调》书影

## 第二节　明朝莆阳御史现存著述

### 〔明〕陈道潜《淇园编》

《淇园编》，又名《拙斋陈先生存稿》，据载有明嘉靖（1522—1566）六世孙陈洪塘辑录之 10 卷本、清康熙间（1662—1722）陈震孙刊 4 卷本。今易见者为民国初涵江印书局据康熙本以活字版所印 4 卷本。2019 年吴伯雄编《明代莆人文集》丛书本。

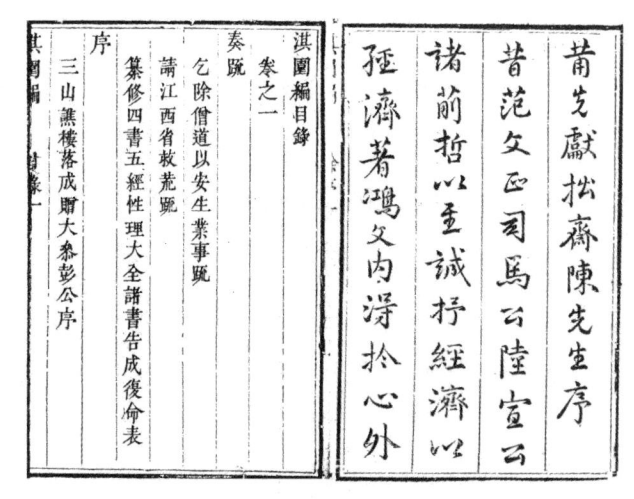

陈道潜《淇园编》书影

全书内容包括序，选刻姓氏，凡例，卷一录奏疏、表、序，卷二录序，卷三录记、说、文、书、赞、铭、跋、五古诗、七律诗、七绝诗、五律诗，卷四录志铭、墓表、哀词，附杂录，跋。

### 〔明〕彭韶《彭惠安集》

《彭惠安集》，明嘉靖十二年（1533）邑人郑岳定正为 12 卷。现存《彭惠安集》为 10 卷，有影印《文渊阁四库全书》本、《四库明人文集丛刊》本、2019 年吴伯雄编《明代莆人文集》丛书本等。据《四库提要》称彭韶尚有《别本彭惠安公文集》8 卷，今未见。《文渊阁四库全书》本内容包括提要、卷一奏议、卷二序、卷三记、卷四志铭、卷五碑铭、卷六祭文、卷七墓表、卷八书启、卷九诗、卷十赞。

### 〔明〕彭韶编《朱文公政训》

此书为宋朱熹著，明彭韶编，明陈继儒等校，1卷。书成于成化十二年（1476）。全书内容取朱熹与门人问答时政之语以成此编，有彭韶前序及张悦后序。彭韶在前序中说："文公之学，全体大用之学也。范我后人，如规之圆，如矩之方，万世所不能外也。间与门弟子问答时政，又皆指示病源，亲切得实，读之使人凛然知惧，盖不独为门人弟子语也。"此书有《宝颜堂秘笈续集》本、《丛书集成初编》本等。

### 〔明〕彭韶编《二公政训》

《二公政训》2卷，包括《朱文公政训》1卷、《真文忠公政训》1卷。本书为彭韶于明成化中（1465—1487）任四川按察使时所辑编。此书把朱文公（朱熹）与弟子问答时政之语及真文忠（真德秀）在湖南任职时谕教属下之文，录编为一书，定名为《二公政训》，作为对属下的训诫之语。有清嘉庆十年至道光五年（1805—1825）张应时编《书三味楼丛书》本等。

### 〔明〕林俊《见素文集》

《见素文集》，又称《见素集》。其集原含诗集14卷、文集35卷，版

林俊《见素集》书影

毁于嘉靖四十一年（1562），万历十三年（1585）时其孙林及祖重刊，统成文集 28 卷、续集 12 卷、奏议 7 卷。文集前有正德元年（1506）张翊等序，28 卷均为各体文。续集前有嘉靖十五年（1536）王凤灵等序，卷一至卷五为诗，卷六至卷一二为文。后有附录 2 卷，收录生平家世文献。后有万历十三年（1585）林及祖跋。文集与续集中之文正好 35 卷，但诗 5 卷，已不符原 14 卷之数。常见版本有影印《文渊阁四库全书》本、2019 年吴伯雄编《明代莆人文集》丛书本。《文渊阁四库全书》本内容包括：提要、原序、20 卷各体文。《见素集奏议》包括 7 卷 93 篇奏议、跋。《见素集续集》包括序，五古、五律、七律诗 5 卷，奏议、序记、碑碣表铭、祭文杂著、书传赞说 12 卷以及附录（上、下）。

### 〔明〕方良永《方简肃文集》

《方简肃文集》，又称《方简肃公文集》，10 卷，包含了各种体裁的文章。文集在隆庆四年（1570）由河南按察使郑茂编辑，万历八年（1580）由方良永的孙子、山东布政使方攸续刊。1927 年莆田涵江图书馆曾分 2 册重印张琴桐云轩抄本《方简肃公文集》。今常见版本为《文渊阁四库全书》本、2019 年吴伯雄编《明代莆人文集》丛书本。全书包括提要、卷一奏疏、卷二至卷四序、卷五记、卷六志铭、卷七祭文题跋、卷八说辞赞解、卷九至卷十书启。

### 〔明〕林有年纂方志 4 种

林有年自奋力学，为地方官时，于纂修方志情有独钟。其先后纂修有《（广东）东莞县志》《（浙江）武义县志》《（江西）瑞金县志》《（福建）安溪县志》《（福建）仙游县志》《（福建）福清县志》等方志，为方志事业做出重大贡献。其所纂方志有的已佚，尚存者有以下几种：

《瑞金县志》，8 卷，嘉靖二十二（1543）刻本，今有 1961 年《天一阁藏明代地方志选刊》（40 册）本。

《武义县志》，5 卷，明林有年修，董遵道纂，正德十五年（1520）修，正德十六年（1521）刻，嘉靖三年（1524）黄春补修。今中国国家图书馆、日本宫内省图书寮均有藏本。

《安溪县志》，8卷，明汪玛修，林有年纂，嘉靖三十一年（1552）刻本，今有1963年上海古籍书店《天一阁藏明代方志选刊》影印本、2002年安溪县志工作委员会整理点校国际华文

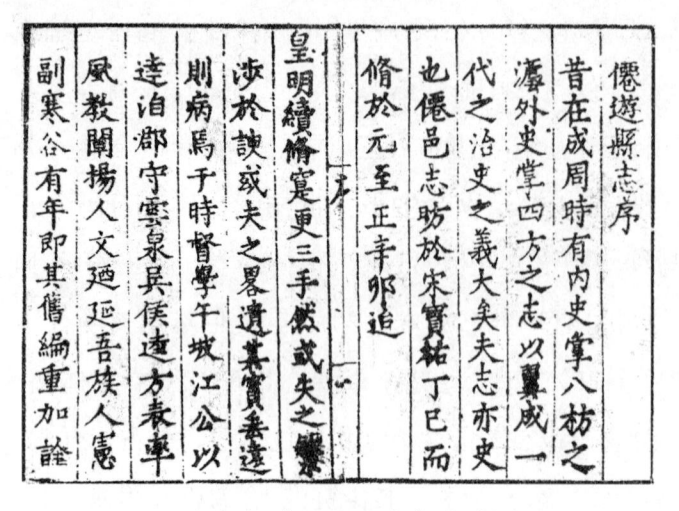

林有年《仙游县志》书影

出版社本。

《仙游县志》，8卷，明林有年修纂，嘉靖十七年（1538）刻本，今有书目文献出版社1992年《日本藏中国罕见地方志丛刊》据日本尊经阁文库藏嘉靖十七年（1538）原刻影印本。

〔明〕郑岳《山斋文集》

《山斋文集》又称《郑山斋先生文集》，24卷，据说美国国会图书馆藏有原刻本。今所易见者为《文渊阁四库全书》本、《明别集丛刊》（第一辑）本、2019年吴伯雄编《明代莆人文集》丛书本等。《四库全书》内容包括提要、卷一五古诗、卷二七古诗、卷三杂体诗、卷四五律诗、卷五五排诗、卷六七律诗、卷七七绝诗、卷八奏议、卷九至卷十序、卷十一至卷十二记、卷十三碑、卷十四至卷十六行状、卷十七至卷十八墓志铭、卷十九墓表、卷二十赞、卷二十一祭文、卷二十二书、卷二十三说、卷二十四杂文。

〔明〕郑岳《莆阳文献》

《莆阳文献》，88卷，包括诗文选13卷、列传75卷，附录1卷为《郑岳传》，系明万历（1573—1620）重刻时由柯维骐《续莆阳文献》增入。今易见者有书目文献出版社《北京图书馆古籍珍本丛刊19》影印万历四十四年

（1616）刊黄起龙刻本《莆阳文献》，还有《续修四库全书》本、《四库全书存目丛书》本。又有2016年广陵书社吴伯雄点校本《莆阳文献》（5册）。《莆阳文献》诗文选包括卷一赋，卷二五古，卷三七古，卷四五律，卷五七律，卷六五绝，卷七铭、箴、赞、杂著、传、题跋、论辩、祭文，卷八书启，卷九至卷十序文，卷十一至卷十二记，卷十三奏议。《列传》每篇少者传1人，多者达八九人或更多，不少主传外还有附传。如"传十二"传主有方仪、黄君俞、黄隐、黄颖、吴世延、林绪、徐复、方渐、郑伯玉、方惟深10人。

郑岳《莆阳文献》书影

### 〔明〕黄如金《古文会编》

《古文会编》，8卷，古籍善本。编者黄如金，字希武，《嘉靖惟扬志》载："正德四年（1509）督学南畿，持身严而敷教宽。时文体方尚浮靡，黄氏痛之，力以古文作兴诸士，遂集秦汉以至唐宋诸名作为《古文会编》，刊布远迩，士习为之一变。尤精校阅，赏罚无不服者。"《古文会编》于正德五年（1510）常熟东湖书院用活字排印，分8册。又有明嘉靖三十年（1551）吕炌升风云影山堂刻本黄如金辑《重刊全补古文会编》12卷，书前有正德五年（1510）邵实序、目录。正文卷一选文为《左传》《国语》《史记》，卷二为《止斋集》《战国策》《列子》《庄子》《孙子》《淮南子》《杨子》。卷三至卷十以类相从，自表、赋以至辞、杂著类。卷十一至卷十二，大体按类区分。

### 〔明〕林富《广西通志》

《广西通志》，60卷，明嘉靖十年（1531）林富修，黄佐纂。全志包括图经2卷、表8卷、志30卷、列传9卷、外纪11卷,体例"大致颇谨严。其沿革、分野、职官、选举皆作表,以省简牍,体例亦善"(《四库提要》)。有《文渊阁四库全书》本、2018年广西人民出版社影印本。

### 〔明〕朱淛《天马山房遗稿》

《天马山房遗稿》,8卷。本书最早为隆庆三年(1569)常州靖江知县张秉铎访求掇拾辑成并付梓,今存4册6卷。今有《文渊阁四库全书》本、2019年吴伯雄编《明代莆人文集》丛书本。内容包括提要,卷一疏,卷二至卷三序,卷四记、志,卷五书、志铭、祭文,卷六赞、字箴,卷七赋,卷八五古、七古,卷八五律、七律、五绝、七绝。

### 〔明〕林大辂《愧瘖集》

林大辂《愧瘖集》书影

《愧瘖集》,又称《林二山先生愧瘖集》,21卷,中国国家图书馆藏明嘉靖四十年(1561)林敦履刻本,今有《续修四库全书》影印本、2019年吴伯雄编《明代莆人文集》丛书本。书前收录序、传、行状。正文包括卷一四言古诗,卷二至卷三五古,卷四七古,卷五至卷七五律,卷八五排,卷九至卷十三七律,卷十四七绝,卷十五至卷十九序,卷二十杂著,卷二十一志铭。

### 〔明〕马明衡等《闽中马氏集》

马明衡及其父马思聪遗作屡遭倭祸兵火,敬佚严重,子马朝龙于万历十年(1582)汇编为《闽中马氏集》,余翔作序。清光绪二十四年(1898)刘尚文重编马明衡及其父马思聪、子马朝龙遗作为《马忠节公父子合集》。今有2010年厦门大学出版社《中国稀见史料》（第二辑）本、2013年黄山书社《明别集丛刊》（第一辑）本。2018年武汉大学出版王传龙、何柳惠编校新版《莆田马氏三代集》，为《阳明学要籍选刊》一种。新版主体部分为《马忠节公父子合集》《尚书疑义》两种古籍，此外还辑编了马氏三代相关传记资料、赠答诗作、集外佚文及其马氏后裔的相关文献资料。全书共辑出马明衡佚诗9首、佚文5篇、马氏父子三代传记类史料9篇、他人赠答诗文122篇。本书是收录莆田马氏三代诗文最完备的版本，也是目前唯一的校点整理本。

### 〔明〕马明衡《尚书疑义》

全书6卷，成书于嘉靖二十一年（1542）。此书为《尚书》研究名著，博采众说，不专主一家。自序称"凡于所明而无疑者，从蔡氏；其有所疑于心而不敢苟从者，辄录为篇"。其驳正蔡沈《书集传》，见解时有精当者。明人解经，多失之于冗滥，而此书尚能研求古义，直陈己见而不苟从前人，学风难能可贵。今有《文渊阁四库全书》本、《马忠节公父子合集》本、《莆田马氏三代集》本等。

马思聪、马明衡等
《莆田马氏三代集》书影

### 〔明〕郑洛书《上海县志》

《上海县志》，8卷，明郑洛书修，高企辑，分总叙、山水、风俗、物产、户役、贡赋、建置、祠祀、宫师、名宦，登用、人物、古迹、杂志、文志共15篇。嘉靖三年（1524）郑洛书修成并刊刻。有嘉靖三年原刻本、民国二十一年（1932）上海传真社影印本、2015年上海古籍出版社《上海府县旧志丛书》点校本。

### 〔明〕邹守愚《俟知堂集》

《俟知堂集》，14卷，明嘉靖三十二年（1553）刻本，今上海图书馆、山西大学图书馆均藏有善本6册。书前有伦以诜《俟知堂集序》、王凤灵《一山先生文集叙》。所收文体有序、记、箴、跋、书信、诔、行状等。

### 〔明〕邹守愚《河南通志》

《河南通志》，45卷，邹守愚主修，李濂等纂，开修于嘉靖三十三年（1554），翌年（1555）八月蒇事，三十五年（1556）刊刻。有《天一阁藏明代方志选刊》本。书前有邹守愚序。全志分33目，近80万字。

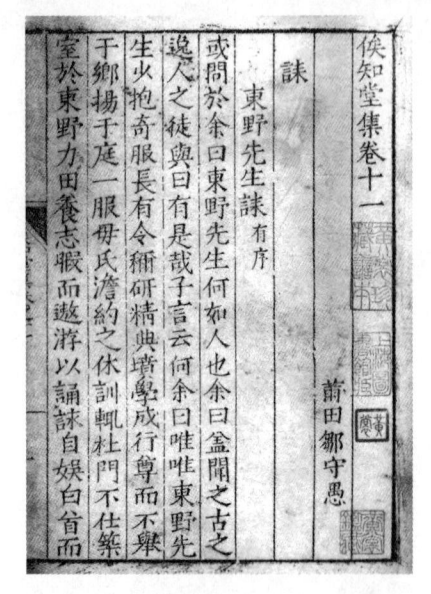

邹守愚《俟知堂集》书影

### 〔明〕姚虞《岭海舆图》

《岭海舆图》，1卷，明嘉靖二十一年（1542）刊。本书为姚虞嘉靖间（1522—1566）以监察御史巡按广东时所作。有《文渊阁四库全书》本。书前有湛若水序、自序、凡例，还有12张图。为首一张是广东全省图，继为广东十府的10张地图，最后一张是南夷图，即南洋诸国的地图。每图各有序和纪各1篇。本书为中国第一部书本式地图集。

### 〔明〕郭应聘《郭襄靖公遗集》

《郭襄靖公遗集》，30卷，明万历三十四年（1606）郭良翰刻本，今存卷一至卷二十六。有《续修四库全书》本、《明别集丛刊》（第三辑）本、2019年吴伯雄编《明代莆人文集》丛书本。书前有陈经邦序，正文包括卷一至卷十奏疏，卷十一至卷十五诸议，卷十六家训，卷十七至卷

郭应聘《郭襄靖公遗集》书影

十八纪事,卷十九序文,卷二十志铭、传、碑,卷二十一祭文,卷二十二至卷二十六书翰。

### 〔明〕郭应聘《西南纪事》

《西南纪事》,6卷,有1989年书目文献出版社《北京图书馆古籍珍本丛刊(55)史部·政书类》影印本、1996年齐鲁书社《四库全书存目丛书》本。全书内容为卷一征复古田,卷二讨平江府,卷三征复怀远,卷四平洛容蛮、平上油峒、平阳朔金宝巇、平永福边山,卷五抚剿十寨,卷六擒黄贤相。

### 〔明〕林润《愿治疏稿》

《愿治疏稿》,8卷,莆田涵江康爵清耕冰寄庐抄本。今存卷一至卷四,卷七至卷八,共6卷。内容为奏疏合集。浙江大学图书馆有存本。

### 〔明〕林润《林御史残稿》

《林御史残稿》,不分卷,清抄本1册,今有《明别集丛刊》(第五辑)影印本、2019年吴伯雄编《明代莆人文集》丛书本。全书文体包括序、记、启、书、诗(五律、七律、五排、七排、五绝、七绝)以及奏疏等。

### 〔明〕林铭几《九鲤湖诗画册》

此册封面题《明林御史祖册九鲤湖诗画》,福建省博物院藏,共20页。有仙游九鲤湖风景设色绘图10幅,每幅配题诗1首,共10首。除第一幅第一首外,皆为七绝。

林铭几《九鲤湖诗画册》书影

### 〔明〕彭汝楠《岸圃大观》

《岸圃大观》,又名《岸圃大观图记》《柳塘园图记》,墨拓本册页装37页,分乾、坤两册,原书为日本帝国图书馆藏。彭汝楠(1584—1642)于明天启五年(1625)五月,率六科给事中伏阙请省刑薄税,忤魏忠贤,被矫诏夺职。汝楠归莆,秋开始营建"岸圃"园林。崇祯(1628—1644)初汝楠复官后升兵部侍郎,不几年又与当事者不合而辞归。岸圃营建,断断续续,至崇祯十年(1637)年东西两园始告全面完成。当岸圃园林筑成后,汝楠作《岸圃志略》,又有画家黄子目、柯无暇为绘岸圃景观图,称《岸圃花志》。崇祯十一年(1638)秋,汝楠将12幅绘画和自跋之文字,编册成书,请董其昌题《岸圃大观》额及题记1幅。在册页每图后皆缀彭汝楠说记。末页落款署"崇祯戊寅立秋日岸圃主人彭汝楠伯栋父识",可见图册编定并刻印于崇祯十一年(1638)秋。

彭汝楠《岸圃大观》拓本(部分)

### 〔明〕王家彦《王忠端公文集》

《王忠端公文集》,11卷,清顺治十六年(1659)刻本,今有《明别集丛刊》(第五辑)影印本、《四库全书禁毁书丛刊》本、2019年吴伯雄编《明代莆人文集》丛书本。全书包括余飏《序》,画像,卷一至卷五疏,卷

王家彦《王忠端公文集》书影

六疏、谕帖，卷七至卷八书，卷九祭文，卷十杂著、家书、殉难遗言，卷十一疏、志铭、公函、复启、墓表、传、祭文、题家书卷后、题词、志遗。

### 〔明〕余飏《芦中文集》

《芦中文集》又称《芦中诗文集》，原书44卷，清初刻本，今残存稿4卷，中国科学院图书馆藏善本。《芦中诗文集·自序》云："廿年来独喜为诗，诗可万首。间涉为文，虽不如诗之多，约略计之，亦可尺许。"

### 〔明〕余飏《莆变纪事》

《莆变纪事》，1卷，今有1980年中华书局、中国社科院历史所编《清史资料》（第一辑）点校排印本、2000年江苏古籍出版社《福建丛书》（第二辑之九）影印清抄本、2004年九州出版社《台湾文献汇刊》（第二辑）影印本等。内容纪莆田沿海截界起始及截界后迁民之种种惨状。

### 〔明〕余光、余飏《春秋存俟》

《春秋存俟》，12卷。书前有《总论》1卷。南明弘光元年（顺治二年，1645）文来阁刻本，中国国家图书馆藏原刻本。有2009年国家图书馆出版社中华再造善本影印本。书前有弘光元年正月黄道周序文，弘光元年二月钱谦益题辞。书末为门人陆世鎏后序（跋）。本书为孔子《春秋》经研读之作，自鲁隐公元年（前723）至鲁哀公十四年（前481），按原编年原文逐年考读，间引诸家别说。

余光、余飏《春秋存俟》书影

### 〔明〕林帽《蠛蠓集》

《蠛蠓集》，10卷，附录1卷，清初求野堂刻本，中国国家图书馆藏原刻本。有2019年吴伯雄编《明代莆人文集》丛书本。内容包括目录，余飏撰《像赞》《传》，泉州黄景昉撰《序》，卷一至卷二乐府100首，卷三古诗、拟古杂诗79首，卷四古诗57首，卷五至卷六歌行94首，卷七至卷八近体201首，卷九绝句120首，卷十附文（记1篇、书3篇）。集中诗咏多为长构和叠韵，有的长至百韵。

林帽《蠛蠓集》书影

## 第三节　清朝莆阳御史现存著述

### 〔清〕彭鹏《古愚心言》

《古愚心言》，8册，天津图书馆藏清康熙三十四年（1695）愚斋刻本。今有《四库全书存目丛书》影印本。全书包括第一册自序二篇、卷目、誓、疏、牒、状、跋，第二册卷目、述、语、题辞、祝词、哭词，第三册卷目、传、志铭、祭文、序，第四册卷目、记、说、约、歌、行，第五册卷目、书，第六册卷目、书、启、札、榜、帖，第七册卷目、详文，第八册卷目、详文、条议、告示、照牌。

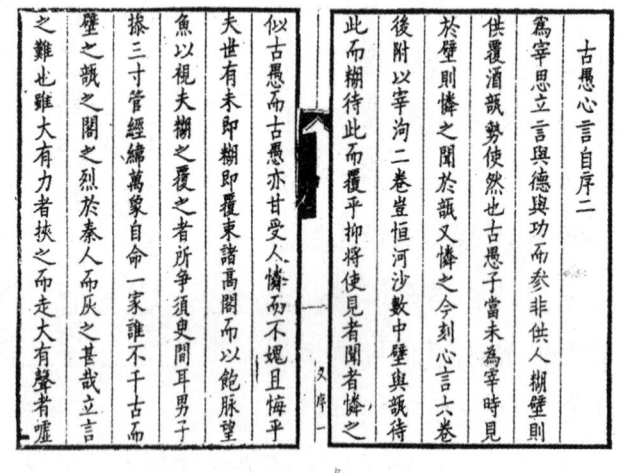

彭鹏《古愚心言》书影

### 〔清〕彭鹏《中藏集》

《中藏集》，2卷，山西大学图书馆藏康熙刻本。书扉页题"敬斋藏板"。全书包括8题：召问恭纪、赐金特纪、圣恩初纪、圣恩再纪、保留汇纪、奖荐汇纪、沟生祠纪、沟去思碑，内容为彭鹏于康熙三十年（1691）前后为三河县令时奏疏及自撰召对纪事之作。

### 〔清〕林源《宛舫居文集》

《宛舫居文集》，10卷，天津图书馆藏清乾隆二十八年（1763）原刻本，2019年燕山出版社出版向辉、胡慧雪主编《写刻古籍版本聚珍》丛书收录。全书包括乾隆癸未（1763）七月既望（十六日）漳浦人蔡新《序》，卷一奏议，卷二序、记、传，卷三跋、议、志、说、文、杂著，卷四师曾广义，卷五偶笔上，卷六偶笔中，卷七偶笔下，卷八家训、女训、家课，卷九偶吟，卷十集唐。

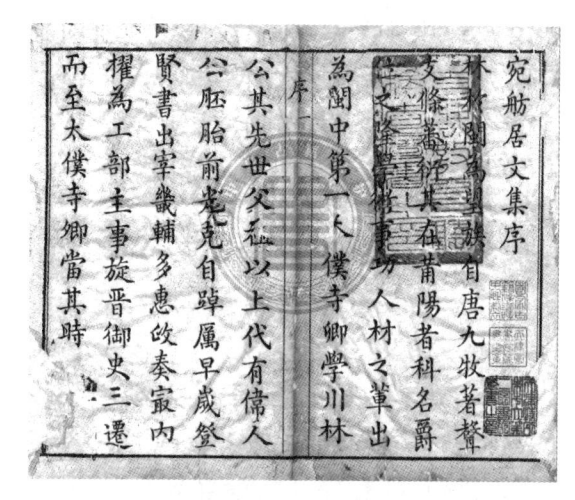

林源《宛舫居文集》书影

### 〔清〕廖必琦《兴化府莆田县志》

《兴化府莆田县志》，36卷，清宫兆麟等修，廖必琦等纂，乾隆二十三年（1758）刻本。书前有序录、原序、补刊序、前志序选、凡例、附论、图。本志有光绪五年（1879）补刻本、1963年台北市莆仙同乡会影印本、1968年台北成文出版社《中国方志丛书》影印本、2017年莆田市荔城区方志委点校本。

### 〔清〕林扬祖《莆田县志稿》

《莆田县志稿》，不分卷，清同治（1862—1875）稿本21册，稿本曾为张琴收藏。2008年北京图书馆出版社出版方宝川、陈旭东主编《福建师范大学图书馆藏稀见方志丛刊》收录影抄本。全志分 32 门：海防、户口、田赋、公署、城池、桥梁、古迹、学校、书院、祠庙、兵制、武功、屯田、职官、科举、诸科、荐辟、封荫、应例、年劳、名臣、宦绩、政绩、列女、隐逸、冢墓、寺观、典籍、风俗、物产、祥异、丛谈。

### 〔清〕江春霖《梅阳山人集》

《梅阳山人集》，又称《梅阳文集》，不分卷，共 7 册。今有 2010 年《清代诗文集汇编》影印莆田陈氏抄本。文 3 册，收录序、书、祝文、墓志铭、跋、启、传、记、题词、圹志各体文，诗集 1 册，书札 3 册。

### 〔清〕江春霖《梅阳江侍御奏议》

《梅阳江侍御奏议》，2 卷，民国八年（1919）排印本。书前有陈衍序、林纾撰江公墓志铭、孙雄撰江公墓表。卷一收奏疏、折片、请片 32 篇，卷二收奏疏 35 篇。

### 〔清〕江春霖《江春霖集》

《江春霖集》，4 卷，分订为上、下册，朱维幹、林锃编纂兼点校，1990 年马来西亚兴安会馆总会文化委员会出版。书前有照片插页、林纾撰江公墓志铭、孙雄撰江公墓表、陈衍江公《奏议》序。上册卷一收录《梅阳江侍御奏议》68 篇。下册卷二收《梅阳山人文集》，包括于序、丁序，各体文 129 篇；卷三收《梅阳山人诗集》，录各体诗 100 题；卷四收《梅阳山人家书》共 23 通。书末附录江春霖传、赠挽诗联、后记等。

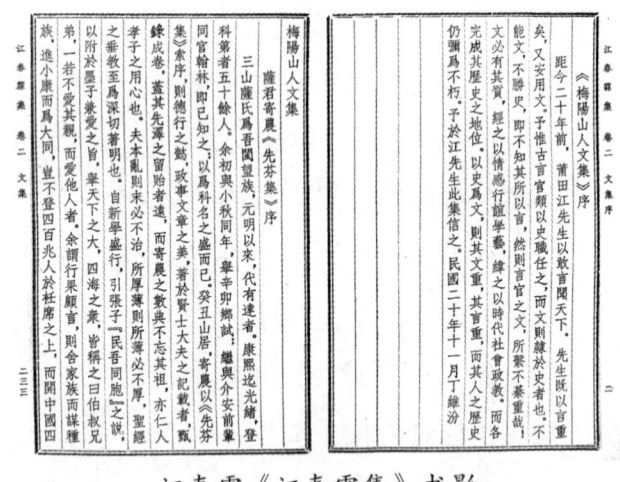

江春霖《江春霖集》书影

# 第十二章
## 颂扬莆阳御史的戏剧、小说

中国的戏剧主要是地方戏曲，它流行于一定的地区，具有强烈的地方特色，往往反映出某一地域的民风习俗和民众价值取向，是一方民众喜闻乐见的演剧形式。福建省莆田市的莆仙戏就是极具地方特色的古老剧种，历史人物故事是其敷演表现的重要题材。而中国的小说创作，历史也十分悠久，至明清时期，开始走上文人独立创作之路。明清的章回小说，把中国古代小说发展推向了高峰，题材涵盖了神魔、世情、才子佳人、公案、侠义等，达到前所未有的成就。以莆阳御史彭鹏为主要原型的《彭公案》就是一部著名的章回公案小说。

## 第一节 传统莆仙戏中的御史人物剧目

莆仙戏历史悠久、剧目繁富，其中不乏所谓"清官戏"，故古今都有一批颂扬莆阳御史人物的戏剧。据《福建省莆仙戏传统剧目名录》载，莆仙戏古剧本中的莆阳御史人物作品主要有《蔡襄》《蔡襄造桥》《蔡襄起桥》《蔡襄起洛阳桥》《三御史》《邹守愚》《林见素》《郭应聘》《林兰友》《林扬祖》《彭公案》《彭鹏》《彭鹏锄奸》《彭鹏杀和尚》《彭鹏审眠床》等10多部。以下把收入《莆仙戏传统剧目丛书》的2部莆阳御史戏，略作介绍。

## 一、传统莆仙戏《蔡襄》

本剧目收入《莆仙戏传统剧目丛书》第十三卷。据介绍本剧目有两个存本：一本题名《蔡襄》，另一本题名《蔡襄造桥》，内容情节大同小异。《蔡襄》出目共有10场，分别是兴宗首出、夫人发愿、收复西辽、本府作官、洞宾点化、观音百庇、奉旨造反、采船龙女、得海递书、大功告成。而《蔡襄造桥》则有13场，分别是蔡母渡江、蔡襄出世、王相进京、蔡襄赴试、升官遇寇、蔡襄登第、相府合叠、设计萧叶、御苑赐官、回乡造桥、仙佛助力、大功告成、升官享禄。

《蔡襄》剧情叙福建泉州府洛阳渡口龟精兴风作浪，害死无数生灵。蔡兴宗之妻孟氏因夫上京赴试，单身在家无人照顾且身怀六甲，临近分娩只好暂回娘家。孟氏行至洛阳渡口，见一渡船满载行客，风浪大作，不敢过渡。此时忽闻传来声音："赤子蔡状元爷已届，可开船吓！"船一开果然走如飞云，平安到岸。众人祝贺，孟氏发愿，若生男子中状元，定造洛阳桥以便生民。后果生一男子名为蔡襄。蔡兴宗中状元，皇帝命其往西辽催贡，被拘押10年不还。一日，蔡襄于窗前读书，忽雷电大作，见一粒五花米于桌上跳动，蔡襄将米藏于手中。此米为吕洞宾所化，吕洞宾谢蔡襄使他躲过此500年一劫。蔡襄赴试，亦中状元。值西辽犯中原，帝封蔡襄为端明殿大学士，监军征辽。大胜，父从辽回。后蔡襄入宫教读太子，心思母亲当日口愿欲建洛阳桥。吕洞宾用蜂蜜书"蔡襄蔡襄，本府作官"，聚蝼蚁以成字。皇帝随口念出，蔡襄下跪，奏母之愿。帝感其孝，命蔡襄知泉州，福建所有钱粮，付蔡召用。蔡襄归泉州，欲安桥墩，无奈风浪滔天。吕洞宾报恩，伏龟蛇精，并给神笔，以便后日书信与东海龙王，借三日免潮安基。临行，吕洞宾化沙为鱼，以资造桥。观音法眼观蔡襄行孝造桥，动用七省粮银，尚难支付。命龙女化为美女，乘彩船于洛阳江上，言谁能以银掷中，愿为其妻。远近富豪不惜千金，但无人掷中。观音以银赠蔡襄造桥。蔡襄命夏得海往东海龙王投递文书。夏得海无奈，喝醉酒倒于海滩上，听天由命。夜叉将其引入海内，龙王怜蔡襄孝行，免潮三日。二奸相诬告蔡襄动用七省粮银以谋反，幸得皇叔相救。桥成，又值辽国与宋和好，送公主与蔡襄成亲，合家团圆。

《蔡襄》剧情写北宋莆田蔡襄在泉州建造洛阳桥的传说故事。剧中加入奉母命修桥，得神力相助，特别是降伏龟、蛇精，夏得海入海投文，吕洞宾点化等神话情节，增加戏剧的故事性和伦理性。其后演绎蔡襄造洛阳桥故事的其他地方剧种还有京剧、汉剧、豫剧、湘剧、河北梆子等。

## 二、传统莆仙戏《林见素》

本剧目收入《莆仙戏传统剧目丛书》第十七卷。《林见素》敷演明代右都御史、官至刑部尚书加太子太保的莆田人林俊的故事。全剧5场，分别是见色不淫、怀疑休妻、遣妓验友、神明荐卷、破镜重圆。

剧情叙莆田士子林俊赴京考试，于吴江殷家堡码头舟中夜宿。在护国寺攻书备考的书生殷锡麟妻吴氏在家只身上楼玩景，不料大火焚屋几十座，吴氏赤身露体逃出，到江边小船避难，与船中林俊相遇。林俊问明因由，赠予狐裘为吴氏遮体。为避嫌疑，林俊催吴氏速下船离开。面对美貌少妇，林俊不为所动，船家亦表钦佩。吴氏去了姨母家，其夫闻知家中失火，妻子赤身避火小船，与林俊邂逅并得狐裘相赠，遂怀疑妻子不贞，欲行休妻。林俊到京后，去宣武门寻访同窗学友李某，并告知在途中救助女子以及赠送狐裘之事。李生不信林俊品德能如此高洁，于是招妓南姐，设计夜里诓骗林俊开门并求其收容，结果得林俊严词拒绝，乃得证林俊确是一个至诚君子。因林俊人品高尚，故其在会试时，虽考卷卷面污秽，被宗师三次黜弃，但得神明相助，终得录取。吴氏丈夫殷生亦中同科进士。在拜见座师江士璜时，林俊叙明在殷家堡救助妇人及赠送狐裘的来龙去脉，由是真相大白。殷生后悔错怪夫人及休妻之举，于是回乡从姨母家接回吴氏，阖家团圆，林、殷二人亦结拜为异姓兄弟。

《林见素》剧目通过写林俊赴京应试途中及考后发生的一件传奇故事，塑造出一位乐于助人、坐怀不乱的正人君子形象，颂扬林俊自青年时代就已树立的高尚品节。

## 第二节　新编莆仙戏中的御史人物剧目

现当代新编莆仙戏也有一批颂扬莆阳御史人物的优秀剧目，如《洛阳桥传奇》《御史江春霖》《陈文龙》等。

### 一、新编莆仙戏《洛阳桥传奇》

新编莆仙戏《洛阳桥传奇》由著名剧作家郑怀兴指导，仙游师范学校退休教师蔡玉华编剧，仙游鲤声剧团林太崇作曲。剧本于2012年2月刊登于《海峡姓氏》，后收录于鹭江出版社2014年出版的《蔡襄大典》。2012年5月，该剧的巡回演出作为仙游纪念蔡襄诞辰1000周年系列活动内容之一。全剧由擢任荣升、筹议建桥、蕉叶题字、观音助筹、龟蛇作恶、下海投书、奇解"醋"字、除妖建桥8场及尾声构成。

故事以万安渡口白浪滔滔，一叶小舟，正行江心，龟蛇现形，狂风大作，渡船几倾时，忽然空中雷鸣电闪，传来"蔡大人在船上，孽畜不得造次"声音为序幕，简约交待怀孕的蔡母卢氏待渡受惊阻，并立下"日后生得儿子，成就功名，定当修建洛阳桥"誓言。随着幕落，幕后传来婴儿啼哭声，交待蔡襄的诞生。故事省去蔡襄成长过程，直接从皇帝擢赐蔡为端明殿学士、知监院职事开始。当蔡襄被新除三谏官后，卢氏重提建造洛阳桥之事。为遂母愿，蔡襄在御花园陪皇帝赏景时，在太监协助下，用蜂蜜在蕉叶上书写"蔡襄蔡襄，本府作官"。聚蚁成字，皇帝读出8个蚁字后，蔡襄以陛下一言九鼎为由，请求回闽建桥。皇帝感其忠孝，恩准蔡襄改知泉州，督造洛阳桥。因造桥资金不足，观音化身美女，坐于舟中，广告凡能以金银掷中者遂许为妻，掷钱招亲为造桥助筹解困。洛阳江龟、蛇二怪蓄意破坏建桥，得义波和尚降服。衙隶夏得海醉中入东海向龙王投书，请求延迟涨潮数日，并选个吉日，以便蔡襄下墩造桥。龙王感佩，乃于檄文上批注一"醋"字。蔡襄得夫人葛氏启发，顿悟"醋"字寓意"廿一日酉时"可下墩。在民众及仙人的襄助下，洛阳桥终于建成，造福万代。

仙游鲤声剧团《洛阳桥传奇》剧照

本剧作吸收传统《蔡襄造洛阳桥》的不少情节，但又有一定创新，减少神话情节和宗教性，突出蔡襄的忠孝品德，颂扬其为民造福精神。

目前，有关蔡襄的新编莆仙戏还有由陈世利编剧，仙游城东镇剧团演出的民间神话剧《蔡襄传》。又有由姚晓群编剧，莆仙戏剧院著名演员吴清华、黄艳艳主演的《蔡襄》。前者基本是传统蔡襄建造洛阳桥神话剧的重排。后者为新编历史剧，由福建省莆仙戏剧院有限公司申报国家艺术基金（一般项目）资助项目，并入选国家艺术基金 2024 年度大型舞台剧

仙游城东剧团《蔡襄传》剧照

和作品创作项目。

## 二、新编莆仙戏《御史江春霖》

《御史江春霖》为2021年由莆田市文旅局、涵江区纪委监委联合出品、莆仙戏剧院创作的莆仙戏大型廉政历史剧。该剧2021年12月获得第八届福建艺术节暨第二十八届全省戏剧会演剧目一等奖。本剧之编剧为福建艺术研究院一级编剧姚晓群，导演为国家一级导演吴兹明，男主角江春霖由省级非物质文化遗产代表性项目莆仙戏传承人、福建省莆仙戏剧院院长吴清华主演，女主角慈禧由中国戏剧梅花奖得主、福建省莆仙戏剧院副院长黄艳艳主演。剧本全文刊登于《福建艺术》2021年第2期。

《御史江春霖》全剧分5场加尾声。剧情叙清朝末年，内忧外患，庚子国难之后，痛定思痛的慈禧太后推行新政，急盼强国。为示广开言路的诚意，她亲自选拔御史。江春霖作为朝堂的清流，也急盼尽自己之力以拯兴国势。为了志在必得的御史一职，江春霖换笔迹应试，躲过一直针对他的庆亲王奕

莆仙戏剧院《御史江春霖》剧照

勖和考官的眼睛，终凭文章取胜。慈禧对直声敢言的江春霖赞赏有加，当堂赐封。御史江春霖，以扫清朝堂奸佞为己任，和邮传部尚书岑春煊一起，借揭露庆亲王父子贪腐的杨翠喜案为契机，誓将把控朝政、贪腐成风的"庆（亲王）袁（世凯）势力"扳倒。庆亲王、袁世凯不甘失势，费尽心机，想方设法拉拢江春霖不成，便利用慈禧的心病，用移花接木的一张康（有为）岑（春煊）合影，让慈禧对十分信任的岑春煊生疑动怒，并将之开缺。江春霖力谏无果，反被解除御史之职。一场轰轰烈烈的反贪之风瞬间谢幕。铁幕捅不破，危墙扶不起，在"大清早不清，壮志酬何方"的幕后伴唱声中，曾经一腔热血的江春霖只得辞官归里，于右任及众官员结队为江春霖送行。

本剧塑造了一位不畏权贵、忧国忧民、敢于直声进谏的铁面御史形象，是莆田"御史之乡"的御史群体的生动写照，对弘扬廉政、孝廉等传统文化，具有积极正面的教育意义。

## 三、新编莆仙戏《陈文龙》

### （一）黄披星编《陈文龙》

莆仙戏新编历史剧《陈文龙》由莆田市艺术研究所编剧黄披星创作，著名剧作家姚清水协助修改，国家一级导演刘作玉执导，莆仙戏剧院组织排演，莆仙戏剧院院长、国家一级演员吴清华饰演陈文龙。2023年11月26日至27日在兴化府城隍庙和玉湖公园大戏台先后献演。莆仙戏《陈文龙》截取陈文龙知闽广宣抚使，在兴化府抗击元军一段史实，衍铺剧情，塑造了陈文龙一门节义忠烈的英雄形象。全剧分六场：威逼、对弈、捐枋、劝父、城破、庙诀。剧情叙陈文龙与兴化军民抗元，在囊山取得大捷。元军大败后改变策略。元帅唆都和军师定下劝降毒计，威逼福州降臣王刚中去劝降陈文龙。王刚中

黄披星编《陈文龙》剧照

先想以兄弟之情打动陈文龙，可陈文龙早就知道王刚中献城降敌，严词驳斥。陈文龙和王刚中以一盘残局进行对弈，虽然最后文龙输了棋局，但"棋局无路心有路"，表现了其舍生取义，誓与莆城共存亡的英雄壮志。王刚中劝降不成走后，陈文龙与其叔陈瓒等一道加强巡城。其夫人则绣好"生为宋臣"，"死为宋鬼"两面大旗竖立于城头，表明文龙誓死守城的决心。其母也把自己的楠木棺椁抬出变卖以资助军饷。陈家满门忠烈，激励着军民。王刚中在元将唆都和董文炳的胁迫下，暗中与兴化城叛将相勾结，约定二月十五日开城投降。王刚中女儿王茗儿自刎死，王刚中亦被元将刺死。在兴化叛将曹澄孙、林华的内外勾结下，元军破兴化城，陈文龙及儿女、妻母一家尽被元军押往福州。元将劝降无果，把陈文龙押往杭州。途中陈文龙绝食，至杭州，拜谒岳王庙后，吐血而死。陈文龙其母被拘禁于福州尼庵，不愿看病服药而死。剧情在陈母与陈文龙隔空对话，阐扬陈氏家训家风中结束。

**（二）黄炳荣编《陈文龙》**

另有一部莆仙戏大型新编历史剧《陈文龙》，则是由黄炳荣编剧。该剧于 2017 年 5 月 20 日晚在玉湖祖祠由莆仙戏水仙花剧团首演，作为纪念民族英雄陈文龙、陈瓒殉国 740 周年活动之一。

此剧剧情叙宋朝末年，元兵大举侵宋，陈文龙、文天祥等朝臣主张决一死战，而以陈宜中为首的投降派主张议和，谢太后听从了议和决议。陈文龙不愿投降受辱，辞官回归兴化府。不料元兵拒绝议和并攻破临安，宋恭宗及皇室人员被捕押往元大都。文天祥、张世杰、陈文龙等人在福州拥立幼帝端宗，然宋室江山已经日薄西山、无药可救。虽以陈文龙和陈瓒叔侄为首的兴化军民依然奋起抗元，取得了一系列的胜利，但陈文龙以及陈氏家族多名成员终因叛徒的出卖和寡不敌众被俘。尽管元军想尽办法威逼利诱，但所有成员均不为所动、英勇就义。陈文龙就义之后，其叔父陈瓒依然组织军民抗元，并成功收复兴化城，杀死叛徒林华。但元兵援军卷土重来，兴化城再次被破，陈瓒英勇就义。陈氏家人与兴化军民一道，谱写出一篇篇饱含血泪的爱国主义赞歌。

## 第三节　其他剧种中的莆阳御史人物剧目

京剧，又称平剧、京戏，其前身是徽剧。清乾隆五十五年（1790）为庆祝乾隆 80 岁寿辰，召全国各省有名的戏班子晋京。其中四大徽剧戏班演出后没有南返，继续留在北京演出。嗣后徽剧与来自湖北的汉调艺人合作，同时接受了昆曲、秦腔的部分剧目、曲调和表演方法，又吸收了一些地方民间曲调，通过不断交流、融合，最终形成中国五大戏曲剧种之一的京剧，亦是当今影响最大的剧种，被誉为中国的国粹艺术。在京剧中，有不少剧目就源于《彭公案》。

### 一、京剧《彭公案》剧目

据陶君起编著、中国戏曲研究院编《京剧剧目初探》（上海文化出版社，1957 年版）第十四章"清代故事戏"考证，来源于百回来《彭公案》的相关京剧剧目，主要有《武文华》《英雄会》《九龙杯》《璿球山》《迷人馆》《画春园》《保安州》《溪皇庄》。另有《剑峰山》《伍氏三雄》《尹家川》《佟家坞》《红龙涧》《贺兰山》来源于《彭公案》续书故事。其中来源于百回本《彭公案》8 个剧目梗概如下：

（一）京剧《武文华》

源于《彭公案》第二十至二十一回。剧情叙三河知县彭朋因恶霸武文华之党羽左青龙强占民女，将其拿问至官。武文华大闹公堂，被逐出，乃劾彭朋罢职。后万君兆、李佩、李七侯等合力将武文华拿获。

## （二）京剧《英雄会》

一名《李家店》，源于《彭公案》第二十二至二十三回。剧情叙彭朋被武文华所劾，罢官，白马李七侯广集绿林，谋代复职。镖客黄三太命计全持己金镖向绿林借银，至河间窦尔敦处，窦不予，且痛斥之。计全归报，黄三太遂与窦在李家店比武，黄汰不胜，暗施甩头一子打倒窦尔敦，窦尔墩羞愧而去。

## （三）京剧《九龙杯》

又名《庆贺黄马褂》《紫霞庄》，源于《彭公案》第二十七至三十五回。剧情叙清圣祖康熙出猎遇虎，镖客黄三太镖打猛虎，圣祖赐以黄马褂。绿林杨香武不服，入宫盗出九龙玉杯，圣祖命黄三太访缉。黄三太乃借祝寿为名，邀各路江湖好汉至府，询问玉杯下落。杨香武挺身自承，但杯又被人盗去，辗转入于金翅大鹏周应龙之手。杨香武往讨，周应龙怒，赌约盗杯。届期周应龙亲自守杯，杨香武无计，乃用熏香迷倒周妻，缚之以惑周应龙。周应龙闻声率众出视，杨香武乘机盗杯而去。周应龙追赶，为黄三太击退。

## （四）京剧《璎球山》

剧情叙周应龙之弟据璎球山，夜入公馆，盗去彭朋金牌。绿林铁幡杆蔡庆拟助彭朋，又将己女许婚张耀宗，归家与妻窦氏相商。窦不允，夫妻口角，后始和好，同李佩、徐胜等夜入山中盗金牌。

## （五）京剧《迷人馆》

又名《拿九花娘》《鸡鸣驿》《醉仙楼》，源于《彭公案》第七十五至七十六回。剧情叙宣化府九花娘桑氏善邪术，与母在鸡鸣驿开设醉仙楼诱惑少年。彭朋至宣化，遣徐胜前往探访，被九花娘擒住，逼与成婚，徐胜不从。欧阳德等至，九花娘逃走。

### （六）京剧《画春园》

又名《宣化府》，源于《彭公案》第九十四至一〇一回。剧情叙九花娘逃出，投奔知府傅国恩，建画春园，满布陷阱。徐胜、刘芳等往探，陷机被擒。张耀宗求神手大将纪有德及欧阳德等相助，削破机关，擒获傅国恩，九花娘又逃走。

### （七）京剧《保安州》

又名《南星庄》，源于《彭公案》第七十一至七十四回。剧情叙彭朋奉旨巡视北口，路经保安州，恶霸花得雨恃叔花振山为司礼监，强抢少女梁素贞，逼婚不从，打死后埋尸后园；得花振山函嘱留心彭朋。梁女魂告彭朋，彭朋私访，恰遇花得雨，又被花仆金喜识破，诱入庄中，夜加拷问。总镇张耀宗与妻蔡秀英、妹张耀英及副将徐胜纠合高通海、刘芳等夜入花庄。欧阳德擒获花得雨，救出彭朋。

### （八）京剧《溪皇庄》

又名《拿花得雷》，源于《彭公案》第八十八至九十三回。剧情叙高阳溪皇庄土豪花得雷与采花蜂尹亮为友，采花害命，彭朋私访，被花识破，押禁土牢。彭部下徐胜、刘芳等四处寻访，遇镖客褚彪及花驴贾亮，定计各携妻女，乔装卖艺人，乘花庆寿时混入，救出彭朋，合力拿获花得雷。

在《京剧剧目辞典》中，关于《彭公案》剧目，收录有《左青龙》【武文华】（【夜探武家园】），《英雄会》（《李家店》《打窦尔墩》），《璐球山》（《盗金牌》），《九龙杯》（《庆贺黄马褂》《紫霞庄》），《三盗九龙杯》，《吵架招亲》，《迷人馆》（《醉仙楼》《拿九花娘》《鸡鸣驿》），《画春园》（《宣化府》），《保安州》（《南星庄》），《溪皇庄》（《拿花得雷》）等。由此可见，彭公戏在京剧中的剧目是纷繁多彩的。

### 二、汉剧《彭公案》剧目

汉剧，旧称楚调、汉调（楚腔、楚曲），民国时期定名汉剧，俗称"二黄"，是湖北省地方戏曲剧种之一，主要流行于湖北省长江流域，以及湖南省、陕西省南部、四川省和广东省部分地区。据《汉剧传统剧目考证》，有关《彭公案》的汉剧剧目有两种，即《九龙杯》和《溪皇庄》。

#### （一）汉剧《九龙杯》

《九龙杯》为小型五行戏，源于《彭公案》第二十七至三十五回。剧情叙康熙帝出猎迁虎，镖客黄三太镖打猛虎，康熙帝喜其护驾，赐以黄马褂。绿林杨香武不服，入宫盗出九龙玉杯，康熙命黄三太访缉。黄三太借祝寿为名，邀各江湖好汉至杨家询问玉杯下落，杨香武挺身自承，但杯又被人盗去，辗转入于金翅大鹏周应龙之手。杨香武往讨，周应龙怒，赌约盗杯。届期周应龙亲自守杯。杨香武无计，乃用熏香迷倒周妻，缚之以惑周应龙。周应龙闻声率众出视，杨香武乘机盗杯而去。周应龙追赶，为黄三太击退。

#### （二）汉剧《溪皇庄》

又名《八英跑车》，为小型武行戏，源于《彭公案》第八十九至九十三回。剧情叙高阳溪皇庄土豪花德雷与采花蜂尹亮为友，采花害命，无所不为。彭朋私访，被花德雷识破，押禁土牢。彭朋部下徐胜、刘芳等四出寻访，迂镖客褚彪及花驴贾亮，定计各携妻女，乔装卖艺人，乘花庆寿时混入，救出彭朋，合力拿获花德雷。

## 第四节　颂扬莆阳御史彭鹏的小说

颂扬莆阳御史的小说，以《彭公案》最为著名。书中主角彭朋，是中国古代清官代表人物之一。其历史主体原型为福建莆田人著名御史彭鹏，人称"彭青天"。彭鹏断案的故事流传久远，后代小说家敷演成章回侠义公案小说《彭公案》。该小说以彭朋出道三河县、升绍兴知府、擢河南巡抚、授兵部尚书查办不同事务为线索，叙述以白马李七侯、忠义金镖侠黄三太、杨香武、欧阳德、邓飞熊等一班侠客，不断协助他惩恶诛奸、除盗平叛的故事。除前集外，后代还有许多续书以及由小说改编成的评书、绘画本等。

### 一、长篇小说《彭公案》

《彭公案》版本众多，回目不一。其中以光绪十八年（1892）刊行、署名"贪梦道人"所撰共33卷、百回本为最早。此本又称《安良传》。其略叙彭朋到三河县任知县，拿获恶霸左青龙。左青龙之同党武文华买通朝中御史李秉成，罢免了彭朋的官职。江湖豪侠李七侯邀集绿林英雄为彭朋复官奔走。南霸天黄三太指镖借银，镖打窦尔敦。彭朋复官后，黄三太拿获武文华，在京都镖打猛虎救驾，得到康熙御赐的黄马褂。杨香武慕其所为，盗取九龙杯以证明能力，却又不慎失落。彭朋奉旨命黄三太寻杯，不料在茂州客栈又被神偷王伯燕窃去，被刘青卖给了外官，落入于江、于海手中，被周山、李洞送给避侠庄庄主周应龙。黄三太主动找到彭朋，邀各路江湖好汉查询玉杯去处，了解实情后众人一同前往。杨香武以为周应龙贺寿之名索要玉杯，周应龙拒绝归还。杨香武二盗九龙杯，众绿林大破避侠庄，周应龙逃往紫金山。杨香武、黄三太伴随彭朋回京送杯请罪。达木苏王不信杨香武有盗杯之能，令杨香武入王府盗杯。杨香武三盗九龙杯,得以免罪。彭朋被擢升为河南巡抚。周应龙到紫金山为寇,为报仇私留下彭朋的御赐金牌。后彭朋在欧阳德、张耀宗、徐胜等协助下,破紫金山、宋家堡。因平叛有功,彭朋升为兵部尚书。彭朋奉旨查办大同府事务,路途中又办理了北新庄庄主花得雨,溪花庄拿花得云,圣母庙查办九花娘,至大同幸有纪有德助破画春园,擒叛九花娘,傅国恩逃走。

《彭公案》塑造了一位正直无私、刚正不阿、两袖清风、一心效忠于朝廷的清官彭朋。小说中的主角"姓彭,名定求,更名彭朋,字友仁,乃镶红旗满洲五甲喇人氏……应康熙三十九年(1700)庚辰科进士,散馆以后,特授三河县知县"。他与"彭鹏,字奋斯,福建莆田人",于"顺治十七年(1660),举乡试,康熙二十三年(1684),授三河知县"的经历不完全一致。学者研究认为,《彭公案》中的彭朋,作者是借用了清康熙十五年(1676)状元、江苏长洲人彭定求的名字、彭鹏名的谐音、满洲正红旗人朋春的出身,以及莆田彭鹏出任三河县知县的经历,来作为小说中彭公的故事原型。至于后来续书中的征西夏故事情节,则是以朋春征讨罗刹事件为原本。因此《彭公案》实际是将康熙时期三位官员的事迹糅合而形成的,但主要以彭鹏为原型。

《绘图彭公案全传》书影

## 二、《彭公案》的续书

鲁迅先生在《中国小说史略》第二十七篇"清之侠义小说及公案"中指出:"至光绪十七年(1891),则有《彭公案》二十四卷一百回,为贪梦道人作,述彭朋(当作'鹏')于康熙中为三河县知县,洊擢河南巡抚,回京出查大同要案等故事,亦不外贤臣微行、豪杰盗宝之类,而字句拙劣、几不成文。"从文学角度看,鲁迅对《彭公案》的评价不高,但是作为侠义公案小说的代表之一,此书既已被鲁迅注意到且特意点评,可见当时已流传颇广,在民间有不小的影响。从其后出续书之多,亦可看出民间对"彭公案"侠义小说的喜爱程度。

《彭公案》正书外的续书,主要有以下诸种:《续彭公案》,80回,清光绪二十六年(1900)北京泰山堂刊。《再续彭公案》,81回,光绪三十一年(1905)刊行。《三续彭公案》,81回。嗣后还有《四续彭公案》40回、《五续彭公案》40回、《六续彭公案》40回、《七续彭公案》24回、《八续彭公案》24回、《九续彭公案》35回、《十续彭公案》37回、《十一续彭公案》40回、《十二续彭公案》36回、《十三续彭公案》36回、《十四续彭公案》36回、《十五续彭公案》36回、《十六续彭公案》36回、《十七续彭公案》42回、《十八续彭公案》40回、《十九续彭公案》40回、《二十续彭公案》40回。在历代侠义公案小说中,除《七侠五义》外,以《彭公案》之续书为最多。

《彭公案》的一续再续之书,皆以原本为基础进行再创作,多是对情节的补充和改写,这也是小说续书常见的方法,不过这也说明《彭公案》故事情节丰富精彩,深入人心。鲁迅在《中国小说史略》中指出:"《施公案》亦续至十集,《彭公案》续至十七集,《七侠五义》则续至二十四集,千篇一律,语多不通,甚至一人之性格,亦先后顿异,盖历经重手,共成恶书,漫不加察,遂多矛盾矣。"鲁迅批评此类小说"千篇一律,语多不通",但也可看出当时这一类小说规模之庞大、受众之广泛,反映出百姓对清官循吏的赞许与期待。

## 三、评书《彭公案》

　　评书，也叫评词，是流行于华北、东北、西北一带的曲艺品种，在江南则称为评词、评话。评书滥觞于唐宋以降的"讲史""说话"。其作为一种独立的说书品种，形成于清代初期；清中期后，因流行于不同方言区而形成各地不同特色的评话、评书。表演形式也有一定差别，但皆只说不唱，说者通常为单人，以醒木作为简单道具，是把小说文字化为语言的一种艺术。其所说曲目以历史故事、武侠小说、神怪故事为主，而侠义公案小说是评书中极受欢迎的题材之一。

　　《彭公案》《施公案》《于公案》《刘公案》被誉为清代四大公案评书。各地的评书《彭公案》内容不完全一样，回数亦多寡不一。如中国曲艺志全国编辑委员会、《中国曲艺志·陕西卷》编辑委员会编《中国曲艺志·陕西卷》2009年版载陕西汉中评书书目云：

　　"《彭公案》，评书传统书目，长篇。1976年纪逢春改编整理并表演。内容叙彭朋京城中举后出任三河县知县，因捉拿恶霸左青龙被罢官。众绿林好汉为他复官奔走，黄三太镖伤窦尔墩。彭朋复官后，杨香武盗取九龙杯，彭朋奉旨命黄三太寻回九龙杯。他升任河南总督后，一路斩奸锄恶。最后，又远征西夏平乱，在马玉龙的帮助下，率领众英雄大破小狼山、三打牧羊阵，扫平狼烟，得胜还朝。"

　　"汉中评书艺人纪逢春讲述的《彭公案》约80万字，前半部以公案为主，中间插武侠短打，后部以步战马战结束。在汉中、南郑、西乡一带，一讲就是3个多月，颇受当地群众欢迎。"

　　又如第四届中国曲艺牡丹奖终身成就奖获得者、天津评书演员袁阔成（1929—2015）所说的评书《彭公案》为86回，而河北省涿州市曲艺家协会常务理事、保定市曲艺家协会会员、袁派评书传承人石家兴所说的《古今公案录之彭公案》评书则为219集，北京评书表演艺术家王传林所说的评书《彭公案》则达230回，目前所见最长的评书《彭公案》为355集。

## 四、绘画本《彭公案》

除以上载体的《彭公案》，还有绘画本，如吴彬改编，邹立贵、宗情、尹洪等6人绘制的《彭公案》绘画本，1995年7月由中州古籍出版社出版。该绘画本为《四大公案小说绘画本》之一，全书共696图，以连环画形式，用直观生动的人物形象、丰富曲折的故事情节，再现了小说的精彩。绘画本揭露了封建社会贪官污吏、官匪勾结的黑暗现实，塑造了一位不畏豪强、秉公执法的清官彭朋的正面形象，同时颂扬李七侯、黄三太、杨香武、欧阳德等一批协助彭朋惩恶除奸的忠义侠客，鞭挞了假恶丑，颂扬了真善美，反映出人民盼望清官廉吏和建设清平世界的期望。

绘画本《彭公案》选图

只是在该书《前言》介绍中谓"彭公，原名定求，更名彭朋，字友仁，乃镶红旗满洲人氏，康熙三十九年（1700）庚辰科进士……"《前言》简介未能吸收学术界的研究成果，指出"彭朋"实际是莆田人彭鹏、长洲人彭定求及满洲正红旗人朋春三个历史人物原型的结合，也没有指出莆田彭鹏出任三河县知县的经历。这些显然是《前言》简介的重大缺陷。

# 第十三章
## 莆阳御史文化时代价值及传承创新

2013年4月19日,习近平总书记在十八届中央政治局第五次集体学习时的讲话指出:"我们的先人早就认识到,反腐倡廉的核心是制约和监督权力。我国古代很早就有监察、御史、弹劾、谏官等方面的制度。这些制度有不少在历代反腐倡廉中发挥了重要作用,对我们推进反腐倡廉制度建设具有重要借鉴意义。"讲话强调"研究我国反腐倡廉历史,了解我国古代廉政文化,考察我国历史上反腐倡廉的成败得失,可以给人以深刻启迪,有利于我们运用历史智慧推进反腐倡廉建设"。2022年2月,中共中央办公厅印发的《关于加强新时代廉洁文化建设的意见》中指出:"用中华优秀传统文化涵养克己奉公、清廉自守的精神境界。"莆阳御史文化中包含中华传统文化的精华,具有深厚的廉政文化积淀,挖掘传承御史文化中有价值的文化内涵,是时代使命与历史使命。莆阳御史群体"道""德""术"是中国士大夫精神中的精华,由此表现的"忠贞、重民、清慎、峭直、刚毅、善谋"等品行和特质,是中华民族优秀传统文化特质的一部分。通过了解莆阳御史们的人生智慧历史魅力和价值,提升文化自信,推动传统文化创造性转化创新性发展的政治责任,打造不敢腐、不能腐、不想腐的良好政治生态,无疑可为建设绿色高质量发展先行市提供一份更坚强的保障。

# 第一节　莆阳御史文化的时代价值

莆阳御史文化在不同时代、不同社会，自有其不同的价值。封建时代，御史制度的设立，御史文化的宣扬，是统治者为了维护自己权力和政权的需要。统治者借助御史，通过整肃百僚、纠正官邪、弹劾非违、维持纲纪，以确保官僚队伍的基本素质，并通过"彰善瘅恶，激浊扬清"方式，实现君臣共治，维护国家职能，使得王朝得到不断延续。当今御史文化则主要是起精神弘扬、制度借鉴和文化建设等方面的价值和作用。

## 一、莆阳御史文化的精神弘扬价值

思想是文化的灵魂，莆阳御史文化蕴含的思想观念、人文精神、道德规范等精神价值具有重要的传承价值。"做人贵在品，为官重在廉。"人活一生不容易，人也只有一次生命，党员干部要站在廉政建设的前列时刻告诫自己，正确使用权力，履行职责，只有"心随朗月高，志与秋霜洁"，才能不走错路，避免一失足成千古恨。莆阳御史文化的精神弘扬价值，主要有以下几点：

### （一）修身

中国传统文化特别强调为官之德，党员干部要善于从中华民族传统美德中汲取道德滋养，"用优秀传统文化正心明德"，在自身内省中提升道德修为，明大德、守公德、严私德，修好共产党人的"心学"。

考察莆田各御史家族的族规家训，其内容大多是重纲常、祭祖宗、孝父母、友兄弟、敬尊长、重继嗣、安灵墓、亲师友、训子孙、睦邻里、肃闺阁、慎婚姻、严治家、尚勤俭、力本业、节财用、完国赋、息争讼、恤患难、禁欺凌、禁乱伦等。这些内容虽然有封建色彩，但总体而言，是历代治家的经验总结和智慧结晶，也是中华民族的文化精华，在当代仍具有很强的现实教育意义。如"身正为范""耕读不辍""和睦乡间"是玉湖陈氏家族的重要祖训内容。宰相陈俊卿"地瘦栽松柏，家贫子读书"也体现玉湖陈氏耕读传家的理念。陈俊卿其学"一以圣贤为法"，后代恪守"要从陋巷勤甘苦，始得成名满沟渠"的祖训，笃守儒家的行为规范，读书不辍，为官勤谨，忠厚持家，使以笃实博学、勤于政事为根本学术旨归，以政事和经学为特色的玉湖陈氏学术得以发扬光大。这些家族文化影响陈文龙的为官精神。陈文龙深受中国传统文化的熏陶和莆田朴素民风的影响，自幼"苦学不厌""濡染先训""励志殖学"，立志"居官清廉""忠君报国"，在南宋末年的动荡的时代里造就了这位"永垂青史"的莆阳名臣。陈文龙从为官"不可干以私"的清正爱民、直言敢谏到忠贞不屈的爱国情怀都是家族文化的影响。莆阳御史这些中华传统美德是中华文化精髓，塑造了国人的道德观念和思维方式，影响着社会的风俗习惯、文明风尚。中华民族在长期实践中培育和形成的修身处世之道，是中华传统美德的重要体现。

新时代，我们要站在中华民族伟大复兴战略全局和世界百年未有之大变局的高度，传承发扬古代官德文化的精髓，传承好"立政德，就要明大德、守公德、严私德"的政德理念，"政之所兴在顺民心，政之所废在逆民心"等敬民重民、爱民恤民、忧民利民思想，"修其心治其身，而后可以为政于天下""清风两袖朝天去"等品德修养观念。

### （二）齐家

莆仙家族重视修建祠堂和编纂族谱，同时制定家规、家训，传承优秀家风，这些特色至今在经济社会生活中尚可见其影响。莆仙民俗文化也体现了精、勤、俭、孝等特点。明弘治《兴化府志·风俗志》载："莆田旧习俭啬勤力，衣服古朴，重廉耻，惜行检，以读书为故业，科名之盛，甲于闽中。"由此体现莆田人刻苦求学的家风。家风作为一个家庭的风气，是一种潜在无形的综合力量，不仅是社会风气的涓涓细流，更是中国传统和道德在每个家庭中的传承。莆阳历史上文化发达、学风浓厚，素有"文献名邦"的美誉，在历史长河中，人文荟萃，名人辈出，留下了大量关于家风的美谈。

唐朝殿中侍御史陈峤为人谨信，居家纯孝，事继亲弥善，父陈齐死，庐墓三年，乡人称之。

明朝都御史林俊制定《林氏家范》要求"凡林子孙，父慈子孝，兄友弟恭，夫正妇顺，内外有别，尊幼有序，礼义廉耻，兼修四维。士农工商，各守一业。气必正，心必厚，事必公，用必俭，学必勤，动必端，言必谨。事君必忠吁，居官必廉慎，乡里必和平。人非善不交，物非义不取。毋富而骄，毋贫而滥，毋信妇言、伤骨肉，毋言人过、长薄风，毋忌嫉贤能、伤人害物，毋出入公府、营私召怨。毋奸盗谲诈、饮博斗讼，毋满盈不戒、妙微不谨，毋坏名丧节、灾己辱先。善者嘉之，贫难、死丧、疾病周恤之，不善者劝诲之，不改、与众弃之。不许入祠，以共绵诗礼仁厚之泽。敬之、戒之，毋忽！"

明朝郭应聘，进士出身，官至南京兵部尚书，谥襄靖，所撰《郭襄靖公家训》一卷，共包括明蒙训、端习尚、崇谦德、绝嗜好、务世业、戒营利、谨婚嫁、重庙祀、修宗谱、时祭扫、稽圭田、汰丧燕、禁停葬、厚吊恤、先亲睦、定义租、省宴会、节经费、平收粜、办粮赋、严出入、别嫌微、杜戏剧、儆僭逾等24则。所训示包括生活的方方面面，对家族事务和族人的言行都做出了细致严格的要求。如在《端习尚》中，郭应聘强调子弟平时一定要端正所习、谨慎交游，指出："凡子弟讲习固所当严，交游尤所当慎。盖少年血气方刚，志意未定，佥壬之辈，假驵侩书记谐谈以入，最能巧术愚人，或诱以呼卢博塞，或诱以粉黛优伶，或诱以醉舞酣歌，或诱以斗鸡走马，利饰以义，奸托之直，变幻百出，莫知端倪……子弟习尚一有不端，比之匪人，未有不倾家荡产而败其躯者，故凡此辈尽宜痛绝。"在《谨婚嫁》中，郭应聘认为男女婚嫁应重人品而非财富："婚姻论财，夷虏之道，但当择简朴有家风者为上，不必计其仕宦之显赫，赀财之充盈与否。司马温公曰：'凡议婚姻，当先察其婿与妇之性行及家法如何，勿苟慕其富贵。婿苟贤矣，今虽贫贱，安知异日不富贵乎？苟为不肖，今虽富盛，安知异时不贫贱乎？妇者，家之所由盛衰也，苟慕一时之富贵而娶之，彼挟其富贵，鲜不轻其夫而傲其舅姑，养成骄妒之性，异日为患，庸有极乎！借使因妇财以致富，依妇势以取贵，苟有丈夫之志气者，能无愧乎！'大抵汰侈之家，其子女必骄而愚；简朴之家，其子女必恪慎而兢兢礼法，盖其习然也。婚姻，人道之始，何可不慎所择者！"在《先亲睦》中，他要求子弟要团结和睦，指出："骨肉天亲，连枝同气，凡利害休戚，当死生相维持。若因财产致争，便道路人相视，死生患难反面不相顾，甚且输情外向，观变旁嗤，祖宗有灵，岂忍见此良心灭绝。"

新时代"尊老爱幼、妻贤夫安、母慈子孝、兄友弟恭，耕读传家、勤俭持家，知书达礼、遵纪守法，家和万事兴等中华民族传统家庭美德，铭记在中国人的心灵中，融入中国人的血脉中，是支撑中华民族生生不息、薪火相传的重要精神力量，是家庭文明建设的宝贵精神财富"。党员领导干部要重视家教家风，以身作则管好配偶、子女，本分做人、干净做事，营造崇德向善、见贤思齐的社会氛围，推动社会风气向善向上。

### （三）爱民

天下为公，民为邦本。北宋郑至道在天台县令上制定《谕俗》七篇系统阐述了修身、治家、教子等方面的思想，教化百姓，是中国古代为民教民的典范，明朝莆田廖悌知府制定《谕俗编》，莆田郑杰教谕制定了《守令谕俗篇》等都有一定的影响力。据史书记载，莆阳御史任上秉公办事、兴学教民、政绩及口碑甚好的不在少数。他们以儒家思想执政一方时，在提高自身文化素质与道德修养、制定政策来规范民众行为的同时，也注重对当地民风的教化。

明朝云南道监察御史严涇，天顺五年（1561）十一月督学南畿，严教条，肃士习，考校必先德行，文词必根理趣，枝叶浮华者，虽工弗取，试之日，锁院糊名，请托不通，权门要路，谤憾虽多，然弗恤也。天顺七年（1463），其增设各乡社学，共49所，有教读50名，生徒1224名。

御史丘山，成化三年（1467）任温州府瑞安县（今属浙江省）知县。时瑞安号烦剧，人民乐奢豪猾，至不肯奉法，贫富生女多不举，公叹曰"民俗之弊，一至此乎"，即严令禁溺女。有一豪负老猾，弗循约法，乃捕至于狱，且闻奏而重绳之。自此境内肃然，幼口全活者众。丘山仍教以婚嫁之宜，礼节简俭，无浪侈费，民始惑而终信，叛教者远矣，邑以治称。

云南道监察御史陈琳，遇事侃侃不避，疏陈端本、修政十五事，弘治十四年（1501）五月提调南直隶学政，甚得士子心。正德元年（1506），刘瑾乱政，斥逐顾命大臣刘健、谢迁，逮戴铣、陆昆等言官。陈琳十一月上疏论救，言："南京穷冬雷震，正旦日食。正宜修德弭灾，委心元僚，博采忠言。岂宜自弃股肱、隔塞耳目？"刘瑾大怒，矫旨榜列刘健、陈琳等若干人为奸党，贬其为揭阳县丞。诸生中朱良育送其诗云曰："春风露冕出郊原，落日停骖望国门。抗疏要谈天下事，谪官应过海南邨。汤汤江汉羁臣泪，纳纳乾坤圣主恩。历试古来名节士，为言身屈道弥尊。"陈琳至任，署理县事，毁淫祠，兴学校，简词讼，筑城池。时程乡有警，当局自海丰调兵援之，兵突至揭阳城下，邑人为之惊怖，陈琳控马出城，召渠师谕之，尽收其兵，导之出境，民晏然。后其因丁忧去职。刘瑾诛，其升嘉兴府同知，随擢知府，以德化民，请托不行，廷奖诸生，兴起道艺，士民爱之。

御史林有年任衢州知府，兴水利，筑塘堰数百座，建惠民桥，民以为便；毁淫祠，创社学，选教读，训民间子弟，公余临视，亲为句读，朔望谒文庙，进诸生讲学，修筑号舍，群之肄业。衢驿孔道，供亿不给，立节省法，视昔减半；九月，火焚室千余家，赈济之；嘉靖六年（1528），岁大饥，捐俸粥民。后其擢升贵州按察副使，五邑民相率乞留，未上，为乡族忌者所挤，致仕。其临行，老稚群泣送之，立德惠祠，请方豪为记。

御史李廷梧勤于政事，每事躬亲，断案明允，决狱公平，精敏仁爱，兴学教民，尤加意农桑，离任民立石颂德。正德其登极，其弘治十八年（1505）升任湖广道试监察御史，改巡按直隶苏、松诸郡，赈济贫穷，务行实惠，又以财匮民贫为忧，上疏力请宽恤税粮。

湖广巡抚右副都御史林大辂，在巡抚任内一年，值水灾岁荒歉，加以藩府工役，民多流徙，命停藩府工役，免赋徭，赡流民，有政绩。

其嘉靖十三年（1534）临澧州，适逢澧州籍时任佥都御史的李如圭回省故里，倡建孟姜女贞节祠，大辂十分赞赏，更嘱澧州守汪倬扩大规模，塑像致祭，又促李如圭撰文纪实，宣扬孟姜女精神。

明万历间（1573—1620）云南道御史俞诲，侃侃建言，疏劾李道马堂复请惠王之藩，及东宫讲学不当久辍，语甚剀切。其改巡按广西，道经新喻，士民喜出望外，自太平至界首东西百五十里迎送，载道攀辕，涕泪依依不忍舍，如失父母，公亦为之陨涕。盖公之莅喻也，实心爱民，弛桁杨，绝赎羡，屏除蠹弊，恐民之失所当，时有俞外公之号。喻人父传子，子传孙，又传子至今，尤称俞爷贤侯，不置云建立生祠，毁于兵焚，去思碑亭尚岿然邑之东门外。

进入新时代，我们党坚持依法治国与以德治国相结合，更加强调道德的教化作用。习近平总书记多次指出"文以载道，文以化人"，强调要注重发挥"文以化人"的教化功能，把对个人、社会的教化同对国家的治理结合起来，达到相辅相成、相互促进的目的。文化的本质是观念形态，属于精神领域，其特殊作用和独特功能就是对个人和社会的"教化"，从而塑造个人，引导社会。敦风化俗的关键在于塑造风清气正的政治生态。研究中国政治，应关注联结政治制度与政治人物的政治生态，或曰政治风气。政治生态是党风、政风、家风、民风的综合反映。在"不敢腐""不能腐"之外，建设廉洁文化，进而涵养风清气正的政治生态，方能构成反腐败的长效机制。反腐败治理不能仅仅依靠制度、法治等强制性手段，还要发挥廉洁文化教化功能，将党内廉洁文化的清风正气扩散到人民群众中，敦风化俗，让社会接受廉洁之风熏陶，塑造风清气正的政治生态。

## 二、莆阳御史文化制度方面的借鉴作用

推进中华优秀传统文化创造性转化、创新性发展最有力的体现，就是我们党在不断回答不同历史时期关乎中国前途命运的重大时代课题中，创立了习近平新时代中国特色社会主义思想，让中国化马克思主义成为中华文化和中国精神的时代精华，推动了中华文明的生命更新和现代转型，让传统文化成为国家治理体系和治理能力现代化的重要内容，让党员干部真正做到不能腐。古代监察御史文化对今天的反腐倡廉制度建立也有很好的启示作用。

## （一）坚持和完善党和国家监督体系

古代的监察制度经历了 6 个发展阶段，趋于成熟，不仅覆盖整个官僚系统，而且也涉及国家政务、社会生活的方方面面，如行政监察、立法监察、人事监察、司法监察、经济监察、军事监察、仪制监察、文教监察、科考监察等。这些监察制度在实践中对于纠弹违法官吏、监督国家政务实施、贯彻政策与法令等都体现出比较突出的制度功效。莆阳御史多、覆盖面广、发挥了积极作用，监察活动涉及国家政务的方方面面，如行政监察、人事监察、司法监察、经济监察、军事监察、仪制监察、科考监察等，包括对朝廷和地方官僚系统的监察。

明朝南京监察试御史黄谨，天顺（1457—1464）初奉命清理浙江军政，杭州等 11 府公清出年远无勾军伍，例该解差，谨度每年府县批差长解，管押户丁妻小赴卫，动经万人，而奉准移文清理，除阙伍者解补，不阙者止，人深德之。

江西道监察御史丘山，初巡通州仓，再巡南城，皆力去宿弊，不事姑息。成化十一年（1475）京师饥，其监粜太仓米，斗斛细给，而多揽取息者，辄斥弗听，民厚德焉。

直隶监察御史丘天祐，弹劾不避权贵，后历巡按广西，复按陕西，弘治十一年（1498）劾宦官李广招权纳贿之罪。其率同列抗疏极言，其略曰："爵赏予夺，人主操柄也，出于公则治，出于私则乱。出于台阁则为公，出于近幸则为私。"忤旨，廷杖六十，下锦衣狱。寻得释，其又连劾李广恃权纵恣，赃贿狼藉，未报。时清宁宫火灾，李广自杀，天祐与给事中华昹共检出李广家财数十百万，疏籍没之。

南京广西道试监察御史郑光琬，改巡盐直隶，奏免盐课数多。世宗登极（1521），其疏上新政十五事。其继巡按应天诸府，兴利除奸，风裁大著。其升湖广佥事，禁戢宗藩害民，擒湖寇，督剿粤上官有功。其升陕西布政使司右参议，又以督运有绩，被旌。

右佥都御史柯昹在鄞县知县，邑多要绅，难以治理，其综核精敏，物无遁情。时鄞县粮食征收存在"逋、缺"弊病，均为胥吏勾结所致，其遂制定一种双连印票，典柜与纳户各执一份，征收时，进行核对，如此，虚开乱填的弊端顿时绝迹。其又增作收粮票籍，一式三份，一备阅，一给里，一存房。这对上、下来说都是一种约束，尤其对官府，由此百姓乐意输送公粮。每年起解钱粮的工作，苦乐悬殊较大，百姓意见较大，其设立均解均存之法，耗折既少，劳佚相等，而包揽自息。其迁南京户部主事，榷扬州钞关，却商捐羡，以往凡回空粮船，例要纳饷，累蠲免之。其补河间府（今属河北）知府，郡为畿辅衡烦之地，莅政，施政安静，周详得情，治行称"三辅第一"，举卓异。其万历四十七年（1619）四月升山东副使，九月改易州兵备，有神明之誉，擢尚宝司卿，移太仆少卿，改右通政使，满三载，晋右佥都御史，巡抚山西、三晋、雄边三地，所至边备整练。

权力不论大小，只要不受制约和监督，都有可能被滥用。党中央坚持从全局和战略高度加强监督体系顶层设计，把监督贯穿管党治党、治国理政各项工作，党和国家监督体系逐步完善，把所有党员干部和行使公权力的公职人员纳入监督体系的覆盖对象。要精准聚焦监督内容，抓住政治监督这个根本定位，抓住"一把手"这个监督重点，抓住权力运行监督制约这个要害，确保人民赋予的权力始终用来为人民谋利益。要贯穿以人民为中心的发展思想，人民需求点、关注点在哪里，监督"显微镜"就聚焦到哪里。坚持依靠人民，把人民作为最广泛、最深入的监督力量，通过体系建设，提高群众监督参与率。要以党内监督为主导，以纪检监察专责监督为主干，以巡视监督、审计监督等各类监督贯通融合为支撑，推动监督主体协调联动、相互配合。党和国家监督体系是一个包含党内监督和外部监督的多元监督体系，其中党内监督是根本，也是全面从严治党的重要保障。党内监督层面，包括党委（党组）全面监督、纪律检查机关专责监督、党的工作部门职能监督、党的基层组织日常监督和党员民主监督。纪检监察专责监督层面，主要是纪律监督、监察监督、派驻监督、巡视监督；外部监督包括人大监督、民主监督、行政监督、司法监督、审计监督、财会监督、统计监督、群众监督、舆论监督等各项内容。

## （二）深化体制机制改革

古代监察制度重视对决策的监督，如唐朝分别在中书省和门下省设置众多的谏议官员，称作言官，参与朝廷决策，随时提出谏议和批评，目的在于决策过程中就能够尽早发现问题或者不足之处，提高决策的水平，避免到实行过程才发现纠正，付出很大代价。莆田官员在任职御史、谏官期间，积极建言献策、主持参与各项制度修订，不少御史冒死上疏劝谏、提出新政，对规范朝廷制度，推进了官员的选拔制度，改善了朝廷的治理水平，提高了国家的管理效率。

唐末监察御史黄滔留心吏治，规劝王审知放弃称帝打算，王审知接受其建议，"宁为开门节度，不为闭门天子"，在辅佐王审知治闽国时，施展自己的抱负。他提倡减少官府支出，减赋税，轻徭役，减轻百姓负担。

御史大夫翁承赞在为相期间，辅佐王审知整饬吏治，发展经济，特别是建议在福州设立供庶人入学的"四门学"，"以教闽士之秀者"。

宋朝御史台推勘陈靖上书建议把试卷汇交考官评定等级，确属优秀者，才给高等。考试积弊，得以改革。他建议官吏的考核升迁方面逐年"采察"官吏功过。他在务兴农事上建议"募耕作，赐耕者室庐、牛犁、种食"，"量人授田，度地均税"等，得太宗赏识。陈靖卒后，熙宁元年（1068），谏臣以靖之《奏请务农积谷疏》进呈，得神宗嘉奖，赠尚书左仆射。

庆历年间（1041—1048），北宋和西夏开始了全面的边境战争，北宋军队三战皆败，而国内又出现诸多起义、兵变和叛乱，地震于夏，雨水于秋，江浙溃防，黄河溢埽，物价腾涌，民苟怀怨，悔将何及！这种形势迫使仁宗在廷对时以国计等事向宋朝大理寺评、忠正军节度掌书记兼监察御史林英求教，林英历历指陈，务在爱养民力、不费民财，停止对西夏用兵，则灾异衰止而盛德日起矣！玉音嘉谕，同中书门下平章事文彦博甚敬惮之。

殿中侍御史黄隐，刚直敢言，无所畏避。召对，神宗问学术，时尊尚王安石之学，而黄隐以司马光对，不称旨。问及福建茶盐利害，其条对甚悉，神宗嘉纳。

监察御史黄镛正色立朝，言论不挠，慷慨陈述时政十二事，与陈文龙一同起兵抗元赴国难。其与刘克庄友善,刘克庄曾赠予诗作《答黄镛》:"少年妄意假韶鸣,忧患欺人两鬓星。此去真当盟社友,向来不合诳山灵。百年如夜何由旦,万古惟天只麽青。若到桐城逢旧友,为言多醉少曾醒。"

明朝洪武年间(1368—1398)吏科给事中林廷纲,尽言直谏,因赐名恒忠,锡之上尊。御史聂豹为林廷纲立"开国侍臣坊"。南京礼科给事中朱宽,守官廉慎。成化改元(1465),与同官王徽等五人陈言五事,末言自古宦官贤良者少,奸邪者多。其又劾中官牛玉,疏论玉有当死之罪四,宜枭首街市,以明号令,正纪纲。且其谓内阁大臣阿徇不言,亦有党恶欺君之罪。末其复申前疏保全内官之说,以为其要不过三事而已:一、不许内官与闻国政;二、不许外官与内臣私相交结;三、不许内官弟姬在外任事,并置立产业。其反覆千余言,尤为切直。诏谓妄言邀誉,左迁潼川州判官。命下,其怡然就道,无几微见颜面,识者伟之。其任职间,尽职如初,兴教劝农,举利剔蠹,州人爱之。为官清正廉洁;决狱公平,人人惊其异,谓其有神见,且不使一人横罹无辜。

明广东道试监察御史林诚,以刚正敢言声名海内。成化四年(1468)九月,因星变,与诸御史、给事中董旻、胡深等九人请罢户部尚书大学士商辂及礼部尚书姚夔、兵部尚书程信,下狱杖之。未几,复官,其奉命按视河道,疏言六事。其居官清慎,勤于政事,风纪凛然。其成化五年(1469)改巡盐长芦,时深州、海盈等十三场陆运艰远,商人不支盐课,盐斤堆积。其任内将二大引分解为四小引,行"议价折布解库"之制,是为边布之始。后其奉旨提学京畿,持法外严而存心内恕,得敷教体。其每念豫让为人臣不以存亡易心,是为臣节之盛,令所在之庙祀之。时浙盐缺商报中,积滞小引二百七十六余万。其乃将两浙二十年之盐课分作五年开卖,每年得价银四万余两,以作边用。老吏谓:"百年间无此御史也。"知府丁镛等在南门外横街为归田监察御史林诚立"两朝侍御坊"。

工科给事中林元甫,成化十五年(1479)上言分进士科为五甲、四甲。五甲皆授以学职,以尽天下之才,重师儒之任。弘治四年(1491)七月,其擢礼科都给事中。十月,上言,各处乡试所请考试,多不得人,致去取悉,从之。

时宦官刘瑾肆作威福，直隶监察御史林茂达慎重风采，多有建言，虽巧伺弗能伤。正德五年（1500）会黄河复冲黄陵冈，入贾鲁河，泛溢横流，直抵丰、沛，以北决安平镇为虞，而其请浚仪封、考城上流故道，引河南流以分其势，然后塞决口，筑故堤。

右副都御史王大用，任广东按察司佥事时，备兵清远，一讨乐昌高快马贼，获功千四百有奇；一讨清远猺盗，拔旗坑、菜塘、西坑、癞利诸寨，戮贼首梁永宽等千有奇；一攻黄藤坑、黄华洞、后山、千八山诸处，戮贼首唐镇山，伪都督杨旺等二千有奇；一获新会、白水、新兴、梅州等洞贼二千四百有奇；一获顺德、增城、香山沿海诸村贼三千二百有奇。正德十六年（1521）二月，其升广东按察司副使仍理兵备分守，一征白水黎蛮，一征岭西高凉洞夷、獠具有功，先后赐金加俸。王大用临征剿，善出奇，用俘健，所以捕获境内贼。其令党正别民所业，互相觉举，游手暴横者，绳以法，里胥、父老各得捕所知。粤峤名多盗，王大用莅之五载，属界肃然。

嘉靖八年（1529）广东道监察御史方一桂，视居庸关，条上边务十二事，后巡按山东，疏垦荒以增营田，正孔庙从祀以定礼制，俱报可。

户科右给事中张秉壶，上备边要务十事。时边供繁费，加以土木祷祀之役月无虚日，国库空虚，财政拮据，户部多方筹措，命搜括拖欠的赋税，海内骚动不安。张秉壶对于财政拮据情况提出质询，后转吏科左给事中，迁都给事中。嘉靖二十九年（1550）六月，敌犯京师，时世宗斋居西内久，张秉壶率同官上疏请还干清视朝听政，以风励百官。世宗怒甚，然竟不责也。已，真人陶仲文以祷雨有应，进封伯爵。张秉壶复疏："祖宗故事：非军功不封。仲文勤无汗马，宠荷苴茅，劳臣竭劝，愿收成命。"不报。其嘉靖三十年（1551）六月升南京尚宝司卿，三十四年（1555）二月改尚宝司卿，后升太仆寺少卿，嘉靖三十五年（1556）三月以忤分宜相严嵩令致仕。

南京兵部右侍郎，兼都察院右佥都御史郑絅，提督两广军务。嘉靖三十九年（1560）三月，为防倭寇，其提交条陈："一、惠、潮二府海倭山盗并起，请添设参将一员，专驻揭阳督兵防御。二、岭东分守居独省城，兼领南、韶、惠、潮四郡不便，宜仍以广州、南、韶隶岭南分守；而岭东专管惠、潮，仍改赐敕书，令其兼理海防。三、倭贼入潮，每以漳海积寇相煽引；而黄冈镇巡司则闽、广界区，漳寇所由入者。请以潮州捕盗通判移驻其地，练兵防盗。"诏如行。十月，其奏记三十八年（1559）十月至次年五月，先后斩倭寇千余人，夺归被虏者500余人，升俸一级，仍赏银币。

吏科给事中戴士衡万历二十五年（1597）极陈天下大计，言："方今事势不可知者三：天意也，人心也，气运也。大可虑者五：纪纲废弛也，戎狄侵陵也，根本动摇也，武备疏略也，府藏殚竭也。其切要而当亟正者一，则君心也。陛下高拱九重，目不睹师保之容，耳不闻丞弼之议，美丽当前，燕惰自佚，即欲殚聪明以计安社稷，其道无由。诚宜时御便殿，召执政大臣讲求化理，则心清欲寡，政事自修。"

刑科给事中王家彦，弹击权贵无所避。其崇祯四年（1628）请释大学士钱龙锡于狱，龙锡得减死。其请推行按月奏报例于四方，狱囚得无久淹。崇祯五年（1629），其转工科右给事中，兼厂库城工、巡视京营及巡青数差。时福建海盗刘香扰郡邑，抚镇追剿多失利，其上疏针对当时制用兵之弊，请复谭纶、戚继光的练兵设防之制，时以为名言。其复为马政弊端所虑，十二月上《马政疏》；巡视京营，崇祯六年（1633）九月上《整班政瘳军苦疏》，所条奏多议行。遵化铁冶久废，有民请开之，王家彦言有害无利，复有请开开化云雾山以兴屯者，亦以王家彦言而止。其崇祯八年（1635）春迁户科都给事中，以清廉端慎、远见卓识博得同僚敬重。军兴饷诎，总督卢象升有因粮加饷之议，户部尚书侯恂请于未被寇之地，士大夫家赋银两者，加二钱；民间五两以上者，两加一钱。王家彦言："民赋五两上者，率百十家成一户，非富民，不可以朘削。"军食不足，畿辅、山东、河南、江北召买米豆输天津，至九十余万石，吏胥侵耗率数十万，王家彦请严治，帝并采纳焉。其后以丁忧归，崇祯十二年（1639）起吏科都给事中。流寇日炽，缘墨吏朘民，民益走为盗。盗日多，民生日蹙。家彦上疏曰："臣见秦、晋之间，饥民相煽，千百为群。其始率自一乡一邑，守令早为之所，取《周官荒政十二》而行之，民何至接踵为盗，盗何至溃裂以极？论者谓功令使然，催科急者书上考，督责严者号循良，不肖而墨者以束湿济其饕餮，一二贤明吏束于文法，展布莫由。惟稍宽文网，一令抚绥，盗之聚者可散，散者可不复聚。又旧制捕蝗令，吏部岁九月颁勘合于有司，请实意举行。"帝皆纳之。其擢大理寺丞，进本寺少卿。

腐败的本质是权力滥用，许多腐败问题都与权力配置不科学、使用不规范、监督不到位有关。习近平总书记指出，权力是一把双刃剑，在法治轨道上行使可以造福人民，在法律之外行使则必然祸害国家和人民。新时代加强对权力运行的制约和监督，坚持标本兼治、系统施治，把发现问题、推动整改、促进改革、完善制度贯通起来，构建起一套行之有效的权力监督制度和执纪执法体系。要聚焦重点领域，深化体制改革阻断腐败滋生蔓延。抓住定政策、作决策、审批监管等关键权力，加快新兴领域治理机制建设，完善权力配置和运行制约机制，进一步堵塞权力滥用的制度漏洞，规范自由裁量权，减少设租寻租机会，不断取得更多制度性成果和更大治理效能。要用好纪检监察建议书，精准发现个案背后的深层次、根本性症结，以"小切口"做实标本兼治，综合监督检查、审查调查以及巡察中发现的问题，组织相关部门、行业、领域开展专项整治，针对性完善制度、补齐短板，从制度层面压缩权力寻租空间、斩断利益输送渠道，推动政治生态持续净化。

党的十八大以来，《中国共产党党内法规制定条例》和《中国共产党党内法规和规范性文件备案规定》发布，党首次拥有党内"立法法"。《中国共产党廉洁自律准则》《中国共产党纪律处分条例》《中国共产党问责条例》等陆续修订颁布，《中华人民共和国监察法》《中华人民共和国监察官法》相继出台，法律法规制度的笼子越扎越密。

### （三）加强自身建设

历代选拔监察官的条件，首先是道德品质，要刚正廉洁、忠于职守、不徇私情。监察官必须严格依法监察，如有失监、漏监，尤其是贪赃枉法，加重处刑。如《大清律例》规定：科道官受人馈送、收人财物，以及买卖多取价利，较其他官员罪加二等处罚。莆田240多名御史给事中，他们在任内多是端庄严谨，始终不渝地固守着儒家"慎独"思想，大都具有严于律己、敢于执法、不徇私情的高尚品格，保持着淡泊名利、以身作则和率先垂范的心态，在维护制度执行上留下了许多佳话。

明朝广西道试监察御史方攸绩，莅官崇大体，不因巉刻而无主见。其家居持身简素，饮人以和。南京户科给事中黄琏天性淳实，居官所至以廉谨著称，尤能容人之过，尝曰："人须自立，忠信廉谨吾事也。升落毁誉吾宁知之？"其以忠、信、廉、谨四字自警，故自号"求我"。其居官几四十年，田不顷增，屋仍旧隘。其所居里东南诸村落，土田岁常苦旱，窦琏乃白诸郡邑，发民凿渠，由金墩抵岩沁，数里，引木兰、延寿溪余水溉之，遂变硗瘠为膏腴，乡人感念不忘。

执纪者必先守纪，律人者必先律己。党的十八大以来，党中央高度重视纪检监察干部队伍建设，寄予殷切期望，提出明确要求。习近平总书记在二十届中央纪委三次全会上强调，纪检监察机关是推进党的自我革命的重要力量，肩负特殊政治责任和光荣使命任务，必须始终做到绝对忠诚、绝对可靠、绝对纯洁。要加强理论武装，坚定不移用习近平新时代中国特色社会主义思想统领纪检监察一切工作。要坚定党性，从党和人民事业发展的大局出发，坚持实事求是，精准量纪执法，科学追责问责。要严管厚爱，做细做实对干部的经常性监督，激励干部安心履职、担当作为。

## 三、莆阳御史文化的实践教育价值

推进廉政文化建设，要从根本上培育清明的政治生态，形成警醒震慑不敢腐、遵循制度不能腐、铸牢信仰不想腐的氛围。通过"全面从严治党"严明政治纪律和政治规矩，让党员干部不断校准思想之标，调整行为之舵，绷紧作风之弦，真正做到不敢腐。莆阳御史文化，在新时代还具有实践教育价值。主要有以下几点：

### （一）正风

正风者，治天下之大业也。夫治天下者，务去奸邪之风，使国家安宁顺治也。

莆阳御史们以才、学、识、胆、言履行正风气、振朝纲之职，在匡正官场生态及风气，制止朝廷专横和恣意之风，遏制了奢靡享乐等不正之风。正风乃是治天下之良策。只有在正风的指引下，国家才能实现长治久安，社稷才能兴旺。必须牢记正风的原则，坚守正义，严格执法，凝聚民心，才能建立一个和谐、安定、繁荣的社会。

唐朝副都御史兼右散骑常侍郑积反对唐高宗修筑奢华楚王宫，认为劳民伤财莫甚焉，郑积抗疏以呈其非，唐高宗乃止。

宋朝时曾布为宰相，因曾荐举监察御史傅楫，想拉拢傅楫为同流。傅楫却岿然守正，不徇私情，凡朝廷及曾布命令中有不妥之处，皆直谏不讳，竭力劝阻。徽宗以旧学故，多所延访，傅楫每以遵祖宗法度，安静自然为言。徽宗对傅楫深为信任，曾曰："近臣中惟傅楫为朕言甚详。"

宋朝蔡辟任监察御史，论事慷慨，首言百司欺罔及郡县暴敛将帅收刮民财之弊，又乞风厉士大夫收用善类以为国本，除太常少卿，继知常德持江东宪节，在朝野政绩有名，仕宦国子祭酒，终国子监丞。

侍御史兼侍读刘榘为政明允，决争如流，庭无留讼，体恤百姓，漳人德之，祀之名宦祠。时朱熹闻刘榘任漳州通判曰："仲则辞内而就外，不可及也。"嘉定元年（1208），韩侂胄死，刘榘应召入京，授著作郎，迁左司谏，擢侍御史兼侍读，为彭龟年乞赐美谥，奏罢四川鱼水钱，上嘉纳。嘉定六年（1213）正月初十至九年，其以宝文阁待制知建康、兼江淮制置使。嘉定八年（1215）七月，其擢工部尚书。时史弥远得政，廷臣俱务容默，无敢慷慨尽言者，唯刘榘与邑人陈宓敢言直谏，监进奏院宓上封言事，史弥远不乐。刘榘居官倦倦，无一念不在于国，闻时政之阙失，则戚然有不豫之色，语及国势未振，则感慨以至泣下。刘榘历事四朝，刚正疾恶，疏劝宁宗"崇奖忠说，以作士气，深戒谀佞以肃具僚。"

南宋监察御史陈炜，首论不才执政。有令换疏者，陈炜答以"头可断，疏不可换"。后其因功，除太府少卿，不拜而行，召奏事，力辞，除广东转运判官，后任永泰知县。《八闽通志》评其"临大节而不可夺者"。

明朝南京监察御史方鲤，性资刚果，遇事必为，遇事敢言，居六察日，风采凛然，号为材御史。其正统年间（1436—1449）迁彰德府（今分属河南省、河北省）知府，丁内艰。其服阕，改绍兴府（今属浙江省）知府。相、越都是大郡，其任间以严明莅之，吏畏民爱，号为"良二千石"。

明监察御史李梁，为人慷慨耿直，临事敢言。正统十四年（1449），也先大举入寇，英宗以中官王振言，将北征。梁上疏曰："臣待罪御史，为朝廷耳目之官，窃不敢食君之禄而时危势迫缄口不言，以避斧钺之诛者。臣伏睹今之时势，内蹂江南告变，左支右吾，几无宁日……"

南京监察御史洪楷，俭勤廉慎，赋宽刑平。成化七年（1471）遇岁饥，濒海多盗，洪楷防守要隘，劝富豪出粟以，贷贫弱，岁不为害，盗亦屏息，卒于官，囊无厚货，盖廉慎云。侄洪珠于嘉靖七年（1528）也同为绍兴府知府，亦有政声，当地民为洪楷、洪珠歌："大洪小洪，先后同风。"

南京、四川道御史林有年，谠言直谏，一年7次上表奏疏，均能切中时弊，忠心可鉴。武宗遣使迎活佛于西域，上《辟邪妄疏》劝"早视朝，勤经筵，去奸恶，重师保"并言"左道乱正之术者"并请治以重法，上怒，逮诏狱。

明右副都御史吴兆元为政宽和，讼至立决，与军民休息，军饷按时供给，大得军心。时魏忠贤党人崔呈秀以同籍相慕，欲拉拢之，吴兆元绝不与通。三入觐，三赐清廉宴。崇祯（1628—1644）初年，赐宴天下入觐郡守廉异者4人，吴兆元居第一。韶州民思念之，立有专祠。

党的作风就是党的形象，关系人心向背，关系党的生死存亡。"四风"是群众深恶痛绝、反映最强烈的问题，必须下大气力纠治。党的十八大以来，以习近平同志为核心的党中央从制定和落实中央八项规定开局破题，以钉钉子精神纠治"四风"，一个问题一个问题纠治，一个节点一个节点坚守，有力推动党风政风焕然一新，社风民风持续向好。二十届中央纪委三次全会强调，"突出常态长效深化落实中央八项规定精神"，并对坚决防止享乐奢靡之风反弹、重拳纠治形式主义官僚主义提出明确要求。新征程上，纪检监察机关要把落实中央八项规定精神作为一项重要任务，突出常态长效纠治不正之风，在常和长、严和实、深和细上下功夫，驰而不息，纠"四风"，树新风，持续巩固风清气正的良好政治生态。严肃查处"吃公函""吃食堂""吃老板""吃下级"，在会议和培训期间违规吃喝等问题，精准发现、从严处理"快递送礼"、以培训考察和党建活动为名公款旅游、借婚宴之机违规收礼、违规借用管理和服务对象车辆等问题。在纠治形式主义、官僚主义上深化，紧盯影响党中央决策部署落实落地、影响高质量发展、加重基层负担等问题，推动党员干部牢固树立正确政绩观，求真务实、担当作为。

### （二）肃纪

御史监察的内容分为国法和政令，也就是违法犯罪和贯彻政令两个方面，同时也负责整肃纪律和朝仪。治理国家不能只靠法律，法律法规再健全再完备，还要靠人来执行。如果执法者出现了问题，必然导致纲纪松弛、法令不行。莆阳御史努力正风肃纪，纠举百僚，整纲饬纪。他们为政以德、礼法相依、德主刑辅、管权治吏，通过严肃纪律监督腐败官员绝不手软，形成"不敢腐"的官场环境和氛围。

宋徽宗即位，虚心纳谏，重用旧臣，朱绂为右谏议大夫、给事中。当时，颖、庐、苏、渭四州长官更换频繁，朱绂进谏说："监司、郡守，不宜数易"，要"谨择久任，以安百姓"。台官马涓被调离，朱绂上疏曰："马涓任台官，兼进士第一人，无他过错，送吏部非朝廷崇重台官之体。"江公望因议论蔡王府事件受株连，被贬出京，朱绂谏劝徽宗收回成命，曰"以言罪之，虽笃信不惑之士，亦不敢直道自任"，论驳再三，终致得罪权贵，被贬出任寿州知州。

侍御史陈次升竭力弹劾章惇、蔡卞、蔡京、曾布等人，四人先后被罢贬出京。建中靖国元年（1101），陈次升擢升左谏议，向徽宗献"体道、稽古、修身、仁民、崇俭、节用"六策。

殿中侍御史、吏部员外郎卓厚，每至俱以敢诤善谏者称，忠良敬之，奸邪畏之。

监察御史王回为人刚直，议论慷慨。哲宗欲废黜孟皇后、立宠妃刘贤妃为皇后，邹浩与王回相议，王回支持邹浩上疏谏阻，并揭露章惇等劣迹，邹浩因此得罪奸党，谪贬新州（今属广东省）。王回慨然为邹浩备办行装，同时安慰邹浩母亲。后邹浩被捕入狱，原支持邹浩之人皆惧，唯王回继续上疏为邹浩辩护。哲宗盛怒，黜免王回官职，并将其逮捕下狱。徽宗即位，诏复王回旧职，擢为监察御史。

南宋监察御史许搏，检察无苟，宪台倚重。南渡后，典籍文物，十无存一，科举故事无所考，欺伪者众，许搏对典籍多所谙练，特迁礼部员外郎。许搏能辨决真伪，士流清肃。

南宋绍兴年间（1131—1162），监察御史、殿中侍御史、右谏议大夫兼侍讲林大鼐居官风纪振而吏畏其威，理公道而人遂其乐。高宗用殿中侍御史林大鼐之请，诏建祚德庙于临安府。为御史时，秦桧嫉妒枢密副使巫伋，林大鼐因此弹劾巫伋黩货营私，巫伋落职。高宗对林大鼐很是信任，凡有建议，皆见施行，秦桧亦颇忌之。

明朝嘉靖年间（1522—1566）户科给事中郑一鹏，秉性耿直，刚正不阿，敢于言事，屡屡谏诤，时称其最敢言。帝用中官崔文言，欲大兴土木，于乾清、坤宁诸宫建斋醮、祭祀宗庙等。疏请止之，曰："祷祀繁兴，必魏彬、张锐余党。先帝已误，陛下岂容再误？臣巡视光禄，见一斋醮蔬食之费，为钱万有八千。陛下忍敛民怨，而不忍伤佞幸之心。况今天灾频降，京师道殣相望，边境戍卒，日夜荷戈，不得饱食，而为僧道靡费至此，此臣所未解。"其劝谏皇帝不当行为，东厂理刑千户陶淳曲杀人，论谪戍。诏覆案，改拟带俸。郑一鹏与御史李东等执奏，并劾刑部侍郎孟凤，帝不听。给事中邓继曾、修撰吕楠、编修邹守益以言获罪，郑一鹏皆疏救，期间疏谏十四事甚悉。大礼初议，其与百官伏阙请命，被廷杖。其先后论席书、桂萼、张孚敬、方献夫等妄议摇国是，武定侯郭勋通贿赂，皇亲张鹤龄占人田土。其复请重经筵，罢斋醮，却贡献，宥谏官，处边储，设兵备，疏不一一。

都察院右副都御史林云同，巡抚湖广。适沅州、辰州有兵事，督府檄文取行粮数十万，林云同以楚地连年歉收，物力尽矣，奏请朝廷贷输边岁例粟15万石，楚人感戴。在楚的宗室、亲王，凡有骄恣不法的，林云同都依法制裁，绝不宽免。有其属县人李廷春贿严嵩之子严世藩升为内台，林云同疏摘其状。严世藩反诬，湖广巡捕白其真相，李廷春亦自辩，坐回籍听勘。

山东道监察御史朱元春，上疏弹劾浙江布政使赵良璧久虚国库、安徽按察使董昭用刑苛刻。上悉其奏。其又奏福州闽县令催科惨刻，横杖生员张大山于庭。时三学公愤总督郝世隆上奏弹劾40余人，朱元春风闻其事上疏辩白，诸生皆得于免责，诸生感激，入省乡贤祠祀之。康熙四十一年（1702）其巡视西城，上疏弹劾地棍以宗人府名义擅自开设米行营利。上嘉其言，联赐御书2幅，一"风纪严廊"，一"公正无偏"。其不久丁忧，钦赐驰驿归里，其间与同邑林麟焻同修邑志，体例详简得宜，称一方良史，继其后者有廖必琦。康熙四十六年（1707）巡视中城时，其弹劾大名府候补道王恺冤害知县徐庭芳，后被拿回府问，郡人都称快。其康熙四十七年（1708）掌京畿道御史，特命内庭教习，赐人参、榛子、御墨。不久，其监试京城乡试，矢忠矢慎，严格负责，没有出现作奸犯科之事。康熙四十九年（1710）巡视东城，其上疏弹劾内务府勒索车辆等等。朱元春所奏皆关国计民生，振纲肃纪，有古诤臣之风。其天性纯挚，严正森然，有不可犯之色。

江南道监察御史林源，管五城兼刑科掌印，乃体访民隐，风纪肃清。督修玉田城垣时，林源知境内河水泛滥，诸侵田庐，遂奏请停建城，兴水利，并亲督工程，力除克扣诸弊，民受实惠。帝嬴其功，召到御座前，荣褒文雅，详询其家世，授以光寺少卿。继晋光禄寺卿。其任间凡所奏论皆关世道民情，帝温旨奖励，年老以太仆寺卿致仕。大学士高安、朱轼赞曰："当世完名全节莫公若也！"

礼科给事中彭汝楠，刚正不阿，指谪奸佞，不畏权贵。其上疏红丸一案，致触上怒，谴罚几殆。时魏忠贤擅权，其又上疏论劾魏阉"冒秩滥荫"，引赵高鹿马为喻。天启二年（1622）十一月命巡视京营，其极力整顿积弊，厘然一清。其转吏科，切责魏阉"虚耗钱粮，册封海外之役"。陛辞之日疏云："杨涟参忠贤一疏，未奉明旨处分，乞将一切罪状直穷到底，明正法纪。"复命之日，又疏："谏逮系立枷及九门监税诸苛法。"

加强纪律建设是全面从严治党的治本之策。肃纪约束行为，党员干部和公职人员只有树牢廉洁从政意识，才能够为政清廉、秉公用权，做到清白做人、干净做事、坦荡为官，自觉抵制各种腐朽思想侵袭，永葆共产党人政治本色。

只有把纪律挺在前面，坚持纪严于法、纪在法前，把管和治更多体现在日常，真正管住绝大多数，才能实现管党治党"全面"和"从严"的有机统一。党的十八大以来，党中央高度重视纪律建设，坚持以党章为根本遵循，将纪律建设纳入党的建设总体布局，用铁的纪律全面从严管党治党，以有纪可依、执纪必严、违纪必究的有力行动，推动全党形成遵规守纪的浓厚氛围。纪检监察机关作为党的"纪律部队"，要切实担负起维护党纪的重要职责，一以贯之持续从严强化纪律建设，善于运用党的政策策略，精准运用"四种形态"，将容错减责免责与精准审慎问责有机结合起来，规范化落实"三个区分开来"，真正把铤而走险、想干坏事的人手脚捆住，让勇于担当、奋发有为的人放开手脚。

### （三）反腐

御史乃"天子之耳目，朝廷之腹心"，在古代，监察机关与最高行政机关、最高军事机关并列，成为直属于皇帝的极具权威性的国家机关。莆阳御史"言出如山、心清似水"。他们整肃百僚，通过"彰善瘅恶，激浊扬清"，实现反对贪污腐败，让贪腐分子受到严惩。

南宋殿中侍御史叶大有出入馆阁言路凡10余年，先后向宋理宗上奏章120多篇，详尽论述选择君嗣、整饬朝纲、顾惜财力民命、削弱皇亲国戚势力、广开言路、加强边防建设等主张。叶大有的耿直忠言，触犯皇亲国戚利益，招致忌恨和攻击。

明洪武九年（1376）监察御史方征疏奏六事："一、风宪不可责以事迹；二、仓库须设官专掌；三、官吏公罪收赎非当；四、在外官员乞依在京省亲；五、府州县祭祀用俗乐不可享神明；六、刑赏之法未尽善。"其中，首言"风宪官以激浊扬清、戢弊兴利为职。今乃计其事绩多寡，定为优劣，故其巡行之际，不闻旌拔廉能，专务罗织人罪，多征赃罚，以为己能，此大患也"。第三言"朝廷赏罚明信，乃劝惩之道。去年各行省以用空印罪其官吏，而河南参政安然、山东参政朱芾俱有空印之罪，反皆升为布政使，其何以示劝惩哉"。疏入，上谕旨："安然率齐东海军民内附，朱参政乡里旧人，有才干，故议功议能而擢用之。且尔言罗织人罪者何人？多征赃罚者何官？宜具实以闻。"上令其详具所言实迹以报，方征言："如河南佥事彭京，不坐被告知事于观以正罪，而逼令招赃，攀人出金二十两、银一百两代纳。此臣所知者。"

南京监察御史黄誉，景泰三年（1452）十一月迁浙江按察司佥事，所至摧奸去暴。时有中贵人按事浙省，人心危惧，莫知所为，黄誉独从容询其所以来之故，且周旋其间，委曲规讽，俾不得纵欲以逞，一时上下咸倚赖之。

广东道监察御史林正，为人勤敏清慎，有气节。立朝论议，务持大体，不乐琐屑以沽名。成化九年（1473），其奉命巡视山东，直抵仪真一带，河道补罅溶湮，令植柳以固堤岸庇行人，往来舟楫便之；减椿刍价以苏民，造桥梁十二所以通渡，自是人免病涉。成化十年（1474），其巡按苏、松、常、镇四郡，绳违雪枉，凛然有风裁。有丹阳令善结权要，林正严按之，权要交口救解，不恤也。成化十一年（1475），其复巡按广东，至则首询民瘼，辄形于诗曰："凤鸾自古高鹰隼，郡邑于今尚茧丝。"即此，则其爱民之心，隐然可见矣。豪黠之吏方闻风敛迹，而穷困之民咸引领望苏。

贵州道监察御史方珪，巡历所至，清介有风力。成化十年（1474）其奉命巡苏、松、常、镇及两浙盐课。时南京翰林侍读学士钱溥，令其子昂鬻贩私盐，巡抚副都御史毕亨檄苏州府为之发属，遍给于民，倍收其价，苏民苦之。事觉，方珪置昂于法，因劾浅溥贪利蠹法，毕亨附势剥民，知府刘璃等朋奸不职。自是元豪宿猾，敛迹引去，士论韪之。十二年（1476），其巡按真定、顺德、广平、大名四郡，其地密迩京师，号称难治，巡历所至，击贪吏，划弊政，一秉至公，无敢干以私者。同邑林正与之同为御史，皆有志操。

南京河南道监察御史林近龙，尝疏发逆濠营建及大学士靳贵柄文鬻贿二事，正德十年（1515）三月升广西按察佥事。

都察院右佥都御史林有孚，巡抚保定等处兼提督紫荆诸关。嘉靖十一年（1532），其疏言镇守内臣之害，得李承勋复议、张孚敬力持，遂革镇守，并市舶守、珠池内臣皆革之，一时称快。

腐败是危害党的生命力和战斗力的最大毒瘤，反腐败是最彻底的自我革命。习近平总书记反复强调，民心是最大的政治，人民群众最痛恨腐败，不得罪成百上千的腐败分子,就要得罪14亿人民,这是一笔再明白不过的政治账、人心向背账。党的十八大以来,以巨大的政治勇气和"得罪千百人、不负十四亿"的责任担当,"打虎""拍蝇""猎狐"多管齐下,坚持无禁区、全覆盖、零容忍,坚持重遏制、强高压、长震慑,坚持受贿行贿一起查,坚持有案必查、有腐必惩,坚决清除一切腐败分子,反腐败斗争取得压倒性胜利并全面巩固。要坚持从政治上看腐败问题,敢于斗争,敢于胜利。持续盯住"七个有之"问题,把严惩政商勾连的腐败作为攻坚战重中之重,坚决打击以权力为依托的资本逐利行为,坚决防止各种利益集团、权势团体向政治领域渗透。深化整治金融、国企、能源、医药和基建工程等权力集中、资金密集、资源富集领域的腐败,清理风险隐患。严厉整治发生在群众身边的腐败和作风问题,以正风肃纪反腐的扎实成效赢得人民信赖和拥护。

中华御史文化积淀着中华民族谏官群体最深沉的精神追求,是新时代纪检监察人生生不息、发展壮大的丰厚滋养。充分挖掘御史文化核心价值,有助于新时代纪检监察人传承古代御史"激浊扬清"的反腐理念,坚决打赢反腐败斗争攻坚战持久战;有助于广大党员干部从御史文化中汲取营养和智慧,使崇廉拒腐的价值观成为党员干部的自觉遵循和价值追求;有助于带动群众参与廉洁文化建设,在全社会形成以廉为荣的社会氛围。

## 第二节　莆阳御史文化的传承

　　传统清廉文化是以倡导清白做人、廉洁为官、清正治世为主要内容的一系列思想理念和实践成果，体现了官员特有的精神品质、道德水准和价值取向。清廉文化要求官员分清公与私的清楚界限，不能因私而侵公，要做到廉善、廉能、廉敬、廉正、廉法、廉辨，这也是各级官员最基本的"职业道德"。清清白白为官，清清白白做人，是中华传统道德自律和廉政处事的践行准则和理想追求，是历代廉政建设中一种重要的文化现象，是为人做官的核心价值观的体现，故以"清白"二字作为形象的概括。它包含着丰富的哲理内涵、政治践行和人伦修养，历代都有不少清正，廉洁为官的好故事和好思想流传下来，这就是中华优秀传统文化中的"清白文化"。"清白文化"在历史上曾起着重要的清洁净化政治环境、清正铸造个人灵魂的好作用。历史经验证明，历史上每个盛世或地方治理开拓出新局面之时，往往是吏治清明，以清廉自矢、勤政为民的清官白吏做榜样和楷模，身正令行之日；也就是清白文化浸润于人伦价值和社会生活的各方面，形成为社会正气和质朴家风，形成为精神追求和形象塑造之时。[1] 在中国传统文化中，通过官员的管理实现国家共同体意义上的公共秩序及其普遍的人道价值，使百姓在生活的各个方面都呈现出良好秩序，人心善，仁义兴，伦理清，风俗美，"移风易俗，天下皆宁"。为达到这个目的，官员的清廉便成为基本要求。莆田历史上清官御史事迹多，形成的清廉文化是莆田珍贵的文化遗产，了解和吸收传统清廉文化的积极因素，对于加强新时代党风廉政建设，推进国家治理体系和治理能力现代化，具有十分重要的启迪和借鉴作用。御史文化值得传承，并加以创新发展。

---

[1] 刘平中，任利荣著."铁面御史"清白廉政文化史鉴[M].北京：中国社会科学出版社，2018.10.

## 一、莆阳御史文化是累代传承的一种精神文化

莆仙世家大族在唐五代时期，就形成较为完善的孝、悌、忠、信、礼、义、廉、耻的"八德"观念的家族文化。家族文化品格和精神气质对莆田良好风俗的形成以及家族科举人才为官理念产生了一定的影响。

梁陈郑露三兄弟的"开莆来学"，开启了莆仙教育史的新纪元，开创了儒学伦理教育的先河。郑氏后人，人才辈出。莆田第一位郑氏御史郑积及其祖孙三代御史就是在这种家风中培养的。唐朝莆田陈氏已编修族谱。宋治平三年（1066）林瑜撰《重广邵州续庆图序》中称，唐代九牧林邵州刺史蕴作有《续庆图》，是莆仙林氏最早的世系图。莆田延寿徐氏、黄巷黄氏，在唐五代时期均已有编修族谱。唐朝林披生九子，皆官刺史，次子林藻也官任监察御史、殿中侍御史。

宋朝莆田清廉文化已盛行。蔡襄的廉政思想和陈文龙深厚的民族精神，是莆田清廉文化的典型。在他们的影响下，莆田官员形成了积极的价值导向，成为官员宁静致远、坚守气节、淑身从政、涵养和培塑民族清风正气的精神力量。蔡襄学识渊博，为人忠厚正直、讲究信义，可谓德才兼备。他为官30余年，清正廉洁，以民为本，关爱民生，推行了一系列有益于百姓的政策措施，为百姓做了大量的好事实事，深受百姓爱戴，堪称爱民惠民的楷模。蔡襄的监察思想在中国监察史上占有一席之地，为中国廉政制度建设作出突出贡献。蔡襄之后，莆田风俗有"忠惠"之风，莆田宋朝清廉官员及御史辈出，形成了清正廉洁的文化氛围，如宰相陈俊卿、叶颙，宰辅龚茂良等，皆以清廉著称。南宋陈文龙注重名节，提出为官"不可干以私"对整饬吏治发挥了一定作用。

明朝莆阳御史有150多人，这个群体是践行清廉文化的强大群体。他们传承和发展了莆阳御史良好的文化传统。事迹感人，史不绝书。如南京监察御史方鲤，遇事必为，遇事敢言，号为"材御史"，任间吏畏民爱，号"良二千石"。南京湖广道监察御史陈杰，笃信好学，高洁自守，督学潘璜题其墓曰"孝廉先生"。莆田东厢陈俊、黄深、黄誉、林时深有重望，时号"东

厢四贤"。《明史》将莆田林俊与林瀚、章懋、张敷华并称为"南都四君子"。

清朝随着莆仙科举的衰落,任御史言官者骤然减少,但御史文化仍得到了一定的发扬光大。如浙江道监察御史廖必琦被评为"多所建明";江南道监察御史、刑科给事中林源"凡关中外利弊,知无不言";湖广道监察御史林扬祖积极"革除积弊";佥都御史、两广巡抚彭鹏"立身不苟";"乌台三霖"之首的江春霖更有"直声震天下"之誉等。

## 二、莆阳御史文化的当代传承

### (一)传承"以民为本",坚守政治忠诚

习近平总书记指出,"水能载舟,亦能覆舟",这个道理我们必须牢记,任何时候都不能忘记。民心是最大的政治,党的一切工作都是为了实现好、维护好、发展好最广大人民根本利益。

萌生于商周时代的"民为邦本 本固邦宁"的传统民本思想在历史上有着重要地位。莆阳御史重民贵民、爱民仁民、养民富民,得到了百姓的尊重和爱戴。江南道监察御史林源督修玉田城垣时,境内河水泛滥,就奏请停建城垣,并亲督水利工程,力除克扣诸弊,百姓受实惠。御史李廷梧兴学教民,赈济贫穷,力请宽恤税粮。莆阳御史也留下了不少"直从当宁分忧顾,终与斯民致太平""斯时报国心,惟余一寸赤"等爱国爱民的诗词和"天下者,中国之天下"等议疏。

中国共产党自成立之日起就把"人民"镌刻在自己的旗帜上,这一性质宗旨始终如一、矢志不渝。党的十八大以来,以习近平同志为核心的党中央始终坚持人民至上,想群众所想、急群众所急,用心用情用力解决群众的操心事、烦心事、揪心事,人民生活全方位改善,得到了广大人民群众的衷心拥护和支持。在新时代全面从严治党的过程中,将传统民本思想与马克思唯物史观相结合,超越了传统对百姓的强制管控理念,创造性地提出了"以人民为中心"发展理念,体现了对中国优秀传统文化的创新性发展和创造性转化。

纪检监察机关因党而生、为党而战,是管党治党的政治机关,是党和人民的忠诚卫士。纪检监察监督本质是政治监督,纪检监察工作是人心工作、

群众工作。一要聚焦铸就政治忠诚，扛牢"两个维护"重大政治责任。围绕坚定党的信念信仰，监督推动深学细悟党的创新理论，确保广大党员干部始终忠于党的信仰，始终把习近平新时代中国特色社会主义思想作为根本遵循和行动指南，始终紧跟核心、拥护核心。围绕严守党的纪律规矩，监督推动把政治纪律和政治规矩摆在突出位置，坚决有效捍卫党的团结统一。围绕守牢党的宗旨立场，监督推动坚决站稳党性立场和人民立场，树立和践行正确政绩观，真正为党尽责、为民造福。二要坚持严的基调，坚决查处"蝇贪""蚁腐"。"蝇贪""蚁腐"损害群众切身利益、啃食群众获得感，人民群众对此深恶痛绝。深化乡村振兴领域不正之风和腐败问题专项整治，瞄准教育、就业、医疗等民生领域的痛点难点开展集中整治，推进扫黑除恶"打伞破网"常态化机制化，重拳纠治干部群众反映强烈的形式主义、官僚主义。紧盯重点项目、重大资金、重要环节，紧盯党政"一把手"、村级"一肩挑"人员，强化监督检查，严肃查处涉农腐败。三要强化监督检查，推动惠民富民政策落实、规范基层权力运行。围绕党中央惠民利民、安民富民政策加强监督检查、推动落实落地。聚焦群众关心的重点难点问题，开展专项监督、加强日常监督。在更大范围内整合基层监督力量，推进县乡纪检监察工作规范化建设，完善"室组地"联动、片区协作等机制，发挥好小微权力监督平台作用，加大对基层干部和公职人员的监督约束力度。

### （二）传承"激浊扬清"，打赢反腐攻坚仗

"诚欲正朝廷以正百官，当以激浊扬清为第一要义。"这是习近平总书记经常引用的一句名言。习近平总书记反复强调，反腐败是最彻底的自我革命，人民群众最痛恨腐败，不得罪成百上千的腐败分子，就要得罪14亿人民，这是一笔再明白不过的政治账、人心向背账。

古代御史乃"天子之耳目，朝廷之腹心"，监察机关是极具权威性的国家机关，目的在于"整肃百僚""彰善瘅恶，激浊扬清"。莆阳御史"言出如山、心清似水"，明朝监察御史方征疏奏六事，首言"风宪官以激浊扬清、戢弊兴利为职"。贵州道监察御史方圭弹劾南京翰林侍读学士钱溥贪利蠹法、

知府刘璃等朋奸不职，他打击贪吏，革除弊政，没人敢以私情干涉。莆阳御史也留下了"何为论贵贱，畏贵非大公""荐贤本为公，私念安得干"等激浊扬清的诗词和彰善瘅恶的议疏。

党的十八大以来，以习近平同志为核心的党中央，以巨大的政治勇气和"得罪千百人、不负十四亿"的责任担当，"打虎""拍蝇""猎狐"多管齐下，坚持无禁区、全覆盖、零容忍，坚持重遏制、强高压、长震慑，坚持受贿行贿一起查，坚持有案必查、有腐必惩，坚决清除一切腐败分子，反腐败斗争取得压倒性胜利并全面巩固。

当前，反腐败斗争形势依然严峻复杂，腐败存量尚未彻底清除，腐败增量仍在发生，表现形形色色。一要紧盯重点问题，把严惩政商勾连的腐败作为攻坚战重中之重，坚决防止利益集团、权势团体向政治领域渗透。坚决查处政治问题与经济问题交织的腐败，坚决防止领导干部成为利益集团和权势团体的代言人、代理人，坚决防止政商勾连、资本向政治领域渗透等破坏政治生态和经济发展环境。二要紧盯重点领域，坚持个案查处与系统整治相结合，坚决清理风险隐患大的行业性、系统性、地域性腐败。深化整治金融、国企、能源、烟草、医药、基建工程和招投标等权力集中、资金密集、资源富集领域腐败问题，有效防范化解腐败风险及关联性经济社会风险。三要紧盯重点对象，严肃查处"关键少数"特别是"一把手"和领导班子成员违纪违法问题。加强对"一把手"和领导班子成员信访举报、问题线索分析，及时研判领导干部在思想、作风、廉洁自律等方面存在的苗头性、倾向性问题，严肃查处违纪违法问题。

### （三）传承"于法周延"，完善制度规范体系

习近平总书记强调："善除害者察其本，善理疾者绝其源。"强调制度建设要贯穿于全面从严治党的始终，并采取有力举措确保各项制度落地生根。

中国古代重视对官吏和权力的制约管理，形成了成熟的监察、御史、弹劾、谏官等方面的制度，不仅覆盖整个官僚系统，而且也涉及国家政务、社会生活的方方面面，如行政监察、立法监察、人事监察、司法监察、经济监察、

军事监察、仪制监察、文教监察、科考监察等。这些制度在实践中对于纠弹违法官吏、监督国家政务实施、贯彻政策与法令等都体现出比较突出的制度功效。莆阳御史对此颇有贡献。蔡襄知谏院时，提出"台谏合一"，并将谏诤范围扩大至百官，成就了宋代监察制度的重大改革。龚茂良奏请修吏部《七司法》，建立"量人才以录用"的制度。

党的十八大以来，习近平总书记深刻剖析总结古今中外治乱兴衰的重大命题，结合中国共产党百年奋斗的历史，给出了跳出"历史周期率"的第二个答案——自我革命。以习近平同志为核心的党中央以自我革命精神强化自身监督，不断完善党内法规制度，强化制度执行落实，构建起一整套自我净化、自我完善、自我革新、自我提高的制度规范体系。

党的二十大报告从完善党内法规制度体系、完善党和国家监督体系、落实政治责任等方面明确"完善党的自我革命制度规范体系"。一要完善党内法规制度体系。按照"规范主体、规范行为、规范监督"相统筹相协调原则，以"1+4"为基本框架的党内法规制度体系基本形成，即在党章之下分为党的组织法规制度、党的领导法规制度、党的自身建设法规制度、党的监督保障法规制度四大板块。以改革创新精神加快补齐党建方面的法规制度短板，及时将全面从严治党实践中行之有效的措施制度化，为推进党的自我革命提供重要制度支撑。二要完善党和国家监督体系。新时代以来，我们党积极推动完善以党内监督为核心的中国特色监督体系，健全党委（党组）全面监督、纪律检查机关专责监督、党的工作部门职能监督、党的基层组织日常监督、党员民主监督的工作格局，促进党内监督与各类监督贯通协同、形成合力。以党和国家监督体系为主导的权力监督机制是党的自我革命制度规范体系的基础支撑，实现了对所有公权力监督的全覆盖。与党内法规制度体系为自我革命"立规矩"相比，权力监督机制是确保"守规矩"的过程，将制度规范转化为制度实践，在有规可依的基础上实现违规必究，为把党的自我革命落到实处、取得实效提供了坚强保障。三要完善全面从严治党责任体系。党的十八大以来，党中央先后制定修订《中国共产党问责条例》《党委（党组）落实全面从严治党主体责任规定》，明确了问责主体、对象、内容、方式等关键要素，对问责启动、调查、决定、执行等各个环节作出详细规定，重点对党的领导弱化、党的建设缺失、全面从严治党不力等方面进行问责，使得政治问责有法可依，从原则性要求变为具体的、可操作的制度规范。

### （四）传承"正己修身"，涵养清风正气

习近平总书记指出："中华优秀传统文化源远流长、博大精深，是中华文明的智慧结晶，其中蕴含的天下为公、民为邦本、为政以德、革故鼎新、任人唯贤、天人合一、自强不息、厚德载物、讲信修睦、亲仁善邻等，是中国人民在长期生产生活中积累的宇宙观、天下观、社会观、道德观的重要体现，同科学社会主义价值观主张具有高度契合性。"

莆阳御史文化作为一种富有特色、充满活力的文化形态，是中华优秀传统文化的组成部分，至今仍然具有强大的精神感召力。莆阳御史坚持胸怀天下，精忠报国、忠贞不渝，涌现出主抗金劾奸佞赈灾民龚茂良、清忠亮直陈俊卿、忠贞报国陈文龙等优秀代表人物，生动诠释了中华儿女天下为公、兴亡有责的家国情怀和使命担当。莆阳御史以"为生民立命"为己任，好民所好、乐民所乐、忧民所忧，涌现出了"爱民诗才"御史黄滔、"造福赣鲁、一生为民"翁世资等优秀代表人物，生动诠释了"民为邦本、本固邦宁"的价值与理念。莆阳御史，既始终不渝坚守儒家"慎独"思想，修身自律，严于治家；又坚持"整肃百僚、弹劾非违"，生动诠释了中华民族优秀的传统道德品格。

党的十八大以来，以习近平同志为核心的党中央注重将中华优秀传统文化丰富的哲学思想、人文精神、教化思想、道德理念与廉洁文化建设融汇贯通，发挥中华优秀传统文化优势，以文化人，使廉洁文化具有积极引导作用。

习近平文化思想本身就包含廉洁文化建设方面的内容，也蕴含着"明体达用、体用贯通""守正创新、开放包容"等思想方法。"两个结合"特别是"第二个结合"的重大论断，为加强新时代廉洁文化建设提供了强大思想武器和科学行动指南。一要深化"两个结合"，充分运用中华优秀传统文化的宝贵资源推进新时代廉洁文化建设。要充分汲取中华优秀传统文化的智慧营养，对古圣先贤包括莆阳御史的廉洁思想和廉洁文化进行深度挖掘、辩证

吸收，在提升党员干部精神境界的基础上，推动莆阳御史文化创造性转化、创新性发展，带动全社会始终保持对"廉"的价值崇尚与精神追求。二要明体达用、体用贯通，指引新时代廉洁文化建设的实践路径。多领域繁荣廉洁文化，将莆阳御史文化有机融入文明城市创建、美丽乡村建设、文明网络建设、亲清政商关系构建等诸多领域，融入乡规民约、行业规范、企业文化之中，提升廉洁文化建设的开放度和群众参与度，在全社会形成以廉为荣的社会氛围。三要坚持守正创新，开创新时代廉洁文化建设新局面。加强组织领导，以"清风润莆田"廉洁文化建设为抓手，推动各地区各部门担负起廉洁文化建设的政治责任，形成工作合力。创新形式载体，运用数字技术创新传播形式，着力打造优质产品和服务，推出一批群众喜欢看、记得住、传得开的精品力作，不断增强廉洁文化建设的社会效应，切实使崇廉拒腐的价值观成为党员干部的自觉遵循和价值追求。

### （五）传承"德才兼备"，锻造纪检监察铁军

习近平总书记强调："要严把德才标准。德才兼备，方堪重任。"习近平总书记在二十届中央纪委三次全会上强调，纪检监察机关是推进党的自我革命的重要力量，肩负特殊政治责任和光荣使命任务，必须始终做到绝对忠诚、绝对可靠、绝对纯洁。

历代选拔监察官的条件，首先是道德品质，要刚正廉洁、忠于职守、不徇私情。特别强调要"有骨鲠之气，朴质之风"，敢谏敢言。比如，明代在监察官选任方面奉行严于普通官员的标准，要求德才兼备、表率百僚。其次，要求监察官学识优长、老成练达，具有通过科举的身份和资质，具备在地方工作的经验和经历。同时，还有关于任职年龄、任职回避、任职资格否决、考核、奖惩等的要求。监察官必须严格依法监察，如有失监、漏监，尤其是贪赃枉法，加重处刑。如《大清律例》规定：科道官受人馈送、收人财物，以及买卖多取价利，较其他官员罪加二等处罚。莆阳御史严于律己、敢于执法、不徇私情，留下了许多佳话。广西道试监察御史方攸绩，不因巇刻而无主见，家居持身简素，饮人以和。南京户科给事中黄琎天性淳实，居官所至以廉谨

著称，尤能容人之过，尝曰："人须自立，忠信廉谨吾事也。升落毁誉吾宁知之？"

执纪者必先守纪，律人者必先律己。纪检监察权是"治权之权"，我们要牢记习近平总书记"三个绝对"的殷殷嘱托，发扬彻底的自我革命精神，以更高标准、更严要求、更实举措，努力当好"五个表率"，永葆忠诚干净担当、敢于善于斗争的铁军本色。一要以党性立身铸就政治忠诚。健全并严格执行"第一议题"制度，深入学习领会习近平总书记重要讲话和重要指示批示精神，常态长效开展政治教育、党性教育及"三重三走"活动，持续做好学习贯彻习近平新时代中国特色社会主义思想深化内化转化工作。二要以能力强身砥砺担当作为。树牢重实干实绩的选人用人导向，优化干部选育管用。改进全员培训方式方法，完善"订单式"培训机制，加大"师徒帮带"跟班实训锻炼力度。依托"送教下乡""基层工作大家谈""壶兰清风"讲堂等，搭好舞台、平台、擂台、讲台，不断锤炼干部过硬履职本领。坚持严管厚爱结合，加强对干部队伍的人文关怀、心理疏导和正向激励，提升干部"动力、能力、精力、活力"。三要以清廉修身保持干净本色。坚持自身硬首先要自身廉，常态化检视干部队伍存在的突出问题，深入排查权力运行的风险隐患，落细落实干部监督问题提醒机制，主动邀请特约监察员进行监督。坚持刀刃向内清除害群之马，深化运用"三查二看一提"工作法，严肃查处以案谋私、徇私包庇、内外勾连等问题，坚决防治"灯下黑"。各级纪检监察机关领导干部要带头看好自己的门、管好自己的人、干好自己的事，激励干部当好自我革命的表率、遵规守纪的标杆。

## 第三节　莆阳御史文化在新时代的创新弘扬

### 一、整合御史文化资源，打造"御史之乡"品牌

莆田称"御史之乡"，大多数莆阳御史满怀为民立命、忠于职守、为万世开太平的政治抱负，置个人生死于不顾，或指陈朝政、直谏君王、救时救国、革弊除害，或严明执法、匡扶正义、刚正敢言、弹劾权奸，成为社会公平正义的中流砥柱，为后人塑造出一个清廉高洁、不畏强权、正气浩然的特殊御史群体形象。文脉传承，弦歌不辍，"莆田廉洁文化地图"上的一个个廉洁文化示范点成为承载廉洁文化基因的"活字典"、引领廉洁思想风尚的"活地标"。这种传承价值是对监察御史制度所蕴含的文化精要的吸收，是符合中国社会发展规律的监察制度文化的认同。通过建设御史文化教育基地，培育廉洁意识，植根心中，让御史文化清风廉雨润物无声。打造御史之乡廉政文化建设是治莆根本大计的有机组成部分，整合莆阳御史留下清正廉洁的千年豪语和清白文化资源，向历史要智慧，向古人要经验，知古鉴今，为当前廉政文化建设汲取历史养分，让"御史之乡"品牌根植于心，以吏治清明、清廉自律、勤政为民的能官良吏做榜样身正令行，形塑和引领莆田市廉政文化建设新常态的文化品牌。

### 二、挖掘御史资源，讲好莆阳御史清廉故事

在党的二十大报告中明确指出："全面建设社会主义现代化国家，必须坚持中国特色社会主义文化发展道路，增强文化自信，围绕举旗帜、聚民心、育新人、兴文化、展形象建设社会主义文化强国，发展面向现代化、面向世界、

面向未来的，民族的科学的大众的社会主义文化，激发全民族文化创新创造活力，增强实现中华民族伟大复兴的精神力量。"习近平总书记致信祝贺中国社会科学院中国历史研究院成立时也强调："新时代坚持和发展中国特色社会主义，更加需要系统研究中国历史和文化，更加需要深刻把握人类发展历史规律，在对历史的深入思考中汲取智慧、走向未来。"新时代从思想文化角度看，习近平文化思想本身就包含廉洁文化建设方面的内容，也蕴含着"明体达用、体用贯通""守正创新、开放包容"等思想方法。中国共产党自成立以来始终注重从中华文明史和优秀传统文化中吸收营养，以革故鼎新的创新精神推进管党治党，保证了党长盛不衰、发展壮大。文化的力量和作用在于其能以日用而不觉的方式潜移默化地影响人心，以文化人。

莆田市作为莆仙文化的发源地，要更加坚定对中华民族历史和文化的自觉与认同，坚定文化自信，坚持古为今用、去粗取精，让廉洁文化和传统文化互相渗透、交相辉映，将廉洁文化融入优秀传统文化"两创"，将廉洁价值导向融入区域治理、部门治理、行业治理、基层治理，持续彰显莆阳御史文化"廉"基因的时代价值。莆阳千年廉脉，悠久绵长的御史文化资源，构筑起廉洁文化建设坚实基础，也是党员干部廉政教育的优质教材。历史上的莆田籍监察御史，深受儒家"民本"学说的影响，以"为生民立命"为己任，好民所好、乐民所乐、忧民所忧，涌现出了"爱民诗才"御史黄滔和"造福赣鲁、一生为民"翁世资等优秀代表人物，生动诠释了"民为邦本、本固邦宁"的价值与理念。要充分挖掘这些生动的御史故事，形成直观的教育素材。要以新时代视角系统梳理莆田从古至今的清廉思想脉络，讲好莆阳御史故事。

## 三、打造廉洁文化阵地，创新弘扬莆阳御史精神

创建并利用好莆阳御史文化馆，打造全国性的御史文化集中宣传展示示范基地。提升莆田特有的"御史巷""御史第"、江春霖故居等历史文化资源，串珠成线，连线扩面，绘制清廉御史文化地图，做到文而化之、成风化俗，全面激发廉洁文化生机活力。将理学文化、木兰溪文化、御史文化融入"一

馆一书一图"廉洁文化工程建设中。

通过办学、建馆、论坛、丛书、影视等品牌建设，打造莆田廉洁文化阵地。用好用活"廉文化"做深做实"廉文章"。从史籍、家风家训等史料中充分挖掘提炼莆仙千年廉脉基因和古代莆仙籍清官廉吏事迹，构筑具有莆仙辨识度的廉洁文化。如以东阳村御史文化园与传统古建筑群为载体，开展良好家风传承教育活动与形式多样的党建活动，弘扬优秀传统、培育文明乡风。开展"壶兰漫谈""壶兰清风讲堂"宣传专栏；"清风润莆田"活动；"文化而润其内，养德以固其本"。莆田"福地廉旅"精品线路，"涵养好家风，清风润莆田"活动，开设壶兰漫谈、壶兰清风等主题栏目宣传。梳廉脉、演廉戏、编廉文、倡廉风。

从莆仙本土优秀传统文化中汲取传统廉洁文化精华，如组织创作御史文化剧本《陈文龙》、莆仙戏《铁面御史江春霖》等廉洁文化作品。挖掘文化名城的人物事迹、文物遗存、文献书籍等，御史之乡美名扬，讲述中国城市廉洁故事，把御史之乡升级为有名气的廉洁文化教育之乡，并衍生出莆阳家风馆，将中国传统文化与新时代乡村建设有机融合在一起了。学习历代莆仙籍御史们刚正不阿、两袖清风的可贵品质，感受御史们严以治家的家风家训。莆阳御史中乡贤的忠义孝慈、诗礼经书传家的光荣传统对莆仙传统文化产生了积极影响，形成了独具特色的莆仙乡贤文化。这些展现我们民族所蕴含的清正廉洁、明德至善的文化精神。弘扬御史精神，打造莆田廉洁文化阵地是我们新时代的重要工作。

开展小剧小戏小品剧本创作活动，举办廉洁文艺专场演出、书法展、文物展、剪纸艺术展等，运用独具莆仙特色、群众喜闻乐见的形式，让广大党员干部群众在耳濡目染中领悟廉洁文化之韵，传播廉洁理念，提升清廉文化感染力。让清廉文化有影、有声，廉洁文化教育入耳、入眼，入脑入心。充分发挥非遗传承人的作用，将廉洁文化建设与木雕等莆仙特色艺术形式有机结合，打造"水月松风""一路廉洁"等一批体现莆仙地域文化、富含廉洁元素的文创作品。

全方位地总结和凝练御史文化的精神内涵及核心价值，引导广大党员干部从御史文化中汲取营养和智慧，带动群众参与廉洁文化建设，在全社会形成以廉为荣的社会氛围。全面盘点本地承载清廉文化资源的文物古迹、名人故居、清官廉吏、文艺作品、非遗技艺等，开展"莆阳御史文化及当代价值"等课题研究，深入挖掘中华优秀传统文化中的廉洁元素，着力将富含廉洁元素的"源头活水"转化成教育资源。以物说廉，以史为鉴，以人明志，让传统廉洁文化焕发出时代新声。通过举办各种活动，讲好清官廉吏背后的廉洁故事，多维度展示莆田深厚而独特的廉洁文化底蕴。

巧妙融入融合，营造清廉文化"润物无声"的氛围。积极探索把中华优秀传统文化中的廉洁因子有机融入融合的有效路径，选取"小而精""广而优""雅而美"的廉洁元素，巧妙地融入图书馆、文化馆、地铁等公共场馆、场所中，把抽象的文化变成可感、可触、可亲近的实在形体，把"日用而不觉"的价值观念具体化、具象化，让群众在"潜移默化、润物无声"中"触景生廉"，积极适应分众化、差异化、个性化的传播趋势，打造清廉文化融媒体矩阵。统筹用好"网微报端刊"各类媒体平台，推进廉洁文化供给侧改革，构建"报纸＋网站＋新媒体＋视听产品"融媒体矩阵，综合运用H5、VR、VLOG等新媒体技术，创新廉洁文化宣传采编方式和内容表现形式。通过"御史清廉思想的时代解读""廉洁奉公、勤政爱民的儒家政治思想传承者——历代名臣"等节目，介绍了莆田本地清官廉吏独特的清廉品质，以多种形式引导党员干部感悟古人高风亮节，恪守为民从政之德，推动廉洁文化家喻户晓。

多领域融入御史文化，将廉洁价值理念有机融入亲清政商关系构建、家风民风社风建设等诸多领域，提升开放度和群众参与度。多渠道传播御史文化，注重发挥新媒体优势，积极打造御史文化IP，通过开展巡回讲坛、文艺汇演、征文创作等廉洁主题活动，让以廉为荣蔚然成风。持续办好有特色、有深度、有品位的清廉文化专版专栏专题系列栏目，广泛营造崇德尚廉的浓厚氛围。实施廉洁文化精品工程，制作微视频，推出一批制作精良的廉洁文化宣传精品。

莆阳御史文化，经过1000多年来莆阳御史一代又一代丰功伟业的积淀，形成了以清廉节俭为荣、以除恶务尽为责、以贪生怕死为耻的浓郁御史文化氛围，激励着一代又一代御史传承先辈、激流勇进、续写忠烈，对古代官场和社会风气的匡正纠偏起到了积极的推动作用。莆阳御史文化是莆仙优秀传统文化,也我国监察御史制度文化的优秀代表,体现了中华传统美德。先辈们留下的文化遗产已经积淀成为我们事业的力量,新时代我们更要借鉴和传承,大力加强廉洁文化建设,营造崇廉拒腐的良好风尚,对于深入推进党的自我革命也具有十分重要的意义。习近平总书记旗帜鲜明地指出:"我们的先人早就认识到,反腐倡廉的核心是制约和监督权力。我国古代很早就有监察、御史、弹劾、谏官等方面的制度。这些制度有不少在历代反腐倡廉中发挥了重要作用,对我们推进反腐倡廉制度建设具有重要借鉴意义。"新时代,必须全方位、多角度对莆阳御史文化进行研究、宣传,才能使弘扬莆阳御史文化,传承莆阳御史精神跃上一个新的台阶。

# 附 录
# 莆阳御史官员名录总览

## 说 明

一、本名录共收入有确切文献记载的御史台以及吏、户、礼、兵、刑、工六科给事中莆仙籍官员246人。不包括封赠的御史、给事中。

二、本名录著录官员主要分两部分，一为御史官员，二为给事中官员，基本按授职时间前后排序。名录统一编号，以见官员总数。著录项目为：（1）姓名、字号（包括一些改姓、改名、谥号）。（2）生卒年（生卒年不详者略去）。（3）籍贯，仙游置县于唐圣历二年（699），其前官员籍贯皆为莆田，自宋太平兴国四年（979）至明正统十三年（1448）兴化县裁革期间的人物，则按莆田、仙游、兴化三县著录。（4）官职，主要列举与御史谏官有关者，也顺便撮及其他重要官职。（5）授任时间，有的具体年份不详，只给出大致年间。（6）事迹撷要，主要选录御史官员的重要宦迹，侧重言官进谏和监察方面的事迹。

三、据清《国朝御史题名》记载：清朝科道官3087人，其中汉人为2153人。95%汉人御史来自正途，其中属于进士出身者约占80%，可见汉人御史的文化素质是很高的。这与清朝在限定正途之外辅之以限定考选候选人资格有关，一般是大理寺评事、太常寺博士、中书科中书、行人司行人等历俸二年者，俸深有为的推官、知县可以考选给事中与监察御史。各部郎中、员外郎主事、内院中书、国子监博士、京府推官等也可考选。清代都察院各官皆朝廷"谏净之臣",监察官作为"治官之官",非一般官员可比。自然与一般官吏的选用、考核、奖惩有所区别。《钦定台规》规定,科道官员除了要经过层层考选外,一般要有一定的阅历,要"明通内外政治","才守兼优",特别强调要"有骨鲠之气,朴质之风",敢谏、敢言。监察官素质直接影响到监察功能的发挥,因此清朝统治者十分重视对监察官的选用、考核,并逐步形成了一套行之有效的法律制度。御史制度的核心在于重视权力外部监督。

四、莆田历代被褒扬的御史正色立朝、弹劾权幸、匡正纲纪,留下"铁面御史""敢言御史""鲠直御史""节义御史""凛然御史""材御史""百年间无此御史""彭青天""孝廉里""廉能第一""廉官一等""真御史""有清御史第一人""御史之家"等美名,历代莆阳御史入祀乡贤祠、立牌坊等不胜其数。莆仙古代正式授职的监察御史、给事中200多人,其中也是百分九十为进士出身,约百分十左右为举人出身。这充分说明科举制度和儒家教育对封建时代官员的文章道德的深刻影响。

五、中国封建社会历代皆有封赠制度。所谓"封赠"指的是指朝廷以推恩方式,参照臣属的官阶或功绩,将官爵授予其父母、祖父母或曾祖父母。父祖在世的称"封",已死的称"赠"。明代文官封赠制度已比较完善。封赠主要有两类,一类是常规的考满封赠,另一类是所谓的"覃恩封赠",包括旌忠、旌劳和基于多种国家重大庆典的特例封赠。据《明实录》等文献记载,明代的文官官职的品级直接决定推恩父祖的代数。据统计,莆仙受封、赠御史和给事中的人员还有70人,本表未列入。

# 莆阳御史官员名录总览

## 一、唐、五代御史

| 序号 | 姓名、生卒年、字号 | 朝代 | 籍贯 | 官职 | 授任时间 | 事　迹 |
|---|---|---|---|---|---|---|
| 1 | 郑积字德戴 | 唐 | 仙游 | 副都御史兼右散骑常侍 | 麟德元年（664）前后 | 他曾阻止朝廷兴建离宫别苑，抗疏以陈其非，高宗乃止。汉阳百姓立碑以纪之。汉阳百姓立碑纪之。郑积祖孙三代御史，成为莆郡御史谱的佳话。 |
| 2 | 白金字文重 | 唐 | 莆田 | 荆州道御史 | 高宗年间（666—683） | 进士，布德施惠，民爱之如父母，歌曰："我爱白公治万民，枯株落草见阳春；我爱白公仁百姓，穷谷深山闻善政。赤子何辞祝我公？愿言代代相君王。" |
| 3 | 郑方连字仲居 | 唐 | 仙游迁莆田 | 殿中侍御史、上骑都尉 | 高宗中宗年间（668—684） | 中宗嗣圣中，武则天临朝，废中宗为庐陵王，曰："堂堂男子，胡为屈身于女主之座下！"因多次直谏武则天而不被采纳，遂解官而去。 |
| 4 | 郑朗字大明 | 唐 | 莆田 | 殿中侍御史 | 玄宗年间（713—758） | 遇事敢言，不屈不阿。时韩休为相，尝谓之曰："侍御史自方前代何如人？"朗曰："汉汲黯，晋嵇绍。"其慷慨劲直如此。 |
| 5 | 吴贤秀 742—807 字敬之 号壶邱 | 唐 | 莆田 | 侍御史、户部尚书 | 代宗年间（763—783） | 历任建宁令，侍御史、司农卿、大理卿、户部侍郎、尚书等，为官清廉，体恤百姓。永贞元年（805）致仕，顺宗特赐"德泽在生民，声名在华夷，勋劳在社稷"之铜牌，避世迁琼，被誉为推动海南文化发展第一人。墓在海南海口市美兰区演丰镇。 |

续表

| 序号 | 姓名、生卒年、字号 | 朝代 | 籍贯 | 官职 | 授任时间 | 事迹 |
|---|---|---|---|---|---|---|
| 6 | 林藻 765—840 字纬乾 | 唐 | 莆田 | 殿中侍御史、岭南节度副使 | 德宗宪宗年间（800—820） | "少有志尚，耻为遐服农人"。以文名、忠烈名著唐史。兄弟九人合称"九牧林家"，后代多出廉吏。 |
| 7 | 陈峤 825—899 字延封 号景山 | 唐 | 莆田后迁仙游 | 殿中侍御史 | 僖宗昭宗年间（890—899） | 为人谨信，居家纯孝，六十始登第。辅佐王审知治闽，有政声。司空王审知帅闽，辟为大从事，受大理评事，兼监察御史，擢大理司直兼殿中侍御史。 |
| 8 | 黄滔 840—911 字文江 | 唐 | 莆田 | 监察御史 | 天复元年（901） | 辅佐王审知治闽，提出减少官府支出、轻徭薄赋、开通海上贸易、创办学校，培养人才等措施，对福建唐末三十年免受兵祸有功。劝王审知归顺宋朝，促进祖国大一统。著有《莆阳黄御史集》2卷。明兴化知府岳正为其建牌坊。黄滔庶孙状元黄仁颖为官清廉，爱民如子，生活俭朴，一生崇奉欧阳詹的文章与德业，故为朝臣们所敬重。 |
| 9 | 翁承赞 859—932 字文尧、文饶 号狎鸥翁 | 唐五代 | 莆田 | 御史大夫、同平章事（闽王的宰相） | 天祐四年（907） | 直言敢谏，曾上书指陈"藩镇交结权幸，终必误国"而闻名朝野。王审知拜为相，整饬吏治，发展经济。广设学校，发展教育。设四门学，聚英才。当官为民，深受百姓爱戴。后入祀莆田乡贤祠。 |
| 10 | 方殷符 | 唐 | 莆田 | 银青光禄大夫、国子监祭酒兼御史中丞。 | 僖宗朝（874—888） | 乾符二年（875）进士，僖宗朝为王府咨议参军，以军功晋盐州防御史、银青光禄大夫，国子监祭酒兼御史中丞。与其子廷范，自光山来宰长乐，遂家于莆田刺桐巷，被尊为莆田方氏二世祖。墓在莆田县西北常泰里（今城厢区常太镇）丰田山。 |

续表

| 序号 | 姓名、生卒年、字号 | 朝代 | 籍贯 | 官职 | 授任时间 | 事迹 |
|---|---|---|---|---|---|---|
| 11 | 郑良士 856—930 初名昌士 字君梦 | 唐五代 | 仙游 | 御史大夫 | 景福二年（893）后梁贞明元年（915） | 沉厚寡言，王审知赏识其才华，称其长者。培养八子俱成才，号"郑家八虎"。闽王王审知赏识其才华，授为八闽署、馆、驿巡视官，后升任建州判官、威武军节度使书记官，左散骑常侍兼御史大夫等职。 |
| 12 | 方仁岳 | 唐 | 莆田 | 大中大夫 | 唐末五代（894—940） | 乾宁元年（894）进士，官大中大夫、秘书省少监，晋上柱国晋右仆射门下侍郎。大中大夫北宋时以左右谏议大夫代之。 |
| 13 | 徐崇 字顶文 | 唐 | 莆田 | 殿中侍御史 | 后梁年间（907—923） | 唐天佑三年（906）举明经。以荐举，官至殿中侍御史。置产筑庄于东陇，为柱史派始祖。 |

## 二、宋代御史

| 序号 | 姓名、生卒年、字号 | 朝代 | 籍贯 | 官职 | 授任时间 | 事迹 |
|---|---|---|---|---|---|---|
| 14 | 翁处廉 字伯若 | 宋 | 莆田 | 监察御史 | 太祖、太宗年间 | 开宝六年（973）与兄翁处朴同登进士第，为莆田"六桂联芳"之五桂。官朝请大夫，试大理司直，兼监察御史。 |
| 15 | 陈靖 948—1026 字道卿 | 宋 | 兴化迁莆田 | 谏议大夫 | 端拱年间（988—989） | 捐让田宅建兴化军治；上奏五策："明赏罚，抚士众，持重示弱，待利而举，帅府许自辟士而将帅得专制境外。"得宋太宗嘉奖。在科举考试、官员考核方面有独到见解。在务兴农事上建议"募耕作，赐耕者室庐、牛犁、种食"，"量人授田，度地均税"等。平生多建划，而于农事尤详。迁御史台推勘。建议逐年"采察"官吏功过，于每年年终核实材料，评酌等级，然后候旨除授。 |

续表

| 序号 | 姓名、生卒年、字号 | 朝代 | 籍贯 | 官职 | 授任时间 | 事迹 |
|---|---|---|---|---|---|---|
| 16 | 薛峦 字山甫 | 宋 | 兴化 | 殿中丞 | 太宗年间 | 为法官执法严正，狱不无核实，苟有冤滥，为其审讯平之，民由是不冤，尝进致仕疏，忠诚纯笃，上甚嘉纳，著有《边功十论》。 |
| 17 | 方慎言 字应之 | 宋 | 莆田 | 侍御史、泉州知州、谏议大夫 | 天圣元年（1023） | 为侍御史时，丁谓遭贬，谨言籍其家，得士大夫书，多干请关通者，悉焚之，不以闻，世称其长者。知泉州。岁饥，大发官廪赈民，奏免其丁税，父老感泣，生子多以"方"名。治钱塘江决堤，得玺书褒奖。任潭州知州时，郡大治，无留狱，潭人像而祠之。黄仲昭谓其有"古循良之风"。 |
| 18 | 翁损 | 宋 | 莆田 | 朝奉郎、殿中丞 | 真宗年间（998—1021） | 翁承赞孙，子孙移居莆城后埭（今荔城区镇海街道英龙社区），后代称"后埭翁"。明《福清县志续略》载："翁损，承赞之孙，殿中丞，移家于莆。" |
| 19 | 方偕 992—1055 字齐古 | 宋 | 兴化 | 汀州府通判、侍御史、开封府判官 | 真宗年间（998—1021） | 江南安抚使、杭州知州。岁饥，招募农民从军，农民得以全活，避免骚乱。奏请朝廷撤销百姓乳香、绵绮等赋税。能谋善断，体察民情，平雪冤狱。出使契丹，豪饮未醉，得赠西北名马，号酒器为"方家瓠"。 |
| 20 | 郑伯玉 字宝臣 | 宋 | 莆田 | 殿中侍御史 | 仁宗年间（1023—1063） | 为人峭直，不屈权贵，好为诗，凡朝政得失，士夫臧否，皆托之诗。时人将其诗与陈琪、方孝宁诗合编一集，名为《乌山三贤诗》。 |
| 21 | 许积 一作许祯、许积 | 宋 | 仙游 | 德州通判、监察御史 | 仁宗年间（1023—1063） | 进士，历都官郎中，迁山东德州通判。仁宗朝，举天下廉吏凡四十九人，许积其一也。举为监察御史，惜未入朝而病卒。 |

续表

| 序号 | 姓名、生卒年、字号 | 朝代 | 籍贯 | 官职 | 授任时间 | 事迹 |
|---|---|---|---|---|---|---|
| 22 | 蔡襄 1012—1067 字君谟 谥忠惠 | 宋 | 仙游迁莆田 | 西京留守推官、秘书丞、集贤校理知谏院、福州、泉州、开封知府，尚书吏部郎中、知制诰、任三司使，加给事中 | 景祐三年至庆历三年（1036—1043） | 力劝仁宗应修人事，弃佛法，直率敢言，深得仁宗赏识。公正清廉、不徇私情、刚直敢谏，后人称其"一身藏正气，两袖重清风"。神宗追赠吏部侍郎，后孝宗又加赠太师、谥忠惠。朱熹评价其"前无贬词，后无异议；芳名不朽，万古受知"。 |
| 23 | 林英 1025—1106 一作林悦，字希宾、希贤 | 宋 | 莆田 | 监察御史、侍御史 | 仁宗年间（1023—1063） | 任泉州观察推官时，经营有方，泉郡无滥狱，秩满赴京，百姓遮道相送。规劝仁宗务在爱养民力，不费民财，停止对西夏用兵。仁宗御书"忠孝"二字赠予林英《林氏族谱》。赴宣城赈灾，开仓放粮，缓刑薄征，蠲免租税，后宣城民食以足，反为富饶上郡，邦人德之，建生祠奉祀。居官五十六载，历事十一任，奉侍仁宗、英宗、神宗、哲宗、徽宗五朝。后奸臣当道，林英不同流合污，以老疾固乞致仕。性峭直有气节，不为利怵威诱。 |
| 24 | 陈睦 ？—1086 字和叔 号子雍 | 宋 | 莆田 | 起居舍人、潭州知州、监察御史 | 熙宁六年（1073） | 嘉祐六年榜眼，元丰间，校雠《六典》。尝为起居舍人出使高丽，上命并草书慰问高丽嗣王，神宗称美。返国后徽宗赐袍笏玉带，褒奖有加。 |
| 25 | 刘晞 字明孟 号高廊 | 宋 | 莆田 | 殿中侍御史 | 哲宗年间（1086—1100） | 乞除外，补福建都转盐司使，前殿中侍御史，阶中奉大夫。怜乡人东土破缺，风水不利，自倾囊鸠工，筑虎陂山，创顺济宫，奉祀明著天妃，作东土之保障，乡人共颂其德。 |
| 26 | 黄隐 初名降 字从善 号仲光 | 宋 | 莆田 | 监察御史、侍御史、泗州太守 | 元丰年间 | 初知无锡县，元丰中，擢监察御史，刚直敢言，无所畏避。时皆尊尚王安石之学，黄隐却力排王安石新语，取三经板火之。崇宁中，入元祐党人籍。 |

续表

| 序号 | 姓名、生卒年、字号 | 朝代 | 籍贯 | 官职 | 授任时间 | 事迹 |
|---|---|---|---|---|---|---|
| 27 | 傅楫<br>1041—1101<br>字元通 | 宋 | 仙游 | 监察御史、亳州知州 | 崇宁年间<br>（1102—1106） | 为官清正廉明，刚正不阿。官员随从犯法，亦依法严惩。洁身自好，不巴结权贵，五年不升迁。时曾布为宰相，因曾荐举傅楫，想拉拢傅楫为同流，楫却岿然守正，不徇私情。凡朝廷及曾布命令中有不妥之处，皆直谏不讳，竭力劝阻。 |
| 28 | 陈次升<br>1044—1119<br>字当时 | 宋 | 仙游 | 监察御史、侍御史、漳州知州 | 元祐绍圣年间<br>（1086—1098） | 能谋善断，亲自处理县务，大大减少了刑事案件而使监狱放空，众人叹服。不畏权贵，弹劾蹇周辅父子贪赃枉法。向徽宗献"体道、稽古、修身、仁民、崇俭、节用"六策。不肯依附章惇、蔡卞、蔡京、曾布等高官，且多次奏劾其恶行，因奸权诬陷，被贬出京，列入"元祐党籍"。 |
| 29 | 卓厚<br>1048—1100<br>字德载 | 宋 | 兴化 | 监察御史、殿中侍御史 | 大观年间<br>（1102—1110） | 擅长文词，博学广识。崇宁间历经台省，参修《乐》书。除监察御史，迁殿中侍御史，转承议郎尚书，吏部员外郎。每至俱以敢诤善谏者称，忠良敬之，奸邪畏之。卒后入祀莆田乡贤祠。 |
| 30 | 王回<br>1048—1100<br>字景深 | 宋 | 仙游 | 松滋县知县、监察御史 | 崇宁大观年间<br>（1102—1110） | 禁止松滋县活人祭鬼恶俗，对为首者绳之以法，其风遂革。转任鹿邑县知县，政绩显著，百姓万人，将其政绩报州府及朝廷，请其留任。与谏官邹浩为友，为人刚直，议论慷慨，因支持邹浩揭露章惇等劣迹而得罪奸党，被捕入狱。 |
| 31 | 许敦仁<br>字睦之 | 宋 | 兴化 | 监察御史、御史中丞 | 崇宁三年<br>（1104） | 任钱塘县尉时向苏轼献治湖建议，被采纳。后蔡京以同乡倚为腹心，徽宗曾以其言失当，乖宵旰图治之意，命罚金，左迁兵部侍郎。 |

续表

| 序号 | 姓名、生卒年、字号 | 朝代 | 籍贯 | 官 职 | 授任时间 | 事 迹 |
|---|---|---|---|---|---|---|
| 32 | 林冲之<br>1070—1141<br>字和叔<br>号中枢 | 宋 | 莆田 | 太守、主客郎中 | 政和年间<br>(1111—1118) | 少而忠信好义,尊宗孝祖,有才名,因不肯依附权贵,多年不获提拔。金人入侵,受命使金求和,被拘执。拒金人诱降,终被流放至上京、显州苦寒之地,囚禁于佛寺达十六年之久。病危时言"冲之年七十二,持忠入地无恨;所恨者国仇未复耳!"郑樵有诗哭冲之曰:"官似冯唐能老去,节如苏武不生还。"史志称冲之家族多义志,素有"忠义林家"之誉。 |
| 33 | 方禧 | 宋 | 莆田 | 监察御史、殿中侍御史 | 徽宗年间<br>(1101—1124) | 曾祖方慎从曾知嘉州,于郡圃手植荔枝,赋诗有"留取清阴待子孙"句。至大观中,方禧持节按蜀部学,嘉州父老拥车诵方慎从诗句作为对方禧的祝贺词。 |
| 34 | 黄㳆<br>字朝宗 | 宋 | 仙游 | 御史编修、秘书阁修撰 | 徽宗年间<br>(1101—1124) | 进士,宋徽宗奇其才,尝以江南豪士称之,御笔擢编修。历福建等路提点坑冶使,官朝请大夫、秘阁修撰。 |
| 35 | 林之平<br>字国衡 | 宋 | 莆田 | 监察御史、永嘉太守、温州知州 | 徽宗年间<br>(1101—1124) | 体恤百姓疾苦。建炎初年,隆祐太后南渡,之平上奏请求太后降旨安抚诸州,归还民间多征购的物资。请求罢免福建行钞盐榷酤之法,深得上心。高宗幸临安,诏之平为福建、广南招募海舟,后所募海舟破金人进攻。 |
| 36 | 方劭 | 宋 | 莆田 | 监察御史、光州知州 | 徽宗年间<br>(1101—1124) | 徽宗朝,童贯权倾朝野,胡作非为,遭多人弹劾,皇上派方劭前去调查,反被童贯抢先诬陷,获罪罢居筠州而死。 |
| 37 | 陈膏<br>?—1142<br>字泽卿 | 宋 | 仙游 | 殿中侍御史 | 建炎绍兴年间<br>(1127—1162) | 金兵逼郡,属官大都逃走,陈膏死守抗金。后知惠安县,单抢匹马招降了叛乱士兵。鄞僧王法恩谋逆,事觉,或请屠城,陈膏力论多杀非圣世事,胁从者均得以从轻处理。高宗曰:"陈膏长厚,有古人风。"擢为殿中侍御史。 |

续表

| 序号 | 姓名、生卒年、字号 | 朝代 | 籍贯 | 官职 | 授任时间 | 事迹 |
|---|---|---|---|---|---|---|
| 38 | 方廷实<br>？—1150<br>字公美、尚美 | 宋 | 莆田 | 监察御史 | 建炎绍兴年间（1127—1162） | 极力主张抗金，谓"天下者，中国之天下，祖宗之天下，群臣、万姓、三军之天下，非陛下之天下"。力谏高宗保守江左，而不应屈膝于金人。不畏权贵，立案审查利用秦桧势力为非作歹者，得罪秦桧党人。任福建提刑，制服海盗，奏请削免工商行业者的免行钱，并救济泉州灾民。负才识，善鉴裁，历官所荐多知名士。 |
| 39 | 许抟<br>字公执 | 宋 | 莆田 | 监察御史、礼部员外郎、 | 绍兴年间（1131—1162） | 抚州知州、严州知州。监察得体，受御史台倚重。才学渊博，南渡后，典籍文物，十无存一，科举故事无所考，欺伪者众，许抟能辩决真伪，士流清肃。 |
| 40 | 林大鼐<br>1116—1174<br>字梅卿 | 宋 | 莆田 | 太常寺丞、监察御史、殿中侍御史 | 绍兴年间（1131—1162） | 绍兴二十二年（1152）任右谏议大夫兼侍讲，权吏部尚书。居官风纪振而吏畏其威，理公道而人遂其乐。高宗用殿中侍御史大鼐之请，诏建祚德庙于临安府。高宗对大鼐很是信任，凡有建议，皆见施行，秦桧亦颇忌之。李俊甫《莆阳比事》载："林大鼐，自是六迁为吏部尚书，十年八座。"足见其"公道先扬善，真才自拔尤。"道德当身，故不以物惑，笃志而体，君子也。 |
| 41 | 陈俊卿<br>1113—1186<br>字应求<br>号六梅<br>谥正献 | 宋 | 莆田 | 监察御史、殿中侍御史、中书舍人、泉州知州、福州知州、右仆射同平章事 | 绍兴年间（1131—1162） | 榜眼及第，授泉州观察推官，服勤职业，严以律己，同僚宴集，恒谢不往。直言敢谏，史称他"斥奸党，明公道"弹劾依附秦桧的官员，并向高宗举荐中兴名臣张浚。高宗称其"仁者之勇"。荐虞允文为相，劝孝宗远佞、亲贤、修政、攘敌、泛使不可轻遣。斥责朝中趋炎附势之风，谏孝宗"人才进退，权由私门，非朝廷美事"。任地方官时，政尚宽简，罢无名之赋，深受士民爱戴。 |

续表

| 序号 | 姓名、生卒年、字号 | 朝代 | 籍贯 | 官职 | 授任时间 | 事迹 |
|---|---|---|---|---|---|---|
| 42 | 龚茂良 1121—1178 字实之 谥庄敏 | 宋 | 莆田 | 监察御史、建宁知府、广州知州、参知政事 | 绍兴年间（1131—1162） | 为官清正，有"廉勤"佳誉。一生主抗金、劾奸佞、赈灾民。后因疏陈"恢复"六事，触怒孝宗，被贬至英州，并卒于贬所。与蔡襄、陈俊卿、林光朝等被称为宋代莆田四贤，邑人立"四贤祠"祀之。陆游将龚茂良政治遭遇比之屈原。 |
| 43 | 谢洪 字范卿 号诲之 | 宋 | 兴化 | 海丰县簿、江南御史 | 乾道年间（1165—1173） | 授海丰县簿，时督赋吏多取于民，谢洪亟除之。升任信州永丰县令，尤有惠政。再调江南御史。徽猷林公枅以庄临僚属，独引君致幕下。会邻路建、剑有狱不决，檄君审问。君至则片言决之。 |
| 44 | 陈谠 1134—1216 字正仲，号崇清 | 宋 | 仙游 | 殿中侍御史、兵部侍郎 | 淳熙年间（1174—1189） | 为官直言敢谏，因事而言，不讦人过，不私己。劝宰相韩侂胄谨慎兴兵伐金，韩置之不理，一意孤行，结果北伐失败，损兵辱国。 |
| 45 | 黄黼 字元章 | 宋 | 莆田 | 殿中侍御史、刑部侍郎 | 绍熙年间（1190—1194） | 上疏请孝宗于近臣中"择才略谋虑可以任重致远者"，委以统筹一方边防事务之重任，使其"出将入相"，孝宗嘉纳。浙东受灾，黄黼上疏请求用漕运粮食贷给以灾民。毗陵灾荒，饥民取草根以食，郡县官员隐情不报。黄黼得知后上报朝廷，请求捐僧牒、缗钱赈济，救活者众。 |
| 46 | 傅淇 字元瞻 | 宋 | 仙游 | 监察御史、泉州知州、温州知州 | 孝宗年间（1163—1189） | 以和乐平易之政解决民间纠纷，以理服人，居官不求名利，政平讼理。虽在京都为官，然未尝造访权势之门。劝孝宗择至诚人士以备官僚，派忠诚可靠之士镇守川广。后入祀仙游乡贤祠。 |
| 47 | 刘棠 字季思 | 宋 | 莆田 | 监察御史、秘书监、太平州知州 | 嘉定七年（1214） | 宋绍熙元年进士。曾知东莞，重修儒学，分左学右庙。嘉泰间任高州儒学教授，纂《高凉志》。历官著作左郎、监察御史、秘书监、太平州知州、诸王宫教授。 |

续表

| 序号 | 姓名、生卒年、字号 | 朝代 | 籍贯 | 官职 | 授任时间 | 事迹 |
|---|---|---|---|---|---|---|
| 48 | 康梦庚 名一作梦更 字景长 | 宋 | 莆田 | 监察御史 | 嘉定十五年至十七年（1222—1224） | 早年治诗赋，绍熙四年（1193）进士，嘉定十五年授监察御史。升宗正寺少卿，嘉定十七年（1224）兼国史院编修官及实录院检讨官。 |
| 49 | 蔡辟 字子正 | 宋 | 莆田 | 监察御史、太常少卿、国子监丞 | 嘉定年间（1208—1224） | 威惠兼顾，朝野政绩有名。论事慷慨，首言百司欺罔及郡县暴敛将帅收刮民财之弊，又乞风厉士大夫收用善类以为国本。 |
| 50 | 刘榘 字仲则，号求斋 | 宋 | 莆田 | 侍御史兼侍读、工部尚书 | 嘉定年间（1208—1224） | 江浙大旱，刘榘拨义仓米赈济灾民。通判漳州时，为政明允，决争如流，庭无留讼，体恤百姓，漳人德之，祀之名宦祠。史弥远得政，廷臣俱务容默，无敢慷慨尽言者，唯榘与邑人陈宓敢言直谏，历事四朝，刚正疾恶，疏劝宁宗"崇奖忠谠，以作士气，深戒谀佞以肃具僚。" |
| 51 | 丁伯桂 1171—1237 字元晖 | 宋 | 莆田 | 定海知县、肇庆府通判、监察御史、吏部侍郎、给事中 | 嘉熙年间（1237—1240） | 任知县、通判期间，置诸法，一境肃然，廉介严明，奸豪凛畏，民心信服。论事鲠直，其在言路二年，谏疏盈箧，皆力扶世道，切中时弊。 |
| 52 | 林彬之 1184—1261 字元质 号囷山 | 宋 | 莆田 | 福州通判、监察御史、殿中侍御史、工部侍郎 | 淳祐年间（1241—1252） | 擢监察御史，首疏天命、人才、民心，次言括田之害，又诵皇禧中太常博士张述请立皇嗣语。除殿中侍御史，首疏攻临安尹擅利病民，卒移尹越州；后又弹劾外戚数人。 |
| 53 | 陈炜 1192—1268 字光仲 | 宋 | 莆田 | 监察御史 | 淳祐年间（1241—1252） | 以莆田乡贤丁伯桂等为楷模。为官有正气，首论不才执政。有令换疏者，炜答以"头可断，疏不可换。"《八闽通志》评其"临大节而不可夺者"成为莆史的佳话。 |

续表

| 序号 | 姓名、生卒年、字号 | 朝代 | 籍贯 | 官职 | 授任时间 | 事迹 |
|---|---|---|---|---|---|---|
| 54 | 刘克庄 1187—1269 初名灼，字潜夫，号后村，谥文定 | 宋 | 莆田 | 御史兼崇政殿说书 | 淳祐六年（1246）八月 | 南宋"江湖诗派"领袖，辛派词人重要代表，与陆游、辛弃疾齐名。一生历孝宗、光宗、宁宗、理宗、度宗五朝，敢言直谏，宦海沉浮，六起六落，对祖国命运的关切，对国土沦丧的悲愤及对百姓疾苦的申诉，始终痴心不改，至老不衰。 |
| 55 | 叶大有 字谦夫 | 宋 | 仙游 | 左司谏、侍御史、右谏议大夫、徽州通判殿中侍御史、刑部尚书 | 淳祐七年（1247） | 首疏论储嗣、纪纲、人材为国家命脉，反覆数百言。又乞救民饥，宽民力。奏抑内降，保直臣，罢外戚授官。出入馆阁言路凡十余年，先后向宋理宗上奏章120多篇，详尽论述选择君嗣，整饬朝纲，顾惜财力民命，削弱皇亲国戚势力，广开言路，加强边防建设等主张。 |
| 56 | 李梦能 | 宋 | 兴化 | 循州通判、监察御史 | 理宗年间（1237—1264） | 宝庆二年（1226）进士，嘉定进士李梦龙从兄。任广南东路循州通判，官至监察御史。 |
| 57 | 阮鹏 | 宋 | 莆田 | 御史台主簿、朝散郎、连州知州。 | 理宗年间（1237—1264） | 宣和六年进士。历官御史台主簿、朝散郎、广东连州知州。其生活俭朴，以廉洁著称。后代有姓联云："连州明吏播廉洁，永福清官颂惠名。" |
| 58 | 陈尧道 字敬之 | 宋 | 莆田 | 监察御史、侍御史、右谏议大夫 | 景定年间（1260—1264） | 早年治《春秋》，端平进士。景定二年（1261）以太府寺丞除秘书郎，寻迁监察御史兼崇政殿说书，进殿中侍御史。景定四年与右正言曹孝庆等上言廉兵、和籴、造楮之弊，请抽买公田。迁侍御史。 |
| 59 | 黄镛 1216—1277 字器之 | 宋 | 莆田 | 监察御史、刑部侍郎、给事中 | 咸淳二年（1266） | 兵部侍郎、知枢密院事。与陈宜中上书揭发丞相丁大全之奸，被流放，时称"六君子"。宋末与陈文龙一同起兵抗元赴国难。时人有"开庆六君子，至元三搭头"之语。 |

续表

| 序号 | 姓名、生卒年、字号 | 朝代 | 籍贯 | 官职 | 授任时间 | 事迹 |
|---|---|---|---|---|---|---|
| 60 | 陈文龙 1232—1277 字德刚、君贲 谥忠肃 | 宋 | 莆田 | 监察御史、抚州知州、侍御史、参知政事 | 德祐元年（1275） | 秉公处事，"不挠不屈，不可干以私，人皆惮之"。上疏极言奸相贾似道之过，被贬出知抚州，到任后，为官廉正，治民宽恕。宋末元兵入侵，尽散家资，募兵死守兴化城，被俘后绝食，慷慨就义。 |

## 三、明代御史

| 序号 | 姓名、生卒年、字号 | 朝代 | 籍贯 | 官职 | 授任时间 | 事迹 |
|---|---|---|---|---|---|---|
| 61 | 方征 1350—1380 字可久 号介庵 | 明 | 莆田 | 给事中、监察御史 | 洪武九年（1376） | 为官恒思效职，志节甚伟。有言"风宪官以激浊扬清、戢弊兴利为职。今乃计其事绩多寡，定为优劣，故其巡行之际，不闻旌拔廉能，专务罗织人罪，多征赃罚，以为己能，此大患也。" |
| 62 | 廖盛泰 1335—1428 | 明 | 莆田 | 都督、总兵、御史都督清益将军 | 洪武年间（1368—1398） | 曾参加朱元璋的讨元起义军，为朱元璋所器重，授以都督、总兵之职。明朝建立后，奉命挥师西粤，荡平两广的残余反明势力，以功封广西御史都督清益将军。后携家定居广西武宣。 |
| 63 | 郑云 字行从 | 明 | 莆田 | 监察御史、湖广按察司佥事、广东布政司右参议 | 洪武年间（1368—1398） | 洪武二十一年进士。《兰陔诗话》谓其"为人廉慎仁恕，诗亦秀润"，惜年未五十而卒。卒后入祀莆田乡贤祠。 |
| 64 | 陈本初 | 明 | 莆田 | 监察御史 | 洪武年间（1368—1398） | 莆城右厢人，元末明初莆田"壶山文会"成员。入明，洪武间举荐任兴化府学训导，擢监察御史。 |
| 65 | 林希悦 字克霖 | 明 | 莆田 | 监察御史、右布政使 | 洪武年间（1368—1398） | 莆城右厢人，洪武间举荐由延安府儒学教授，升监察御史，官终山东右布政使。 |
| 66 | 陈德 字宗元 | 明 | 仙游 | 知县、监察御史 | 洪武年间（1368—1398） | 明初以荐辟任双溪县知县，升广西道监察御史。有《石所山》诗传世。 |

续表

| 序号 | 姓名、生卒年、字号 | 朝代 | 籍贯 | 官职 | 授任时间 | 事迹 |
|---|---|---|---|---|---|---|
| 67 | 周弼 字梦良 | 明 | 莆田 | 刑科给事中、监察御史 | 建文年间（1399—1402）官刑科给事中，迁御史 | 洪武十八年进士。曾为监支军粮受钞，戴流罪还职。历官刑科给事中，迁监察御史，以言事忤旨死。 |
| 68 | 方鼎 字象州 号钝斋 | 明 | 莆田 | 御史、知县 | 永乐十三年（1424） | 永乐十三年进士，授御史。宣德五年调广西阳朔知县。明成化兴化知府岳正在莆城后塘为方鼎及其侄进士朝宗、朝宗父方鸾封主事立"世荣坊"以表彰。 |
| 69 | 黄建《明进士题名碑录》作黄延 | 明 | 莆田 | 监察御史 | 永乐年间（1402—1424） | 东里黄滔后裔，洪武十八年（1385）进士黄隽从弟，永乐四年（1406）进士，授太常寺少卿，巡按广东，官至监察御史。 |
| 70 | 陈道潜 1364—1433 谱名复 字孔昭 号拙斋 | 明 | 莆田 | 礼科给事中、监察御史 | 永乐年间（1402—1424） | 预修国史，文、德行堪为官宦典型。以言事谪彝陵州（今属湖北宜昌）判，革巫俗，轻赋税，行善政，德远播。改江西道监察御史，内台章疏议，多出其手，同僚皆称为"拙斋先生"。常戒其子曰："毋挟势以逞威，吾之愿也。"为人持重，不轻易戏言，好谈人善，不好谈人恶。会元陈中尝称其"仕者可为居官之法，隐者可为族里之法"。后裔陈汝亨廉洁自持，爱民兴学，奖孝励忠，教化大行，修文庙、明伦堂，捐俸修书院。 |
| 71 | 林辉 | 明 | 莆田 | 赠广东道监察御史 | 洪熙元年（1425） | 永乐二十二年（1424）进士，洪熙初年，以子林诚贵，恩赠广东道监察御史。 |
| 72 | 方琰 字孔珍 号存玉 | 明 | 莆田 | 浙江道监察御史 | 宣德四年（1429） | 独持风裁，直声动天下。时称真御史者必曰方琰。寻遭媒孽落职，领税临川，不改其操，时临川令叶某惜其大材小用，赠辞有曰：莫邪可以断犀，而以之割鸡，夜光可以照乘，而以之弹鸟。 |

续表

| 序号 | 姓名、生卒年、字号 | 朝代 | 籍贯 | 官职 | 授任时间 | 事迹 |
|---|---|---|---|---|---|---|
| 73 | 林 熊<br>字梦吉 | 明 | 莆田 | 山东道监察御史 | 宣德正统年间（1426—1449） | 永乐九年（1411）进士，以事免归，玄孙林大辂亦御史。 |
| 74 | 朱 胜<br>字永义 | 明 | 莆田 | 浙江道监察御史 | 宣德正统间（1426—1449） | 明书法家，永乐十三年（1415）进士。官至浙江道监察御史。 |
| 75 | 林祥凤<br>？—1449<br>字鸣皋 | 明 | 莆田 | 监察御史 | 正统十一年（1446） | 正统十四年（1449）七月扈从英宗亲征挞担，至土木堡兵败，死于难。卒后入祀莆田乡贤祠。 |
| 76 | 方 鲤<br>字廷训 | 明 | 莆田 | 南京监察御史、绍兴府知府 | 正统年间（1436—1449） | 性资刚果，遇事必为，遇事敢言，居官风采凛然，人号"材御史"。后任知府，以严明莅之，吏畏民爱，号为"良二千石"。正统间以疾致仕，行义尤为乡邦所敬服。 |
| 77 | 周 哲<br>字能慧 | 明 | 莆田 | 南京监察御史、处州府知府、长沙府知府 | 正统年间（1436—1449） | 正统间任浙江处州知府、天顺元年任湖南长沙知府，擢南京监察御史，被诬免归。 |
| 78 | 李 梁<br>1392—？<br>字廷正<br>号纯轩 | 明 | 仙游 | 监察御史 | 正统年间（1436—1449） | 为人慷慨耿直，临事敢言。正统十四年（1449）英宗北征，曾上疏谏止。土木堡之变后，景帝即位，以其先事敢言将大用，竟卒于官。 |
| 79 | 林思承<br>1412—1480<br>名统<br>以字行<br>号静斋 | 明 | 莆田 | 监察御史 | 景泰五年（1454） | 景泰五年（1454）进士，选为御史，辞不就，升冀州知州。有政绩，满九载，民诣阙留之。后任淮安府督粮同知，未尝少有馈遗以纳交取誉。卒后彭韶铭其墓称"廉退君子"。 |
| 80 | 黄 誉<br>1415—1467<br>字廷永<br>号养礼 | 明 | 莆田 | 南京监察御史、浙江布政司 | 景泰年间（1450—1457） | 安良除暴，号称"括地黄"，比喻除草务尽之意，材高气烈，人敬惮之。陈姓宦官纵子为暴，黄誉将其立毙杖下。 |
| 81 | 叶 峦<br>1418—？<br>字峻甫 | 明 | 莆田 | 巡按湖广监察御史 | 景泰年间（1450—1457） | 景泰二年进士。居官清慎，勤于政事，静廉持重，身后甚贫。景泰五年，巡按御史陶复在莆田黄石为叶峦任御史立"豸绣坊"。 |

续表

| 序号 | 姓名、生卒年、字号 | 朝代 | 籍贯 | 官职 | 授任时间 | 事　迹 |
|---|---|---|---|---|---|---|
| 82 | 陈敬<br>1420—?<br>字体清 | 明 | 莆田 | 河南道监察御史 | 景泰年间<br>(1450—1457) | 景泰二年进士，为人谦和，任河南道监察御史，以十事进谏，有治才。巡按御史陶复在莆城后埭街为陈敬任御史立"豸绣坊"。卒后入祀莆田乡贤祠。 |
| 83 | 陈燮<br>字延辅 | 明 | 仙游 | 监察御史 | 景泰年间<br>(1450—1457) | 巡视诸仓，剔蠹划弊，剿获江盗，豪奸敛屏。时有人以百金托乡人谢湖等求宽纵，湖等介绍其人而隐没其金。燮知其奸险而绳之以法。迁广东佥事，清正廉明，却番舶互市例钱。 |
| 84 | 严泫<br>1424—1483<br>字宗源<br>号钝庵 | 明 | 莆田 | 翰林庶吉士、监察御史、湖广右布政使 | 天顺三年<br>(1459) | 严教条，肃士习，试之日，锁院糊名，请托不通。权门要路，谤憾虽多，然弗恤也。增设各乡社学，因地制宜，稍济以宽，士皆悦从。生性严毅，居官清慎，勤于政事，不徇私情。至湖湘时，其郡人士夹道欢迎曰："吾旧父母复来矣！" |
| 85 | 黄谨<br>1420—?<br>字延仪<br>号慎斋 | 明 | 莆田 | 南京监察试御史、湖广按察司佥事 | 天顺年间<br>(1457—1464) | 景泰五年进士。天顺初，奉命清理浙江军政，奏准除缺伍者解补，不缺者止，人深德之。方巷旧有"三世青云"坊，为黄宦、黄谨和黄铎三代分别任监察御史、刑部主事而立。 |
| 86 | 陈贵<br>1425—?<br>字秉良 | 明 | 莆田 | 监察御史、广西按察司佥事 | 天顺年间<br>(1457—1464) | 筑城浚池，时两司与总兵陈锐争坐起，贵独奏锐违枉；锐亦拾贵短，竟免归。 |
| 87 | 林荣<br>字从信 | 明 | 莆田 | 监察御史、按察司佥事 | 天顺年间<br>(1457—1464) | 与同官疏言七事，皆中时弊。卒后入祀莆田乡贤祠。天顺四年，知府潘本愚在黄石横塘为其立"绣衣坊" |

续表

| 序号 | 姓名、生卒年、字号 | 朝代 | 籍贯 | 官职 | 授任时间 | 事迹 |
|---|---|---|---|---|---|---|
| 88 | 杨 琅<br>1428—1473<br>字朝重 | 明 | 莆田 | 监察御史、山东按察司佥事 | 成化二年（1466） | 宪宗皇帝登基，琅上疏言"宜用贤修德，以永天休"，反复言内臣不可以预政，幸门不可以轻启。又尝与同官陈选敕罢大臣不才者数人。时称琅为"敢言御史"。巡按浙江，皆宽简行事，不吹毛索瘢以沽名。后在赈灾防疫中染疫病逝。琅居家以孝友称，居乡以长厚称，居官以端介称，人无间言。卒后入祀莆田乡贤祠。 |
| 89 | 林 诚<br>1426—？<br>字贵实<br>号升庵 | 明 | 莆田 | 监察御史 | 成化三年（1468）任广东道试监察御史 | 以刚正敢言声名海内，因请求罢免户部、礼部、兵部尚书被下狱。复官，奉命按视河道，疏言六事。其莅官明达，吏事精勤，有所弛张皆切时弊；凡事人所难为者，一切易之。老吏谓："百年间无此御史也。"都御史滕昭屡扬于朝，曰："以六察官而举都宪职，林某耳。"劲宰相商辂，诏狱廷杖。 |
| 90 | 翁世资<br>1415—1483<br>字资甫<br>号冰崖 | 明 | 莆田 | 都察院右副都御史、山东巡抚、户部尚书 | 成化五年（1469）升都察院右副都御史 | 清正廉洁，通达圆融，善理繁政，有政声。多次主持赈灾，皆不辱使命。因秉性狷介，不屈于权奸，曾三次被诬陷下狱。居官四十年，谦廉和厚，忠国惠民，"家无余资，不营身后"，为时人所誉。 |
| 91 | 邱 山<br>1431—1489<br>姓原作丘<br>字安重<br>号拙庵 | 明 | 莆田 | 瑞安知县、监察御史、云南按察司副使 | 成化八年（1472）以旌异擢江西道监察御史 | 成化二年进士，任瑞安知县，捕治老猾豪，置之法，严禁溺女，教以婚嫁之宜，以革奢风。奉勅清理两广军政，远恶州郡，无不身涉，从容逮践，根究始卒，亲与定夺，军民交口称便。八年（1472）以旌异擢江西道监察御史，初巡通州仓，再巡南城，皆力去宿弊，不事姑息。十七年（1481）巡按应天等府，被玺书恤刑，并宽严得中，狱无冤滥。 |
| 92 | 方 珪<br>1445—1477<br>字纯洁 | 明 | 莆田 | 翰林庶吉士、贵州道监察御史 | 成化八年（1472）任贵州道监察御史 | 处理贩卖私盐的权贵之子，弹劾朋奸不职的官员。巡历所至，击贪吏，划弊政，一秉至公，无敢干以私者。 |

续表

| 序号 | 姓名、生卒年、字号 | 朝代 | 籍贯 | 官 职 | 授任时间 | 事 迹 |
|---|---|---|---|---|---|---|
| 93 | 彭 韶<br>1430—1495<br>字凤仪<br>号从吾<br>谥惠安 | 明 | 莆田 | 刑部司主事、刑部员外郎、按察使、布政史、都察院都御史、刑部侍郎、刑部尚书 | 成化二十年（1484）任都察院右副都御史 | 不畏惧权贵近臣，奏请宪宗"以田归民"，两下诏狱，因执法不挠而享盛名。在按察使、布政使、刑部尚书任上，查处积案，缉凶摘伏，为民伸冤，兴学罢贡，人称"彭青天"。居官三十余年，政声远播，郡志称其："莅官忠诚恳至。在外台，则务平冤滞、剔奸蠹、敦风俗、恤民隐；在内台，则谨于守法，不为利疚，不为势回，则亦常有法外之意。" |
| 94 | 吴 球<br>1445—?<br>字至甫 | 明 | 莆田 | 南京试监察御史、云南按察司佥事 | 成化二十二年（1486）迁南京试监察御史 | 成化十四年进士。博通经史，以礼教革夷习。寻荐擢兵备副使，抚御有恩威。三年报政，民争留不得，为立生祠祀之。 |
| 95 | 朱 悌<br>1447—?<br>字舜敬 | 明 | 莆田 | 南京监察御史、浙江按察司佥事 | 成化二十二年（1486）任南京试监察御史 | 劾奏吏部文选司郎中贡钦招权纳贿，肆意妄行，长奔竞之风，坏铨选之法，请置于法，并疏出之，士论称快。廉直棱厉。触暑行，按事无日夜，卒。 |
| 96 | 洪 楷<br>?—约1473<br>字学膺 | 明 | 莆田 | 监察御史、绍兴府知府 | 成化年间（1465—1487） | 俭勤廉慎，赋宽刑平。成化七年遇岁饥，濒海多盗，洪楷防守要隘，劝富豪出粟以贷贫弱，岁不为害，盗亦屏息，卒于官，囊无厚货，盖廉慎云。 |
| 97 | 方 岳<br>1442—?<br>字恒谦 | 明 | 莆田 | 南京监察御史 | 成化年间（1465—1487） | 成化五年进士，以言事左迁江苏泰州判官，寻升江苏常州府同知，后致仕归来乐育后进。 |
| 98 | 黄 深<br>1419—?<br>字仲渊 | 明 | 莆田 | 云南道监察御史 | 成化年间（1465—1487） | 奉命巡视京仓。廷议樽节粮储，守仓街卒月饷十减四，苦弗给。至任，会计京储已裕，遂奏复之。 |
| 99 | 林 正<br>1436—1476<br>字克全<br>号素斋 | 明 | 莆田 | 广东道监察御史、巡按 | 成化年间（1465—1487） | 为人勤敏清慎，有气节。立朝论议，务持大体，不乐琐屑以沽名。巡按苏、松、常、镇四郡，绳违雪枉，凛然有风裁。有丹阳令善结权要，林正夺其职。爱民如子，巡按广东，至则首询民瘼，豪黠之吏方闻风敛迹，而穷困之民咸引领望苏。 |

续表

| 序号 | 姓名、生卒年、字号 | 朝代 | 籍贯 | 官职 | 授任时间 | 事迹 |
|---|---|---|---|---|---|---|
| 100 | 王玉荣榜姓吴后复王姓 | 明 | 莆田 | 南京都察院理刑博士、南京湖广道监察御史 | 弘治二年（1489）授南京湖广道监察御史 | 成化八年（1472）进士。任南京都察院理刑博士。弘治二年（1489）授南京湖广道监察御史。 |
| 101 | 周进隆 1453—1520 字绍立 号双竹 | 明 | 莆田 | 绍兴府推官、监察御史、知府、按察副使、右按察使、布政使 | 弘治五年（1492）召拜浙江道监察御史，十二年补山东道监察御史 | 决狱公平，解诸暨边家之冤，时有军民与灶户盐场之争，于新塘之下筑塘界之，民号"周塘"。迁山东道监察御史，忠直敢言有威望。上表为修筑莆田木兰溪的李宏请功。 |
| 102 | 邱天祐 1454—? 字恒吉 | 明 | 莆田 | 监察御史 | 弘治七年（1494）授直隶监察御史 | 不避权贵。弹劾宦官李广招权纳贿之罪。忤旨，廷杖六十，下锦衣狱。寻得释，又连劾李广恃权纵恣，赃贿狼藉，未报。时清宁宫火灾，李广畏罪自尽，天祐与给事中华昹共检出李广家财数十百万，疏籍没之。 |
| 103 | 陈 珀 1472—1516 字子永 改琛之 号翠峰 | 明 | 莆田 | 监察御史、按察司佥事、太仆寺卿 | 弘治九年（1496）授都察院理刑，十年（1497）授陕西道监察御史 | 疏抑妖僧领占竹，朝谕黜之。其为人讲正义，乐于助人，其任御史时，奉差出京，适同乡训导翁瑞卒于官，冷宦无依，为携榇以归，道路误传谓陈御史物故，至莆，乃知翁榇，莆人击节谈其事。 |
| 104 | 林 俊 1452—1527 字待用 号见素、晚号云庄 | 明 | 莆田 | 刑部主事、按察史、右副都御史、工部尚书、刑部尚书 | 弘治十三年（1500）召为南京都察院右佥都御史；正德元年（1506）升右副都御史 | 冒死上《扶植国本疏》，惹怒宪宗，下锦衣狱，并责三十杖，贬为姚州判官。弘治元年擢为云南按察司副使，兴义学，多有善政。兴利除弊，民皆德之。调湖广按察使，内臣以事至境，例有馈送，俊独不与，从此，吏部屡拟迁，不报。巡抚江西，能以圣节行部，组织剿盗，亲入贼巢，悉平乱盗。又建义学、义仓、义冢，庶政为之一新。嘉靖朝敕召为工部尚书、刑部尚书，疏请嘉靖帝亲君子，远小人。《明史》称其"历事四朝，抗辞敢谏，以礼进退，始终一节"。 |

续表

| 序号 | 姓名、生卒年、字号 | 朝代 | 籍贯 | 官职 | 授任时间 | 事迹 |
|---|---|---|---|---|---|---|
| 105 | 林元甫 1445—1508 原名普长 字元甫 改字秉仁 号豫斋 | 明 | 莆田 | 工科给事中、礼科都给事中 | 弘治十四年（1502）升右副都御史 | 历官三十余年，家无厚赀，平居惇行孝友，未尝启口及人过失，僚友尝被诬，以身家保之，竟亦不使之知也，盖一时"长者"。 |
| 106 | 陈茂烈 1459—1516 字时周 号希武 | 明 | 莆田 | 吉安府推官、河南道监察御史 | 弘治十六年（1503）任河南道试监察御史 | 能辩疑狱，凡遇要案，亲自审问，以理辩析，民无不从。考绩京师，清正廉洁，冬月僵冻，忍苦自支。任监察御史，袍服朴素，骑一牝马，身若无官者。不畏强权，民皆德之，明察朝纲，务持风纪。时有尚书子受赂，乃即屡疏论劾。侍母极孝，朝廷诏其宅里为"孝廉里"，又立"旌表孝廉"坊以彰其行。 |
| 107 | 李廷梧 1470—1538 字仲阳 号壶塘 | 明 | 莆田 | 知县、试监察御史、两淮巡盐监察御史兼理河道、左寺丞 | 弘治十八年（1505）升任湖广道试监察御史 | 任桐乡县知县，勤于政事，每事躬亲，断案明允，决狱公平，精敏仁爱，兴学教民，尤加意农桑，倡修《桐乡县志》并为序，离任民立石颂德。升湖广道试监察御史，赈济贫穷，务行实惠，又以财匮民贫为忧，上疏力请宽恤税粮。罢师后因家乡濒海多灾，捐田修筑海堤。 |
| 108 | 陈钟 | 明 | 莆田 | 监察御史 | 弘治年间（1488—1505） | 弘治十二年进士，官至南京监察御史以父祖官云南府后卫（明洪武十五年（1382）置后卫，属云南都司，治所在今云南昆明市），遂入后卫军籍。陈钟以推官参加铨试监察御史，合格后授山东道监察御史。正德二年（1507）闰正月，奉诏与监察御史刘庆、阎睿、赵佑、房瀛、孙迪等查盘山西大同等处边储宜。正德五年（1510）六月，陈钟巡按四川还京，因"都察院考其出巡废事（积压事务）"，被降为湖广武昌府推官。 |

续表

| 序号 | 姓名、生卒年、字号 | 朝代 | 籍贯 | 官 职 | 授任时间 | 事 迹 |
|---|---|---|---|---|---|---|
| 109 | 程一嘉 字茂忠、懋忠 | 明 | 莆田 | 监察御史 | 弘治年间（1488—1505） | 弘治十四年举人，官至监察御史。国子监学正、由文学任直隶宣城县学教谕。正德十年（1515）入南京都察院，十一年（1516）官选南道监察御史。 |
| 110 | 林茂达 1462—？ 字孚可 号翠亭 | 明 | 莆田 | 监察御史、左参政、按察使、布政使、都察院右副都御史 | 正德元年（1506）授湖广道试用监察御史 | 时宦官刘瑾肆作威福，茂达慎重风采，多有建言。升贵州左参政，计擒川寇，升四川按察使、右左布政使，居蜀约四年，二仆戒候饮食若逆旅然。会入觐，两疏乞归，朝廷嘉其廉退，升都察院右副都御史致仕。 |
| 111 | 黄如金 约468—？ 字希武 | 明 | 莆田 | 监察御史、广西按察司提学副使 | 正德元年（1506）官四川道监察御史 | 《惟扬志》称如金"正德四年督学南畿，持身严而敷教宽"，编《古文会编》刊布，远近士习为之一变。 |
| 112 | 林季琼 约1462—？ 字时献 号他石 | 明 | 莆田 | 监察御史、巡盐御史 | 正德二年（1507）升河南道试监察御史，转巡盐御史 | 任浙江巡盐御史时，当地发生水灾，灶丁溺死者多，季琼奏请"免岁办盐课八千九百余千引，仍令巡视都御史量为赈济"，得到皇帝批准。 |
| 113 | 朱俨 1468—？ 字居正、若思 | 明 | 莆田 | 知县、试监察御史、两淮巡盐监察御史兼理河道 | 正德三年（1508）升广东道试监察御史，四年转两淮巡盐监察御史兼理河道 | 正德元年（1506）官萧山知县，率人编纂《萧山县志》，二年后修成。因政绩突出，擢广东道监察御史，巡按两淮，后因忤逆宦官权奸刘瑾，辞官归乡。 |
| 114 | 林近龙 字云从 | 明 | 莆田 | 监察御史、按察佥事 | 正德四年（1509）授南京河南道监察御史 | 正德六年六月劾奏掌事府事、吏部右侍郎兼翰林院学士靳贵主考会试，家僮通贿，宜罢职。又尝疏发逆濠营建。选录其师周瑛《翠渠摘稿》。 |
| 115 | 李鼎 ？—1546 字大用 | 明 | 仙游 | 南京太常博士、南京陕西道试监察御史 | 正德四年（1509）擢南京陕西道试监察御史 | 少时尝就读于度尾东山书院，为"东山四园"之一。授南京太常博士，参与纂修孝庙实录，为人高尚，有足称者。擢南京陕西道监察御史，为官清正廉洁。事母至孝，年仅五旬却三疏乞归养母。 |

续表

| 序号 | 姓名、生卒年、字号 | 朝代 | 籍贯 | 官职 | 授任时间 | 事迹 |
|---|---|---|---|---|---|---|
| 116 | 周宣 1478—1532 字彦通 号秋斋 | 明 | 莆田 | 推官、监察御史、按察使、左布政使 | 正德五年（1510）升浙江道试监察御史 | 初授常德推官，明慎清简，为楚属冠。武宗南巡，与台官疏谏。武宗怒，罚跪端门外烈日中三日。巡按山西，去黩吏，固边陲。后因李福达案罢免，归至家，装金三百而已。 |
| 117 | 林有孚 字以吉 | 明 | 莆田 | 监察御史、都察院右佥都御史 | 正德六年（1511）山东道试监察御史 | 不惧权贵，伏阙谏大礼，疏劾内监芮景贤、勋戚陈万言等人。疏言镇守内臣之害，得李承勋复议、张孚敬力持，遂革镇守，并市舶守、珠池内臣皆革之，一时称快。 |
| 118 | 林有年 1464—1552 字以永 号寒谷 | 明 | 莆田 | 县学教谕、知县、御史、知府、按察副使 | 正德十一年（1515）擢为南京四川道御史 | 岁连饥，割俸以赈。谠言直谏，一年七次上表奏疏，均能切中时弊，忠心可鉴。上《辟邪妄疏》劝武宗"早视朝，勤经筵，去奸恶，重师保"并言"左道乱正之术者"并请治以重法，上怒，逮诏狱。谪武义县丞。后出任衢州知府。他以身作则，为人表率，"凡事关教化，下车亟行之"。他还大兴水利建设，筑塘堰数百座，创建惠民桥，悉为民永利。史称林有年"宦历所至，民爱之如慈父母。去皆有碑有祠"。谏武宗西域迎佛，谏辟邪佞，忤旨，诏狱，谪贬武义县。 |
| 119 | 吴希由 1464—1533 字约中 号临渊 | 明 | 莆田 | 四川宪副 | 正德十一年（1515） | 弘治十二年进士。为人清修朴淡，在浙江海盐筑海堤、于长江参剿刘六、刘七动乱有功，升四川宪副（副都御史尊称），莆田县志载在涵江墓兜建有"台宪坊"，为吴希由立。 |

续表

| 序号 | 姓名、生卒年、字号 | 朝代 | 籍贯 | 官职 | 授任时间 | 事迹 |
|---|---|---|---|---|---|---|
| 120 | 郑光琬<br>字世宝、世润<br>号栗塘、栗斋 | 明 | 莆田 | 试监察御史、巡盐御史、山东按察司临清兵备副使 | 正德十一年（1515）任南京广西道试监察御史 | 以贤能征入南京广西道试监察御史。改巡盐直隶，奏免盐课数多。世宗登极，疏上新政十五事。继巡按应天诸府，兴利除奸，风裁大著。升湖广金事，禁戢宗藩害民，擒湖寇，督剿粤上官有功。升陕西布政使司右参议，又以督运有绩，被旌表。 |
| 121 | 吴彰德<br>字昌符<br>号亦轩 | 明 | 莆田 | 县学教谕、监察御史、按察司金事 | 正德十四年（1519） | 弘治五年（1492）举人。吴希贤侄，历江西乐清县学教谕。正德十四年（1519）八月曾参与上疏谏止武宗皇帝南征宁王朱宸濠叛乱实为南游的活动。正德十四年（1519）由南京试监察御史实授广西道监察御史，擢湖广按察司金事。 |
| 122 | 陈克恭 | 明 | 莆田 | 监察御史 | 正德十五年（1510）升南京贵州道监察御史 | 正德十六年七月与给事中鲁论等人，劾奏太监王堂及千户孙绍芳等罪状，请下法司逮捕法治。结果得旨，王堂降二级，南京新房闲住；孙绍芳等由南京都察院按问以闻。 |
| 123 | 史梧<br>字文材 | 明 | 莆田 | 监察御史、按察司金事 | 正德十六年（1521）南京贵州道监察御史 | 多次上书请广开言路，罢黜谀佞。嘉靖三年七月，奏请"召还吕楠、邹守益，以广言路，罢黜谀佞，以折奸回"。诏曰："付所司。"后升浙江按察司金事。 |
| 124 | 陈琳<br>字玉畤<br>号石峰 | 明 | 莆田 | 监察御史、县丞、知府、布政使、都察院右副都御史、兵部右侍郎 | 正德十六年（1521）任都察院右副都御史 | 遇事侃侃不避，疏陈端本、修政十五事。上疏忤逆刘瑾，贬官为揭阳县县丞，至任，署理县事，毁淫祠，兴学校，简词讼，筑城池。升嘉兴府同知、知府，以德化民，请托不行，廷奖诸生，兴起道艺，士民爱之。改都察院右副都御史，巡抚江西。时逆濠始平，兵荒交病，琳请蠲租赈乏。陈琳孝友清亮，能急人之困，喜扬善而讳其所短，所至祀名宦。 |

续表

| 序号 | 姓名、生卒年、字号 | 朝代 | 籍贯 | 官 职 | 授任时间 | 事 迹 |
|---|---|---|---|---|---|---|
| 125 | 陈 杰字国英号方岩 | 明 | 莆田 | 湖广道御史 | 正德年间（1505—1521） | 所奏若干疏，皆切时务。满考，乞归养父，卒年56岁，督学潘璜题其墓曰"孝廉先生"。卒后入祀莆田乡贤祠。陈杰服食粗淡，行里中不假舆，无书抵公府，体规道矩，终身持践。巡按聂豹、施山先后疏请依御史陈茂烈例旌表，弗果行。柯维骐曾作《南京湖广道御史陈杰传》。 |
| 126 | 黄乾亨1449—1483字汝亨、汝夏号偶轩 | 明 | 莆田 | 赠御史、奉直大夫 | 正德年间（1506—1521） | 成化十一年（1475）进士，官行人司行人，曾奉使册封满刺加，返途在海上遇风，正使林荣溺海，乾亨为善水者捞救登岸，见简书漂没，痛哭赴水殉职。后以长子黄如金贵，赠御史，又以次子黄希雍贵，加封奉直大夫。 |
| 127 | 方良永1461—1527字寿卿号松崖 | 明 | 莆田 | 刑部主事、员外郎、广东按察佥事、按察使、布政使、右副都御史 | 嘉靖元年（1523）任都察院右副都御史 | 清正廉洁，赴两广督催欠款，坚决谢绝馈赠。不畏权贵，回京等待授职，并不拜谒刘瑾。曰："身可死，官可弃，礼不可屈也"。佞臣钱宁乱法纪，公卿台谏皆不敢言，良永独谓当斩。居官素谨，家无赢余，朝廷月赐食米，固辞。吏部尚书乔宇、户部尚书孙交言："良永居官素谨，家无赢余，宜依廉官侍郎潘礼孝养、御史陈茂烈例，月赐食米"。 |
| 128 | 郑 岳1468—1539字汝华号山斋 | 明 | 莆田 | 刑部主事、员外郎、按察佥事、按察使、布政使、右副都御史、大理寺卿、兵部侍郎 | 嘉靖元年（1523）升都察院右副都御史巡抚江西 | 不满锦衣卫千户恃权显威，上疏论劾其违反朝廷礼制，因语涉朝中贵戚，触怒孝宗，下锦衣卫狱，后依例用钱赎杖复职。升刑部员外郎、湖广按察佥事、江西按察使，"滞狱为空，治称第一"，名列十三道御史会荐天下贤能十七人之一。力振风纪，为藩王朱宸濠所陷害，革职为民。后朱宸濠谋反被擒赐死，百姓力荐起用郑岳，先后任布政史、副都御史、兵部侍郎等职，皆清廉自守，不改其志。 |

续表

| 序号 | 姓名、生卒年、字号 | 朝代 | 籍贯 | 官职 | 授任时间 | 事迹 |
|---|---|---|---|---|---|---|
| 129 | 林若周 约1492—1563 字吾从 号养斋 | 明 | 莆田 | 知县、监察御史 | 嘉靖元年（1522）陕西道监察御史，后转南京监察御史 | 正德十二年进士，初任博罗知县，有歼寇功。嘉靖初擢南道监察御史，以累进言触犯忌讳。又论治中王槐、监生何渊效尤张璁、桂萼、霍韬等，渎论大礼，以干进用；外戚蒋输、邵喜席宠滥恩数事，皆不当上意。后以父年高，乞归侍养，连丁内外艰，家居。都御史刘节、巡按白贲等前后论荐，谓若周直道安贫，清介绝俗。 |
| 130 | 詹宽 字仁量 | 明 | 莆田 | 巡盐御史、巡按直隶 | 嘉靖元年（1522）云南道试御史，转转广东道，嘉靖九年任巡盐御史 | 正德十六年进士，嘉靖十年（1531）九月，以御史巡按直隶，多次建议修复绝堤（即今捷地），在卫河沿线修建兴济二水闸，以为减水之区，"以石毙之，时其蓄泄，以杀水势"。十三年，朝廷议准在捷地建成减水闸一座，以泄南运河涨溢之水。 |
| 131 | 马明衡 1491—1557 字子莘 | 明 | 莆田 | 太常博士、监察御史 | 嘉靖初年授湖广道监察御史 | 为官刚正敢言，适逢昭圣皇太后寿辰，嘉靖帝从次旁支入继大统，他不认昭圣皇太后为母后，就下旨免去群臣朝贺。马明衡和朱淛力谏免朝贺于礼不合，于孝有亏。嘉靖帝责以"离间宫闱，归过于上"，下诏狱拷讯。杖八十，削职为民。因其父死宸濠之变，称双忠云。 |
| 132 | 张曰韬 1486—1524 字席珍 号友松 | 明 | 莆田 | 推官、监察御史 | 嘉靖二年（1523）以风裁异等，擢为河南道监察御史 | 初授常州府推官，任上"慷慨鲠直，严明廉干，礼士爱民，重名器，抑侥幸"。世宗即位，召为御史，入御史台四月，七疏言时事。嘉靖三年以抗争左顺门新皇帝生父上尊号礼议事件，遭廷杖，强出朝门，卧地床，仍口占疏草，准备再上疏，弹劾陈洸等奸人，不意越三日而谢世。 |

续表

| 序号 | 姓名、生卒年、字号 | 朝代 | 籍贯 | 官职 | 授任时间 | 事迹 |
|---|---|---|---|---|---|---|
| 133 | 朱渊<br>1486—1552<br>字必东<br>号损岩 | 明 | 莆田 | 监察御史 | 嘉靖三年（1524）授湖广道监察御史 | 为官刚正不阿，适逢昭圣皇太后寿辰，嘉靖帝从次旁支入继大统，他不认昭圣皇太后为母后，就下旨免去群臣朝贺。朱渊及马明衡力谏免朝贺于礼不合，于孝有亏。嘉靖帝责以"离间宫闱，归过于上"，下诏狱拷讯。杖八十，削职为民。家居三十年，乡里人都称他为长者。 |
| 134 | 姚鸣凤<br>字景阳 | 明 | 莆田 | 承德郎、太常寺博士、监察御史 | 嘉靖四年（1525）南京浙江道监察御史 | 刚正不阿，仗义执言，在嘉靖朝"李福达案"中上疏言郭勋乱法纵寇，诬陷诸谏臣，请求治其为乱首之罪，福达为法所必诛无赦。逮诏狱并削籍。 |
| 135 | 郑洛书<br>1498—1536<br>字启范<br>号思斋 | 明 | 莆田 | 知县、监察御史 | 嘉靖四年（1525）河南道监察御史 | 慈惠明敏，不阿上官，诉听自息，有不息者，召折之，以理平情而退。任内平诉讼，揭命案，兴文教，修邑志，政绩卓著。拜河南道监察御史，尝拯费宏，荐王守仁、罗钦顺，为时所称。气节自负，好辩有口才，为当权者忌恨，遭劾罢归。 |
| 136 | 林富<br>1475—1540<br>字守仁、年富 | 明 | 莆田 | 大理寺评事、知府、任布政史、兵部右侍郎兼右佥都御史 | 嘉靖七年（1528）连升都察院右副都御史 | 为人执法严明，刚直不阿，忤逆刘瑾，被下狱、廷杖三十、贬官直致罚俸罢免。刘瑾诛，任宁波知府，增海防建设，募乡兵，煞住摊派风，廉明能恪，吏民畏怀。离任时，百姓在白鹤山盖祠庙祀之。后任布政史、兵部右侍郎兼右佥都御史，多有善政，多次上疏，维护边疆安定，万民休养生息。 |
| 137 | 方一桂<br>1493—？<br>字世芬<br>号雾峰 | 明 | 莆田 | 知县、户部主事、监察御史 | 嘉靖八年（1529）广东道监察御史 | 视居庸关，条上边务十二事，后巡按山东，疏垦荒以增营田，正孔庙从祀以定礼制。后劾吏部尚书汪鋐奸，触帝怒，被廷杖削籍。疏留中丞道，忤旨杖三十。劾宰相汪鋐纳赂，力疏其奸，杖六十，削籍， |

续表

| 序号 | 姓名、生卒年、字号 | 朝代 | 籍贯 | 官职 | 授任时间 | 事迹 |
|---|---|---|---|---|---|---|
| 138 | 王大用 1479—1553 字时行 号檗谷 | 明 | 莆田 | 工部主事、按察司佥事、按察司副使、布政史、应天府府尹、都察院右副都御史、刑部右侍郎 | 嘉靖八年（1529）升都察院右副都御史 | 广东兵备佥事，平高快马起事。屡升至右副都御史巡抚大同，计议使鞑靼头目献地，增筑边墙。御史言其启衅，令致仕。后复起，仕至南京刑部右侍郎。坐劾归。居官清正廉洁，殁而贫甚。王凤灵评价他："瓌奇卓荦之才，刚大直方之气，旷爽特之度，檗坚贞之守，天殆为社稷生斯人也" |
| 139 | 宋茂熙 字靖之 | 明 | 莆田 | 试监察御史、广东布政司左参议 | 嘉靖十一年（1532）转云南道试监察御史 | 嘉靖五年进士。嘉靖十一年（1532）转云南道试监察御史，嘉靖十六年（1537）三月升广东布政司左参议。任应天巡按时恪尽职守，重视军事建设。 |
| 140 | 林大辂 1487—1560 字以乘 号二山 | 明 | 莆田 | 刑部主事、员外郎、按察佥事、按察使、布政使、右副都御史 | 嘉靖十二年（1533）升湖广巡抚右副都御史 | 因谏南巡忤旨，受廷杖，下诏狱。后升任湖广巡抚右副都御史。在巡抚任内一年，值水灾岁荒歉，加以藩府工役，民多流徙，命停藩府工役，免赋徭，赡流民，有政绩。 |
| 141 | 姚虞 1507—? 字宗舜 号泽山、师舜 | 明 | 莆田 | 推官、监察御史、知府 | 嘉靖十七年（1538）升南京监察御史 | 体恤流民之苦，奏请安抚，上疏，以理平情得允，人给预备仓粮三斗，谕令回籍，饥民德之。嘉靖十九年，值岁荒，百姓背井离乡，绘流民十二图给朝廷，反映下民疾苦。 |
| 142 | 姚鸣鸾 1487—1526 字景雍 | 明 | 莆田 | 赠监察御史 | 嘉靖年间（1522—1566） | 涵江埔尾村人，姚鸣凤之兄，正德十六年（1521）进士，授新务郎。世宗即位，疏陈七事于大礼，尤为切直。嘉靖元年（1522）任淳安知县，主纂《淳安县志》，卒年三十九岁。以子姚虞贵，赠监察御史。 |

续表

| 序号 | 姓名、生卒年、字号 | 朝代 | 籍贯 | 官职 | 授任时间 | 事迹 |
|---|---|---|---|---|---|---|
| 143 | 刘勋 字绍功 | 明 | 莆田 | 刑部主事、员外郎、布政司左参议、按察司副使、布政司右参政、都察院右副都御史 | 嘉靖十九年（1540）迁都察院右副都御史巡抚宁夏 | 嘉靖初，伏阙抗疏议大礼，忤旨受杖。然经核实，被证所指不实。后掌官吏考课之事，为桂萼、方献夫所不喜，调为南京礼部郎中，两袖清风上任。 |
| 144 | 郑芸 1505—？ 字士馨 | 明 | 莆田 | 知县、监察御史 | 嘉靖二十年（1541）广东道监察御史 | 未雨绸缪，为防倭寇入侵，以湖岁入鱼虾钱倡筑上虞城，不劳不伤，而晏然成功。后倭夷寇浙东，独上虞以城完，民得安堵，士民怀德，立祠置田，春秋祀之。迁监察御史，刚直敢言，弹劾严嵩，坐夺俸。出巡按山东，寻按广东，取道省亲，卒于家。殁之日，囊无余金，衾裯不给。 |
| 145 | 陈策 1509—？ 字时偕 | 明 | 莆田 | 推官、监察御史 | 嘉靖二十年（1541）广西道监察御史 | 刚直敢言，嘉靖十九年与同邑郑芸、吴人伊敏生联名上疏弹劾奸相严嵩，上怒，夺俸一级。出按广东，恪执宪度，岭徼肃清。后在严嵩授意下被夺职。 |
| 146 | 林应箕 1510—？ 字辉南 号石海 | 明 | 莆田 | 试御史、通判、湖广参议 | 嘉靖二十一年（1542）江西道试御史 | 巡按云南，有直声，兴义学，治水患，兴水利，入云南名宦祠。巡按浙江，时值倭寇泛滥，建修奉化县城，提抗倭方略，多有建言。 |
| 147 | 黄洪毗 1507—？ 字协恭 | 明 | 莆田 | 推官、监察御史、布政司右参议、江西按察司副使 | 嘉靖二十二年（1543）广西道监察御史 | 任御史期间，品行端正，光明磊落，薄税轻徭，清除积弊，时称"铁面巡按"。 |

续表

| 序号 | 姓名、生卒年、字号 | 朝代 | 籍贯 | 官职 | 授任时间 | 事迹 |
|---|---|---|---|---|---|---|
| 148 | 林云同 1500—1577 字汝雨 号退斋 | 明 | 莆田 | 户部主事、提学副使、布政使、副都御史、刑部左侍郎、南京工部尚书 | 嘉靖二十七年（1551）擢都察院右副都御史巡抚湖广 | 授户部主事，奉命榷税九江。他负责课税的时候，曾将额外课得的千余缗全部上缴，不私自占有一钱，被朝廷表彰治行第一。藩王骄纵，纷纷以法制裁。严世蕃索要私谢金，林云同不加理会。所属知县行贿，得迁台史，林云同告发其罪状，严世蕃反诬，坐听勘回籍。明穆宗即位，起刑部左侍郎，升南京右都御史，刊立会约，节浮费，去苛礼，风气为之一变。江南水灾，奏免江南十县税额的一半。为官清正廉洁，尝题邸壁云："宁饿死，不为不廉之夫；宁布衣，不为干进之士"。 |
| 149 | 邹守愚 ？—1556 字君哲、一山，谥襄惠 | 明 | 莆田 | 户部主事、户部员外郎、知府、按察副使、右布政使参政、都察院右副都御史、户部侍郎 | 嘉靖三十三年（1554）正月以都察院右副都御史巡抚河南 | 议行丰收年平价购粮储存，拨国库款赈饥，有政绩。任广州府知府，决狱公平、设策赈济、风纪凛然、民皆德之。擢广东按察副使，协理兵务。疏陈五事，多见采纳。1556年，华县大地震，奉命往祭河岳，秆赈恤，驰驱七十余日，祭告已遍，赈给万余家，积劳成疾卒。守愚宏豁爽阃，平居不见喜愠，临大事如飙发岳立。独著廉声，最寡嗜欲，沉迷于书。 |
| 150 | 方攸绩 1528—？ 字君谦 | 明 | 莆田 | 试监察御史、知府、按察司副使、布政使 | 嘉靖三十六年（1557）广西道试监察御史 | 莅官崇大体，不因巉刻而无主见。家居持身简素，饮人以和。万历六年八月以给事中李实劾"筋力衰敝"而致仕。 |
| 151 | 郑绅 1501—1565 字子尚 号葵山 | 明 | 莆田 | 知府、按察使、布政使、兵部右侍郎、都察院右佥都御史 | 嘉靖三十八年（1559）南京兵部右侍郎兼都察院右佥都御史提督两广军务 | 提督两广军务，提出防倭条陈，先后斩倭寇千余人，夺归被虏者五百余人。为官谦抑自持，不以门望骄人。 |

续表

| 序号 | 姓名、生卒年、字号 | 朝代 | 籍贯 | 官职 | 授任时间 | 事迹 |
|---|---|---|---|---|---|---|
| 152 | 郑瓒 字宗献 | 明 | 莆田 | 赠兵部右侍郎兼金都御史 | 嘉靖年间（1522—1566） | 正德三年（1508）进士，授户部主事，迁户部郎中。其操行清修，天性孝友，惜早卒，后以子郑绸贵，赠兵部右侍郎兼金都御史。 |
| 153 | 林润 1530—1569 字若雨 号念堂 | 明 | 莆田 | 知县、监察御史 | 嘉靖三十九年（1560）九月授南京山东道监察御史 | 曾因处理公务到南丰，智退突然到来之贼寇，南丰人刻石纪功。依法追究祭酒沈坤无故杀人案；劾副都御史鄢懋卿五罪；言宗室繁衍，岁禄不继，请亟议变通；弹劾严世蕃勾结江洋大盗，意欲图谋不轨，按诏令逮捕他们送至京城，并处死；莆田城陷于倭寇，上疏请求免税三年，发放钱财赈灾。 |
| 154 | 周京 | 明 | 莆田 | 直隶监察御史 | 嘉靖年间（1522—1566） | 嘉靖十九年（1540）举人，官直隶滁州儒学学正、岳州知府。嘉靖四十年为南京吏科给事中，与御史林润共同上疏建议清剿江西南赣流贼，请饬两广张臬协谋剿抚。诏从其议。升直隶监察御史。 |
| 155 | 陈志 1525—? 字思尚 号少淇 | 明 | 莆田 | 监察御史、大理寺左寺丞、都察院右金都御史 | 嘉靖四十四年（1565）任都察院右金都御史 | 勤政爱民，上疏请求发帑金万余两、粟麦数万石赈淮、扬饥。 |
| 156 | 张英 1515—? 字彦实 | 明 | 莆田 | 监察御史、布政司参议、右参政 | 嘉靖年间（1522—1566）监察御史巡按河南 | 不惧权贵，巡按河南，绳徽王不得肆。曾参与嘉靖间李福达冒名顶替张寅而买官酿成的明代著名四十年悬案的审查。 |
| 157 | 朱文科 字以选 | 明 | 莆田 | 知县、监察御史、知府、浙江参政、云南按察使 | 隆庆四年（1570）山东道试监察御史 | 县治有声，隆庆四年选授山东道试监察御史，多有勘验报奏，出任苏州府知府，兴修水利，受朝廷褒奖。 |
| 158 | 郭应聘 1520—1586 字君宾 号华溪 谥襄靖 | 明 | 莆田 | 户部主事、布政使、右副都御史、南京兵部尚书 | 隆庆五年（1571）都察院右副都御史巡抚广西 | 典积、司庚、榷税、验粮，皆以廉政著称。平生谦抑不伐，踧踖若儒生，至于握机制胜，似有神授。所至，以清慎称，而绝无躁进邀功之意。与海瑞敦伉素，士大夫不敢侔汰。 |

续表

| 序号 | 姓名、生卒年、字号 | 朝代 | 籍贯 | 官职 | 授任时间 | 事迹 |
|---|---|---|---|---|---|---|
| 159 | 林一鹤 | 明 | 莆田 | 赠金都御史 | 隆庆年间（1567—1572） | 莆田城内下务巷人，以子林润贵，赠金都御史。旧在莆城南门街有纪念林一鹤赠都御史建立的"大中丞坊"。 |
| 160 | 唐维城 1527—1575 字邦翰 号两峰 | 明 | 莆田 | 都御史 | 万历三年（1575） | 嘉靖四十四年（1565）进士，官南京工部主事，迁工部郎中，隆庆五年出知青州。明天启首辅朱国祯著《涌幢小品》载："唐维城，字邦翰，号两峰，莆田人，嘉靖乙丑进士，为青州知府，有惠政，官至都御史卒。"看来唐氏因政绩擢都御史，未及赴任而病卒于任所。唐任主事时，"主仪真税课，寻榷芜关关课。多奇羡，号为利薮。维城规度定税。而以所征解属邑。令已秋毫无所染"。知青州府时，"政务宽大，询百姓疾苦，躬拊循之。平反冤狱，以数百计"。施政皆以民为本，曾力陈开胶莱河徒劳而于民无益，又抗言青州养马困民，事皆罢。 |
| 161 | 林休徵 1549—? 字景徵 | 明 | 莆田 | 河南道御史 | 万历九年（1581）河南道河南道御史巡视长芦盐课 | 参与弹劾兵部尚书吴兑。万历十年参与追劾首辅张居正及太监冯保的活动。 |
| 162 | 陈扬善 1578—? 字宗舜 | 明 | 莆田 | 知县、南京试监察御史 | 万历十六年（1588）迁南京试监察御史转湖广道 | 万历五年进士。初授广州府三水县知县，七年转潮州府梅县知县。万历十六年迁南京试监察御史，转湖广道，有政绩。 |
| 163 | 方万策 1557—? 字元中 | 明 | 莆田 | 监察御史、按察金事、右参议 | 万历十六年（1588）升南京云南道试监察御史 | 万历十一年进士。十六年升南京云南道试监察御史，六月上征剿湖寇机宜等六事，部覆如议行。十一月劾权宦张鲸，十八年升浙江按察金事。服阕，二十三年补贵州金事，二十六年升贵州右参议，次年九月转广东右参议。 |

续表

| 序号 | 姓名、生卒年、字号 | 朝代 | 籍贯 | 官职 | 授任时间 | 事迹 |
|---|---|---|---|---|---|---|
| 164 | 林道楠 1555—1607 字廷任 | 明 | 莆田 | 知县、监察御史、太仆寺少卿 | 万历十七年（1589）湖广道监察御史 | 知进贤县。时遇荒年，林道楠开仓赈济饥民，并乘小船，遍历穷乡，按人口发赈粮，夜则宿船上，不入民舍。先后多次上奏，请求借耕牛、谷种给农民。主持修筑官圩，提供灌溉之便。任上亲自参加丈量田亩，按实确定赋税，对有权势的豪绅，也绝不徇情。后被召任御史，历按应天、陕西、广西等地，不受私人嘱托，不徇私办事。林道楠在御史台18年，"劾太监张鲸，救御史曹学程，论尚书石星，主封事、著丰采"，升为太仆少卿。死时，家中十分贫困，两儿子徒步奔走四方谋生。 |
| 165 | 萧奇然 字懋阳 | 明 | 莆田 | 知县、监察御史 | 万历十八年（1590） | 万历十四年（1586）进士。官长沙府湘潭知县，重视教育，万历戊子，重修文庙，擢监察御史。 |
| 166 | 俞诲 字忠伯 | 明 | 莆田 | 知县、户部主事、监察御史、按察使、右布政使、南京太仆卿 | 万历四十七年（1619）复为云南道御史 | 任新喻知县九载，廉以提躬，慈以行政，温厚清净，勤恤民隐。邑人怀德，为立俞公河碑以纪其绩。擢云南道御史，刚正敢言，疏劾李道马堂复请惠王之藩，及东宫讲学不当久辍，语甚剀切。不谄媚阿谀，时魏珰炽焰，颂德者酿金立祠，诲峻拒之。 |
| 167 | 柯昺 字季和 号和山、纪堂 | 明 | 莆田 | 知县、户部主事、知府、山东副使、太仆少卿、右佥都御史 | 万历五十年（1622）右佥都御史巡抚山西、三晋、雄边 | 授鄞县知县，改革粮食征收体制，杜绝虚开乱填弊端，综核精敏，物无遁情，县大治。补河间府知府，施政安静，周详得情，治行称"三辅第一"。晋右佥都御史，巡抚山西、三晋、雄边三地，所至百度改观、边备整练。 |

续表

| 序号 | 姓名、生卒年、字号 | 朝代 | 籍贯 | 官职 | 授任时间 | 事迹 |
|---|---|---|---|---|---|---|
| 168 | 朱贵和 | 明 | 莆田 | 封御史 | 万历年间（1573—1619） | 子朱文科，嘉靖举人。官山东道试监察御史，终云南按察使。贵和以子文科贵封御史，又赠知府。旧在南门街有为朱贵和赠御史立的"豸绣坊"。 |
| 169 | 游凤翔 字廷祥 | 明 | 莆田 | 知县、监察御史、知府 | 泰昌元年（1620）南京湖广道试监察御史 | 公廉明敏，不寄耳目，剖决如流。民以运漕交兑为害，凤翔捐俸倡建交兑仓于省城，民感德，附立生祠其中，祀名宦祠。在台多有言奏，富有远见，曾上疏警醒朝廷要防范荷兰人。 |
| 170 | 徐景濂 ？—约1645 字尧赞 | 明 | 莆田 | 吏科右给事中、御史、布政使司右参议、太仆少卿 | 天启元年（1621）转浙江道御史 | 徐"当狂澜既倒之时，有特挺不移之节"。天启初卷入泰昌帝病重服用红丸驾崩的"红丸案"。徐任御史时，提出应客观撰写记载《光宗实录》，并进一步建议把有争议的内阁首辅方从哲的罪行也写进去。 |
| 171 | 宋祯汉 字尔东 号荆璞 | 明 | 莆田 | 推官、监察御史 | 天启二年（1622）山东道监察御史 天启六年（1626）淮扬巡盐 | 莆人御史宋祯汉与魏忠贤阉党份子宋祯汉别为一人。御史宋祯汉曾上《修政恤民疏》《魏忠贤不宜予荫》《论加派扰民之弊》《请去权珰魏忠贤》《再请斥退魏忠贤》等许多恤民反奸的奏疏。 |
| 172 | 卓迈 1594—？ 字士英 号贞初、真初 | 明 | 莆田 | 监察御史 | 天启五 云南道试监察御史 | 天启七年三月奉命巡抚顺天，八月与李应荐主考顺天乡试；崇祯元年（1628）二月，卓迈等奉旨将魏忠贤原尸磔之，枭首河间府西门之外，天下快之。六月，卓迈与吏部尚书周应秋、户部尚书黄运泰、兵部尚书阎明泰、太仆寺卿郭兴治等一并被罢官。据说天启末年，魏忠贤为了拉拢卓迈，纳为己用，获魏阉批转奏折，以此受到牵连。 |

续表

| 序号 | 姓名、生卒年、字号 | 朝代 | 籍贯 | 官 职 | 授任时间 | 事 迹 |
|---|---|---|---|---|---|---|
| 173 | 唐际盛 原名玉 字士莹 | 明 | 莆田 | 知县、知府、布政使司参政、都御史 | 天启七年（1627）擢都御史 | 深得民心，初授祁门县知县，调繁郡嘉定县祁人闭城留之，拒前来迎接者曰："毋夺吾天！"。出任真定府知府，厘弊剔奸。提督操江，抵任治战舰、募水兵、清猾吏、摘奸徒，粤寇蹂躏江右召赴援，贼闻风解散。 |
| 174 | 林恭章 1562—1631 字尔肃、贞宪 | 明 | 莆田 | 知县、监察御史、知府、布政使司右参政、湖广布政使司右布政 | 天启八年（1628）赠右都御史 | 居官清廉，不受私请。县有羡税的旧例，恭章个人"一无所取"，全部用于修建驿舍街亭。后任江西新淦令。粗茶淡饭，冰操益励。有人劝他经营产业时，答道："我自出生就是孤儿，依赖母亲家才有今日。现在的俸禄养家已经足够了，还敢榨取民脂民膏留给子孙吗？"后来升任广东按察使，分司雷州、廉州时，两州为交趾通贡出入之所，例有羡税。恭章到任后，在关口悬挂榜文曰："受交趾一物者，不得生还。"为官三十余年，卒之日，无余一金。赋诗曰："赤手捧天去，白云也不携"，表明清廉之志。 |
| 175 | 陈应元 字思昌 号右白 | 明 | 莆田 | 员外郎、知府、按察司副使、布政使右参政、右副都御史 | 天启年间（1621—1628）官至右副都御史 | 天启六年（1626）正月擢为湖广按察使，转四川按察使，升山东左布政使，官至右副都御史，巡抚登、莱、东江等处。任山东左布政使时，奉旨查索山东志书，独历城无志，遂与历城县知县郭永泰相商，创修一部历城县志。 |
| 176 | 李宗著 字用晦 | 明 | 莆田 | 监察御史、湖广布政司参政 | 天启年间（1621—1628）历监察御史巡按山东改巡视两浙盐课监察御史 | 曾上疏解送搜刮赃赎赏课及变价节省银两三千两以助军饷。崇祯甲戌，向朝廷推荐重用自小丧父而孝顺母亲，教育幼弟的零都县举人李逢月。卒后入祀莆田乡贤祠 |

续表

| 序号 | 姓名、生卒年、字号 | 朝代 | 籍贯 | 官职 | 授任时间 | 事迹 |
|---|---|---|---|---|---|---|
| 177 | 黄起雏 约1590—？ 字应禧 号十华、宓仙 | 明 | 莆田 | 推官、佥都御史 | 天启年间（1621—1628）佥都御史 | 善绘山水，笔意颇似大痴。田夫野老，求无不应；而对达官显宦，具筐筐之礼，求尺幅竟不可得。明亡，尽剃其发，自称无山老衲。悬蒲席为门，卖画自给。 |
| 178 | 林铭几 1579—1649 字祖册 号慎日、南村 | 明 | 莆田 | 湖广道御史、巡盐两浙、巡按江西、山东按察司副使 | 崇祯五年（1632）擢湖广道御史 | 劾总兵张瑛昌观望、守道李春旺退缩，趣之。巡盐两浙，剔蠹弊，苏商困，所刻醝规，入奉为法，又疏捐羡余银六千余，助兵饷。明亡入清，辞官归乡，其风节自持，深得民望。 |
| 179 | 郑茂华 一作郑懋华 字实符 | 明 | 莆田 | 中书舍人、礼部主事、礼部员外郎、礼部郎中、布政使、右副都御史 | 崇祯六年（1633）右副都御史巡抚广西 | 万历三十五年进士，郑茂华原系福建兴化府莆田县人，以父经商，以直隶扬州府江都县商籍应试登进士第，洄属不易。其籍或被记为江都人缘于此。其按察浙江温州、处州，盗寇望风遁迹。任广西布政使时，靖藩争立，三司虑变，茂华晓以大义而立解。魏忠贤到处立生祠，粤西独不响应。巡抚广西时，皇帝御书"天下清官"于屏以褒扬。摄两广总督。 |
| 180 | 林一柱 字元功 | 明 | 莆田 | 知州、户部员外郎、知府、右佥都御史 | 崇祯八年（1635）右佥都御史巡抚南赣 | 为人正直，不畏权势。时魏珰焰煽中外，天下建祠祀之，河南抚按檄征各属金，一柱独拒不应，直声满中原。忠君爱国，李自成起义军陷京师，一柱北向痛哭，率师勤王，露卧宵驰得沈病，卒于赣。 |
| 181 | 林赟 字季宣 | 明 | 莆田 | 户部主事、员外郎、知府、按察使 | 崇祯十一年（1638）右副都御史巡抚广西 | 巡抚广西,值寇逼全州，桂邸求援，赟移还全州，调度兵食，擒贼奏凯，靖江王有叛意，欲邀赟城外观操，赟谓亲王不典兵且出城有禁，王又遣言，土司愿共伐安南，赟以无故用兵属国非请旨不可，王知其有备，遂不敢动，抚粤六载，纲纪肃然。 |

续表

| 序号 | 姓名、生卒年、字号 | 朝代 | 籍贯 | 官职 | 授任时间 | 事迹 |
|---|---|---|---|---|---|---|
| 182 | 林兰友 1594—1659 初名兰支 字翰荃 号自芳、猗斋 | 明 | 仙游 | 知县、监察御史、（南明）太仆寺少卿、佥都御史、兵部尚书 | 崇祯十一年（1638）升任南京湖广道监察御史 | 县宗室故多猾，法有司不能直立。兰友与之约有犯国法者无赦。升任南京湖广道监察御史。连续上书参劾张至发、薛国观、杨嗣昌、田维嘉的负国之罪，触怒崇祯帝遭贬官，人称铁面御史。崇祯十七年，被农民义军所执。义军劝其归顺，兰友忠贞不二，视死如归。兰友见明祚告终。明朝灭亡后，立下誓曰："生，头不戴清朝天；死，脚不踩清朝地。"携带家眷遁入海岛隐居15年。 |
| 183 | 吴兆元 1571—1644 字公策 | 明 | 莆田 | 县令、员外郎，知府、按察使、布政使、右副都御史 | 崇祯十二年（1639）右副都御史巡抚云南 | 初授确山县令，清理赋役，设征收划一之法，宿弊顿除。"决狱明敏"。任期满时，当地父老遮道攀辕数十里相送。时因岁供，大木商侵蚀不赀，兆元严加管理，独无所耗。出任韶州知府，与民休息，军饷以时供给，"政平讼简"，大得军民之心。这时，魏忠贤党人崔呈秀以同籍相慕，欲拉拢他，兆元绝不与往来。三入觐，三赐清廉宴，崇祯初年，赐宴天下入觐郡守廉异者四人，兆元居第一。转广东、广西、云南布政使，皆有惠政，临殁时无一语及私。 |
| 184 | 黄鸣俊 约1591—? 字启甸 号跨千 | 明 | 莆田 | 知县、礼部主事、布政司参议、右佥都御史 | 崇祯十六年（1643）迁右佥都御史巡抚浙江 | 万历四十七年进士，历任知县、礼部主事、员外郎。因不愿依附魏忠贤，贬为浙江督学佥事。官至浙江巡抚兼佥都御史。崇祯十七年（1644）命游击郑天鸿率五千人北上勤王，在镇江被马士英阻止。因平乱失利而罢官。隆武元年（1645）历任兵部右侍郎、兵部尚书兼东阁大学士，隆武倚为重臣。后兵败降清，一日惭愤而卒。 |

续表

| 序号 | 姓名、生卒年、字号 | 朝代 | 籍贯 | 官职 | 授任时间 | 事迹 |
|---|---|---|---|---|---|---|
| 185 | 郑楚勋 字频恢 号金初 | 明 | 莆田 | 县学教谕、知县、监察御史 | 崇祯年间（1628—1644）擢云南道监察御史 | 任雩都县知县，重修郡县庙学，有政绩。擢云南道监察御史。时郑三俊、刘宗周以建言黜，楚勋累疏论辩，著直声。 |
| 186 | 黄谏卿 ？—1640 字箴伯 | 明 | 莆田 | 巡盐御史、泸州兵备道副使 | 崇祯年间（1628—1644）擢两淮巡盐御史 | 清正廉洁，任两淮巡盐御史，奏羡银数万两，上之。为张献忠所捕，抗节不屈，大骂死。后入祀莆田乡贤祠。 |
| 187 | 方元会 字仲极 号澹人 | 明 | 莆田 | 山东道御史 | 崇祯年间（1628—1644）历官山东道御史，南城御史 | 历官山东道御史，南城御史。著有《谵园集》。纂修《莆阳刺桐金紫方氏族谱》2卷；撰《方氏六桂堂族谱》 |
| 188 | 林嵋 1611—1648 字小眉 号榮斋 | 明 | 莆田 | 知县、员外郎、吏科都给事中 | 隆武年间（1645—1646）擢监军御史兵科给事中 | 永历二年（1648）清军攻陷兴化，赋绝命诗三章被执，呕血数升，自缢死。清时谥"节愍"。林嵋为人磊落负奇节，时事已非，多悲愤语，每念及国亡主死，辄寄悲愤为诗。 |
| 189 | 余飏 1603—1649 字赓之 号季芦 | 明 | 莆田 | 知县、（南明）右副都御史 | 永历元年（1647）鲁王入闽监国擢右副都御史 | 任宣城知县，精敏果断，清正廉洁，礼士爱民，到任后，善折狱，有数年不决者为之一清。明亡后，与朱继祚在家乡共同组织义兵抗清。兵败被俘，禁狱中，逾年得释。此后，隐居海隅，晚制铁笛，自称老铁。 |

## 四、清代御史

| 序号 | 姓名、生卒年、字号 | 朝代 | 籍贯 | 官 职 | 授任时间 | 事　迹 |
|---|---|---|---|---|---|---|
| 190 | 柯士芳<br>字无誉 | 清 | 莆田 | 知县、监察御史、按察使司金事 | 顺治二年（1645）任湖广道监察御史巡视长芦盐政 | 明崇祯十五年，赐特用出身。任栾城知县，修理文庙、明伦堂、公署察院。勤于政事，风纪凛然。擅长治盗，时有"临民春温，治盗秋肃"之颂，民立生祠。入清，授刑部郎中。顺治二年（1645）任湖广道监察御史，巡视长芦盐政。十五年通政使司右参议，后改左参议。十七年任河南按察使司金事、分巡睢陈兵备道。任上不负众望，振饬纪纲，吏不敢欺。受西人艾儒略影响，为奉教士人之一。 |
| 191 | 彭　鹏<br>1627—1704<br>字奋斯、无山<br>号古愚、九峰 | 清 | 莆田 | 知县、工科给事中、按察使、金都御史 | 康熙三十九年（1691）授工科给事中康熙三十八年（1699）升金都御史巡抚广西 | 康熙十三年，耿精忠据闽反清，佯病拒绝征召。任三河县知县。到任后，轻徭薄赋、兴利除弊、爱民劝学、风纪凛然。秉公断案，决狱公平，有能声。康熙巡行至三河，召见之，赏银300两以奖其廉。康熙二十九年，举荐"廉能"官4人，擢彭鹏第一。在御史台，有所奏言，言无不尽，京官为之侧目。巡抚广西。上任后，省刑减税，弹劾贪黩，积弊为之一清。调任广东巡抚。赈灾荒，全活甚众。康熙四十二年，鞫讯冤狱，开释无辜受罪者300多人，并禁收私派名目银数十万两。曾倡修木兰陂，设粥广济民，极力支持办学。亲自审判冤狱，开释无罪受诬者三百余人。 |

续表

| 序号 | 姓名、生卒年、字号 | 朝代 | 籍贯 | 官职 | 授任时间 | 事迹 |
|---|---|---|---|---|---|---|
| 192 | 朱元春<br>字尔衮 | 清 | 莆田 | 知县、监察御史 | 康熙三十九年（1700）御试第一名授山东道监察御史 | 授满城县知县，革弊除奸，政清弄简，恤贫困。担任御史，多次弹劾官员不法行为，其所奏皆关国计民生，振纲肃纪，有古诤臣之风。天性纯挚，严正森然，有不可犯之色。康熙赐书："风纪严廊，公正无偏"。 |
| 193 | 林源<br>字奕逢<br>号学川 | 清 | 莆田 | 知县、监察御史 | 雍正初年（1723—1724）擢为江南道监察御史管五城兼刑科掌印 | 康熙三十八年（1699举人，任庆都（望都）知县，以清慎方正称。擢为江南道监察御史、光禄寺卿等，体访民稳，风纪肃清，力除克扣诸弊，民受实惠，任间凡所奏论均涉世道民情，帝温旨奖励，年老以太仆寺卿致仕。所著《宛舫居文集》收录奏疏一卷代表性疏文十篇。 |
| 194 | 廖必琦<br>字师韩、司韩<br>号槐荆 | 清 | 莆田 | 吏部主事、监察御史 | 雍正年间（1723—1735）浙江道监察御史 | 任间多有建言，时宰相明珠权重一时，一日，必琦置酒请他相，门人误投于明珠宅，必琦知之，乃索回柬贴，遂请假回乡，不复再仕。乾隆年间，与同邑人林黉合纂《兴化府莆田县志》。 |
| 195 | 吴孙逢<br>1702—?<br>字开吉 | 清 | 莆田 | 提督都御史 | 乾隆年间（1736—1795） | 历官兵部主事、军务都察使、福建巡抚、提督都御史。任兵部车驾司主事监督南城粮储，"趋剔蠹弊，无微不周"。迁刑部四川司主事。"核断明允，清制各部。皆满人主稿。惟刑部条例极细，所有档案皆汉人主稿。孙逢驳审详慎，丝毫不苟，为堂官所重。 |
| 196 | 林扬祖<br>1799—1883<br>字孙诒<br>号岵瞻、慎庵 | 清 | 莆田 | 刑部主事、监察御史、给事中、按察使、布政使 | 道光二十五年（1845）湖广道监察御史擢兵科给事中转工科掌印给事中京察一等记名 | 任河南道台。革除积弊，节省河工费用银5万余两。升河南按察使，粤匪扰汴，捐俸二千余金购米六千石给粮饷，益募兵固守。任多地布政使，任职期间，为官清廉，吏畏民怀，四境安治，政声颇著。致仕启程时，因盘缠无措，向山西汇局贷款，抵家后卖衣物偿还。 |

续表

| 序号 | 姓名、生卒年、字号 | 朝代 | 籍贯 | 官职 | 授任时间 | 事迹 |
|---|---|---|---|---|---|---|
| 197 | 江春霖 1855—1918 字仲默 号杏村 | 清 | 莆田 | 知县、监察御史 | 光绪三十年（1904）升任江南道监察御史继而历署新疆、辽沈、河南、四川诸道监察御史 | 履职御史台，敢言人所不敢言，能谏人所不敢谏，秉笔直书，为天下苍生鼓与呼。声震朝廷，先后上疏68道，揭露王公贵戚、奸臣昏官的劣迹，不避不遮。尤以弹劾袁世凯、庆亲王和洵、涛二郡王三疏反响最大。与广西赵炳霖、湖南湘潭赵启霖，以刚正不阿而著称，合称"台谏三霖"。与同邑彭鹏齐名，有"前彭后江"之称。耿直刚达，赢得朝野赞扬，人称"铁面无私"、"直声震天下"，称他为"有清御史第一人"。|

## 五、唐宋给事中

| 序号 | 姓名、生卒年、字号 | 朝代 | 籍贯 | 官职 | 授任时间 | 事迹 |
|---|---|---|---|---|---|---|
| 198 | 黄慕凤 | 唐 | 莆田 | 给事中 | 乾宁年间（894—897） | 莆田乾宁进士黄诜次子，自长溪白琳迁侯官，官给事中。 |
| 199 | 方孝锡 | 宋 | 莆田 | 县令、给事中、守殿中丞 | 治平年间（1064—1067） | 治平进士方孝述之弟，皇祐五年（1053）进士，治平二年（1065）十月以大理评事任晋陵县令。终官给事中，守殿中丞。 |
| 200 | 蔡卞 1048—1117 字元度 | 宋 | 仙游 | 主簿、知谏院侍御史、给事中、礼部侍郎、知州、开府仪同三司 | 元丰五年（1082）升为起居舍人同知谏院侍御史 | 初授江苏江阴县主簿，推行王安石的青苗法，有政声。哲宗即位，改任礼部侍郎，出使辽国，受厚礼接待。任知州，于任上一无所取。后与蔡京不合，受蔡京诋毁而贬官。 |

续表

| 序号 | 姓名、生卒年、字号 | 朝代 | 籍贯 | 官职 | 授任时间 | 事迹 |
|---|---|---|---|---|---|---|
| 201 | 徐铎 1051—1105 字振文、振甫 | 宋 | 莆田 | 给事中直学士院、历礼部尚书、吏部尚书。 | 绍圣三年（1096） | 一生仕途，坎坷起伏，颇受史论偏颇之议。在宋神宗时被钦点状元。哲宗绍圣间，随着变法新、旧两派的斗争而起落。因汇编《元祐诸臣章牍事状》而被贬湖州。崇宁九年复官，向徽宗建议立庙奉祀先帝增至九室得采纳。在家乡与同科武状元薛奕联姻，从延寿带来荔枝苗种植于下横山兰水旁，后人称为"状元红"荔枝王。 |
| 202 | 朱绂 ？—1108 字君贶 | 宋 | 仙游 | 王宫大小学教授、员外郎、右谏议大夫、给事中、知州 | 徽宗即位（1101）后为右谏议大夫、给事中 | 向哲宗面陈治世宜"正心、诚意、知人、安民"之说，上嘉纳。在任廉勤方严，指陈时政，不畏权势，忤逆蔡京落职。 |
| 203 | 方会 字子元 | 宋 | 莆田 | 司法参军、建州教授、知县、知州、给事中、工部侍郎 | 徽宗年间（1101—1124）累官左正言权给事中 | 熙宁九年（1076）进士，调扬州司法参军。荐任建州教授，大修学政，八州之士闻而至者近千人。徽宗时帅越州（今绍兴），充两浙安抚使。缮城隍，创楼船，奏呈所撰《水战法》，进退疾徐，如在平地。政和二年诏还，入对，徽宗奖谕再四，累爵开国侯。卒赠太师。 |
| 204 | 蔡密 | 宋 | 仙游 | 给事中兼侍读 | 徽宗年间（1101—1124）累官拜给事中兼侍读 | 蔡京族子。当承门荫，固推于庶兄，宗族称为贤。累官拜给事中兼侍读。因为人所劾，以显谟阁待制提举崇福宫。后复其集英殿修撰之职，不久，复为显谟阁待制，提点洞霄宫。宣和中卒。 |
| 205 | 林霆 字时敏、时垔 号介甫、介翁 | 宋 | 莆田 | 给事中、知府 | 徽宗年间（1101—1124）累官左正言权给事中 | 以不附蔡京、蔡卞有声于时。林霆与父林冲之，从兄弟林郁、林霆称"一门四忠义"，时称"忠义人家"。卒后入祀莆田乡贤祠。林霆躬行仁义，清正廉明，不尝谋求仕进，为官四十年，只历仕五任。 |

续表

| 序号 | 姓名、生卒年、字号 | 朝代 | 籍贯 | 官职 | 授任时间 | 事迹 |
|---|---|---|---|---|---|---|
| 206 | 林一飞<br>？—1160<br>字升卿 | 宋 | 仙游 | 枢密院编修、给事中 | 绍兴年间（1131—1161） | 绍兴中以父荫补官。为枢密院编修官。秦桧死，遭侍御史汤鹏举奏劾，诏责监高州在城盐税，编管东英州，死于贬所。 |
| 207 | 蔡成<br>1123—1200<br>字朝器<br>号惟一 | 宋 | 仙游 | 主簿、宣教郎、建安知县、建宁府通判、户部给事中 | 绍兴年间（1131—1161） | 蔡佃孙，以荫补官，历主簿、宣教郎、知县、府通判、户部给事中、阁门纲使等。性耿直，与权臣不合，隆兴间与僚友论汤思退奸邪误国。思退闻知，请孝宗远贬其至琼州。蔡成同二三门人侍从渡琼至琼山县叠里，然后贻书子蔡广携眷渡琼。后蔡氏子孙繁衍于海南，尊蔡成为入琼始祖。 |
| 208 | 王晞亮<br>1094—1168<br>字希明、季明 | 宋 | 莆田 | 给事中、知州 | 绍兴三十年（1160）权工部侍郎兼国子祭酒除给事中 | 为人端方正直，与秦桧同为学官，及桧当国，冀为已用，晞亮岿然守正。任给事中。举荐季宝大败金完颜亮，后以定夺朝士公案忤权贵，出知漳州。终以秘阁修撰致仕。 |
| 209 | 叶颙<br>1098—1167<br>字子昂<br>谥正简 | 宋 | 仙游 | 权给事中 | 隆兴二年（1164） | 为官一世，清廉公忠。他一生疾恶如仇，敢言直谏，爱国爱民，政声显赫，官至宰相，生活极简朴，家中不曾添置一亩田，不曾新建一间房。 |
| 210 | 薛元鼎<br>字淑云 | 宋 | 仙游 | 惠州教授、国子监丞、提举浙西路、起居郎、给事中 | 淳熙五年（1178） | 轮对，进陈民事利害，五上札子，孝宗喜之。教导太子熟习政务，博古通今，力戒骄傲，多方关心民政，熟悉民情。取消设立贡籍做法，减轻地方百姓经济负担。 |
| 211 | 郑侨<br>1132—1202<br>字惠叔<br>号回溪 | 宋 | 兴化 | 校书郎、给事中、知府、吏部尚书参知政事、知枢密院事 | 淳熙十六年（1189）二月升给事中 | 体恤民情，救灾成法，多次奏请朝庭赈灾减赋；耿直敢谏，不畏强势，秉公执法，凡不合法度者，一概拒办；出使金国，守节不屈，不辱使命；在朝以不欺事君，以无我议政而闻名，大节为世人所推崇。宋光宗赞语："朝野臣僚能如侨之爱民，则天下安矣" |

续表

| 序号 | 姓名、生卒年、字号 | 朝代 | 籍贯 | 官职 | 授任时间 | 事迹 |
|---|---|---|---|---|---|---|
| 212 | 余崇龟 字景望 | 宋 | 仙游 | 司农丞、知州、侍御史、监察御史、兵部侍郎、给事中 | 宁宗年间（1195—1224）兵部侍郎兼权给事中 | 宁宗在位时，韩侂胄专权，其僚属以高官诱惑崇龟附己，崇龟洁身自好，不愿与韩为伍，请求离京任职。江州旱灾，崇龟举家蔬食，为民祈雨。任监察御史，提出建议整肃朝纲，很受宁宗赞赏。 |
| 213 | 陈卓 1166—1252 | 宋 | 莆田 | 给事中、枢密院事 | 端平二年（1235） | 吏部尚书任职期间兼侍读、给事中。平生不营产业，惟以赞书所酬金筑"世纶堂"，曾于宁波建"菊坡书院"，在家闲居十六年。楼钥尝称"居仁精力德量举不可及，若卓则再世见之矣！"家贫，葬事不能具。 |

## 六、明清给事中

| 序号 | 姓名、生卒年、字号 | 朝代 | 籍贯 | 官职 | 授任时间 | 事迹 |
|---|---|---|---|---|---|---|
| 214 | 林廷纲 赐名恒忠 | 明 | 莆田 | 吏科给事中、中书舍人 | 洪武年间（1368—1369）太祖亲试擢吏科给事中 | 洪武初，诏郡县弟子员学优者入国子监，廷纲在选。太祖亲试，擢吏科给事中，尽言直谏，因赐名恒忠。与宋燧、揭枢同知制诰。词藻声华，迥出人上。 |
| 215 | 王寅 | 明 | 莆田 | 礼科给事中 | 洪武年间（1368—1398）礼科给事中 | 洪武五年（1372）福建乡试举人。乾隆《福建通志》载王寅为洪武六年进士，该年"癸丑科未尝殿试，各郡多不载，惟兴化志纪三人云"。寅官至礼科给事中。 |
| 216 | 程士 字希贤、继学 | 明 | 莆田 | 吏科给事中 | 洪武二十一年（1388）吏科给事中 | 洪武二十一年（1388）进士。历吏科给事中，明代书法家。 |
| 217 | 黄耕 字希尹 | 明 | 莆田 | 给事中、县丞 | 建文年间（1399—1402）吏科给事中 | 有政绩，然因闽音，部里烦之，奏降抚宁县县丞。因鲠直，触当道忌，调交趾清潭。耕怡然不以介意，两地均有善政， |

续表

| 序号 | 姓名、生卒年、字号 | 朝代 | 籍贯 | 官职 | 授任时间 | 事迹 |
|---|---|---|---|---|---|---|
| 218 | 陈继之<br>？—1403<br>字雪庵 | 明 | 莆田 | 户科给事中 | 建文年间（1399—1402）户科给事中 | 时江南僧道多占良田，蚕食百姓，奏请人给五亩，余地赋民，朝廷准之。靖难之役后，燕王入京，奉诏诘责，不肯屈从，遂被指为"要犯"，俱列名奸臣榜，终被磔刑于市，夷族。 |
| 219 | 宋雍<br>1394—？<br>字书和 | 明 | 莆田 | 刑科给事中 | 宣德九年（1434）刑科给事中 | 寄顺天府宛平县富户籍，宣德七年解元，八年进士。《福建通志》"选举"载："宣德八年癸丑曹鼐榜莆田县宋雍，永乐元年起天下大姓实京师，雍父士秩当行，雍年方十六，毅然请代。初至京，隶宛平籍，寻入顺天府学，遂领解，登甲科，官刑科给事中。"曾陈建国事一百二十条。 |
| 220 | 朱宽<br>字洪裕 | 明 | 莆田 | 南京礼科给事中、判官 | 天顺年间（1457—1464）拜南京礼科给事中 | 守官廉慎。成化改元，与同官王徽等五人陈言五事，末言自古宦官贤良者少，奸邪者多。又劾中官牛玉，疏论玉有当死之罪四，宜枭首街市，以明号令，正纪纲。且谓内阁大臣阿徇不言，亦有党恶欺君之罪。然诏谓妄言邀誉，贬官潼川州判官。任职间，尽职如初，兴教劝农，举利剔蠹，州人爱之。为官清正廉洁，决狱公平，人人惊其异，谓其有神见，且不使一人横罹无辜。 |
| 221 | 陈按<br>1431—？<br>字朝举 | 明 | 莆田 | 刑科给事中 | 天顺年间（1457—1464）南京刑科给事中 | 天顺八年（1464）进士，十一月，授南京刑科给事中。卒于官。成化二十二年，御史刘信在莆城大度为进士陈音、林诚、陈按等立"联璧坊"。 |

续表

| 序号 | 姓名、生卒年、字号 | 朝代 | 籍贯 | 官 职 | 授任时间 | 事 迹 |
|---|---|---|---|---|---|---|
| 222 | 黄琠 1437—1502 字汝器 号求我 | 明 | 莆田 | 南京户科给事中、浙江布政司右参议、布政司左参政 | 成化年间（1465—1487）南京户科给事中 | 汪直擅柄，与王越相倚为奸利，屡兴大狱，陷害忠良，黄琠率科道极言，宪宗逐二人，连其党以尽。为官能容人之过，浙江时，积劳当迁，适巡按御史张文意不满，叙考有贬词，遂不果。后琠为贵州布政，文以事谪为照磨，琠略不介意，且荐其才于当路，识者多之。居官几四十年，田不顷增，屋仍旧隘，死之日，家无余赀。 |
| 223 | 林文从 名一作本从 | 明 | 莆田 | 大理司务、给事中 | 成化年间（1465—1487） | 成华四年（1468）举人，任大理寺司务，给事中。 |
| 224 | 陈鲤 1438—？ 字腾龙 | 明 | 莆田 | 南京户科给事中 | 成化年间（1465—1487）南京户科给事中 | 授南京户科给事中，盘粮两广，以钱谷亏耗数闻劾布政使周铎、王俭，知府高橙、金钝以下二十人，除巡抚付都御史朱英历任未久外，余人俱命巡陆御史逮问。 |
| 225 | 陈伯献 字惇贤 号峰湖 | 明 | 莆田 | 南京吏科给事中、广东布政司左参议、广西按察司副使 | 弘治十四年（1501）授南京吏科给事中 | 弘治十七年奏请停福建采鹧鸪竹鸡等珍异禽鸟之事，以苏民困。正德三年疏逆珰刘瑾罪状，被削职为民。瑾败，正德六年擢广东布政司左参议，分巡海北道。正德十年升广西按察司副使，提调学校，兴复"宣成书院"，作《重修宣成书院立田记》。 |
| 226 | 许瀚 1459—1514 字彦卿 号梅坡 | 明 | 莆田 | 给事中、广东布政司左参议 | 正德三年（1508）工科给事中六年迁礼科右给事中七年八月转户科左给事中 | 弘治十五年进士。正德三年迁工科给事中，六年迁礼科右给事中，七年转户科左给事中。九年升至广东布政司左参议。生性耿直，耻与宦官刘瑾为伍，尝曰："吾但知为国法耳，遑恤其他。"为人严毅简重，内躬孝友，居官廉洁，性寡合，不苟同。平生藏书甚多，手抄录至盈箧笥。卒于官，黄巩铭其墓。 |

续表

| 序号 | 姓名、生卒年、字号 | 朝代 | 籍贯 | 官职 | 授任时间 | 事迹 |
|---|---|---|---|---|---|---|
| 227 | 朱鸣阳 字应周 号南冈 | 明 | 莆田 | 给事中、广西布政使司右参政、浙江右布政使 | 正德七年（1512）户科给事中历兵科右给事中、左给事中，寻迁礼科都给事中 | 魁梧倜傥，慷慨建白，前后建白数十疏。忤时相张孚敬党人汪鋐，勒致仕，归。居官清正，品德高尚，为时人所敬重。 |
| 228 | 余瓒 字君锡 号双屿 | 明 | 莆田 | 兵科给事中、刑科右给事中、户科左给事中、刑科都给事中 | 正德年间（1506—1521）兵科给事中 正德十六年（1521）升刑科都给事中 | 初官济宁府学正，上敦本正俗、勘流移、定版籍十事。擢兵科给事中，武庙南巡，谏不可者五。独持国是，时有抗疏。 |
| 229 | 郑一鹏 1496—1554 字九万 号抑斋 | 明 | 莆田 | 户科给事中 | 嘉靖元年（1522）改授户科给事中 | 秉性耿直，刚正不阿，敢于言事，屡屡谏诤，时称其最敢言。帝用中官崔文言，欲大兴土木，于乾清、坤宁诸宫建斋醮、祭祀宗庙等，疏请止之。仗义疏救直言朝臣。大礼初议，与百官伏阙请命，被廷杖。上疏反对科道互相纠劾，又被廷杖，罢为民。在谏院四年上百余疏，皆中体要，两罹诏狱，再杖阙廷，臂肉削尽，幸得生还，贫婆无以为养。授徒建宁，敝衣布冠恂恂如寒士。 |
| 230 | 柯维熊 字奇徵 号石庄 | 明 | 莆田 | 给事中 | 嘉靖初（1522—1523）任给事中 | 嘉靖初任给事中，嘉靖四年（1525）三月，昭圣（孝宗皇后）所居仁寿宫火灾，帝敕群臣修省，维熊言："陛下亲君子，而君子不容，如林俊（莆田人）、孙交、彭泽之去是也；远小人，而小人尚在，如张璁、桂萼之用是也。且今伏阙诸臣多死徒，而御史王懋、郭捕又谪遣。窃以为罚过重矣，宜钦恤宽宥，以告来言者。" |

续表

| 序号 | 姓名、生卒年、字号 | 朝代 | 籍贯 | 官职 | 授任时间 | 事迹 |
|---|---|---|---|---|---|---|
| 231 | 郑大同<br>1499—1566<br>字皆吾<br>号于野 | 明 | 莆田 | 给事中、南京使司右通政、大理寺卿、刑部右侍郎 | 嘉靖十六年（1537）吏科给事中二十四年右给事中，寻转左，次年迁都给事中 | 充会试阅卷官，按贤察名，选才考能，名实俱得之。任各处给事中，论事特大体，为人正言，以忠亮称。李默为严嵩门客诬陷，言其试目有谤讪语，坐下诏狱，大同坐李党归。 |
| 232 | 张秉壶<br>1507—?<br>字国镇<br>号八峰 | 明 | 莆田 | 知县、户科给事中、南京尚宝司卿、太仆寺少卿 | 嘉靖二十二年（1543）户科给事中 | 嘉靖二十七年，北房入怀来，御史以失事闻，秉壶奉玺书往视，遍历塞上，归而图上方略，世宗嘉纳，下本兵，一如秉壶议；次年上备边要务十事；嘉靖二十九年，率同官上疏请嘉靖帝视朝听政，以风励百官；上疏反对进封真人陶仲文；以忤严嵩令致仕。 |
| 233 | 邱预达<br>1508—?<br>姓原作丘<br>字若夫、若孚<br>号荆野 | 明 | 莆田 | 刑科给事中、山东参政、四川布政使、贵州右布政使 | 嘉靖二十九年（1550）选授刑科给事中 | 嘉靖二十六年进士，二十九年由中书舍人选刑科给事中。三十二年升刑科右给事中。三十四年升户科左给事中。又历承事郎兵科都给事中、山东布政使左参政、四川右布政使，以贵州右布政使致仕。曾上疏加强宣府、大同等边镇防守，分析边镇防守的重要性，强调边镇对"畿甸言之，势成唇齿；一京师言之，患切腹心"。列举边镇防守的种种松弛现象，建议责成加强边镇防守，严明赏罚，亟处孤危重镇以图安攘。上疏得皇帝重视。 |
| 234 | 朱文汉<br>1508—?<br>字章卿<br>号穀山 | 明 | 莆田 | 中书舍人、南京户科给事中 | 嘉靖三十三年（1554）南京户科给事中署兵工两科 | 时严嵩当道，其与黄谦（莆田人）等三十八人累疏参劾严嵩、严世蕃、赵文华。嘉靖三十五年，或罢黜、降调、御史留用者杖四十。文汉、黄谦均罢官归，时论哗然。 |

续表

| 序号 | 姓名、生卒年、字号 | 朝代 | 籍贯 | 官职 | 授任时间 | 事迹 |
|---|---|---|---|---|---|---|
| 235 | 黄谦<br>1519—1591<br>字亨夫 | 明 | 莆田 | 知县、户科给事中 | 嘉靖三十三年（1554）选授户科给事中 | 时嘉靖帝荒于朝政，边境混乱。嘉靖三十四年二月，连上三疏，细陈边境三事，议积聚、核通负、复公田，以固边境安定，从之。迁刑科右给事中。时严嵩子世蕃专恣贪婪，政以贿成。赵文华至江南，公私匮竭，刑赏倒植。黄谦署名参劾之，被罢黜。归乡后，捐俸疏浚，广蓄水源，民得其利，又在盐政、海警、田赋等亦有建言。 |
| 236 | 方万有<br>1520—?<br>字如初<br>号奎山、颐庵 | 明 | 莆田 | 工科给事、县丞 | 嘉靖三十四年（1555）工科给事中 | 工科给事中，以发赵文华狎客不法状，忤严分宜，谪惠州府休宁县丞，稍迁清曹，寻以计典中之，历礼部主事致仕。 |
| 237 | 郑茂<br>1526—?<br>字士元<br>号壶阳 | 明 | 莆田 | 知县、都给事中、浙江布政使司左参政、河南按察使 | 嘉靖三十六年（1557）吏科右给事中三十九年升礼科左给事中寻迁户科都给事中 | 除海盐知县，御倭有功，擢兵科给事中，历官河南按察使。《闽书》赞曰："郑公守海盐，莆志无如此详。有海盐人朱季长者，感公（茂）守城功，书而志之，出以示予，盖去之五十年矣。士亦有好事如此乎！海盐人录之如此其详，予乌得仅如莆志也"。 |
| 238 | 戴士衡<br>?—1617<br>字章尹<br>号如平 | 明 | 莆田 | 知县、吏科给事中、判官 | 万历二十三年（1595）以治行擢吏科给事中 | 刚直敢言，万历二十一年，劾兵部尚书5条误国大罪。万历二十五年，封日本国王事败，再劾石星及沈惟敬、杨方亨，并列防倭8事，均议行。后忤皇帝，调蓟州判官，旋授陕西盐课副提举。尚未从京师去赴任，就产生了《忧危竑议》案被诬劾。又谏神宗嬖幸郑贵妃，皇长子不册立，不冠婚，上《扶国本疏》，诏扭解讯问，戍广东廉州。卒于戍所。 |

续表

| 序号 | 姓名、生卒年、字号 | 朝代 | 籍贯 | 官职 | 授任时间 | 事迹 |
|---|---|---|---|---|---|---|
| 239 | 黄起龙 1558—? 字应兴 号雨石 | 明 | 莆田 | 行人司行人、南京吏部给事中 | 万历三十五年（1607）拜南京吏部给事中 | 授行人司行人，三次奉使，馈赠未曾受之。万历三十五年拜南京吏部给事中，时东宫久罢讲筵，福藩封不就国，廷臣莫敢言，起龙甫受事，即上储教关系匪轻，储教分封犹缓等疏，中外韪之。请复建文年号，追谥靖难仗节诸臣。又靖乡先正彭惠安改谥，及黄巩、马思聪易名。再上《君德国典经济灾异修省弭邪诸疏》。遇事直言，荐进知名之士不啻口出，帝为之深忌，受连累谪官。 |
| 240 | 彭汝楠 1584—1642 字伯栋 号让木 | 明 | 莆田 | 知县、礼科给事中、兵部右侍郎、兵部左侍郎 | 万历四十四年（1616）以治行擢升为礼科给事中 | 初任会稽知县，剔积蠹，抑强宗，郡无留狱。以治行擢升为礼科给事中，刚正不阿，指谪奸佞，不畏权贵。时魏忠贤擅权，上疏论劾魏阉"冒秩滥荫"，请求严办魏阉之罪。忠贤怒甚，矫诏罢其官。崇祯改元，升兵部右侍郎，屡有疏议，皆中机宜。转兵部左侍郎，后以流寇猖獗议剿与当事者不合，遂力辞而归。 |
| 241 | 曾世袭 字长修 号东亭 | 明 | 莆田 | 兵科给事中 | 天启间（1621—1627）兵科给事中 | 崇祯礼部尚书曾楚卿子，天启四年（1624）举人，官兵科给事中。砥砺名行，加入复社，南明永历二年（1648），毁家起兵，与黄道周、曹学佺等从朱继祚抗清，复兴化，兵败。遁入思明岛，悲愤蹈海，卒于嘉禾屿。 |
| 242 | 王家彦 1588—1644 字开美 号尊五 | 明 | 莆田 | 知县、给事中、大理寺丞、太仆寺卿、户部右侍郎、兵部右侍郎、户部尚书 | 崇祯二年（1626）刑科给事中五年转工科右给事中、历户科都给事中、吏科都给事中 | 初授开化知县。勤政爱民，廉洁奉公，赈济灾民、兴利除弊，有"神君"之称。擢给事中，在谏十年，直言不讳，疏劾贪官无数，均能评列其奸邪专横罪状，革除弊端，核查隐瞒资产，权贵敛手。崇祯十七年，李自成进逼京师，家彦以死守节。 |

续表

| 序号 | 姓名、生卒年、字号 | 朝代 | 籍贯 | 官职 | 授任时间 | 事迹 |
| --- | --- | --- | --- | --- | --- | --- |
| 243 | 余飏 字世南 | 明 | 莆田 | 给事中 | 崇祯十六年（1643） | 崇祯十六年（1643）进士，授给事中。清顺治四年，积极参与反清复明运动。后隐居海隅，读书著述，著有记载清初莆田沿海迁界事变的珍贵史籍《莆变纪事》等。 |
| 244 | 许兆进 字国相 号哉斋 | 明 | 莆田 | 知州、户科给事中、太常寺少卿 | 永历元年（1647）户科给事中 | 永历元年（即顺治四年，1647），朝臣各树党，与朱天麟等扈行至广西，进户科给事中。永历二年（1648）三月随桂王朱由榔（即永历帝）入南宁，迁太常寺少卿。 |
| 245 | 林尊宾 字燕公 号余黎子 | 明 | 莆田 | 监军御史、兵科给事中 | 永历元年（1647）鲁王入闽以献策授兵部给事中 | 崇祯十五年举人，唐王入闽，授监军御史。鲁王入闽，以献策授兵科给事中。积极参与朱继祚、林兰友等领导的抗清斗争。忠义守节，清兵陷兴化，下令留发，尊宾不从，曰："死易，留发变服，宾非此心所安。"具衣冠坐厅中，作绝命诗与兄别。清兵入，以佩刃自刎死。 |
| 246 | 张松龄 1618—1675 字鹤生 号赤庵 | 清 | 莆田 | 礼科给事中 | 康熙年间（1662—1720） | 顺治十二年进士，选庶吉士，擢礼、刑二科给事中。奉命清刑狱、多平反，疏钱法，不挠权势。转四川参议。时四川凋敝，民多窜入四土府，松龄赎回七千余人，给牛种，加意抚绥，流亡渐复。土官以重赂求接壤荒地为畜牧，松龄曰："尺地皆当为朝廷守，安得妄与。"以裁缺归。康熙十三年，靖南王耿精忠参与谋反，逼迫松龄接受伪职，松龄不从，被囚数月，终不屈卒，年五十八。 |

# 后　记

　　2022年2月，中共中央办公厅印发的《关于加强新时代廉洁文化建设的意见》指出："用中华优秀传统文化涵养克己奉公、清廉自守的精神境界。结合实施中华优秀传统文化传承发展工程，汲取崇德尚廉、廉为政本、持廉守正等传统廉洁文化精华，增强文化自信和历史自信。挖掘历史文献、文化经典、文物古迹中的廉洁思想，整理古圣先贤、清官廉吏的嘉言懿行，推动中华优秀传统文化创造性转化、创新性发展。组织开展我国反腐倡廉历史研究，把握腐败导致人亡政息的历史规律，运用历史智慧推进党风廉政建设。"莆田市管辖的原莆田县自南朝陈光大二年（568）置县至今已近1500年，宋太平兴国四年（979）开始设立的兴化郡级机构也已超过千年。兴化地区历史上教育发达，科甲兴盛，人才辈出，文化积淀丰厚，故素有"文献名邦""海滨邹鲁"之誉，莆田市被列入国家历史文化名城。在莆田历代众多官员中，清官廉吏、监察御史官员占比极高，有御史、给事中言官经历以及御史、给事中赠衔者总数超过三百人，是名副其实的"御史之乡"。莆阳御史官员无论是职掌御史台、都察院，还是监察百官、巡视州县、纠正刑狱、肃整朝纲，都表现出以民为本的职责理念、为政以德的道德风范。这些御史官员所秉持的大道之行、天下为公的施政理念，坚守高尚道德、深厚德行的职业操守以及运用清廉谨慎、勤勉担当的御术能力，都是一笔难得的传统文化遗产。认真挖掘历史文献中的廉洁思想菁华，整理好御史的嘉言懿行，古为今用，鉴往知来，无论对传承弘扬传统优秀文化，还是创新推动廉政制度完善，都是十分有意义的。

莆田市纪委监委近年来非常重视廉洁文化建设。2024年初，莆田市纪委监委更与福建师范大学、莆田学院建立校地合作关系，协同推动新时代全市纪检监察工作高质量发展，并提出实施"一馆一书一图"的御史文化建设工程。"一馆"即建设莆阳御史文化馆，打造全国性御史文化集中宣传展示基地；"一书"即组织编写《莆阳御史》专著，深度挖掘文献史料，认真总结前人反贪经验，播扬清风廉韵；"一图"即绘制清廉御史文化地图，直观总览莆田廉脉。通过打造全方位沉浸式宣传教育阵地，使得传统御史文化与当代各领域廉洁文化建设有机融合，增强廉政教育的感染力和效果。

编写《莆阳御史》一书是前人没有做过的一项开拓性工作，时间紧，任务重，莆田市纪委监委《莆阳御史》编委会商请莆田学院莆仙文化研究院陈春阳研究馆员、刘福铸教授担纲主编。陈春阳现任莆田学院图书馆馆长，刘福铸现任《妈祖文化研究》主编。两位专家近年编著出版多部地方文化专著。在莆田市纪委监委领导的科学组织协调下，主编者充分利用高校丰富的藏书和各种数据库，深度爬梳文献资料，辅以必要的田野调查，使得《莆阳御史》一书基本达到了内容赡备，条理清晰，资料性和理论性并重的目标。全书通过13章46节及1个附录，全景式展示出莆阳历代御史文化的方方面面。其中包括中国御史制度与莆阳御史官员概述、清官廉脉及御史贡献举隅、莆阳御史文化形成的因素、莆阳御史"道"的特质及典型人物、"德"的特质及典型人物、"术"的特质及典型人物、莆阳御史纪念性建筑、莆阳御史奏议选、莆阳御史家族规训文选、莆阳御史诗文选、莆阳御史现存著述、颂扬莆阳御史的戏剧小说、莆阳御史文化时代价值及传承创新，附录部分为莆阳御史官员名录总览、赠颂莆阳御史诗咏选、颂挽莆阳御史对联选等。《莆阳御史》一书基本揭示了莆阳御史文化的外延和内涵，并勾画出传承、保护和创新发展的思路。本书写作植根于中国御史发展的千年沃土，联结于历代莆阳御史的清正风骨，以古鉴今，展示了一幅幅莆田廉洁文化的史迹书卷，是一项一体推进不敢腐、不能腐、不想腐的基础性工程。

在此书即将付梓之际，感谢莆田市纪委监委、莆田学院有关领导同志给予本书编写的帮助。本书在写作过程中参阅和借鉴了前辈、专家学者的一些研究成果，虽大都做了注明，但恐有遗漏，特在此一并表示谢忱。因限于时间和囿于水平，疏漏难免，欢迎读者提出宝贵意见，使之臻于完善。

莆田市纪委监委《莆阳御史》编委会<br>
2024年12月

## 图书在版编目(CIP)数据

莆阳御史/陈春阳,刘福铸编著,莆田市纪委监委编.—福州:海峡文艺出版社,2025.1
ISBN 978-7-5550-3891-7

Ⅰ.D691.49

中国国家版本馆 CIP 数据核字第 20246LY929 号

### 莆阳御史

| | |
|---|---|
| 陈春阳　刘福铸　编著　莆田市纪委监委　编 | |
| 出 版 人 | 林　滨 |
| 责任编辑 | 朱墨山 |
| 出版发行 | 海峡文艺出版社 |
| 经　　销 | 福建新华发行(集团)有限责任公司 |
| 社　　址 | 福州市东水路 76 号 14 层 |
| 发 行 部 | 0591—87536797 |
| 印　　刷 | 福州麟造印刷有限公司 |
| 厂　　址 | 福州市晋安区福兴投资区福兴大道 17—2a |
| 开　　本 | 787 毫米×1092 毫米　1/16 |
| 字　　数 | 475 千字 |
| 印　　张 | 31 |
| 版　　次 | 2025 年 1 月第 1 版 |
| 印　　次 | 2025 年 1 月第 1 次印刷 |
| 书　　号 | ISBN 978-7-5550-3891-7 |
| 定　　价 | 108.00 元 |

如发现印装质量问题,请寄承印厂调换